尊皇攘夷

水戸学の四百年

片山杜秀

新潮選書

尊皇攘夷　水戸学の四百年　目次

第一章　水戸の東は太平洋　11

尊皇攘夷

水戸学の四百年

第一章　水戸の東は太平洋

一　鯨の海

水戸黄門こと徳川光圀《みつくに》。家康の孫。徳川御三家のひとつ、水戸藩の二代目藩主。講談の漫遊記で名を轟かせ、虚実ないまぜになって、時代劇映画やテレビ・ドラマの歴史に燦然と輝く人。この天下の副将軍が自ら、一七世紀の水戸に興した学問を、水戸学と呼ぶ。儒学の一派である。しかもなかなか過激である。

水戸学は日本に近代を開く起爆剤。明治維新を起こす原動力。尊皇攘夷の学問として知られた。薩摩や長州の勤皇の志士も水戸学の書物に親しんでいた。吉田松陰の愛読書と言えば会沢正志斎《あいざわせいしさい》の『新論《しんろん》』が挙がるだろう。一八二〇年代に生み出された水戸学の主要著作である。開国路線の幕府の大老、井伊直弼を桜田門外で斃《たお》した過激テロ集団の中核も水戸学の教えを受けた水戸の浪士たちである。水戸学なくして幕末のエネルギーは生まれなかった。ペリー来航のずっと前から水戸は尊皇攘夷の本場であった。なぜ、そうなったか。もちろん江戸時代初期の徳川光圀以来の思想の風土がある。光圀は尊皇家であった。それから水戸はずっと尊皇である。

尊皇は尊王とも表記される。というか尊王の方がより正しいだろう。水戸の学者たちも尊皇でなく尊王と表記するのが普通である。たとえば、幕末の水戸藩を主導した徳川斉昭の建てた水戸藩の学校、弘道館の意義を、斉昭の名において闡明《せんめい》した『弘道館記』（一八三八年、天保九年）には「我東照宮撥乱反正尊王攘夷允武允文以開太平之基」とある。斉昭の意を汲みつつ藤田東湖が作文したものだけれど、引いたくだりは、われらの生きる時代の始祖である徳川家康が戦乱を治めて秩序ある正道にこの国を引き戻すにあたってとった基本姿勢とは、「尊王攘夷」の四文字に尽き、その実践はまことに文と武をわけ隔てず両者の統合的な相互作用に任せたものであって、それでこそ天下に太平がもたらされた、というくらいの意味であろう。とにかく尊皇攘夷ではなく尊王攘夷と字をつかっている。出典は朱子が『論語』に付けた註の一節「匡正也尊周室攘夷狄皆所以正天下也」であろう。「尊周室攘夷狄」という六文字を、元の意味から逸れないように約《つづ》めれば、周室とは古代中国の周王朝のことで、夷狄とは野蛮な外敵のことであるから、「尊王攘夷」の四文字に置き換えられる。「尊王」は『史記』などにもみえる。古くから用例豊富である。中国の王朝の王とは天子や皇帝と呼ばれ、日本でそれに相当するものは天皇ということになる。日本で尊王と使えば、そこでの王はまずは天皇であるから、尊王と尊皇に意味上の区別は特にない。ただ、尊王は中国でも日本でも斉しく用いることが出来、日本で尊皇というと、そこでの皇の字は中国皇帝の皇の字よりも日本の天皇の皇の字を想定して使われているのだから、日本の天皇に限る意味合いが強くなる。水戸の学者は中国の書物に出典を求めて尊王の二文字にあくまでもこだわり、国際的とも言える尊王思想が正しく歴史にあらわれている唯一の国として天皇を尊崇する日本の国体の特別の値打ちを宣揚したわけだろう。それはつまり東アジアの儒教世界での一般的尊王思想のひとつとして日本の尊王があるのでなく、日本独自の唯一無二かつ至上の形態としての尊王があるということであり、その日本独自の至上の尊王とは天皇を尊崇することに他なるまい。確かに言葉として生まれたのは中国に違いない尊王思想は、日本の天皇と日本の臣や民との関係において日々の現実の中で極められているというのが水戸学の思想であり、徳川光圀が編纂を命じた『大日本史』という史書の思想である。

よって水戸学の尊王とは、いや、日本の尊王とは、結局、尊皇である。用字としては、より尊王とすべきだが、思想としては尊皇と表記した方が伝わるものがある。だから水戸学の影響を受けて日本独自の天皇の価値を信仰するようになった人々が尊王を尊皇に自然と書き換えてしまったのだろう。天皇に王という字は無いので、尊王だと日本の話としての実感が少し遠くなる。そこで尊皇という表記が水戸学の内包するものの自然な展開として増えていった。たとえば和辻哲郎は第二次世界大戦下に『尊皇思想とその伝統』を著し、水戸の尊王論を、日本独自の存在としての「天皇の神聖性を開示せずにはゐない」ものである「尊皇思想」に棹さすものと位置付けた。本書でも思想の含むところを素直に見せるために尊王でなく尊皇と使っておく。目で見てすぐ天皇が連想されるための方便である。

すると攘夷はどうか。尊皇と攘夷をどうしても組にせねばならない理屈がある。そこにこだわったのが水戸学というものである。けれど、その理屈の話は後回しでもよい。もっと直接的に語れることがある。水戸学の尊皇攘夷は一九世紀に入ると決して観念的領域にとどまらなくなっていった。極めて実際的になった。ペリー提督率いるアメリカ海軍の艦隊が浦賀に初めて来航したのは一八五三（嘉永六）年である。そのおよそ四半世紀前に、水戸の領内には実は英語を幾らか喋る者があった。蘭学者、洋学者の類いではない。普通の漁民である。おまけに水戸の領内では、イギリスの銀貨をはじめとする物品までが多少流通していた。さらに漁民が今の言葉でいえば人類みな兄弟、国際親善を唱えるまでになっていた。水戸学はそんな足下の特殊な状況への対応を要請され、尊皇攘夷を積極的に唱える学問としてますます性格づけられていった。

はて、水戸の漁民が英語を使えたとはどういうわけか。『甲子夜話《かっしやわ》』という書物に事の子細が伝えられている。『甲子夜話』は松浦静山《まつらせいざん》の著。静山とは肥前の平戸《ひらど》藩の九代目藩主、松浦清の号である。隠居した静山は一八二一（文政四）年一一月一七日、干支でいうと甲子の夜から、見聞きしたこと、伝え聞いたことを片っ端から書き残すようになる。甲子の夜に書き始められたので『甲子夜話』。全二七八巻に及ぶ。膨大。内容豊富。領国の平戸は島である。広く海に開かれている。出島のある長崎もすぐ。静山の関心は国際的にならざるを得ない。海のこととなると殊に敏感となる。静山のアンテナは至る所に張り巡らされていた。そういう彼は『甲子夜話』正篇「巻之六十」の第一四条を水戸の漁民の情報に充てている。その話を静山に伝えたのは儒者の朝川善庵。第一四条のほとんどが善庵から静山に宛てられた書簡を写す体裁になっている。善庵は普段から静山の耳の役を務め、水戸の人々との交際も厚かった。文政年間には壮年である。

その部分の書き出しはこうだ。「水戸浜地方《じかた》より五拾里程沖合にて、汐境にも候や、古来より漁師ども横磯と唱へ来候場所有之」。水戸から五十里も沖に行くと潮目の変わるところがある。そこを水戸の漁師たちは横磯と呼び、漁場の東限としてきた。もっと沖に行くと離れすぎて危ないということだろう。

ところがある頃から横磯の向こうに異変が認められるようになった。「当申年より七ケ年前より、横磯の外に異国船六七艘位宛《ずつ》、夏初より秋頃まで見請候」。毎年、夏から秋に何隻もの異国船が同じ海域に滞留するようになったという。「当申年」とは文政七年を指している。西暦なら一八二四年。その七ケ年前の一八一七年は文化一四年。いずれにせよ一一代将軍、徳川家斉の治世である。

毎夏現れる異国の船団。とはいえ、「横磯の外」は水戸の船の漁場ではない。「遠く隔り候故」何をしているかも分からない。きっと横磯の外は異国船の往来する新たな航路にでもされたのであろう。それでいつも見掛けるのだろう。「異国船見請候など、噂致し候はば」役人から呼び出され、吟味されて、どんな面倒ごとに巻き込まれるかも分からない。何しろこの国は、三代将軍、徳川家光の時代から鎖国を原則とし、異国との勝手な交際を大名にも民衆にも禁じているのだから。漁民一同は申し合わせ、横磯の外にいつも異国船を眺めていることを秘密にした。

ところが「去未年、如何なる故にや、松魚例よりは遠沖に相あつまり候に付、不得止事横磯の外迄漁師ども罷越《まかりこ》」す。そのようになった。「去未年」とは一八二三（文政六）年のこと。その年から、理由は分からないけれど、水戸の漁民の目当ての魚である松魚、即ちカツオが、横磯の内ではなく外を回遊するようになった。それで漁船も横磯の外に出るようになった。異国船のそばに行かざるをえなくなった。

「様子相伺候得ば、大小船数艘沖合に致逗留、鯨猟いたし罷在候事、分明に相知れ、度々側近く罷越候」。単に航路として往来しているなら、異国船が同じ海域に居着いているように見えるのはまことに不思議である。何か目的があって、ある季節のあいだ、とどまっているのではないか。漁師たちはそんなことを思ってはいた。その謎がついに解けた。近づいてみると「鯨猟」をしていると分かった。「彼船より相招候ことなど折節は有之候」。異国船が呼び掛けてくる。こっちへ来いと、ときどき手を振ってくる。そういうことだろう。けれども怖くて近づけず、おっかなびっくり、離れ気味にしてカツオを獲っていた。そういう時期がしばし続いた。

でもいつまでもそうとはいかない。漁に出れば必ず異国船と出会う。それが常態化している。居ないことにしているのは何とも奇妙ではないか。「柴田伝左衛門支配漁師に忠五郎と申者」が居て、仲間たちに言いはじめた。

「数年来かく見請居り、仔細不相分候ては一同心配のこと故、彼船え罷越し、船中の為体《ていたらく》見届可申」

異国人の心底を知らず、そばで漁をしているのはいかにも不安。いつ襲われるかも分からない心地では生業にも差し支える。こうなったら自分が異国船に出かけ、彼らの気持ちを確かめてくる。忠五郎はどうしてもそうしたい。熱烈に述べる。もしも彼らが危険な連中で、自分が捕えられ、打ち殺されて、戻らなかったとしても、その事実をもって彼らが悪党と分かるのだから、犬死にはならない。漁師仲間もついに彼の言い分を認めた。

かくして忠五郎は「一人漁舟に打乗、異国船近く漕寄せ候」。すると「船中より縄階子下し候」。縄梯子をのぼって、忠五郎はついに異国の大船に乗った。すると「殊の外慇勤に取扱候」。そして「頭分の者の部屋え召連」れられていった。船長室に招かれたというのである。懇親会になった。「酒食等饗応致し、種々之事共相尋候様子に候得共、言語不通故、何事とも不相弁」。酒が出て食事が出る。異国人はさかんに忠五郎に尋ね事をする。忠五郎も訊きたいことが山ほどある。しかし言葉が分からない。先方も日本語の知識はないようだ。忠五郎は身振り手振りでやってみるのだが、なかなか通じない。でもそのうち、ひとつの質問だけ理解されたようだ。「何国の人と申すこと尋候」。どこから来たのか。忠五郎の最大の関心事であった。異国人は答えているらしい。国名らしきものをくりかえし発音してくれる。

だが「不耳慣事故、聞取兼候」。いきなり異国語のヒアリングはできない。忠五郎には耳慣れない響きは聞き取りかねた。首をひねるばかり。異国人はどうしたか。「世界図を出し、一国え指さし教候」。世界地図を示し、異国の場所を指さしてくれた。しかし忠五郎は世界地図を恐らくこのとき初めて見た。場所で示されてもよく分からない。異国人は困った。それでも諦めずに忠五郎になんとか自国の場所を伝えようとした。熱心なのである。ついに最も原始的な手段をとった。海を指さしはじめた。あっちから来たというのである。そうか、方角ならとりあえず分かる。彼らの国は指の先の彼方にある。それを懸命に知らせようとしている。これはもう悪心のある連中ではない。忠五郎は「首肯致し置候」。頷いた。水戸の漁民と異国人とのあいだに、初めてコミュニケーションらしいコミュニケーションの成立した瞬間である。忠五郎はこのときから彼らを信頼しはじめたのだろう。

それからどうなったか。忠五郎は彼らと親しく付き合うようになった。「度々船中え罷越し候」。何度も異国船に乗せてもらった。次第に異国の言葉の響きにも慣れた。「イギリスと申す国名も聞取申候由」。異国船はイギリスの捕鯨船だった。

忠五郎はいつも船長にもてなされたようである。「頭分の者の部屋は、弓、鉄炮、其外武器飾立置て、厳重なることの由」。そして船長は決まってその部屋で本を読んでいる。図鑑のようなものだ。日本のことをいろいろ知りたくて堪らないらしい。「忠五郎罷帰り、船中の様子、相話し候てより、漁師共承伝へ、逐々《おいおい》異国船え罷越し候得ば、何れも頭分の部屋へ召連、酒食等振舞候」

たいへんな話になってきた。忠五郎だけではないのである。忠五郎が無事に帰ってきて、異国船に乗る異国人は信頼のおけるよい連中であったと漁師仲間に告げる。不思議な酒や食事を飲食したと話す。では自分も行ってみようか。忠五郎に続け！　水戸の漁師の合い言葉になる。彼らは忠五郎と同じように船長自らによってもてなされる。船長は宴席のあとには決まって図鑑を漁師の前に広げる。

その図鑑には「草木、禽獣等の絵有之」。船長は絵をいちいち指さしては「日本語を承糺し、直に其書の上え書入」れる。それから諸々の質問が発せられるが、やはり複雑な会話は、互いが日本語と英語を知らないのだから無理である。いつも「相分り兼候」となるのだが、それでも何度も出向いた漁師は、忠五郎をはじめ、片言の英語を使えるようになってゆく。

『甲子夜話』には、イギリスの捕鯨船に乗った漁師が何人に及ぶのかは残念ながら明記されていない。けれど、船長から酒食の饗応を受けた漁師の数はやはり少なくないと考えるべきだろう。というのは、たとえば船長は「致上船候漁師共え、毎一人に板に摺候書面一枚と銀銭一文宛あたへ」たというのだが、この船長が乗船した日本人に乗船の度一枚ずつ与えたイギリスの銀貨が、けっこうな枚数に及んだと思われるからである。何しろ、この話を松浦静山に伝えている儒者の朝川善庵も、自分が弟子にしている水戸の者から貰って、一枚所持しているというのだ。ほんの少ししか銀貨がないのならば、なかなかそこまでにはなるまい。静山もきっと見せて貰って目を輝かせたことだろう。

とにかくイギリスの捕鯨船の船長や乗組員たちと水戸の漁師たちの交際はなかなか密接なものであった。忠五郎に至っては捕鯨船の客人として三日も泊まったことがあるという。なぜか。船長から、捕鯨のやり方から鯨油を搾って樽に貯蔵してゆくまでの全作業の工程を詳細に見学してくれるように懇望されたからである。

事の次第はこうだ。忠五郎は二度目に乗船したとき、お土産に自らが獲ったカツオを持参した。喜んでくれると思った。ところが反応は違った。「異国人見候て、手様にて、松魚は大毒魚故、食料に可充ものに非ず」。イギリス人はカツオを毒魚とみなしていて、食用にしていないという。そしてなぜにそんな魚を獲って喜んでいるのかと呆れられてしまったという。

船長は忠五郎に言う。「鯨魚は莫大の国益に相成候ものなればこそ、かく遠国より日本東海え遥々と風波を犯し罷越し、致漁猟候を、日本人は沢山なる鯨魚を眼前に見のがし候は、畢竟鯨猟の仕方を不知故なるべし。船中にて致鯨猟候を見覚可申様中聞候に付、直に三日致逗留、見物いたし候」

カツオを獲って満足している日本人を、イギリスの捕鯨船の船長が諭す。鯨を獲る方がずっといい。啓蒙しようと頑張ってくれる。いきなりここまでの意思疎通ができたかどうかは如何にも不思議だが、恐らく捕鯨船にとどまる時間の最も長かった日本の漁師、忠五郎が、最終的にはこのくらいのコミュニケーションをイギリス人と取れるようになっていたとは、考えてよいのだろう。

もちろんこのイギリス人の捕鯨船船長の日本理解は間違っている。日本人は恐らく古代から捕鯨をしてきた民族だからである。それは江戸時代にも続いていた。鯨の漁場として有名だったひとつには長崎の生月島《いきつきしま》周辺もある。平戸藩の領内。松浦静山は捕鯨を主要産業に数える藩の殿様だったのである。司馬江漢を生月島に招いて、西洋画の手法を身に付けたこの優れた画人に『西遊日記』として残る旅をさせ、捕鯨のさまを「生月島捕鯨見聞図説」として描かせ記録させたのも、松浦静山である。彼が、水戸の漁師とイギリスの捕鯨船の接近遭遇という椿事に熱烈な関心を寄せ、朝川善庵に詳細な報告を求めて、『甲子夜話』に収載した所以も、そこにある。外国の動向のほかに、捕鯨そのものに関心があった。その頃の日本の捕鯨は、沿岸、入江で網を張って獲る方法に限られる。日本人は確かに捕鯨をしていたのだが、捕鯨船をくりだして洋上で獲る技術までは持たなかった。日本近海といってもはるか沖までしか来ないイギリス、あるいはアメリカの捕鯨船が、日本人の捕鯨を目の当たりにすることは考えにくかった。そのせいで、水戸藩領の沖にやってきたイギリスの捕鯨船の船長も、日本人は捕鯨をしないと勘違いしていた。

でもこの勘違いのせいで、日本人は忠五郎という「開明派漁師」の目を通じ、初めてイギリス式の捕鯨の実態を知ることができた。『甲子夜話』にも詳細な紹介がある。

だいたい、鯨一疋を三人か四人で獲ってしまう。一日で八疋も獲ることさえある。帆柱の上で望遠鏡を構えて周囲を監視する係があり、鯨を見つけると合図する。さっそく小船が行く。小船は二人乗りで、一人は漕ぎ、もう一人が銛を使う。鯨が汐を吹いて浮かび上がるところをすかさず突く。二度三度くらいやって仕留め、母船に引いてゆく。母船からは熊手のようなものが降りてくる。ろくろを用いて引き上げる。母船上に載せられた鯨は大きな刃物でたちまち解体される。肉はみるみるうちにはぎとられ、すぐに骨がむき出しになる。骨と頭は海中にすぐさま投棄。肉は「大ランビキ」に放り込まれ、油を搾る。船中には桶材が木片の状態で積まれていて、鯨が獲れると、即席で桶樽が作られる。「大ランビキ」から桶樽に油が流れる。十分に漲るとただちに塗封される。そうやって鯨油の桶樽を溜めてゆき、船倉が一杯になったら帰国する。油を搾ったあとの肉は天日干しにされて、薪の代わりに用いる。そのせいで船内の鯨臭は猛烈極まる。

忠五郎の見聞は、水戸藩の関係者を経由して、朝川善庵から松浦静山へと、このように伝わっている。

ところで、忠五郎をはじめとする水戸の漁師たちのイギリス捕鯨船との交流は、彼らが役人への露見を恐れて、事を守秘しようとしたにもかかわらず、なぜに知られてしまったのだろうか。そもそもなぜ、かなりの人数と思われる漁師が捕鯨船を訪ね、イギリス人は彼らを歓待し続けたのか。純粋な厚意か。それとも日本語等の諸情報を収集するためか。そうでもあったろう。が、それだけでは、貴重な酒や食糧や水を供して、次々と訪れる日本人をわざわざ船長室でもてなし、最後に決まって銀貨までくれる理由としては弱いかもしれない。確かに他のことがあったのだ。そしてそのことが露見につながった。

「水戸浜漁師共承伝へ、逐々異国船え致上船、一同心易相交り候様罷成候に付、初は所持の烟管、烟草入、鼻紙、又着用の半纏、木綿、単衣の類、異国人の懇望に任せ、彼方所持の品と交易いたし候」

イギリス人たちはキセルや半纏などを欲しがった。日本品は母国で高く売れる。鯨油並みにおいしいものかもしれない。日本人もイギリス製品に目がなかった。交渉成立。取引が始まる。漁師たちは交換してきた異国の品物を陸で密かに売るようになる。信じられない収入をもたらす。漁師たちがイギリスの品を仕入れられる口を持っているらしい。耳が早いのは役人よりも商人である。水戸城下の商人が漁師に、半紙、美濃紙、木綿、絹、反物などを渡して物々交換を頼む。漁師はたっぷり手間賃もとったろう。「水戸領内に目なれざる異国の品」が「大分見当」たるようになった。繰り返すが、これはペリー来航のおよそ四半世紀前の出来事である。

さて、この事態を、朝川善庵に告げていた水戸藩の関係者とは誰だろうか。複数いた。その中に水戸学のそのときの担い手、会沢正志斎もいた。鎖国の時代に現れた親イギリス漁師、忠五郎のような人物と、どう思想的に対決するか。その課題に応えるべく正志斎が執筆することになるのが『新論』であり、『新論』が幕末の志士に与えた影響力は絶大であった。「開明派漁師」に負けられない武士の意地が水戸学を鍛えたと言ってよいかもしれない。

二　エイハブ船長は日本の沖合いで

「インド洋にはとてもたくさんの魚がいる。海の怪物たちもいる。そこには何しろ鯨がいるのだ。鯨の背は四アルパンもの広さがある」。プリニウスの『博物誌』。その鯨のくだり。四アルパンというと甲子園球場のグラウンドくらいか。

このプリニウスの引用を、他の多くの鯨文献と共に冒頭に置いて始まる小説といえば、アメリカの作家、ハーマン・メルヴィルの『白鯨』である。一八五一年に発表された。捕鯨船ピークォド号のエイハブ船長がマッコウ鯨のモービー・ディックと闘う。メルヴィルは実際に捕鯨船に乗り組んだ経験を持つ。太平洋の鯨捕りをリアルに描けた。エイハブ船長はかつて捕鯨にしくじってモービー・ディックに手酷く傷つけられている。

「このエイハブの相貌と顔面を走る鉛色の傷痕があまりに強烈な印象を与えたので、彼のいかにも居丈高で武骨な態度が、その体を支えている異様な白い片脚にも起因していることをつい見逃すところだった」（高橋啓訳）

モービー・ディックにやられたのは顔だけではない。片足も吹き飛んでいる。「異様な白い片脚」とはつまり義足である。

「この義足が、かつて航海中にマッコウクジラの下顎骨を磨いて作ったものだということは、すでに聞かされていた」（高橋訳）

エイハブ船長はモービー・ディックを片時も忘れられない。脚を見ても触ってもマッコウ鯨の骨なのだから。モービー・ディックと同じ種類の鯨なのだから。そうやって復讐心を絶やさない。モービー・ディックを今度こそ仕留めたい。執念だけで生きている。ところでエイハブ船長はいったい世界のどこの海で顔に傷を受け、片足を失ったのか。

「ゲイ岬出身の老インディアンがこんなことを言っていた。『そうさね、船長は日本の沖合いで足のマストをもがれちまったのさ』」（高橋訳）

広い太平洋のど真ん中ではなかった。日本の近海だった。モービー・ディックはこの国の領海かそこらへんを回遊していた。エイハブ船長とピークォド号も獲物を求めて極東アジアの沿岸を旅していた。エイハブ船長の足が折れたマストのようになってしまったのは、日本の目と鼻の先でのことだった。

なぜ鯨のためにはるばるそんな遠くまでやってくるのか。もちろん趣味や道楽ではない。実利である。経済である。鯨は夜の暗闇に光を分け与えるものであった。鯨油は灯油として欠かせなかった。メルヴィルは『白鯨』にこう記す。「この地球全体を照らすほとんどすべての灯心、ランプ、ろうそくは、あたかも多くの神殿の御前であるかのように、われわれの栄光を照らしている！」（大橋悦子訳）

捕鯨船の栄光は、すなわち文明の栄光。洋上で搾られて樽に詰められた鯨油が近代文明の明るさをかたちづくっていた。鯨の中でも特に標的にされたのはマッコウ鯨。鯨油がよく採れたからである。
日本で捕鯨の伝統を誇る場所のひとつに、南紀熊野浦の太地《たいじ》がある。その地に江戸時代から伝わるのが『鯨魚種品図目《げいぎょしゅひんずもく》』。小川鼎三《ていぞう》の考証によると享保の初期の成立というから、八代将軍、徳川吉宗の頃。一七一〇年代の書物だろう。それに鯨の種類ごとにどれだけ鯨油が採れるか、目安が載る。それぞれ二斗樽でセビ（セミ）鯨から三〇〇樽、コ鯨から二四ないし二五樽、マッコウ鯨から六〇樽、イワシ鯨から二〇樽とある。マッコウ鯨は意外と少ない。

だが、それは知識あるいは技術の不備のせいだったのかもしれない。いや、単なる書き間違いなのかもしれない。マッコウ鯨の漁が、西洋で本格的に始まったのは『鯨魚種品図目』の成立とほぼ重なる一七一〇年代という。従来は難しいとされてきたマッコウ鯨の捕鯨法が「発見」された。少なくとも西洋では、その頃からマッコウ鯨に対する認識が急激に改まった。マッコウ鯨の油量は極めて多い。あたらしい常識になった。

日本でも、蘭学者の石井宗謙《そうけん》が一八二七（文政一〇）年にシーボルトへ献じた『鯨の記』になると、土台の情報はそのときから約一〇〇年前の『鯨魚種品図目』とかなり共通しているにもかかわらず、マッコウ鯨の油量だけは著しく異なっていて、セビ鯨の二倍とされている。『鯨魚種品図目』ではマッコウ鯨はセビ鯨の五分の一とされていたのに。

マッコウ鯨こそ文明の灯火。ピークォド号のエイハブ船長も、『白鯨』の時代の現実のすべての捕鯨船も、マッコウ鯨しか眼中になかった。だからモービー・ディックという怒れる神のような巨鯨もマッコウ鯨であった。マッコウ鯨はどこに居るか。捕鯨船は大洋をさまよった。そしてたどり着いたのは日本近海だった。『白鯨』にはこうある。

「あの二重に閉ざされた国、日本が、もし門戸を開くようなことになれば、その功績を称えられるべ

きは捕鯨船である。それはすでに日本の門戸の近くに来ているのだから」(大橋訳)

ペリー提督率いるアメリカ海軍の艦隊が、日本をアメリカ捕鯨船の基地にしたい思惑も抱きつつ、浦賀に来航したのは、『白鯨』公刊の二年後の一八五三(嘉永六)年だった。はるかすぎる距離と幕府の政策によって「二重に閉ざされた国」だった日本は、黒船によって扉を開き始めた。ほぼメルヴィルの言葉通りになった。

とはいえ、メルヴィルの時代にようやく、アメリカの捕鯨船が日本の近傍まで捕鯨海域を広げたのではない。前史は長い。一八五〇年前後の日本近海はすでに長年おなじみの鯨の漁場だった。捕鯨業には大西洋やインド洋から太平洋へと拡大した歴史がある。アメリカが西海岸より太平洋に捕鯨船を出したのは、福本和夫の『日本捕鯨史話』によると一七八九(寛政元)年。つまりフランス大革命の年だ。最初のうちは主にオセアニア方面で捕っていた。ニュージーランドやオーストラリアの近海である。乱獲するのでどんどん減ってしまう。捕鯨船の操業海域は次第に北上してゆく。日本近海にマッコウ鯨が多いと気づかれたのは一八二〇年前後である。

以上はアメリカの捕鯨船の話だが、イギリスの捕鯨船は、アメリカよりどうやら少し早く、日本沿岸で鯨を探すようになっていた。『甲子夜話』の一八二四(文政七)年の項は、水戸藩領内の漁民が一八一〇年代後半から沖で異国船を目撃するようになったと伝える。だいたい符節は合っている。アメリカの捕鯨船だけでも、一八二〇年頃から六〇年頃まで、日本近海で年平均一〇〇隻が操業したという。

となれば、一八二三(文政六)年に常陸沖の太平洋上で、水戸藩領内の漁民多数とイギリスの捕鯨船が接触したのも不思議ではなかった。アメリカもイギリスもすぐ目の前に来ている。それなのに交際の生じない方がおかしい。漁民が捕鯨船に招かれ、片言の英語を覚え、捕鯨船員に日本語を教え、日本についての知識を伝授し、酒食の饗応を受け、捕鯨の様子を実地見学し、日本の土産を渡し、逆にイギリスの品物を貰い、物々交換に発展して、貿易のまね事になり、ついに水戸藩の役人の目にもとまるほど、市中にイギリス製品が出回るに至った。

江戸の儒者、朝川善庵は、水戸藩の知己を動員して集めた情報をまとめ、松浦静山に次のように書き送っている。『甲子夜話』にこう載る。

「水戸領内に目なれざる異国の品大分見当り、役人中も怪居候内、異国船岸近く来候ことも有之候に付、心付厳敷取調有之、交易の事及露顕、漁師共三百人余被召捕、入牢逐々吟味の上、品物一々取上げ、当分は漁猟被指留候様相成候由」

イギリス船と交際していた漁民たちは一味同心してそのことを隠していた。だが、異国船の目撃情報は多くの他の漁民から役人に寄せられていた。鯨のバラバラ死体が沿岸に打ち寄せられる怪事件も発生していた。遠く海上で鯨を解体して捨てている者がいることは明らかだった。おまけに鯨に絡みついている縄がこの国のものとは違っていた。そこに「異国の品」の市中への出現である。水戸藩は緊張した。厳重な捜査が行われた。外国製品の出所はすぐ分かる。

藩の役人は、異国船に実際に乗り移って異国人と交際した漁民たちを中心に、その関係者と思われる人々まで含め、ひととおり召し捕ってみた。そうしたら三〇〇人以上に及んだ。この国は、三代将軍、徳川家光以来、交際する異国と交際する場所を限定してきたというのに。しかもロシアに近い蝦夷地でも、出島のある長崎でも、どこか南の島でもない。江戸と目と鼻の先。徳川御三家のひとつ、水戸の領内で事件は起こった。天下の一大事である。

いったい異国船は何を意図しているのか。捕鯨がとりあえずの目的らしい。だがそれだけのためにわざわざ日本までやってくるものだろうか。捕鯨船の船長は乗船した日本の漁民には一様に「毎一人に板に摺候書面一枚」を与えていた。その板に何と摺られているのか。情報通の儒者、朝川善庵の関心もひとえにそこにあった。

善庵がこの事件を察知し、調べ事にいそしみ、松浦静山に報告しているのは、事件発生翌年のこと。善庵は水戸の門弟から捕鯨船の船長の配った摺板の現物を、ついに入手した。でも読めない。「書面の趣如何様の書認め有之や、不相分候処」。英語が分からない。松浦静山のところへ持っていった。静山も当然読めない。読めそうな人間に見せることにした。静山が朝川善庵に吉雄《よしお》忠次郎を紹介した。彼は、当時の日本では数少ない、英語を多少心得る者のひとりだった。

吉雄は幕府の天文方に出仕するオランダ通詞。元は長崎奉行所に勤務していた。彼にはオランダ語だけでなく、ロシア語とフランス語、そして英語の知識もあった。なぜ英語か。話は一八〇八（文化五）年に遡る。その年の八月一五日、長崎の出島に、イギリスの軍艦、フェートン号が、オランダ船と偽って侵入した。当時の欧州はナポレオン戦争の真っ最中。オランダはフランスに屈服し、イギリスはフランスに敵対し、イギリスとオランダも敵味方になった。それでイギリスの軍艦が長崎のオランダ商館を威嚇しに来た。フェートン号事件と呼ぶ。

ところがこのとき幕府の長崎奉行所は適切な外交的対応も情報収集もできなかった。オランダ語は分かっても英語がちんぷんかんぷん。これでは国際情勢の変化についてゆけない。慌てて英語担当官を養成することにした。一八〇九（文化六）年、幕府は長崎奉行所に属するオランダ通詞のうち六名に英語学習を命じた。そのうちのひとりが吉雄忠次郎だった。

『甲子夜話』に松浦静山が転載した朝川善庵の書面にはこうある。「吉雄忠次郎え御問合被下候得ば、イギリス文字にて委細には読兼候得共、大意は、アンゲリヤ国都より世界諸国え船を出し、国々の風俗、産物の有無、物価の高下、土地の善悪、海路の深浅等見糺し聞糺、其趣を直に板に摺、一々本国え相贈候由を認め候物の由申出候」

吉雄忠次郎の英語学習は初歩にとどまっていた。この摺板にも四苦八苦したようだ。でもおおよそは読めたらしい。イギリスの捕鯨船は、地理や政治や経済など、日本の国情を広く知りたがっている。この摺板を漁民に託すから、それを読める日本人が居たら、是非、捕鯨船を訪ねて欲しい。吉雄はそのように解した。

捕鯨船なら捕鯨だけしていたらよいではないか。鯨をとらえるためには「海路の深浅」は知らなくてはいけないかもしれない。だが日本の風俗や物価や土地柄までとなるとどうか。捕鯨は口実で日本と交易したくて下調べに来ているのか。それとももっと別の意図があるのか。

『甲子夜話』は、イギリスの捕鯨船と日本の漁民とが国際交流してしまったのと同じ一八二三（文政六）年に、常陸沿岸で次々と起きた異国船がらみの出来事も、列挙している。

「六月九日夜明け見候得ば、水戸領内大洗山下海上、地方より十四五町程の所え異国船来り居、千里鏡にて那珂《なか》の港、其外地方の様子微細に相伺ひ、卯の時過南方を指して出帆いたし候こと有之」

異国船は遠く沖にとどまってたまたま出会う日本の漁船から情報をとっていただけではなかった。大洗海岸や那珂の港といえば那珂川の河口のあたり。那珂川を遡れば水戸の城下はすぐ。そこに異国船が出現している。海岸から「十四五町」というから一・五キロメートルくらいまで接近して望遠鏡で沿岸部を観察していたという。しかもそこで異国船は航海能力の高さを見せつけてもいる。

「其頃相馬の商船、右異国船に洋中に於て行逢候由にて、申候は、八日夜四更頃、常州玉沢海上にて、異国船三艘那珂の港方角に向ひ走行候処、内一艘は未明に大洗山下に至り候由。玉沢より大洗迄は二十余里有之所を、瞬息の間に走り着候は、扨々《さてさて》恐ろしきことと噂いたし候由」

つまり六月九日の明け方に那珂の港を望遠鏡で観察していた異国船は、夜中の午前二時頃に一〇〇キロメートルほど北方の海上で目撃されていた。めっぽう速いのである。日本の船では考えられない。

この年、一八二三（文政六）年は、異国船が常陸沖で目撃されるようになってから数年後に当たる。このときまでに彼らはすでに、日本の陸と海をだいぶん調べていたらしい。『甲子夜話』は次のような挿話も載せている。

「仙台船銚子港を志し走行候処、夜に入、風にあひ、方角を失ひ当惑の内、異国船に出会捕押へられ候」

仙台の船が銚子の港を目指した。が、大風に遭って航路を見失った。そこに異国船が現れて捕まってしまったという。どうなったか。

「方角を失ひ候趣申聞候得ば、夷人絵図面を出し、此方角に向ひ走行候はば、月の没する頃には港に入るべき様、委敷指教候」。恐らく捕鯨船である異国船の船長か誰かが、海図を持ってきて現在位置と今後の航路を詳しく指し示し、近場の那珂の港への到着予定時間まで計算して教えてくれた。そのあとは？

「指図の如く走り候得ば、時刻も不違那珂の港に入津いたし候由。右之趣、那珂の港の人え相話、何れも其海路の委敷に一同感心致し候由」

何もかも異国人の教えの通りだった。仙台の船より異国船の方が常陸沖のことに通じていた。それで仙台の人も那珂の港の人も異国人に感心したのだという。

この挿話にはもしかして肝腎な説明が抜けているのではあるまいか。仙台の船が海で迷ったところに異国船が現れて、仙台の船は逃げようとしたのかどうか、とにかく捕まった。日本人は異国人と、限られた特殊な階層以外は長いことコンタクトもなく、言葉も分からない。そんな一般の日本人が、西洋人にいきなり海で出会って囚われの身になったというのに、それからすぐにきちんと意思の疎通ができ、肝腎なことをみな教えてもらって、平和のうちに解放されている。お互いにとって衝撃的な出会いのはずなのに、物事はまったく日常的に進行したかのようだ。だいたい短い時間にどうしてそこまで細かい話が通じたのか。

実は文政年間、幕府は隠密を使って東日本の沿岸部の漁民や商船乗組員の様子を調べている。すると、かなり大勢が異国船と出会っているのにそれを秘しているらしいと分かったという。仙台の船にとっても異国船にとっても、接近遭遇することは一八二〇年代前半にはもはや驚きではなかったのかもしれない。また会ったか。その程度のことだったのかもしれない。かなりの人数の海上労働者が異国人と仲良しだったのかもしれない。実際に会ったことはなくとも、いざというときは異国人を頼っても大丈夫と知っていたのかもしれない。そうした状況の存在を前提としなければ、『甲子夜話』に載る、迷った仙台の船が異国の船に道を訊いて助かった話はとうてい納得されない。仙台船は異国船に不覚ながら捕えられたと主張しているようだが、そうではないのではあるまいか。捕鯨船に手招きされて、自らも進んでその船に乗り込んでいった水戸の漁師、忠五郎のように、お互いが歓迎し合って接近したのかもしれない。

一八二〇年代前半の水戸徳川家の領地のすぐ隣の海は、毎年のようにそんなありさまであった。日本近海のことに日本人よりも異国人の方が詳しくなっている。船舶の性能も船乗りの航海技術も彼らが優る。そのことをとりわけ水戸藩は眼前で見せつけられている。

やはり捕鯨というのは見せかけではないか。彼らの真の目的は日本の調査ではないか。しかもその調査は平和的交易のためではなく武力を用いての侵略準備のためではないか。危機が迫っている。幕末維新の起爆剤となる水戸の尊皇攘夷思想は、捕鯨船という外患と、捕鯨船と仲良くして異国に親しみや敬意を感じるようになっている水戸の領民たちという内憂の両方に対処するため、一八二〇年代にわかに昂進した。その中心にいたのは水戸学者、会沢正志斎である。そして彼は一八二四（文政七）年、ついにイギリス人と直に対決する。常陸の海岸で。後の正志斎の著書の愛読者、吉田松陰の生まれる六年前、ジョン万次郎がアメリカの捕鯨船に助けられる一七年前、ペリー来航の二九年前、会沢らの教えを受けた関鉄之介が中心人物の一人となって、開国派の大老、井伊直弼を暗殺する三六年前のことである。

三　英人上陸

一八二四（文政七）年五月二八日の朝のこと。常陸国多賀郡大津村の沖に、異国の大船が現れた。この辺りは、水戸藩の付家老、中山備前守の領地。現在の茨城県北茨城市大津町に当たる。水戸藩領の最北だ。北茨城市の北隣はもう東北。福島県のいわき市である。

いったいどこの国の何をする船か。東日本の太平洋沿いでこのところ話題のイギリスの捕鯨船だろうか。それともアメリカか。ロシアか。騒ぎになった。

そのうち大船から四艘のボートが下ろされた。大津浜を目指して漕ぎはじめた。だが二艘は途中で引き返した。残る二艘は真っ直ぐに陸へと近づいてくる。

ボートの乗組員たちは海の様子をよく知っているように見える。浅瀬がないか。思わぬ潮の流れがないか。注意して確かめようとする素振りはまるでない。未知の異国の浜に船を初めて漕ぎ寄せるときの様子とは思われない。しごく手慣れているように見える。実際、彼らは近傍の浜を訪れたことがあったのかもしれない。似たことはきっとおりおりあったのだ。しかし文政七年五月二八日の行動はあまりに目立った。歴史に残った。

二艘のボートはついに浜に上がった。乗っていたのは六人ずつで合わせて一二人。

どんな人々だったか。柳橋藤蔵という役人の書状にこうある。「其様体猿の如く、丈高く髪の毛ちぢれ赤候、二三寸髭も赤くちぢれ、色の白きもあり、又殊に黒きも御座候、是は黒人と申候」。白人のみならず、黒人も居た。

陸には漁民のほかに村役人や郷士が待ち構えていた。異国人たちはなかなか気安い。握手を求める。酒らしきものの入ったガラス瓶を示す。さらに銀貨を渡そうとする。どうやら食べ物を買いに来たようである。村人だけなら秘密の取り引きに乗ったかもしれない。だが事は公になっている。異国人が無断で日本の浜に上陸する。しかも村役人の目の前。鎖国の禁を犯している。まさか調べもせずに食べ物を売って御帰り願うわけにもゆくまい。

村役人はさっそく彼らの乗ってきたボートを調べてみる。鯨突が二本。銛が一三本。その他捕鯨の道具が積まれていた。鉄砲もある。鉄砲には火縄がない。「金と石との摺合にて火出打申候」。大船に乗り、大海を渡り、鯨を捕り、進んだ道具を使う。やはり並大抵の連中ではないようである。

村役人はボートを積載品ごと差押えようとした。陸に完全に上げて保管しようとした。そうしたら異国人たちはいやがった。必要な品物を購入してすぐ帰ろうとしていたのだから当然である。恐らく異国人たちは、浜に待ち構えていた日本人に役人が含まれていて、最初から咎められていることに、途中まで気づいていなかったのだろう。日本は鎖国していると知っているはずなのに警戒心に乏しい。それはやはり場慣れしていたからではあるまいか。異国人は近所の浜に何度か来て、漁師と取り引きし、銀貨で野菜やら何やらを買ったことがあったのではないか。その種の経験が以前にあって妙に気が大きくなっていた。そのようにも思われる。

だが、この日は勝手が違っていた。異国人の中には鉄砲を肌身離さず携行している者も居た。たぶん異国人側が武力では優っている。戦って逃げようと思えばそうできた。しかし、事を荒立ててしまえば、今後の日本近海での捕鯨に差し障るだろう。異国人たちは穏便な態度をとった。

村役人がいちばん気にしたのはやはり鉄砲を抱えた異国人である。武装解除しなければ捕まえたことにはならない。だからといって、居丈高に武器を取り上げようとして撃たれたうえに逃げられてはどうしようもない。困った。下手に出ることにした。異国人の食事の世話を始めねばならない。異国人は肉を好む。村役人は鶏を持参した。留置するあいだは鶏肉に不自由させない。だから鉄砲を預からせて貰えないか。うまく通じたようである。異国人は鉄砲を引き渡し、二八日の晩から鶏肉を食べた。

一二人が留置されたのは浜の近くの漁師の家である。そこを竹で囲って仮牢とした。鶏肉のほかにねぎや大根、そして飯が供された。異国人は箸の扱いが不得手で、飯は手摑みで食べていたという。

明けて二九日。仲間が帰らない。異国の大船から新たなボートが一艘、やってきた。海から大津浜の様子を見て、さかんに声を上げる。海岸に留め置かれているとみえる仲間に呼び掛ける。その日、あちこちで大筒の音が聞かれた。何隻もの異国船が沖で大砲を撃っている。威嚇であろう。仲間の返還を求める示威行動。磯原では、あまりの轟音と振動で、海辺の家の中の茶碗が共鳴して動いたという。女子供は泣き叫ぶ。戦争直前の雰囲気である。

これはもう大津村の役人だけの手に負える出来事ではない。大筒の音に、多賀郡周辺の人々は激しく動揺した。一種のパニックが起きた。大津村からは書状が飛んだ。「大津浜江廿八日より異人十二人捕置候に付、異国船とかく彼地に乗寄候、無勢にて無心許候間、何卒御加勢被下候」。近隣の役人がどんどん大津浜に集まった。事の経過を記録した書状を何通か遺した柳橋藤蔵という人も、大津村ではなく、同じ多賀郡の伊師村の役人である。二九日は大筒の音で明け暮れた。もちろん水戸にも江戸にも報せは既に飛んでいる。
六月一日になると、水戸や近隣の藩からも人が駆けつけ始めた。浜の仮留置所には、人足番人が五〇人、足軽が一〇人も動員された。厳重な警護態勢がようやく整っていった。それから肝腎の取り調べである。ここ数年、東日本の太平洋岸を中心に続いている異国船騒動。異国人たちはいつの間にか日本の多くの漁船や商船と仲良くしているらしい。真相を把握できる機会がついに訪れた。水戸藩から取り調べ役として大津浜に遣わされたのは、会沢正志斎である。

正志斎は一七八二（天明二）年、水戸の城下の生まれ。一七九一（寛政三）年から藤田幽谷《ゆうこく》の門人となった。そのとき幽谷は現代の社会で言うと高校生の年齢。でも既にひとかどの学者。弟子入りした正志斎はその年九歳。学問の師弟関係とはそういう年の頃から始まるものだった。

幽谷の門をたたいて八年。正志斎は彰考館《しょうこうかん》に迎えられる。彰考館は『大日本史《だいにほんし》』編纂のために徳川光圀が開いた研究機関。いわゆる水戸学の総本山。正志斎の師、幽谷は、一八〇七（文化四）年、彰考館総裁に任じられた。正志斎はというと一八二三（文政六）年、すなわち水戸の漁師、忠五郎が大勢の漁師仲間を巻き込みながらイギリスの捕鯨船と親しく交際して事件となった年に、彰考館総裁代理の地位に就いた。大津浜へ異国人たちが上陸してきたのは、その翌年である。

国の存亡がかかっている。明日にも異国船の本格的侵略が始まるかもしれない。異国人が上陸し、異国船が大筒を撃ちまくるのは、戦争の前ぶれと取るべきではないのか。危機は目前だ。そんな心持ちで正志斎は水戸を出立した。彰考館の飛田《とびた》子《し》健《けん》が副取り調べ係として随行している。二人は大津浜に着くと、ただちに異国人の尋問を開始した。やりとりの様子は正志斎自らが『諳夷《あんい》問答《もんどう》』という報告書にまとめている。諳夷の夷は異国人のこと。諳は諳厄利亜の諳。アンゲリアと読む。イギリスに対する当時の呼称。したがって『諳夷問答』とはイギリス人と問答したとの極めて即物的な意味のタイトルになる。

六月三日のこと。正志斎と子健は、捕えた一二人の異国人のリーダー役とみられるゲビスンという人物を呼び出した。他の者も何人か。彼らはイギリスの捕鯨船員と報告されているが、本当かどうかから調べてみなければならない。とはいえ「始テ見タル夷人ノコトナレハ言語ヲ通スヘキ手段モナシ」。いきなり困った。そこで試みに「先ツ諳厄利亜ノ四字ヲ書テ示シタル」。はるばる日本近海までやってくる異国人には中国で過ごした者も多いと聞く。漢字を知る可能性がある。漢字が少しでも通じれば筆談も可能かもしれない。それで「諳厄利亜」と書いてみた。だがゲビスンは「読コトヲ得ス」。

ならば日本の仮名はどうか。正志斎は、イギリスの捕鯨船が日本の漁師たちから日本語の知識をかき集めていると知っている。前年の漁師忠五郎の事件は、まだあまりに生々しい。「イキリスいきりすト両様ニ書」いてみた。カタカナとひらがな。ところがゲビスンは「読得ス」。「神州ノ字モ又漢字モ通セサルコトヲ知レリ」。お手上げである。どうやらアルファベットしか読めないらしい。正志斎はまず「魯西亜ノ字」でロシイスカヤと書いてみた。キリル文字である。ゲビスンが本当にイギリス人か、それとも他国人か。キリル文字で反応を見てみよう。

「夷少シク心得タル顔色ニテ熟視シタレトモ又読コト能ハス」

ゲビスンはロシア人と間違われているのかと慌てたのかもしれない。突然に能動的になった。筆を取って「ＡＢＣＤＥＦＧ」と書いた。そして読んだ。正志斎はよく聞き取れなかった。でもオランダ語のアルファベットの発音とは違うらしいと分かった。ゲビスンは「イギリス、イギリス」と繰り返す。自分は英語を話すイギリス人だと強く主張したのである。ついで「１２３４５６７」と書いて読み上げた。正志斎の聞き取るところでは「ワン。テウ。フレイ。フアラ。ハイフ。セキ。セム」。これもオランダ語と発音が違うようだ。正志斎はここで彼らはやはりイギリスの船員らしいと認めた。はて、どうするか。正志斎は、ロシア語もオランダ語も、アルファベットや少しの単語、発音を知るだけで、その読み書きはできない。ましてや英語となると処置なしである。そもそも水戸藩にはこの頃まだ英語を学んでいる者がいない。同藩が英語の学習に関心を寄せるのは、この大津浜の事件からあとのこと。とにかく文政七年には水戸藩に片言でも英語の出来る者はいなかった。

いや、正確に言い直せば、藩の侍の身分にはいなくても、領内にまるでいないことはなかった。たとえば前年にイギリスの捕鯨船に乗り込んだりした漁師の忠五郎は片言の英語を少しは使った。どうやら同じような漁師か誰かが大津村にも居た。「土人勇三郎」である。

正志斎はこう記す。「勇三郎ト云ハ村民ノ夷人ヲ守衛スル者ノ中ニテ数日夷輩ト同居シタルニ顔色手遣カヒ等ヲ以テ少シク此彼ノ語ヲ通スルコトヲモ能クスルコトヲ得タルモノナリ」。そのまま信じれば、勇三郎は、異国人の上陸してきた五月二八日から正志斎が尋問を始めた六月三日までの五泊六日、異国人の世話をした人物ということになる。それだけの付き合いだったのかもしれない。だが、その話は表向きで、勇三郎も忠五郎のようにイギリス船と秘密裏の多少の交際が既にあった人なのかもしれない。というのは、五月二八日まで、異国人の異の字も知らなかったにしては話がよく通じるのである。

ここから正志斎は勇三郎を通訳にする。まず「勇三郎ヲシテ彼カ類船ノコトヲ問シム」。水戸の沖に滞留している仲間の大船はいったい何隻か。こんな質問が勇三郎を介するとすぐ伝わる。ゲビスンは両手の一〇本の指を三回示し、更に片手の五本の指を見せた。つまり三五隻だという。

正志斎は次に勇三郎に「本国ヲ出船シテヨリ幾歳月ト云コトヲ問ハシ」めた。するとゲビスンは月の絵を描き「32」と書き添えた。三二か月である。

するとゲビスンの出発したのはどこなのか。三一か月前にイギリス本国を出たのか。それともどこかよその国の港に捕鯨基地があるというのか。正志斎は「地球図ヲ出シテ魯西亜ノ地方ヲ指サシロシヤ」と言ってみた。そしてただちにゲビスンを指差した。「おまえはこの国の港から船出してきたのか」。そう尋ねたつもりだった。質問の趣旨は勇三郎を介さずゲビスンに通じたようである。頭を振った。違うという。そこで正志斎は「諳厄利亜ノ地方ヲ指シテイキリス」と言い、次にまたゲビスンを指さした。彼は頷いた。本国から出港してきたらしい。

正志斎はいよいよ肝腎要の質問をすることにした。来航の目的である。勇三郎に通訳させた。ゲビスンはもちろん捕鯨と応えた。身振り手振りでやってみせた。まず口を膨らませて、「フーッ」と息を吹く。「気ヲ吹クハ鯨ノ潮水ヲ吹クヲ形容シタルナリ」。それから「手ヲ揺ス其状鯨ヲ捕ルト云ニ似タリ」。

が、正志斎は信じない。「夷輩海上ニ停泊シテ常ニ鯨ヲ捕ルコトハ実事ナレトモ其来リシ本意ハ左ニ非ルコト明ナリ」。彼らの大船は確かに捕鯨の機能を備えている。でも、近いところでは五月二九日に大筒を撃ちまくって北茨城の沿岸住民を震撼させたように、なかなか重武装である。水戸藩の年代記『続水戸紀年』の一八二三（文政六）年の項は、イギリスの捕鯨船について「船上頭ニ大銃二挺ヲ備」え、左舷と右舷と正面にはそれぞれ七挺ずつ計二一挺の鳥銃を取り付けてあり、他にも武器を豊富に有していて「漁船トハ云ヘカラス」と結論している。

正志斎もまた捕鯨船は実は軍艦の偽装ではないかと疑っていた。百歩譲って捕鯨を主目的とする船だとしても、スパイ船を兼ねているだろう。日本の地理や民情、日本語のことまで調べて将来の侵略に役立てようとしている。そのように本国から依頼されてきている。そうだと考えられる。ところが日本では有識者までが「夷虜捕鯨ノタメニ来ルト云謬説」を信じこんでいる。そこに日本の危機がある。どうせ捕鯨船だから鯨を捕れば帰るはずと安心していると、いつの間にか日本の海は侵略国の軍艦に取り囲まれ、日本の船乗りはみんな侵略国との「国際親善」にうつつを抜かして敵の手先にされてしまう。イギリスは日本の漁師や船乗りにさかんに笑顔を見せて洗脳し、言わば「浸透工作」にいそしんでいるのだ。

正志斎は何としてもゲビスンから「捕鯨の真相」を聞き出したかった。でもゲビスンが語るのは鯨のことばかり。正志斎は「其実情ヲ吐カサルコトヲ悪ミ形容ヲ以テ是ヲ詰ソニハ如何シテ其意ヲ通スベキト思ヒ彼カ顔ヲ熟視」する。ゲビスンは「別ニモリノ図ナトヲ画キ他ノ事ニ転シテ其言ヲ濁シタルカト見ユ」。イギリス人は銛やら何やらを描いては、イギリスの捕鯨術を正志斎に本気で教えているつもりだったのかもしれない。だが正志斎は鯨の話を方便にして、ごまかしていると見た。

ここまでとぼけられてはしようがない。正志斎は質問を変えた。現今の国際情勢について。そしてイギリスの植民地拡大について。正志斎は世界地図を用いながらどこがイギリスの版図になっているかと尋ねていった。ゲビスンは「夷又河天突天ノ地ヲ指シテイキリスト云」。河天突天はホッテントット。つまりアフリカである。アフリカのかなりはイギリスの植民地になっているのか。すると「莫臥児印度」はどうか。莫臥児はムガル帝国のこと。インドを、南の一部を除いて支配している大帝国。正志斎はそのように覚えている。ゲビスンは「印度ノ地ノコト初ハ其南海ニ沿タル地五六ケ所ヲ指シテイキリスト云」った。海沿いの港湾を押さえているだけ。インドの内陸はイギリスではないらしい。

でも、そこでイギリス人たちは議論を始めた。「ゲビスン及ヒ他ノ夷両三名図面ヲ熟視シ印度ノ北界ヲ手ヲ以テ数々摸索シ互ニ論定シタル色ニテ余ニ向テソノ北界ヨリシテ皆イキリスト云」。結論は北まで含め内陸も入れてインドはみんなイギリス。そう変わった。ムガル帝国はイギリスの属国化への道を歩んでいるらしい。正志斎は恐怖した。

もはや捕鯨船個々の目的などどうでもよい。問題はイギリスという大国の真意だ。イギリスは日本をどうしたいのか。インドのように属領化を望んでいるのか。「又勇三郎ヲシテ今度渡来セシ故ヲ再ヒ問シム」。ゲビスンは相変わらずお茶を濁す。そこにメトトンという名の別のイギリス人が話に割って入ってきた。彼は世界地図を「神州ノ地方ヨリ諳厄利亜マテノ海路ヲ四指ヲ以テ再三撫テタリ」。メトトンは何を言いたかったのか。単に自分達の船の往路と復路を正志斎に教えていただけなのかもしれない。しかし正志斎はそう理解しなかった。メトトンの撫でる地図上の場所は、本国イギリスから始まって、アフリカ、インド、日本と続く。つまり捕鯨船の行く道と帰る道のかなりの部分は、イギリスという大国の版図内。果ての日本もイギリスに組み入れるのがもはや時の勢い。

メトトンはついに本音を洩らした。正志斎はそう思った。確かめたかったことをついに確かめたつもりになった。「神州ヲ服従セシメント云ノ意ナルヘシ悪ムヘキノ甚キナリ」。神の国、日本を、植民地化しようとする勢力が実在する。

この大津浜事件こそ幕末の攘夷思想の一大原点だろう。なぜなら正志斎は、ゲビスンやメトトンを思いつつ、このあとただちに主著『新論』を執筆し、それが幕末の攘夷の志士たちのバイブルになるからである。

四　最初の攘夷

大地震が江戸を襲った。一八五五（安政二）年一〇月二日というのは旧暦で、新暦に直すと一一月一一日。「三・一一」ならぬ「一一・一一」。ペリーの黒船が来航して二年後で、日米和親条約が締結された翌年のこと。

その「一一・一一」の夜の四ツというから午後一〇時頃。江戸は大揺れに揺れた。地震学者、大森房吉の説によると、震央は亀戸という。直下型も直下型だ。マグニチュードは六・九と推定される。下町では建物が多く倒壊した。深川や本所、下谷や浅草が酷かった。多くの圧死者が出た。

その晩はあまり冷え込んではいなかったらしい。日本の地震に付き物の火事は少なめだった。それでもたとえば新吉原は全焼した。堀で囲まれて入口は大門ひとつの色街。逃げにくい。時間帯も悪かった。みなが遊んでいる真っ最中。およそ千人が昇天したとされる。江戸全体の死者は七千人とも一万人とも。いわゆる安政の江戸大地震である。

この地震では当然、武家屋敷にも大きな被害が出た。あくまで所によっては。明暗を分けたのは地盤だ。水戸藩の江戸上屋敷は小石川にあった。小石川後楽園はその屋敷の庭。敷地はおよそ一〇万坪。さすが御三家のひとつ。広い。江戸城にも近い。今日の地名で言えば竹橋から神保町、水道橋と辿れば、たちまち着く。良い場所だ。交通の便においては。

だが地盤はどうか。神田川のすぐそば。地質的には谷底低地と呼ばれる。砂礫や泥土でできている。軟弱だ。揺れやすい。そこに立派な武家建築が鎮座する。屋根は瓦葺。極めて重い。それが崩れ落ちてくる。ひとたまりもない。地震の多い南関東で武家建築にこだわるのは危険ではないか。慶安の江戸大地震（一六四九年）のときには、武家屋敷の瓦葺をやめて柿《こけら》葺に改めるべきだという議論もなされた。

が、武家の権威と格式の維持がより大切とされた。実用や安全を優先する主張は広まらなかった。武家屋敷は相変わらず立派な瓦葺を原則としたまま、幕末に至っていた。耐震建築維新の夜明けは遠かった。そんなときに、軟弱地盤の上に建った水戸藩上屋敷を大地震が襲った。

水戸藩は尊皇攘夷の総本家。藩の学問として水戸学と呼ばれるものを発達させてきた。尊皇攘夷の理論である。ペリー来航で、ついに水戸の出番が来た。そう思われた。幕府も水戸藩に頼った。水戸の老公、徳川斉昭《なりあき》は、過激な攘夷思想の持ち主として警戒されてきたが、ついに幕政に参与することになった。ペリー来航の年からである。

といっても幕府はもちろん水戸の尊皇攘夷思想に期待したのではない。イギリス船やアメリカ船が常陸国の沖合を含む太平洋上で鯨を捕るようになった文政年間からとりわけ、水戸藩が強く意識し研究してきた海防についての識見を活かしてほしかったのである。斉昭は張り切った。知恵袋の水戸学者、藤田東湖《とうこ》を、水戸から江戸へと呼び寄せた。東湖は藤田幽谷の子。幽谷は尊皇攘夷思想を初めて本格的にかたちにした水戸学者と言ってよい。幽谷の愛弟子には会沢正志斎が居る。東湖は、父や正志斎の尊皇攘夷論を受け継ぎながら、そこに国学の要素も盛り込んだ。水戸学を独自に前進させていた。

その藤田東湖は、安政元年には徳川斉昭の側用人になった。小石川の上屋敷に住んでいた。大地震の前日の晩には、芳野金陵《よしのきんりょう》の家を訪ねた。安井息軒《やすいそっけん》が金陵の家に仲間を集めておいしい蕎麦を食べさせるというので、東湖のほかに塩谷宕陰《しおのやとういん》や藤森弘庵《ふじもりこうあん》らも顔を揃えた。

この顔ぶれはなかなか豪華である。息軒も金陵も宕陰も弘庵も水戸藩の人ではない。私塾を開いていたり、宮仕えをしていたり。いずれにせよ揃ってひとかどの儒者。水戸学は儒学の一流派と呼んでよいから、東湖を含む彼らは儒者仲間だ。息軒と金陵と宕陰は、地震の年から七年後の一八六二（文久二）年には、幕府の昌平黌《しょうへいこう》の儒官に一緒に迎えられ、「文久三博士」と称されることになる。

はて、彼らは安政二年一〇月一日、どうしても蕎麦を食べたかったのだろうか。おいしい蕎麦は方便であろう。外交や軍事の話をしたかったに違いない。彼らはみな海防について一家言ある時論家としてそのとき活躍していた。東湖が安井息軒や芳野金陵や塩谷宕陰の意見を幕政に参与する徳川斉昭につないでいた。要するに蕎麦にかこつけて開催された、斉昭のブレーンたちによる非常時情勢研究会だった。

ペリー来航から二年。どうすればかの国に気後れせずに済むか。追い返して二度と寄り付かせないようにする手立てがありうるのか。和親条約を結んでもはや後戻りが出来ぬとすれば、今後とりうる道は何か。藤森弘庵の回想によると「激談時を移」した晩であったという。それから碁になった。一目一目が戦術論や戦略論につながり、白熱した議論が碁とともに続いたに違いあるまい。翌日の夜明けまで、彼らは碁に興じた。東湖はなぜか負け続けた。

普段だと、東湖は圧倒的な陽性の存在感を持つ人物である。芳野金陵の文章を借りれば、東湖が詩を派手に吟ずると毅然とした雰囲気にたちまちあたりは包まれて「豪気おのおの自ら相寄」り、抑えて吟じると「清亮雄爽、濤立ちて雲走」り、舞えばダイナミックで「天を突き、地に槍」する勢い。豊かなパフォーマンスで一座を倦ませない。ところが碁に負けるこの晩の東湖は違っていた。藤森弘庵は言う。「常にかはり、何となく愁然」。いつものようではなく寂しそうにしていた。東湖は手詰まり感にとらわれていたのかもしれない。事態は、黒船来航から和親条約へと、あっという間に進み過ぎてしまったのだから。

東湖は一〇月二日払暁、小石川の水戸藩上屋敷に戻った。その晩、地震が来た。『唱義聞見録《しょうぎぶんけんろく》』という書物にこうある。

「其夜、藤田の家に客ありて、玄関に送り出でて立ち戻り、未だ脇差も抜かざるに、大地震なりければ、老母を扶け、一旦庭前に出でけるに、老母、火鉢は土瓶の湯かけずに出でたり、火の用心悪しと云ひて、また家に入りければ、東湖、それは危うき事とて、老母を出さんとて、是も家に入りける」

つまり一度は無事に逃げ出した。建物の外に出た。そのままなら助かっていた。しかし藤田幽谷夫人であるところの老母が火の不始末を気にした。家に戻ってしまった。東湖の父、幽谷は一八二六(文政九)年に五〇代で没している。それからは母ひとり息子ひとり。東湖の家から出火して藩邸が丸焼けにでもなれば、息子は切腹ものだろう。母の気持ちは分かる。が、あまりに無茶である。東湖も後を追いかけた。どうなったか。家が崩れ、鴨居が落ちてきた。母も息子も潰されかかる。けれど、東湖が火事場ならぬ地震場の馬鹿力を出す。

「東湖大力の人ゆえ、老母を下に囲ひ、座して両手を突き、肩に鴨居を受けながら、片手に老母を庭前に投げ出しける」

鬼神か超人か。が、そこまでだった。「また一震強くあり、終に東湖は圧死して、老母は免れ存命しけり」

水戸藩邸での地震の死者は四六名、負傷者は八四名という。尊皇攘夷運動の理論家の柱石。そんな立場でこれからの日本をますます担うと目されていた藤田東湖も、親孝行の美談中の美談を遺し、四九歳の生涯を閉じた。あとの水戸学には、藤田幽谷よりも八つ年下なだけで、大地震の年には既に七三歳の会沢正志斎が残った。知恵袋の東湖を失った徳川斉昭の構想力も発信力も大きく減退することになった。

ところで、東湖は実はもっとずっと早くこの世を去っているはずだった。一八二四(文政七)年五月の大津浜事件のとき、東湖は父の幽谷から命を捨てるように命ぜられていた。だが、少しの差で死に損ねてしまった。東湖が一八歳の年のこと。そこから安政の大地震まで、彼は拾った命で生きていた。

大津浜事件には既にふれた。水戸の領内になる常陸国多賀郡の大津浜に、イギリスの捕鯨船の乗組員が一二人も小船を乗りつけて上陸し、村役人にまとめて捕らえられた出来事を指す。取り調べのために水戸から派遣されたのは会沢正志斎。彼は六月三日からイギリス人たちへの尋問を開始した。イギリス船の真の目的は捕鯨ではなく日本侵略にあると結論した。そして、そのことを、当時は水戸の彰考館総裁の地位にあった、師の幽谷に、いちはやく知らせたようである。というのは、正志斎が大津浜で尋問を開始した日からわずか三日後の六月六日、幽谷は早くも、藩主の徳川斉脩《なりのぶ》あてに、大津浜のイギリス人の処置について、上申書を提出しているからである。次の藩主で幽谷の息子の東湖を登用する斉昭は斉脩の弟。ともかく、幽谷の上申書は、正志斎の報告と意見をなぞっている。幽谷は書く。

「捕鯨と申は全く屯田の意にてゆるゆる逗留仕候内此方の隙を窺候には相違無之候」

正志斎の報告を素直に信じる幽谷は、捕鯨船を一種の「屯田船」だと主張する。捕鯨で自給自足しながら日本近海に長期間とどまり、日本の国情を調査して、隙あらばただちに侵略を開始する。生産活動に従事しながらいざというときは戦争をする武装船だから「屯田船」なのである。水や薪が不足したと称して日本本土に接近し上陸してくることがあるのは、情報収集のための名目であって、異人がそう説明したとしても、真に受けるべきではない。

幽谷は続ける。「此度大津村へ致上陸候に付天文方通詞下り候へば定而相分り候事と被思召候」

幽谷は焦っている。水戸から会沢正志斎らが調査に向かったのに続いて、幕府も英語のできる天文方通詞を含む一団を大津浜に向かわせている。イギリス人たちは幕府の通詞に英語で食べ物や飲み物を欲しかっただけと訴えるだろう。幕府の役人はきっとそれを信じる。でも違うのだ。

「愚案にはたとひ通詞にて言語文字は相分かり候共真実の虜情は相分かり申間敷候」

幽谷の考えでは、通詞は異国人の言葉をその通りに受け取るだけで、「真実の虜情」すなわち本当の異国人の意図を見抜く能力などない。したがって幕府は彼らの舌先三寸に乗せられ、嘘を嘘と疑いもせずに、せっかくとらえた一二人をおみやげ付きで解放すると思われる。とんでもないことだ。なぜなら彼らの真意は日本を従属させることにあるのだから。それは幕府に頼まずとも水戸藩独自の調査で既に解明済みだ。幽谷は会沢正志斎の尋問こそが異国の捕鯨船の真の目的を初めて解き明かしたものと絶賛し、藩主の斉脩に訴える。

「是度会沢恆蔵等出張、地球図を指点いたし彼夷人と問答之次第、(中略) 恆蔵筆談は行届兼候へ共、異国人と問答、其情を推究分明に相成候事、新井筑後守が羅馬人《ローマ》を詰問いたし候已来之手際に御座候」

幽谷は興奮状態に陥っている。会沢恆蔵こと正志斎の尋問の過程の中で、イギリス人のメトトンが世界地図上のイギリスから日本までの海路を再三撫でた。正志斎はその動作をイギリス人の侵略のメッセージと受け取った。イギリスから日本までの海路とその周辺をかの国が支配したいというのが「真実の虜情」である。正志斎ら水戸の人々は英語を知らない。しかし学識はある。異国人の心の内を見通すくらいは、片言のやりとりや表情の観察からでも、じゅうぶんできる。幕府の小役人とはできが違う。正志斎は新井白石がイタリア人のシドッチを尋問して以来の大成果をあげたのだ。もはやイギリスを侵略国と推定してよい。水戸藩独自の判断でイギリス人たちに厳罰を与えるべきだ。幽谷は藩主の斉脩にそう上申した。

が、斉脩は水戸でなく江戸に居る。幽谷とのやりとりには時間がかかる。斉脩は幽谷の意見を結局信じなかったようだけれど、とにかく幽谷が江戸に上申書を送った翌日の六月七日には、幕府の一行は大津浜に着いている。代官は古山善吉、通詞は吉雄忠次郎。天文方の高橋作左衛門や外国事情に明るい間宮林蔵も同行している。

幽谷としてはもはや一刻の猶予もならない。藩主の斉脩を説き伏せようとしているあいだに異国人たちは大津浜から母船へと戻されてしまうのではないか。幕府の取り調べはやはり異国人に媚びた妥協的なもののようだ。そのへんの最新情報については、正志斎から幽谷へ、どんどん手紙が届いていたと思われる。幽谷はたまらず息子の東湖を呼びつけた。東湖の著した『回天詩史《かいてんしし》』にこのときのことが記されている。

幽谷は言った。「近年は毎年のように醜虜とでも言うほかないけがらわしい異国人どもが神聖なるこの国の近海をうろつき、時には大砲を鳴らして、人民を脅かしている」

とは言いながら幽谷は別の心配をしている。脅かされているはずの人民が、異国人によくなつく傾向があるように思われる。今回の大津浜でも、イギリス人を監禁している浜の家を地元の漁民たちが見物に行き、遠巻きにするどころか、漁師の女房などは赤子を異国人に抱かせてみて、異国人が小児をあやしながら涙を流すのを見、この異国人にも国には父母や妻子があって、思い出して泣けてくるのだろうと、村人一同で同情している始末なのだ。

また、大津浜事件の前の年、文政六年に起きた、水戸領内の漁師たちとイギリス捕鯨船の交易事件で捕まった漁師の忠五郎に至っては、役人の調べに対して異国人を礼讃してやまないというありさま。松浦静山の『甲子夜話』にこう載る。

「忠五郎申候は、異国船罷在候沖合は、鯨魚往来の汐路故、荒汐にて、中々船など留むべき様なく、碇を下さんには、深さ何百尋といふ際限なければ、是以難叶。又碇を下せる様子も不見。如何してわづか四五里を限り其内に漂居候や。忠五郎往来の度毎に心付見候得共、其手段一向不相知。何共不思議に存候由、中聞候」

忠五郎はイギリス船の航海や操船の技術に驚嘆し、尊崇の念を抱いている。さらに忠五郎は言う。

イギリス人がわれわれ水戸領内の漁師を取り扱う態度は「船中の人を取扱ふと同様にて、少しも隔心」がない。士農工商の身分制度にしきられた同じ日本人同士よりも人と人として豊かな交際ができるくらいだ。

「漁師共申候は、異国人は至て深切なるもの故、吾々沖合にて風雨にあひ難儀の節は、彼船にて相凌ぎ、炎天の節は冷水をあたへ、病気の節は薬をあたへ、大に力を得候事多く、吾等の力に及び兼候鯨魚を捕候而已《のみ》にて、漁猟の妨に少も不相成候を、何故に公儀にては異国人を讎敵《しゅうてき》の如く御扱ひ被成候やなどと申候者も有之由」

忠五郎ら漁師たちは、鯨を捕るイギリス人たちに同業者として親愛の念を抱き、幕府や藩が異国人を敵視することを理解できないとまで言い出している。そうした事態は水戸の領内のみならず、三陸から九十九里浜までの太平洋沿岸で広く起きていることなのだ。為政者の知らないうちに民心が異国人に抱き込まれつつあるのではないか。異国人は本格的に武力を行使せずとも日本の民衆を味方につけてこの国を転覆させてしまうのではないか。幽谷も正志斎もそれを恐れていた。

『回天詩史』の記述に戻る。幽谷は東湖に述べる。「異国人の振る舞いはあまりに傲慢無礼である。ところが世はこぞって姑息だ。事を荒立てたくない。その一心だ。今回の大津浜の一件も、幕府の事なかれ主義が発揮されて、異国人を釈放してしまうのではないか。刹那の平穏を求めて、やがて国の根幹を失うのではないか。同様のことが繰り返されてゆくうちに神州日本は異国に侵蝕されつくすのではないか。そんな理屈を日本人が誰ひとり分からないと異国人になめられては神州の恥である」

ここで幽谷はようやく息子に命じる。「汝すみやかに大津に赴き、密かに動静をうかがひ、若《も》しその放還の議決をつまびらかにせば、すなわち直ちに夷人の舎に入り、膂力《ひりょく》をふるひ、夷虜をみなごろしにし、然る後、従容《しょうよう》、官に就いて裁を請へ」

二人のイギリス人を全員斬って自首せよと言う。死罪は免れず、藤田家も絶えるだろうが、神州日本の心意気が世界に示されることの方がはるかに重要である。この父親の言に息子は「謹んで命を奉ず」と答え、父親はそれでこそ「真に吾が子なり」と感じ入った。東湖はただちに旅支度。そこにたまたま母方の伯父、丹市郎兵衛がやってきた。伯父にかくかくしかじかと事情が告げられ、別れの盃が交わされる。

と、酒を酌み交わし始めたばかりのとき、知らせが届く。恐らく大津浜の会沢正志斎からだろう。吉雄忠次郎を通詞として取り調べを続けた幕府の一行は「夷奴を詰問し、おもへらく、其の陸に上りしは、薪水を乞ふ所以、他意あるに非ず」と認定し、六月一一日、イギリス人の全員を解放し、彼らは急いで捕鯨船へ戻っていったという。「一座恍然たり」。恍然の恍は恍惚の恍。一同はぼんやり呆然自失となった。

こうして一八二四年、つまりペリーの黒船来航よりも二九年、安政の大地震より三一年も前になる、攘夷断行の試みは、未遂に終わった。

五　義によって救われない者

水戸学は尊皇攘夷の学問である。幕末維新を主導した思想である。しかし尊皇攘夷のうち、うしろの二文字はあとから付け加わったものと考えてよいだろう。ロシアが蝦夷地を脅かす。さらにアメリカやイギリスの捕鯨船が、水戸藩のお膝元、常陸の海で、毎年長期間、操業する。沖にしょっちゅう異国の大船が目撃される。漁民が異国人と交際さえはじめる。そんな時代に攘夷は表立って強く意識されるようになった。その頃の水戸の学問の担い手、藤田幽谷や会沢正志斎や藤田東湖が、尊皇のあとに攘夷を足した。常陸国が太平洋に長く面している。大きな湾もなくいきなり外海である。そのことが大きかった。地理上の特性、地図上の位置が、水戸学と攘夷を結びつけたと言ってもよい。いずれにせよ、攘夷とはほぼ一九世紀に入ってからの新思想なのである。

ということは、尊皇の方は当然ながら水戸学においてもっと早くに確立していた。水戸学と後世に呼び習わされる水戸藩の学問の伝統が誕生したとき、もう尊皇はあった。水戸学とは初めから尊皇を核とする思想であった。

なぜ、徳川御三家のひとつ、武家の世を守るべき水戸藩の学問が、佐幕よりも尊皇なのか。水戸学の基本にはもちろん佐幕思想がある。水戸の藩主は「天下の副将軍」と呼ばれた。将軍あっての副将軍。水戸が藩公認の学問で幕府を否定することは自己矛盾である。水戸学はそんなことを考えようとはしなかった。前提はあくまで佐幕である。でも水戸学は決して佐幕それ自体で充足できなかった。佐幕を正義とする「絶対の根拠」を発見し信仰しなくては気が済まなかった。突き詰めるとそれは尊皇になった。天皇を敬う。京都に思いを寄せる。尊皇先にありき。尊皇と齟齬をきたさぬかぎりにおいて佐幕もありき。水戸学の構造である。

水戸学の開祖は徳川光圀と言われる。水戸藩の第二代藩主。俗に水戸黄門と呼ばれる。『水戸黄門漫遊記』の主人公。助さんと格さんを従えて日本全国を旅する。庶民の姿に身をやつしており、いざというときには正体をあらわして悪を成敗する。正義の人である。世直しに身を挺する。講談で親しまれた。

近現代には水戸黄門の漫遊の物語はくりかえし映画にされ、テレビ・ドラマになった。映画では月形龍之介が、テレビでは東野《とうの》英治郎が当たり役とした。テレビ・ドラマは長いシリーズとなり、東野のあとを西村晃《こう》、佐野浅夫、石坂浩二、里見浩太朗が受け継いだ。

このうち、東野と西村と佐野が左翼新劇俳優の系譜に入る人たちであることが面白い。東野英治郎は俳優になる以前にマルクス主義に目覚めた学生運動家であった。そして築地小劇場のプロレタリア演劇研究所の一期生となり、名優への道を歩む。治安維持法違反容疑で長く留置された経験も持つ。西村晃はというと、左翼新劇の理論的指導者のひとり、久保栄に傾倒した人である。佐野浅夫は劇団民藝に長く属していた。滝沢修と宇野重吉の下で育った俳優たちのひとりである。彼ら、革命の正義の道理と何らかの結びつきを持つ左翼新劇の役者たちが、庶民のヒーローとなって、権力者に鉄槌を振り下ろす。そこに妙味があったかと思われる。

閑話休題。水戸黄門こと徳川光圀は実際には漫遊をしなかった。だが、そういう物語をはぐくむ人であったには違いない。正義を貫く旅をする名君は、他の誰よりも徳川光圀でなければならなかった。彼は大義を求めることに異様なまでに執念を燃やした。道理に合わないことは許せなかった。そういう光圀の資質と言行が水戸学の原形を創造し、水戸学のその後を定めた。

であるから、水戸黄門という物語のキャラクターも、モデルの内実から決して離れてはいない。しかも、徳川光圀本人はたいてい江戸か常陸に居たとはいえ、水戸の家臣たちは日本のあちこちに実際に出没して、水戸の家来があそこに来たここに現れたといった話を全国に撒いていた。なぜなら、光圀は『大日本史』という書物を編修してそれを日本の歴史書の末永き正典となることを夢見、学者を集めて家臣として、彼らを資料蒐集のために、京都をはじめ、この国のあちこちに走らせていたからである。そして光圀のはじめた『大日本史』編修という壮大な仕事の基調をなすのは尊皇思想であった。

水戸の二代目藩主がどうして尊皇思想家になったのか。光圀の人生、水戸藩に徳川家康の課した役割、あるいはその時代の東アジアの国際情勢。そういうものを組み合わせるとだいぶん見えてくるところがあるだろう。

まず徳川光圀の出自である。父は徳川頼房。徳川家康の一一男。光圀は家康の孫になる。

光圀の父、頼房は、関ヶ原の合戦から三年後の一六〇三（慶長八）年、京の伏見城で生まれた。家康が六〇歳のときの子供。しかも一六〇三年といえば家康が征夷大将軍となった年に当たる。そのような特別な年に、おまけに高齢だというのに、なおも男子を得る。頼房は家康にとって格別の意味のある子供であった。

頼房は、三歳にして常陸国の下妻一〇万石の領主となる。常陸との縁のはじまりである。その頃、水戸一円は、家康の一〇男、徳川頼宣《よりのぶ》に与えられていた。頼宣は御三家のひとつ、紀伊徳川家の初代となる。もうひとつの御三家、尾張徳川家はというと、家康の九男、徳川義直からはじまる。家康の九男から一一男までで御三家は作られた。

そのうえの兄たちは、非業の死を遂げた長男の信康と、二代将軍となる三男の秀忠を除くと、次男の秀康は結城家を、四男の忠吉は東条松平家を、五男の信吉は武田家を継ぎ、六男の忠輝は越後松平家をたてたかっこうになっている。生き残りをかけて血筋をあちこちに散らしてゆく。戦国大名家らしいひとつの戦略であろう。しかし九男から一一男は違う。みなが堂々と徳川姓を名乗って大きな分家を作る。ひとりひとりが徳川姓の大大名となって徳川の圧倒的威光を示す。徳川家はもはや一戦国大名ではなく将軍の家である。義直と頼宣と頼房は、同じ家康の子供ではあっても、生まれたときからの役割が、多くの兄たちとは違っていた。

水戸学の祖、徳川光圀の名前も、その話とかかわる。光圀の名は、元は漢字が違った。光国である。日本の国中に光をもたらす特別な人物という含みがある。徳川家の威光をずばり示すのが光国という名。副将軍よりも将軍その人に相応しい。これぞ徳川の名である。そう述べたくなる。ところがその名前は本人の好むところではなかった。自ら字を替えた。国を圀に改めた。たぶん、徳川光圀の尊皇思想と関係している。国に光をもたらすのは誰よりもまず天皇であらねばならない。尊皇思想家の名前が光国であってよいはずがない。畏れ多すぎるのである。そこで光国から光圀に改名した。そのような説明がありうるかと思う。

光圀の父、徳川頼房の話であった。頼房が六歳の一六〇九年、兄の徳川頼宣は水戸から西へと領地を移された。あとに入ったのが、頼房である。水戸二五万石の主となった。水戸徳川家の始まりである。大坂夏の陣で豊臣家の滅亡する六年前のことであった。

大坂夏の陣の翌年の一六一六（元和二）年、徳川家康は逝く。それから一二年後の一六二八（寛永五）年、徳川光圀は水戸で生まれた。父の頼房が二五歳のときである。彼は長じて義を愛する人になった。正義を貫き、あらゆる行動をそれに大義があるかないかで判定する人となった。ついには義公と称された。

徳川光圀の義へのこだわり。それは端的には彼の歴史観にあらわれてくる。

たとえば徳川光圀は石田三成に好意を持っていたという。三成は西軍を率いて徳川家康に対抗し、天下分け目の関ヶ原で敗れた。徳川幕府にとっては不倶戴天の敵。江戸時代にはたいてい悪役扱いだった。ところが光圀は例外だった。豊臣恩顧の多くの大名たちが豊臣秀吉の死後、豊臣家を見限って徳川家康になびく。にもかかわらず三成は豊臣の側にふみとどまる。そこに忠義がある。三成こそ忠臣である。主君に忠を尽くす。命を懸ける。忠に生きるのが武士の義である。どちらが強いか弱いか。どうすれば生き残れるか。どちらの側につけばよいのか。そのような現実的判断は忠という義には無縁である。光圀にとっては徳川の敵か味方かはどうでもよい。問題は行動に義があるかないか。三成は豊臣家への忠誠を果たした。忠という義を守った。そのような人間がどうして悪人だろうか。

そのうえ三成には大義もあったかもしれない。主家への忠は天下国家の大義と必ずしも結びつくものではない。その意味で小さな義かもしれない。でも三成の場合はどうか。

織田信長から豊臣秀吉へ。そして徳川家康へ。強い者が天下を取る。必然であり自然な経過。そのように思われなくもない。だが、織田から豊臣へと、豊臣から徳川へとでは、同じ権力の移行でも、ずいぶん違うところもある。織田信長が斃れたとき、天下はまだ統一されていなかった。奥州も関東も北陸も中国も四国も九州も、まだ信長に服してはいなかった。天下統一は道半ば。その道を継げる器量人が求められていた。織田への忠義よりも天下統一による日本の平和の実現にこそ大義がある。天下統一を果たせる人物が信長を継ぐのが道理である。織田政権の維持が第一義という話ではない。

ところが豊臣から徳川のときは事情が異なる。秀吉によって天下は統一されていた。徳川家康を含め、大名はみな、豊臣に臣下の礼をとっていた。五大老と五奉行による統治の仕組みもできていた。それを守ろうと思えば守れただろう。天下を乱さなくてはいけない道理はなかったといえばなかった。そう考えると、家康に果たして何か大義があったろうか。みなが豊臣の臣になって天下が統一されているのなら、その統一を持続することが、別なかたちの統一を模索することよりも自然ではあるだろう。豊臣体制の存続を願う側には、徳川新体制の創成を願う側よりも、時代の正義があった。家康よりも三成に大義はあった。そのように眺めてみても、決しておかしくはないだろう。

それはつまるところ、徳川幕府の誕生が不正義の産物であったという歴史観にさえつながりかねない。徳川光圀は、たとえそんな危うい領域に足を踏み込んでも、大義はどこにあるのかということに思いを巡らさざるをえない性分を有していた。

またたとえば、徳川光圀は楠木正成の崇拝者としても知られている。楠木正成に正義を貫く英雄としてのイメージが備わったのは光圀の力が大きい。そう言ってもよい。一六九二（元禄五）年、光圀は家臣の佐々《さっさ》宗淳《むねきよ》を楠木正成の敗死した湊川に遣わした。佐々は水戸黄門の漫遊の物語に欠かせない助さんこと佐々木助三郎のモデルである。佐々宗淳は光圀の命に従って実際にあちこちを旅していた。主には『大日本史』のための史料集めである。そういう助さんのたくさんの旅のひとつが元禄五年の湊川行であった。

はて、光圀は助さんに湊川で何をさせたか。楠木正成の新しい墓を建立させた。周辺の地に石をもとめ、碑の表にはこう刻ませた。

「嗚呼《ああ》忠臣楠子之《ちゅうしんなんしの》墓《はか》」。ただの「楠子之墓」の墓ではない。「嗚呼忠臣」と付いている。碑銘が極端に感激的にされている。だがそれは光圀の斬新な創意工夫というわけではない。故事に倣っている。孔子が呉の季札《きさつ》の墓碑に「嗚呼有呉延陵季子之墓」と刻んだ例を踏襲している。嗚呼！　この生々しさに孔子の思想の根源的核心もある。孔子は徹底した理想主義の実現を求める。正義を貫き、妥協を許さない。当然、この世との甚だしいギャップを生む。そこで悄気《しょげ》るのではない。悲憤慷慨する。それがたとえば「嗚呼」になる。現実との激突をも辞さない強い高ぶりのある思想が孔子の教えというものだろう。水戸学は儒学の系譜に属する。「嗚呼」と口にしたがる気風がある。それが幕末の徳川斉昭や会沢正志斎や藤田東湖に、尊皇攘夷の無数の志士たちに、さらに大日本帝国で義を貫こうとした人々に受け継がれてゆく。湊川の楠木正成の碑はそのひとつの大きな原点である。

ところで徳川光圀は楠木正成の何にそこまで感激したのだろうか。石田三成と同じで、まずは忠を尽くしたことである。後醍醐天皇に。南朝方に。楠木正成はどちらに付くのが得かという判断の仕方をしなかったように見える。足利方、北朝方の大軍に立ち向かって散る。そこがよい。しかも南朝方に与したのがよい。忠だけの問題ではない。やはり義が絡んでくる。北朝よりも南朝に正義がある。光圀の信念であった。

南北朝時代をどう考えるか。徳川光圀にとっての大テーマである。光圀の天皇理解はなかなか儒教的だったかと思われる。儒教で神に相当するのは天であろう。といっても天は実体的なものではない。本当に天空を拝んでいればよいという教えではない。天は最高道徳の象徴であろう。最高道徳が現実に行われれば理想世界が実現する。その最高道徳の地上での担い手として想定されるのが、中国では皇帝であり、日本では天皇ということになる。天皇が天の徳を体現する存在ならば、日本の政治は天皇親政のもとで行われるのが最も好ましい。そこに本当の正義がある。南朝方が考えたのはまさに天皇親政の実現。対して北朝は南朝方から権力を簒奪しようとする足利方の傀儡王朝のようなものである。北朝方に忠を尽くすのもひとつの義には相違ない。でも正義は南朝方にある。北朝の忠臣と南朝の忠臣を対等に比べられるものではない。だからこそ楠木正成に「嗚呼」がつく。

でもそれは建前論といえば建前論である。後醍醐天皇が天皇親政の理想を追求して「建武の新政」を始めたことは間違いないとしても、もしも「新政」の実があがっていたとすれば、建武三年にもう南北朝に分裂してしまうというのはいかにも不思議である。南朝の行為が細目まで無謬であったとは言いにくい。歴史に対する判断は細かく相対的にならざるをえない。北朝には北朝の道理があった。そのような説明もなしうるだろう。

また光圀のように南朝こそ正義であり正統であるというのなら、その後の天皇家の歴史をどうとらえればいいかが難しくなる。なぜなら、光圀の時代も平成・令和の御代も、天皇家の血筋は北朝の方だからである。その問題があるから、湊川の楠木正成の墓も、佐々宗淳が訪ねる前はひたすら荒れ果てていた。南朝方を賛美することは現天皇家に対して不穏である。石田三成を褒めると徳川幕府が怒るのと、同じ構図があった。

だが、光圀は、その難関を快刀乱麻を断つが如き明快かつ形式主義的な発想で乗り越えた。光圀の考えでは、義はやはり北朝よりも南朝にある。南北朝時代の北朝は正統とは認めにくい。しかし、そのことは北朝系の現天皇の評価には何の影響も与えない。そこを解決するのは一種の形式主義である。

天皇が天の徳を体現しうる存在であるかどうか。それは天皇自身の思想から決まってくる部分もあるかもしれない。親政を目指す天皇の方が、上皇や摂政や関白や将軍に政治を委ねる天皇よりも天の意に近づいていると言えるのかもしれない。が、その評定は容易になしうることではない。けれども、誰にでも歴史を調べれば分かることはある。三種の神器を持っていたのはどちらかということだ。三種の神器は天から天皇家に与えられたもの。それなくして天皇位は成り立たない。天皇が天の最高道徳の現身となりうる証明は三種の神器によってなされる。思想や観念ではなく即物的な判断基準である。神器は南北朝時代には原則として南朝方の持ち物になっていた。よって、南朝の歴代天皇が客観的にみて、より正統である。南北朝が合一し神器が北朝側に渡されてからは、北朝系の歴代天皇の正統性に何の疑いもない。南朝の忠臣たちを称賛することと、北朝系のいまの天皇に対して絶対の敬意を捧げることのあいだには、何の矛盾もない。

徳川光圀はこのように歴史をみようとした。義を通さねばならぬと思い詰める。義を通したと思われる者たちを顕彰してやまない。物事に道理が通っているか。どうすれば道理が通るか。そればかりを考えている。義公と呼ばれるだけのことはある。

そこまで光圀が義にこだわった理由は何だろうか。幾つかある。水戸藩の置かれた特殊な状況のせいもある。もっと広く、当時の東アジア情勢のせいもある。だが、いちばんの理由は、簡単な伝記的なひとつの事実に尽きる。兄をさしおいて家を継いだ。長幼の序を無視するかたちで、まさに儒学の教えを踏み外すかたちで人生を定められてしまった。自分はとてつもない不正義の十字架を背負っている存在なのだ。おのれに大義がない。藩主の地位についていることすら不実な気がする。常にうしろめたいものがある。そうした悩みから抜け出したくて、正義とは何かを自問自答し、煩悶し続ける。けれど間違った人生はもはや修正不能なのだ。光圀の義への欲求は満たされようのないなかで、際限なくエスカレートする。義公とは義によって救われない者の名前である。

六　三味線狂い

水戸黄門こと徳川光圀は『大日本史』の編纂を志した。藩の事業とした。全国から学者を集めた。江戸は駒込の水戸藩中屋敷に『大日本史』編纂のための史局を設けたのは一六五七（明暦三）年のこと。史局は後に彰考館と名付けられる。正確に言えば、徳川光圀の時代には史局で編纂されている歴史書の正式な名前もまだ決まっていなかった。『大日本史』と書名が定まったのは、徳川光圀の次の水戸藩主、徳川綱條《つなえだ》のときである。

とにかくその『大日本史』をいかなる歴史書とするか。取られるべき形式は？　主張されるべき史観は？　そこに胚胎した学問がすなわち水戸学と呼ばれるものだろう。そして『大日本史』とすぐに呼ばれるようになる巨大な国史の書物を作りたかったのは、他の誰の入れ知恵というわけでもなく、あくまで光圀本人の念願であったから、水戸学の根には、やはり徳川光圀の思いがあると言ってよい。

『大日本史』の編纂の始まった明暦三年は、いわゆる「明暦の大火」の年。江戸が丸焼けになっている。将軍は四代家綱。徳川光圀はまだ水戸藩の第二代藩主の座に就いていない。父の頼房がなお現役。この徳川家康の末の男の子が逝くのは一六六一（寛文元）年のこと。明暦三年から四年後である。明暦三年に徳川光圀は満年齢で言うとまだぎりぎり二〇代の次期藩主予定者であった。若様であった。

そんな頃から手を付けた『大日本史』はいつ完成したろうか。そのとき江戸幕府はもうとうの昔に滅びていた。日清戦争も日露戦争も終わっていた。『大日本史』の全三九七巻がついに仕上がって、編纂事業の終了が宣言されたのは、一九〇六（明治三九）年であった。明暦前後というと、若衆歌舞伎が野郎歌舞伎になってゆくとか、関ヶ原の合戦に敗れた宇喜多秀家が流刑地の八丈島で長逝したとか、山鹿素行《やまがそこう》が赤穂の浅野家に仕えるとか、伊藤仁斎が京都で私塾の古義堂を始めるとか、そういう時代である。そこから『大日本史』は、実際には編纂の停滞する長い期間もあったとはいえ、継続的に執筆され続けている現在進行形の書物として、およそ二五〇年もの長い歳月をたどった。完成した明治三九年は、島崎藤村の『破戒』や北一輝の『国体論及び純正社会主義』の刊行の年でもある。『大日本史』の編纂の開始から終了までは江戸幕府の存在した期間にほぼ等しい。水戸学の息の長さである。

その『大日本史』の形式はどのようなものか。全三九七巻に及ぶこの膨大な書物は、紀伝と志表から成っている。紀伝とは紀と伝を、志表とは志と表を合わせた言葉である。

紀はつまり本紀である。国の頂点にあってその国を支配した者は誰であったかを代々明らかにし、そのもとで起きた歴史の出来事を記してゆく。伝はつまり列伝である。歴史をかたちづくった主要な人物の伝記を並べてゆく。志は個々の人物や出来事として抜き出せないが歴史をかたちづくるものを分野別に並べる。地理や制度についてが取り扱われる。表は文字通り表である。年表のようなもの。今日でも歴史書の巻末には付き物であろう。

このように歴史書を紀伝や志表で構成する仕方は紀伝体と呼ばれる。紀伝体はむろん『大日本史』の創意創案ではない。中国の歴史書の様式を借りている。紀伝体を確立したのは司馬遷の『史記』。徳川光圀は司馬遷の『史記』に倣って『大日本史』を編纂しようとした。

その証拠は「大日本史敍」ということになる。『大日本史』の序文である。はじめの紀の部分が、そろそろいちおう脱稿しようかという一七一五（正徳五）年、序文が書かれた。正徳五年の翌年は享保元年である。八代将軍に徳川吉宗が就任する年だ。正徳五年は徳川光圀が世を去ってから一五年目になる。そのとき『大日本史』という書名も正式に決まった。『皇朝新史』という案もあったが、光圀の後を継いだ徳川綱條によって却下された。「大日本史敍」も「権中納言従三位源綱條謹序」とされている。源綱條とは徳川綱條のことである。綱條という光圀の跡継ぎは、『大日本史』の名を決めたのみでなく、序文によって史書としての性格も定めたと言える。大きな役割を果たしている。

といっても実際に「大日本史敍」を、徳川綱條の名義でしたためたのは、大井貞廣とされている。号は松隣や南塘。伊藤仁斎の古義堂に学んだ人で、晩年の徳川光圀に認められ、彰考館に入り、一七〇七（宝永四）年には彰考館総裁にまで上り詰めていた。その「大日本史敍」の書き出しは実に単刀直入である。

「先人十八歳、伯夷伝《はくいでん》を読む。蹶然《けつぜん》、其の高義を慕ふ」。先人とは徳川光圀のこと。光圀は一八歳のとき「伯夷伝」を初めて読んだ。「伯夷伝」とは司馬遷の『史記』の列伝のあたまにある。伯夷と叔《しゅく》斉《せい》という兄弟の伝記が書かれている。これに触れて光圀はこの兄弟の生きざまを慕うようになった。しかも熱烈に。古代の中国に世の模範となる兄弟が居た。光圀はその姿を知り、人生の新たな指針とした。そして思った。徳川将軍の世の日本にあるおのれが、遠きいにしえの異国で高い義の精神に貫かれて生きた兄弟の伝記を知ることができる。歴史書の力である。かようなものをこの国にも作らねばならない。『史記』に相当するものが日本にもなければならない。それが『大日本史』編纂事業の起こり。晩年の光圀の謦咳に接した大井貞廣がそうしたためている。

ここで注意すべきは「伯夷伝」である。『史記』の他のどの部分でもなく伯夷と叔斉という兄弟の事跡を書き記した箇所にこそ光圀は惹かれた。そこに意味がある。

光圀が「伯夷伝」を読んで感激したのは一八歳のときとされている。それまでの彼はどのような人だったか。真面目に勉学し、漢籍を読み耽り、たまたま一八歳で「伯夷伝」に出会ったのか。そうではなかった。若き日の光圀は遊び人であった。いわゆるかぶき者であった。かぶくとは傾くの意。曲がったこと、おかしなことが大好き。江戸の町で遊興の暮らしに身を浸していた。無頼の徒と交わっていた。織田信長がうつけ者と呼ばれていたのを彷彿とさせる。

信長の場合は、家臣の平手政秀が死をもって諫めた。信長を改心させた。光圀にも平手政秀に相当する家来がいた。守り役の小野言員《ときかず》である。学問のある侍だった。光圀を『史記』に触れさせたのも、小野言員だったのかもしれない。

とにかく言員は平手政秀のように諫死したわけではなかったが、世継ぎの若殿を諫める大胆な書状を光圀に奉った。それは遺って今に伝わっている。

「御こうぎの事、御おや様のおほせ、世上のひはんなんともおぼしめし候はで、ただ御すきこのみなされ候事ばかりに、御こころを御よせ、御身を御わすれ、人のそしり、人のあざけりに御あひなされ候事、さりとはさりとは御もったいなく奉存候」

「御こうぎ」というのは幕府。「御おや様」とは徳川頼房。あちこちで光圀の素行が問題とされている。ところが光圀は批判を鼻にもかけない。趣味にうつつを抜かし、放蕩三昧。これでは守り役の立場がない。いい加減、お目覚めなされませ。そういうことであろう。

光圀の目にあまる遊び。それはいったい何だったのか。小野言員は具体的に記している。

「しゃみせんを御すき候て御ひき候と、かくれなくみな人申候。ことを御ひきなされ候も、しゃみせんを御ひき候はんとの御かこつけと人みな申候。しゃみせんをすきこのみひき申候はかぶきもの、らくくるひ仕候もののしわざにて候」

光圀はどうやら三味線狂いであった。琴も弾いていたようだが、それを口実にして三味線に熱をあげている。小野言員はそれを怒っている。琴は公家や武家のたしなみとしておかしくない。光圀が弾いても悪いことはない。だが三味線は絶対不可。言員は何としても諫めようとしている。

光圀の一〇代は元号で言うと寛永の後半である。三代将軍家光の治世。由比正雪とかの時代に当たる。新興の大都市、江戸には新たな文化が擡頭しはじめていた。特に歌舞伎芝居である。今でこそ歌舞伎は日本の伝統を象徴するそれなりの格式ある芸能だが、出はじめの江戸歌舞伎は、一九六〇年代のアングラ演劇のような、エネルギッシュで価値破壊的なものだ。危険な香りにみち満ちている。だからこそ規制もされた。性的なにおいも強い。男色ともつながっている。

その歌舞伎に欠かせないのは、安土桃山時代に海外から渡来したと考えられるまだ新しい楽器、三味線だ。風紀を乱すところに三味線あり。日本の戦後の一時期におけるエレキ・ギターをイメージすれば当たらずとも遠からずであろう。

いや、それは大袈裟ではないか。三味線というと余韻嫋々とした艶やかな雰囲気を想像する。エレキ・ギターでたとえばハードなロックをやるような騒々しさとはあまり結び付かない。そう考えられる向きもあるだろう。だがそうではない。寛永時代の江戸の三味線音楽には蛮風が幅を利かせていたと言われている。江戸三味線音楽の元祖のような存在として薩摩浄雲なる名人があり、その門下からは、河東《かとう》節の開祖、杉山丹後掾《たんごのじょう》、金平《きんぴら》節の開祖、桜井丹波少掾、大薩摩節の開祖、薩摩太夫らが出た。河東節も金平節も大薩摩節も、つまりは浄瑠璃である。三味線の伴奏で太夫が語る。しかし今の清元節や常磐津節や新内節のような落ち着いて情調の豊かなものとは、江戸時代も初期の江戸の浄瑠璃はずいぶん違ったようだ。

たとえば金平節というのは、金太郎こと坂田金時の息子の坂田金平というヒーローが大暴れする筋書きを太夫の語りと三味線の伴奏と人形遣いで見せたというが、太夫は鉄の棒を叩きながら物語り、三味線はそれを激烈に伴奏し、人形遣いは見せ場では公演の度にいちいち人形を叩き壊してしまい、それを観ている観客も乱闘に及ぶのがあたりまえで、ついには幕府に禁止されてしまった。この金平節の流行は光圀の一〇代の遊蕩時代よりは少しあとのことだけれども、光圀が熱中していた三味線音楽の内容はそこから推し量ってよいものであったろう。初代市川団十郎による、文字通り豪快で暴力的な演技を追求する荒事歌舞伎も、このような三味線音楽と連携しながら始まったのである。

そんな荒い気風のあふれた江戸の町。そこで遊び戯れる徳川光圀。彼が三味線を弾くために出入りする場所、付き合う仲間。悪所に悪友であろう。芝居小屋に遊里。相場は決まっている。さまざまに変装したり化粧したりもしていたろう。若き日の水戸黄門の暮らしは、徳川御三家の世継ぎとしてはかなり大胆だったようである。

明治以降、『水戸黄門漫遊記』として芝居になり映画になりテレビ・ドラマになる。芸能に欠かせぬ有名人となる。その本人が本当に芸能狂であった。芝居狂いで音楽狂いで三味線狂いであった。しかもそこでの若き光圀は、御老公が勧善懲悪の旅をする「漫遊記」とはあまりに違って、遠山金四郎の青春時代のようなやくざ者であった。

それだけ遊んでいたから反作用としての目覚めも強烈になった。光圀は小野言員の諫言を容れて更生の道を歩みはじめたようである。そして一八歳で『史記』の「伯夷伝」に接し、水戸学につながる徳川光圀になった。そういう筋書きになる。

はて、「伯夷伝」には何が記されているか。伯夷と叔斉という兄弟の物語はどのようなものか。

古代中国の殷の時代のこと。殷の皇帝に仕える孤竹《こちく》国の諸侯の家に、伯夷と叔斉という兄弟が居た。父親は跡継ぎに弟の叔斉の方を指名し、亡くなった。叔斉はしかしためらった。父の遺志にしたがうのは子の務めであろう。だが兄弟の長幼の序というものに反することになる。叔斉は兄の伯夷の気持ちを考えるとても家が継げない。弟の悩みを兄は察した。兄は、自分が居るから弟が父の意向通りにすることをためらい、兄に家長の座を譲ろうなどと考えるのだと思った。解決策は簡単である。兄が消えればよい。伯夷が家を出ればめでたしめでたし。

兄は去った。伯夷は本当に居なくなってしまった。弟の叔斉は心置きなく家を継げただろうか。違う。ますます継げなくなってしまった。そこまでよくできた兄を差し置いて自分が家を継ぐ正当性はどこにあるのか。父の遺言だろうか。だが遺言によって、徳の高い兄を徳の低い弟が、身を引くことを知る兄を身を引くことを知らない弟が追い抜いて、家督を相続することが、天の道にかなっていると言えるのか。そこに義があるのか。弟の叔斉も家を出ることにした。

以上が「伯夷伝」の前段である。徳川光圀はこの物語に強く心を動かされた。『大日本史』の編纂の企てにつながった。はて、「伯夷伝」のどこに光圀は感銘を受けたのだろうか。義のありようを歴史から教えられたということか。そうには違いない。だが、単に歴史に学んだというのとは違う。伯夷と叔斉に兄と自分を重ねたのである。光圀には兄が居た。それなのに兄を差し置いて自分が水戸徳川家の家督相続者になった。しかもつい最近まで遊び呆けていた。そういう自らに果たして義があるのか。およそなさそうである。ならどうすればこれから義を改めて貫くことができるか。一八歳までの不義の罪を取り戻せるか。光圀の人生の課題となった。

光圀の兄とは誰だろうか。松平頼重という。徳川家康の一一男にして水戸徳川家の初代当主、徳川頼房は一六二二（元和八）年、最初の男子を得た。その年、頼房は一九歳。だが、この長男は非公式な子であった。頼房は御殿の奥を預かる老女の娘に好意をもった。懐妊させた。だが、新たに生まれてくる彼か彼女を水戸徳川家の子として認知する環境が整っていない。母になる人は側室でも侍女でもない。あくまで老女の娘。のちには侍女となって高瀬の局と名乗るが、それは後の話。頼房は堕胎を命じたという。頼房が側室のお勝の方にとても遠慮していたとも伝えられる。側室でも侍女でもない女性に子供はどうしても生ませられないという、頼房の男の事情があったのだろう。

けれど堕胎はむごい。頼房も裏では納得していたのかもしれない。老女の娘、のちの高瀬の局は密かに、水戸徳川家の家老、三木之次《ゆきつぐ》の江戸は麴町の屋敷に預けられ、そこで男の子が生まれた。のちの松平頼重である。三木之次はこの男の子を八歳まで江戸の屋敷で育て、その後、京都の公家の滋野《しげの》井《い》家に預けた。ゆくゆくは出家させるつもりだったようである。

徳川頼房はというと一六二五（寛永二）年、二番目の男子を得た。母は側室のお勝の方。元和八年に生まれた男の子は存在しないことになっていたから、お勝の方の生んだ二男が表向きには長男であり、世継ぎになりうる存在だった。亀丸と名付けられた。が、一六二八（寛永五）年に幼くして早逝した。

その年に生まれたのが徳川光圀である。三男になる。が、その母はまたしても長男と同じだった。このときもまだ侍女になっていなかったようである。そこで頼房は同じ命令を繰り返し、あとも重なる経過を辿った。光圀は密かに生まれ、頼重がそうだったように三木之次に育てられた。

しかし、光圀はいつまでも日陰の子ではなかった。四歳で当世風に言えば父の頼房に認知され、五歳で水戸徳川家の世継ぎに選ばれた。この経過が不思議である。お勝の方は亀丸を亡くしたとはいえ光圀の弟になる男の子をさらに生んでいたし、他に異母弟もあった。彼らを押し退けて、唐突に認知されたばかりの光圀が世継ぎになった。頼房の高瀬の局への愛のなせるわざかもしれない。でも、そうだとしたら、長男の頼重はどうなるのか。世継ぎ選びのとき、頼重は京都から江戸の水戸藩邸に呼び戻されていたが、父の頼房による認知は遅れ、跡継ぎを弟の光圀に取られる恰好となり、頼重は結局、徳川姓を名乗れず、松平頼重として讃岐高松の大名となる。光圀の水戸家相続の物語はどうも不透明で、理や義を見出だしにくい。

もちろん光圀本人はまだ四歳か五歳である。そのときは何も分かっていなかったろう。けれど、一〇代の頃にはだいぶん見えてきていたはず。兄に対する後ろめたさがあり、ややこしいことを忘れたいという気持ちもあり、それが放蕩や乱行につながったのかもしれない。しかし、一八歳での「伯夷伝」との出会いがすべてを変えた。遅まきながら筋を通し直すことで不義を償うしかない。光圀は、兄の頼重に対する不実のそしりを免れないのかもしれない関係に、「伯夷伝」とはまた違ったかたちでおとしまえをつけようとする。

だが光圀が「伯夷伝」から学んだのは、兄を差し置いて弟が主となるような家に正義はないというだけではない。王朝の変わる国に正義はないということもまた学んだ。「伯夷伝」の後段はそういう物語なのだ。易姓革命の否定だ。幸い日本には神話時代以来、王朝の交替は起こっていない。この国のありようを守らねばならない。光圀は「伯夷伝」によって兄との関係のみならず尊皇の大義についても目覚めたのである。

七　納豆と副将軍

水戸と言えば納豆である。茨城県、かつての常陸の国の食文化には納豆が根付いている。五月頃に大豆を栽培しはじめる。粟と混作することが多い。夏には収穫。多くを味噌と納豆にする。そういう農事暦ができていた。

納豆の製法はあまり難しくはない。大豆を煮る。大豆は大粒でもよいが小粒の方が手っ取り早い。

よく煮えるからである。指の股に挟んで軽く圧力をかけたらもう潰れてくるくらいに煮るのが、ちょうどよいとも言う。そこまで柔らかくしてから藁で包む。そこからは藁に自然と付着している納豆菌の出番である。

大豆が柔らかくふやけて、しかもまだ温かいうちに、さっそく藁で密封する。大豆が温かい方が納豆菌もよく働いてくれるようだ。そうやって、大豆を一合くらい入れた藁の包みをたくさん作ってゆく。それを何十本かまとめて、更に俵で包む。

そのまま放っておいても、よい納豆菌なら、大豆はきちんと発酵して糸を引き、納豆になる。しかし、早くおいしく衛生的によく仕上げるには、もう一手間かけねばならない。五右衛門風呂のようなものに湯を沸かして、釜の上にすのこか何かを載せ、そのまた上に、小分けされた大豆の藁包みがクラスター爆弾のように満載された俵を載せる。そこに大釜から吹き上げる蒸気を通す。熱に強い納豆菌はますます活躍し、雑菌の多くは死ぬ。そのあと俵を土間に寝かせてむしろを掛けておけば、一晩で大豆は糸を引き、納豆になる。

そうやってたくさん出来ても、糸引き納豆だから日持ちはしない。そこで糸引き納豆に塩をまぶす。天日干しにする。納豆が乾物になる。保存食になる。

はて、すると茨城の地ではいつから納豆を食べているのだろう？　史実としてはよく分からない。けれど伝説はある。常陸の国のみならず、特に東日本の各地に受け継がれる納豆起源説話がある。納豆は八幡太郎義家の軍勢が、発見したというか、発明したというか、偶然に作り出したのだという。

八幡太郎義家こと源義家は一一世紀の武将である。平安後期の一〇五六（天喜四）年、父の源頼義にしたがい、京の都から奥州に遠征した。その地の豪族、安倍頼時と貞任《さだとう》の父子を討つためである。安倍父子は、今の岩手県の衣川以北、盛岡市のあたりまでを根城にして、朝廷に反旗を翻した。安倍氏は手強く、征討軍は泥沼の戦いに引き込まれた。前九年の役である。それからだいぶたって、源義家は、やはり奥州の豪族、清原氏の反乱も鎮定する。一〇八三（永保三）年からの後三年の役である。その頃に納豆は生まれた。説話はそう伝える。源義家の軍勢は当然ながら兵糧を携えていた。大豆もあった。先に煮たものを保存のために藁に包み、馬に積んで持ち運んでいた。この馬の高い体温がよかったのだという。他のパターンもあるが、とにかく特徴的で面白いのは、馬のぬくもりと藁と大豆の組み合わせが軍旅のどこかで大豆に糸を引かせたという筋立てである。それが納豆の起源だという。

この伝説は恐らくは作り事なのだろう。が、妙に含蓄がある。日本で納豆という語が登場する最初の文献として確認されているのは、藤原明衡《あきひら》の『新猿楽記《しんさるがくき》』だという。京の都の公家の娘に納豆の好きな者が居る。そういう話が載っている。『新猿楽記』の成立は前九年の役と同じ頃だろう。時代が合致する。しかも、馬と納豆を結び付けて、それを八幡太郎義家に絡めて仕立てた説話が、常陸を含む、納豆をよく食してきたこの国のあちこちに伝わるというのは、やはり味わい深い。

農作物としての大豆の起源は、中国東北部や朝鮮半島北部とも言われる。満洲のあたり。春秋戦国時代の文献『逸周書《いつしゅうしょ》』などに見つけられる説である。満洲事変以降に形成された大東亜経済ブロックにおいても大豆の大産地となれば満洲であろう。そこは、騎馬民族・遊牧民族の地。馬の世界である。やはり馬と大豆はセットで伝播しがちなものなのかもしれない。馬と豆の実物の伝播には大きな時間差・時代差があったとしても、背負った風土ゆえに、関連づけてイメージされがちなものなのかもしれない。

そういえば、日本で納豆を多く食する地域は、馬と縁のあるところと、不思議にダブる。二〇〇〇（平成一二）年の『家計調査年報』で納豆購入の都道府県別頻度を見てみよう。上位五位までは、北から青森県、岩手県、山形県、福島県、群馬県で占められる。青森も岩手も馬である。奥州藤原氏の誇る騎馬軍団を育てた馬の名産地である。福島と言えば相馬の野馬追《のまお》いであり、山形と言えば最上《もがみ》の馬であり、群馬は古代から馬を育てる牧の地であった。これに続く六位から一〇位に入るのは、やはり本州の北側もしくは東側から並べると、秋田県、宮城県、茨城県、栃木県、富山県となる。水戸納豆の茨城県は五位までには届かないが、ここには入る。そして、東北と北関東の全県が一〇位以内に含まれる、ということにもなる。

そのあと一五位までに来るのは、順不同で、北海道、新潟県、長野県、神奈川県、熊本県。西日本では唯一、熊本が入っている。阿蘇の牧場がある。馬肉を食べる習慣がある。馬とえにしの深い場所である。北海道や長野は言うに及ぶまい。馬、馬、馬である。

しかし、納豆を騎馬民族や遊牧民族の伝統に絡めてイメージしようというのは、むろん少し無茶な話だ。馬に親しい世界と風土的に重なるところのある大豆さえできれば、それで納豆食文化が完結するわけではない。

ここで改めて確認すれば、八幡太郎義家の納豆起源説話の肝心要の取り合わせは馬と大豆に藁であった。藁の納豆菌がなければ、大豆はおいしく発酵して納豆になってくれない。

藁とは何だろうか。稲や麦の茎の部分を干したものである。稲藁や麦藁だ。どちらにも納豆菌は棲む。が、納豆が上手に出来るのは稲藁の方のようである。納豆は、大豆と米が出会うところでこそ、おいしく作れ、食生活に定着する率が高くなる、ということだろう。大豆は畑作。稲は陸稲もあるがよく稔るのは水稲の方。水田だ。畑と水田の両方ある場所で納豆文化は育つのだろう。

けっきょく、源義家の納豆伝説は、大豆と米、畑と水田の出会いを象徴化した物語であると言ってよい。剛健な馬は東国でよく生産される。広い草地がなければいけない。馬が足をとられる泥濘地では困る。少し高台くらいがいい。土地が高いとすれば水の便はあまりよくないかもしれない。そういう土地は農業をするなら畑だろう。麦や大豆や芋や蕎麦がいい。武家の欲しがるようなよく走る馬の産地は、畑と隣り合いがちということにもなるだろう。

そういう場所で育った名馬は、平安時代なら京の都やら西へも送られる。武士の馬になる。西国の風土は多様だが、東国よりは温度は高い。そこに低地と水の便が伴えば、米作りがさかんになりやすい。日本は豊葦原瑞穂国《とよあしはらのみずほのくに》とも呼ばれてきた。が、そのイメージはもともとは東国を含んではいない。安倍氏や清原氏が反乱を起こす世界は、豊葦原瑞穂国ではない。豆や麦や馬の世界である。畑と牧である。そこに西からたとえば源義家が、東国生まれの馬の背に稲藁を乗せてやってくる。豊葦原瑞穂国の価値観によって、それにまつろわぬ東国の人々を成敗し一元的に束ねようとやってくる。東国に米への憧れが促される。

稲作をやれば、稲藁が出る。丈夫で民具の材料にもなり、発酵の助けにもなる。もっと水田を、米を、稲藁を。八幡太郎義家の足跡の付いた場所に住まう東国の人々は、豊葦原瑞穂国を夢見る。でも限界はある。牧や畑に相応しい土地が、見渡す限りの美田へと、急に変わるはずはない。それに米は暖かな方がいい。東国は西国に比べれば寒い。その障害を乗り越えられるものならば、みなが大豆や麦よりも米を作っただろう。しかし実際はそうも行かないから、相変わらず畑作をやる。大豆を作る。でも稲作もやってみる。稲藁もできる。そういう土地でこそ納豆がたくさん食べられるようになる。米ばかりでもだめだ。大豆ばかりでもだめだ。境界域の食べ物なのである。納豆の個人当たりの消費量の多い地域とはそういう場所なのであろう。

すると茨城県の場合はどうだろうか。畑作を主とする地帯ばかりではない。南部には米どころもある。利根川が流れ、霞ヶ浦や牛久沼のような湖沼も目につく。土地もおおむね平らか。低湿地が広く分布する。常陸の国は「ひたち」と読む。太平洋から上る朝日をよく望める土地ということだろうが、「ひたち」はその音の類似から王朝時代の和歌では「ひたり」に掛けられることもあった。浸りや漬りである。水浸しである。水害に襲われやすい。その分、稲作には向いている地帯。東国の中では豊葦原瑞穂国のイメージに近い。納豆食文化圏とは本来異なった風土的特性を有する地域が、茨城県の南部には広がっている。

しかし、その水郷地帯は、常陸国には違いないけれど、水戸藩の領地にはならなかった。徳川御三家のひとつ、水戸徳川家は常陸一国全体をあてがわれたのではなかった。「天下の副将軍」が支配したのは、茨城県のほぼ北半分といったところである。久慈川や那珂川の流域だ。

茨城県を第一次産業から見ると、大ざっぱには次のように分けられるだろう。芋と梅干しと納豆を食生活に根づかせてきた、山がちの北部。関東ローム層におおわれて畑地に適して田地に適さず、麦や陸稲や大豆作りに励んできた中部。「ひたりの国」の南部。さんまにいわしに芋を伝統的に食してきた海沿いの鹿島灘沿岸部。このうち水戸藩が管轄したのは、北部と中部、それから鹿島灘沿岸部の北の半分に当たる。米はたくさんはとれず、主に畑作に依存する地域が、水戸の領地であった。豊葦原瑞穂国の価値観にしたがい、稲穂がたわわに稔って豊かに頭を垂れる農地が一面に広がる黄金色の光景こそが日本の豊かさを表すのだとするならば、「天下の副将軍」の治める土地の姿は、そこからかなり遠かったと言わねばなるまい。しかも、畑作地としてなら豊かかというと、そうでもない。水戸藩領のそれは、関東ローム層の痩せた土に依拠して行われる畑作であった。だから納豆なのである。

水戸藩の石高は、徳川家康の一一男、頼房が水戸徳川家をたてたときには二五万石。一六二二（元和八）年に加増されて二八万石。一七〇一（元禄一四）年に再加増されて三五万石。そのまま幕末に至った。石高は米中心の農本主義的経済体制を象徴する言葉である。土地の価値をそこが標準的に産出しうる米の量で計る。同じ御三家でも、家康の九男、義直のたてた尾張徳川家は六二万石。一〇男の頼宣のたてた紀伊徳川家は五五万石。水戸藩の財政規模は他の二家の半分程度にすぎない。

しかも、水戸藩がはじめ二五万石でのちに三五万石といっても、それだけ実際に米が穫れたのではない。水戸藩の抱えるのは、繰り返せば、肥沃ではない畑作地帯と、海沿いの漁業であった。漁業にも難があった。たとえば奥州の三陸海岸のような良港に恵まれていない。地図を眺めれば一目瞭然。海岸線があまりに褶曲していない。やたらまっすぐ。湾や入り江に恵まれない。太平洋の荒波を何の緩衝材もなく海岸線にちょくせつに受ける。風もそのまま吹きつける。海沿いは砂の荒れ地になりがちである。水戸藩領は陸も海もなかなかに辛い。

そんな水戸の畑作と漁業の値打ちが、冷酷な検地によって実収入よりもしばしば過大に査定され、それが米に換算されて、石高で表示される。二五万石や三五万石はそういう数字である。藩の保つべき格式や家臣の数や賦役の規模も石高に応じておよそ決まってくる。木曾川、長良川、揖斐《いび》川、あるいは紀ノ川沿いの肥沃な平野で、黄金色の稲穂をたわわに稔らせていた尾張徳川家や紀伊徳川家とでは、水戸徳川家の財力は勝負にならないほど違っていた。石高以上の差がついていた。

それなのに水戸徳川家は徳川将軍家から大きな役割を期待された。徳川家康は、水戸の初代藩主、頼房について、二代将軍秀忠らにこう申し伝えていたという。水戸藩の二代藩主、義公こと徳川光圀の事跡を記した『義公遺事』に載っている。

「東照公仰せおかれける御意の中に、源威公のことを仰せられて曰く、腰刀と思ひ秘蔵すべし、鞘は知らざる様に仕るべしとなり。これにより大猷《だいゆう》公の御代まで別して御念頃《ねんごろ》になされ、尾州紀州よりも御心安くご親昵になされるけりとなり」

東照公とは家康、源威公とは頼房、大猷公とは三代将軍の家光のこと。江戸の将軍家が腰刀としていちばん頼りにすべきなのが義公であり、水戸家だという意味であろう。腰刀というのは、政治的にも軍事的にも、という意味だと思われる。平時には将軍の政治を一門として助け、非常時には江戸と将軍家の防衛の盾となるのが水戸徳川家の役割ということである。

この家康の言葉は気分的な議論ではなかった。水戸家の当主は江戸定府《じょうふ》を原則とされた。他の藩主は江戸と国元を一年ごとに往復するのが決まり。参勤交代の制度である。尾張家も紀伊家も参勤交代した。ところが水戸藩主だけは違っていた。何しろ腰刀である。特別な用事のないかぎり、ずっと江戸に居て、いつでも将軍の補佐に当たれるようにする。課せられた使命である。水戸の藩主が「天下の副将軍」と呼ばれた所以だ。副将軍は職制ではない。あだ名であり通称である。

参勤交代をしない。その経費が節減できて藩の財政が助かるのではないか。そう考えたくなるかもしれない。が、実際は違った。将軍家を補佐する「天下の副将軍」は毎年休みなく江戸で儀礼的・政治的交際のすべてを果たさねばならない。国元に帰って休める年がない。驚異的出費を生む。江戸詰めの家臣も他藩よりもずっと必要である。石高からする標準よりも家臣を増やさねばならず、人件費がかさまざるをえなかった。江戸時代に水戸藩だけを襲った特殊事情である。かくして水戸家の財政は江戸初期から一貫して破綻寸前が基本であった。

明治時代、茨城県となった常陸国は政府からなんと呼ばれたか。「難治の貧県」である。南部の穀倉地帯が県の経済を牽引してもよかったのだが、江戸幕府が江戸湾に注いでいた利根川の流れを銚子から外海に出るように、じゅうぶんな河床面積もないまま付け替えたために、常陸南部の水害は以前より増加して、すっかり土地を荒らしてしまっていた。富を約束するはずの常陸の「ひたり」の部分は、いつの間にか生産量にも品質にも限りある中位以下の農地に変貌していた。そこにもともと「難治の貧藩」であった水戸の領地が加わって「難治の貧県」が出来上がった。

この状況は水戸の藩主と家臣を、江戸時代を通じて苦しませた。なぜ水戸だけがかくなる目に遭わねばならないのか。同じ御三家といっても、尾張や紀伊よりもはるかに低い石高と、干し納豆をかじって暮らすような肥沃ならざる土地を与えられながら、他のどの藩よりも高負担と、いざというときの将軍家の親衛軍としての命がけの役割を、江戸の世の続くかぎり、背負い込まなくてはならないのか。

いったいどんな大義を信ずれば、水戸藩に課された、この特に過酷な運命を受け入れることができるのだろう？　水戸藩は義を重んずる水戸学を育てた。そこには義公こと徳川光圀個人の伝記が反映しているとはすでに述べた。光圀は兄をさしおいて世継ぎに選ばれた。長幼の順序をたがえて、藩主になってしまった。光圀はそんな自らを義なき者と感じて思い悩んだ。それが義への憧れとこだわりをあまりに強烈に育てた。一種の反作用ということであろう。

が、それだけではなかった。水戸藩の置かれた状況は、この不条理とも思える特殊な負担に、実は絶対の大義が内在してピンと筋が通っているとでも信じなければ、徳川光圀にかぎらず、他の水戸のだれでも、到底、承服し忍耐し続けられるものではなかったのである。イデオロギーが必要だったのである。

八　日本が中華である

一九六九（昭和四四）年八月、ＴＢＳ系列でテレビ・ドラマ『水戸黄門』の放送が始まった。毎週月曜の夜八時から。松下電器（現パナソニック）の一社提供。翌春までおよそ半年続いた。主演は東野英治郎。舞台の名優である。映画や放送でも戦時期には既にお馴染みだった。しかし東野が多く演じてきたのは、脇役であり、しかも悪役も目立った。森繁久彌主演の映画『サラリーマン忠臣蔵』で敵役の吉良社長とか、三船敏郎主演の映画『柳生武芸帳』で柳生一門を怨敵と狙う山田浮月斎とか。東野の悪役にはしぶとさがある。粘性がある。転んでもただでは起きない。すきあらば米や麦の一粒でも取ってやろうという感じ。極めて土着的な、日本の狭苦しい風土でこそ育つ悪の典型を演じさせたら、東野の右に出る者は居ない。

あるいは小津安二郎監督の最後の作品『秋刀魚の味』。そこでの東野は主演の笠智衆《りゅうちしゅう》の中学時代の恩師である。悪役ではない。まったくの善人。が、とても小心。まことにうらがなしい。鱧《はも》という漢字は知っているが、それを食べたこともない。『秋刀魚の味』という映画は秋刀魚の味を当然のように知っている日本人の物語である。と同時に、鱧の味を知らずに人生を終えるわびしい日本人のおはなしでもある。そういう役柄をスクリーンにほんの少し現れてくるだけでたちまち一身に担えてしまうのが東野という俳優であった。つましい暮らしをしてきた市井の名も無き老人。それをやらせたら東野の独壇場。黒澤明監督の『用心棒』で、三船敏郎扮する桑畑三十郎の面倒を見、大飯を食わせる見せ場を作る、居酒屋というか飯屋の親爺も、その種の人であろう。『秋刀魚の味』の東野は「老残の身のわびしさを演じて絶品」などと評されたけれど、東野は一九〇七（明治四〇）年生まれで『秋刀魚の味』は六二年の映画。その年、東野はまだ五五歳。案外と若い。でも東野は早くも三〇代から映画でも舞台でも老け役であった。

そういう東野が六〇代に入って、お茶の間に水戸黄門として登場する。意表を突いた。しかしはまった。水戸黄門の演技の美学は反転にある。越後の縮緬問屋の隠居が実は前《さき》の副将軍。ギャップの面白さである。それを演じるのが時代劇では悪役のイメージの強い東野。しかも黒澤明や小津の映画では庶民的老人をやらせて巧さを発揮した東野。その人が、隠居は隠居でも、長屋の隠居でなく水戸の隠居になる。実は葵の印籠を持つ。これが面白くなくてなんとしよう。

東野黄門に従う、助さんこと佐々木助三郎の初代は杉良太郎。格さんこと渥美格之進の初代は横内正。ドラマは大ヒットした。シリーズ化された。東野の黄門様は「カッカッカッ！」という独特な笑い声とともに国民的なキャラクターになった。東野は一九八二〜八三年の第一三部まで天下の副将軍を演じ続けた。その後、西村晃、佐野浅夫、石坂浩二、里見浩太朗へと受け継がれたが、初代東野の強烈なイメージは、二代目以後にとって大きな壁となった。

さて、その一九六九年の『水戸黄門』第一部で、東野英治郎は杉良太郎と横内正を連れ、どこに向かって旅をしたか。四国の讃岐の高松である。第一部だけではない。以後も幾度か、主従の旅先は高松になった。

水戸黄門が全国を遊行する。蝦夷地にまで足を延ばす。が、中でもとりわけ高松に行く。というか行きたがる。それは東野のテレビ・シリーズに限ったことではない。

東野がテレビで黄門様を当たり役とする前、日本の芸能界で黄門役者といえば何はさておき月形龍之介であった。東野は根っからの新劇役者であり、千田是也や小沢栄太郎とともに劇団俳優座の大幹部だったが、月形はというと、昭和初期の無声映画時代からの時代劇スターである。現代劇にも出た。戦時下には黒澤明のデビュー作『姿三四郎』で檜垣源之助を演じた。凄みを放ち殺気を孕む名優であった。戦後になってからは銀幕で天下の副将軍を幾度も演じた。月形主演のシリーズは、一九五四年から六一年まで、東映で一四本も作られた。最後に助さん格さんに扮したのは松方弘樹と北大路欣也だった。

シリーズの中で最も力の入った大作といえば、一九五九年の『水戸黄門・天下の副将軍』。当時の東映京都のオールスター映画である。このとき黄門主従はどこを目指したか。やはり讃岐であった。

高松藩の騒動を解決すべく、江戸を出立して一路四国へ。そこには陰謀が渦巻いている……。

要するに、水戸黄門こと徳川光圀は助さんと格さんを連れて、水戸か江戸から高松まで旅をするものと、相場は決まっている。漫遊記のひとつの定型である。

なぜ高松なのか。水戸と高松には如何なる縁があるのか。徳川光圀は現実においては諸国を漫遊せず、讃岐に行ったこともなかった。とはいえ物語でしょっちゅう四国へ足を運ぶのには、史実に基づく動機付けがある。時代劇ファンには改めて確認するまでもない基礎知識の範疇に属する事柄であろう。高松藩主の松平家は、水戸徳川家とは兄弟姉妹そのものというような家であった。何しろ高松の松平家の初代、松平頼重は、水戸徳川家の初代、徳川頼房の長男なのである。松平頼重は徳川光圀の兄。頼重の弟が光圀。順番から言えば兄の頼重が水戸徳川家を継ぐのが筋だった。

でも頼重にも光圀にも出生の秘密があった。既にふれている。二人は同じ母の子。しかもその母は、父の徳川頼房の正室でも側室でも侍女でもなかった。それなので父は頼重も光圀もただちに認知して自らの子として育てることはできなかった。それどころか、懐胎が明らかになった段階で、水子にするようにと、女にも家臣にも指示していた。この世に生まれてはならぬ子であった。

しかしそうはならなかった。頼重も光圀も密かに誕生した。母と家臣たちによって、人目を忍んで育てられた。二人とものちに頼房に正式な子と認められた。

だが、順番が長幼の順序と違った。先に弟の光圀が認知され、その後しばらく経って、兄の頼重も続いた。そして、兄弟の認知にタイム・ラグが生じているあいだに決定的な出来事は済んでしまった。弟は水戸家の正規の男子に数えられたが、兄はまだというときに、水戸家の家督相続者が決せられた。兄を差し置いて弟が副将軍の家を継ぐことになった。弟はそのときまだ幼かった。けれど長じて事情を理解するに及び、自らの人生の筋の通らなさに悩むようになった。兄は徳川姓を名乗れず、一門内の下位の姓ということになる松平姓を与えられて、高松に封ぜられた。副将軍の座に就いてよかったはずの人が四国の一大名にとどまっている。弟としてまことに心苦しい。

そこで徳川光圀はどうしたか。一六六一（寛文元）年七月二九日、頼重と光圀の父にして徳川家康の一一男、初代水戸藩主の徳川頼房は、数えで五九歳にして世を去った。最後まで隠居していなかった。家督は光圀が相続する。そう決められている。だが光圀はこのままでは藩主になれないと言い出した。兄に対して申し訳が立たないからである。光圀は頼重と会談した。そして兄に条件を出した。兄の子、つまり光圀にとっては甥を、養子に欲しい。その子を嗣子とする。自分の次の水戸藩主にする。そこを承知してくれなくては、自分は水戸徳川家を継がずに出奔する。居なくなって市井に潜む。後のことは知らない。

何とも無茶苦茶な話である。しかも、どうもどこかで聞いたような話でもある。そう、司馬遷の『史記』の「伯夷伝」。それと似ている。「伯夷伝」を光圀は一八歳で読み、感激した。人生の指針とすると誓った。このことにも既にふれた。

「伯夷伝」に何と書いてあるか。復習しよう。古代中国の孤竹国。領主には幾人かの男子があった。長兄は伯夷。弟たちの中には叔斉という者が居た。とりわけ優秀なのは叔斉。父は跡取りを叔斉にしたかった。その意向を兄弟たちはよく知っていた。やがて父は逝った。長兄の伯夷は思った。父の願い通り、弟の叔斉が家を継ぎ、孤竹の君主となったらよい。だが、兄が居ては弟は遠慮するかもしれない。自分は邪魔者である。退くのがよい。密かに居なくなってしまった。

弟はそれで心置きなく孤竹の君主となれたろうか。いや、叔斉は父の座を襲わなかった。確かに自分が継げば父の遺志にかなう。そうしなければ親不孝。だが、父の思いによって天下の常法が改まることはない。それは兄が弟の前に立つと教えている。父の遺志を守れば、いくら父が望んでも、兄がそれを認めても、長幼の序を守るという正義をふみにじることになる。叔斉が家督を相続すれば、親孝行にはなるが兄には不悌《ふてい》。家督を相続しなければ親不孝。どちらも良くはない。さらに解すれば、長幼の序という天下の正道を踏み外さぬことの方が、親の遺志を守るより大切とも考えられる。そこで叔斉はどうしたか。兄に続いて自分も孤竹国を逃げ出した。他に筋を通す道を見つけられなかったからである。こうして伯夷も叔斉も孤竹国から去った。

徳川光圀はこの兄弟の故事に倣おうとした。兄の頼重は、父の頼房が望まなかったのか、違った理由か、ともかく水戸徳川家を継ぐこと能わず、高松の藩主にされている。父は弟の光圀を嗣子と認め、兄もそれに同意している。しかしそれでは正義がないがしろになる。弟は本来、兄を差し置いて家を継ぐべきではない。兄を立てるのが、仁義礼智忠信孝悌のうちの悌の道である。とはいえ、光圀が家督相続人と、徳川将軍家が決めてしまっている。この国で将軍の決めたことは天皇の決めたことにもなる。おいそれと破れはしない。

けれど、正義に照らして問題が少しでもあるならば、可能なかぎり修正しなければならない。弟の光圀が父の跡を襲うしかないとすれば、その次を兄の血筋に戻すと、襲う前に決めておく。兄が継ぐのが正しい。それを天下に示した上で、恥を忍んで、天皇と将軍と先代藩主の意向にしたがう。そういう最低限の恰好さえ作れないというなら、正義はまったく守られないことになる。光圀が水戸家を継いでいい道理はどこにも立たない。道理が立たなければ、弟は叔斉のように隠れるほかはない。

徳川光圀が兄の松平頼重にこのように迫ったのは、一六六一年八月一八日と伝えられている。兄は数えで不惑の年。弟は三〇代半ば。兄が弟の言うことをきかなければ、水戸徳川家に存亡の危機が訪れる。

だが、兄の頼重はなかなかの常識人である。「伯夷伝」のような遠い昔を、この場合、どうしても持ち出さなくてはいけない理由を見つけられない。弟は思い込みが過ぎる。原理主義者なのである。頼重は自らの境遇に不満を抱いてはいない。水子として流されかけた身が松平姓を名乗って大名になっている。高松藩も瀬戸内を望んで、大きく豊か。十分である。それなのに、弟の提案を受けてすぐに自分の子を弟の養子に入れ、わが子を光圀に続く第三代水戸藩主の地位に就かせるとこの場で弟に約束させたとなっては、何とも未練がましい話になってしまう。望むところでない。兄が弟に遺恨をもって画策していると、世間に疑われることさえ考えられる。頼重は光圀を兄として諭しにかかった。

ところが光圀は耳を貸さない。彼の第一義は、父の気持ちや兄の心ではない。筋なのである。正義なのである。長幼の序なのである。気持ちは移り変わる。明日にはもう風向きが違うかもしれない。だが、仁義や孝悌は不変である。兄が継ぐという正義に基づかない弟の水戸家相続を、弟が精一杯に修正しようと提案をしているのに、なにゆえ兄は仁義の通らない個人的感情論へと話をすり替えるのか。原理主義者としては許せない。光圀は怒って席を立ち、奥へ引き籠もってしまった。出奔の準備を始めたのであろう。

兄の頼重も、その他列座していた頼元や頼隆といった頼重・光圀の弟たちも青ざめた。頼重は光圀の提案を急遽受け入れた。光圀は機嫌を直した。翌日、無事に水戸藩主の座に就いた。

頼重は長男の松千代を弟の養子とした。徳川綱方として育てられた。だが、光圀はそれで安心できなかった。松千代こと綱方に万が一のことがあれば、光圀の目論む正義の回復は果たされない。念のため、兄の次男の采女《うねめ》も養子に貰い受けた。徳川綱條となった。光圀の慎重さは結果としてはよかった。綱方は一六七〇（寛文一〇）年に早逝した。光圀の後を継いだのは綱條だった。いずれにせよ、兄の血筋に水戸藩の主を戻すという光圀の企ては果たされた。光圀が隠居して綱條に家督を相続させたのは一六九〇（元禄三）年のことである。

すると、長男も次男も弟に差し出した、兄の頼重の高松松平家の方はどうなったか。継いだのは光圀の子であった。そこにもどこかで聞いたような物語の反復がある。光圀は二〇代半ばにして侍女を孕ませた。普通なら素直に生ませて、侍女を側室とするところだろう。ところが光圀はそうしなかった。子供を欲しくなかった。既に将来は兄の頼重の息子を養子に貰おうと決めていたからだという。一八歳で「伯夷伝」を読み、生き方と価値観を根底から改めたという話と年代的な辻褄は合っている。光圀は侍女を堕胎させるように命じた。男子が生まれては厄介だからである。

しかし、家臣の伊藤友玄《ともはる》は光圀の言いつけを守らなかった。光圀の種をみすみす水に流すことなどできない。光圀に対しては不忠だが、情においてしのびない。友玄は侍女の匿い先を探した。訪ねていったのは松平頼重である。頼重は情にほだされ、友玄のために一肌脱いだ。義を貫く光圀と情に厚い頼重。この弟と兄はいつもなかなかの名コンビである。侍女は頼重の庇護を受け、無事に出産した。光圀の恐れた男の子だった。頼重は光圀に黙って育てることにした。

この筋書きは何と重なるだろうか。頼重と光圀の出生譚である。徳川頼房が妻にはすぐに迎えられない女性に手をつけて孕ませる。水子にするように命じる。が、家臣が主君には秘密に出産させて育てる。父の頼房を巡る出来事が息子の光圀になぞられる。なぞられすぎなので作り話かとも思うが、そうではないようである。むしろ大名家によくある事柄だったのであろう。

生まれた男の子はどうなったか。鶴松と名づけられた。頼重はこの子を養子にした。光圀が義を貫くために、高松松平家の嗣子たるべき、頼重の長男、松千代を水戸家に貰ったのを受けて、頼重は考えた。それならば自分の家は弟の光圀の子に継がせよう。兄弟で息子を交換した恰好である。光圀の種とは言っても、出生からずっと高松松平家で育ててきた鶴松である。弟の光圀としては文句の言える筋合いでもない。かくて高松藩は光圀の実子が継いだ。松平頼常である。

水戸黄門の漫遊記の舞台がたびたび高松になるのには、そうしたわけがある。実際には光圀と頼常は江戸で幾らでも会うことができた。でも、隠居後の光圀が、わが子の頼常を、わざわざ国許の高松に訪ねてゆくのもまた一興だ。遠い旅路の果ての父子の再会がドラマの見せ場。月形龍之介主演の『水戸黄門・天下の副将軍』で松平頼常を演じたのは、当時、飛ぶ鳥を落とす勢いの青年スター俳優、中村錦之助、後の萬屋錦之介であった。水戸黄門の息子にふさわしいキャスティングである。

ところで、『史記』の「伯夷伝」に基づき、中国の美しき古代を一七世紀の日本に再現すべく、徳川光圀が仕組んだ、義を貫いての国譲りの物語に、猛烈に感動した同時代の大思想家が居る。しかも外国人だ。大陸から日本に亡命してきた儒学者、朱舜水《しゅしゅんすい》である。彼は明朝の瓦解を目の当たりにした。正義は失われ、打算と功利と裏切りが支配し、漢民族は北方の異民族に尻尾を振り、騎馬民族の征服王朝、清が樹立される。それは朱舜水にとって世界の崩壊の経験に他ならなかった。儒学の教えは地に墜ち、もはや意味をなさない。

ところが日本はどうか。「伯夷伝」のような遠い過去の理想的物語を実践する人物が天下の副将軍なのだ。この国は違う。中国は没落し、異民族に隷属し、もはや世界の中心、中華を名乗るのに相応しからざる国と化した。もしかして日本こそが本当の中華なのではないか。

水戸学の尊皇攘夷のうち、尊皇思想は徳川光圀の時代に十分に準備されていたと言えるだろう。が、攘夷思想が固まるのは実際に外国勢力が日本に押し寄せてくる一九世紀を待たねばならない。けれど、攘夷を積極的に言うためには、言う側が「華」、つまり自らが世界の中心であるとの自覚を強く有さねばならない。攘夷とは単に外国を撃つということではなく、華夷秩序の上に立ち、外国よりも自国がはるかに高級であると信じられて初めて成り立つ思想だからである。

本家中国を差し置いて日本が世界の中心である。そんな自意識を水戸学に植え付けるきっかけとなった人こそ、亡命先の日本で長く徳川光圀の庇護を受けた朱舜水であったろう。水戸の学問は彼の存在によって世界と立ち向かえる自信を得た。

九　吉田松陰は湊川で泣く

吉田松陰は一八五一（嘉永四）年三月五日、長州の萩を旅立った。名目は江戸での軍学研究。この年、松陰二一歳。ペリーの率いる米国艦隊が浦賀に来航するのは二年後のこと。だが松陰の脳内は対外的危機意識で既に充ち満ちていた。彼は一八五〇年に九州に遊んだおり、平戸で会沢正志斎の『新論』を読んだ。この水戸学者による書物は、一八二四（文政七）年に起きた英国捕鯨船員の水戸藩領への上陸事件に刺激され、そのときただちに著された。だが内容が危険視され公の発売をさしとめられた。そのまま約四半世紀が過ぎていた。でも知られざる本だったのではない。写本は出回っていた。それで松陰も平戸で読めた。激烈な尊皇攘夷の書。彼は水戸に憧れた。江戸行のひとつの理由だったろう。

萩を出てから半月近く経った三月一八日、松陰は近畿地方に居た。この日は摂津国の坂本村を訪れている。現在の神戸市中央区楠町。神戸駅の近傍。楠町とは楠木正成の楠だ。南北朝時代の湊川の合戦で正成が斃れたところ。今は湊川神社がある。しかしそれは松陰の旅した頃にはまだなかった。神社が建ったのは明治維新後。維新を支えた水戸学や松陰の尊皇攘夷思想に基づいて湊川神社は生まれた。尊皇のためにはたとえ勝ち目のない戦いにも進んで身を捧げる。正成は「愛国者」の模範として近代日本に位置づけられた。

でも松陰が訪ねたときには墓碑があるのみ。元禄年間に徳川光圀が建立した。松陰はどうしても墓碑に接したかった。その前で三度も跪いた。感激した。買い物もした。松陰の書簡にこうある。「湊川にて楠公の墓を拝し、壱歩《いちぶ》たたり候て、舜水の撰ぶ所の賛、碑面の嗚呼忠臣云々の石摺共買得《ばいとく》仕り候。帰国の節貴覧に懸け申すべく候」

「南朝の忠臣」楠木正成の物語は『太平記』によって美化され尽くしたかたちで知られてはいたものの、彼を表立って顕彰することは長く避けられていた。なぜなら南北朝合一のあと、皇統は北朝が受け継いでいたから。南朝を持ち上げるのは現朝廷に対して畏れあり。湊川の古戦場も長く打ち捨てられていた。そこにいきなり墓碑を建てさせたのが、水戸学の祖、徳川光圀だった。

そう、墓碑建立は本当に電撃的だったらしい。『摂津名所図会』には「不意に多くの武士来りて碑をここに運送し、一夜の中《うち》に建てられける」とある。しかも「領主荘官なども知らずして何事にや」と驚き慌てたという。この記述が正しいなら、地元に根回しなく事は突然に遂行されたことになる。乱暴だ。でも「天下の副将軍」の命令。誰もケチは付けられなかったようである。

この電撃的墓碑建立劇から、吉田松陰の来訪まで百数十年が過ぎていた。神社はまだなかったものの、ある程度、観光地にはなっていたようである。土産物が売られていたのだから。吉田松陰は、墓碑の表側に記された「嗚呼忠臣楠子之墓」という文字の石摺と、裏側に記された「舜水の撰ぶ所の賛」の写しの両方を購入した。

まず「嗚呼忠臣楠子之墓」。これは徳川光圀の書。孔子の書と伝えられる「嗚呼有呉延陵季子之墓」に倣ったものとは、既に触れた。では「有呉延陵季子」とは何のことか。『史記』などの伝えるところによれば、春秋時代の呉の国に、飛び抜けた賢者、季札が居た。延陵の季子とも呼ばれた。彼は呉の国の始祖、寿夢《じゅぼう》の息子。寿夢は季札に王位を継承させるよう願って逝った。

しかし季札は長男ではなかった。兄たちがあった。彼らは父の遺志に同意した。けれど季札が受けなかった。兄弟の長幼の序に反する。たとえ父の遺言でも正義の大原則は破れない。兄たちは困った。そこで長幼の序を守って長兄から順に王位を継承しては理由をつけて退位し、弟に自ずと王位が回るように試みた。中には退位の前に死ぬ兄も居たが、何とか季札の順番が来た。ところがそれでも季札は受けない。成り行きが作為的にすぎるからだろう。いきさつに道理がない。だからやっぱり駄目。季札は諸国を遍歴したりして過ごした。季札と言えば旅にまつわる伝説が多い。水戸黄門と少し似ている。

かくして王位は季札の兄たちの子の争うところとなった。それから後、呉の国は繁栄した時期もあったが、早くに滅びた。ここに季札の歴史に対する責任論が生まれる。彼が素直に王位に就いていれば呉にはもっとポジティヴな歩みが有り得たはず。宋の司馬光は『資治通鑑《しじつがん》』で季札を評して述べる。彼は一国を任されても余るほどの才能と徳を有しながら、その才能も徳も十分に使わず生かさず、呉の国の中の一地方を預かる程度のことしかせずに、ほぼ為さざる人のまま一生を終わった。長幼にこだわって、徳の有無を軽んじ、結果、一国の歴史の終焉を早めるのに貢献したのが季札である。司馬光の舌鋒は鋭い。

だが、同じ季札を称えてやまなかったのが、儒学の祖、孔子であった。たとえ能力があっても、大義がなければ、それを行使してよい道理はたたない。そもそも、長幼の序は誰の目にも客観的に確認される原則とみなせるが、能力の大小や徳の有無は、相対的で主観的で、そのうえ変動するものだろう。運も絡む。どちらにより重みがあるかは、明らかではあるまいか。その結果、呉の滅亡が早まったとしても、それは天命である。孔子の書いたという「嗚呼有呉延陵季子之墓」の一〇文字はそうした考え方のあらわれだろう。

この季札のイメージに徳川光圀は楠木正成を重ね合わせた。自らの天才的統治能力を大義の前で封じて我慢し続け、筋を通した季札。兵力の多寡や勝敗の帰趨に関係なく、正統な王朝としての南朝を守護するという大義ある目的に自らの天才的軍事能力を捧げ続け、さらにここで斃れても七度生まれ変わって正統な王朝の側に立ち続けると宣言した楠木正成。両人とも天才でありながら、それを大義に則してのみ使ってよい分だけ使うことへの徹底がある。やせ我慢もあるかもしれない。筋が通っていれば、義が貫かれていれば、極端な言い方をすると、滅亡しようが敗戦しようが討ち死にしようが自爆しようが一生を無駄にしようが構わない。それらはつまり美しい。義のある負けは美しい。勝ち負けに関係なく美しい。負けて死んだら生まれ変わればいい。義がなければ勝って生きても意味がない。みっともない。恥ずかしい。義公、徳川光圀の信条であろう。子より親が上。弟より兄が先。君はたとえ暗愚でも君、臣はたとえ賢かろうが臣。副将軍より将軍が上。でも将軍より天皇が上。天皇の言いつけなら将軍を差し置いても実行するのが大義。それが現実に可能か不可能かは関係なし。水戸藩の役目に大義があれば、藩の財政規模とかの現実的顧慮を超越しても役目は遂行されねばならない。徳川光圀の信条は水戸学の信条かつ真情となって流れ下って増幅拡大し、吉田松陰にも伝染する。

ともかく嘉永四年に吉田松陰は今の湊川神社の場所に佇んで感動した。季札と孔子と楠木正成と徳川光圀を貫くものに感きわまった。しかもその感激は「嗚呼忠臣楠子之墓」という徳川光圀による表書きの裏側、墓碑の背面に彫られた「舜水の撰ぶ所の賛」によって、まさに裏書きを与えられた。その「賛」とは、明の滅亡に伴って大陸から日本に亡命し、徳川光圀の師となった大儒学者、朱舜水が楠木正成を賛美した文のことである。松陰は朱舜水による碑文を味読することで、自分のこの場所での感激が、極東の島国の人間の勝手でローカルで一時的な思い込みではなく、グローバルというか普遍的というか、そういう次元での裏打ちがあるとの確信を得た。

松陰はその後も幾度か湊川を訪れた。毎回、墓碑にすがって感激の涙を流した。そんな彼は、尊皇攘夷の志を果たせぬまま萩に蟄居させられ悶々としていた一八五六（安政三）年、「七生説《しちしょうせつ》」という文章で湊川のことを次のように綴っている。

「余かつて東遊し、三たび湊川を経る。楠公の墓を拝する」。そうすると行く度に泣けて泣けて堪らない。その墓碑の陰を観れば、明の人、朱舜水先生の文章が刻まれている。それを読んでまた泣く。ああ、どうしてこんなに泣けるのだろうか。私は楠木正成公と骨肉父子の間柄ではない。師でも友でもない。涙の出る理由が分からない。ましてや朱舜水先生は海外の人だ。それなのにその文章を読むと際限なく泣ける。先生は明の人だというのに日本に渡って来られ、楠木正成公に心底共感し、深い悲しみを示しておられる。私はその先生の文章から、明の王朝が滅び、代わりに清朝がたって、亡国の深い悲しみに沈んでおられる先生の心持ちを我が身のように感じて泣いてしまう。

なぜこのようなことが起きるのか。松陰は続ける。「理気の説を得たり」。儒学で言う理気の説で考えればよいという。理は精神的なもので気は物質的なもの。気としては楠木正成公と朱舜水先生と私はつながりようがない。時代も空間も違ったところに存在しているのだから各人の気はふれあえない。しかし理はどうか。精神はどうか。同じ精神が公と先生と私の心に存在するとしたら？　精神は個人に帰属するのではない。理とは宇宙的で世界的な精神だ。それが各人の心に流れ込んでくる。同じ理が流れ込んでいる心と心であれば、時空を超えて感応することもあるだろう。だから私は泣けるのだ。楠木正成公や朱舜水先生と同じ精神を共有しているから泣けるのだ。そんな私が尊皇攘夷の志を果たせず、獄につながれ、また蟄居させられている。このまま朽ち果ててなるものか。理において公や先生とつながっている私の心を、この激動の時代にもっと活かさねばならない。私の思想をもっとひろめなければならない。南朝方の破滅的危機を前にしても尊皇の大義を貫く楠木正成公の心、そして明の滅亡を味わっても清に靡《なび》かずに日本に亡命して徳川光圀公に大義の重要性を叩き込まれた朱舜水先生の心が、私の心に同じ理を通じて深く注ぎ込んでくるように、外国の賊が侵入をはかって危機的状況にあるこの国の若者の心へ私の心を送り届けねばならない。楠木正成公や朱舜水先生と同等にならなければ死にきれない。七たび生まれかわってでも、そのような存在に自らを鍛えねばならない。

注釈も交えて超訳すれば、吉田松陰の「七生説」の後段はこんな具合にも解せるだろう。これはもう一体化衝動の発露である。ひたすら涙し、忘我の境地に至り、大いなる精神と一体化を遂げる。そして自らが大いなる力を得たように感ずる。どうも井上日召《にっしょう》を思い出す。一九三二（昭和七）年に民政党の大幹部の井上準之助や三井財閥の大番頭の團琢磨《だんたくま》が立て続けに暗殺された。血盟団事件と呼ぶ。その血盟団の指導者が井上日召だ。彼は事件後の法廷で自分の精神が天皇と合一していると力説した。彼はそういう神秘体験を経て、暗殺による世直しを夢見る若者たちのカリスマになった。何か大きなものと合一している自信が革命的人物をそれらしく見せる原動力にしばしばなる。吉田松陰にとっての湊川はそのような経験の場としてもっと重視されてよいような気がする。松陰は、『太平記』と徳川光圀によって理想化された楠木正成、そして光圀の師の朱舜水のふたりと特に合一化することで、カリスマへと飛躍していったのであろう。

はて、そこまで松陰を感じ入らせた朱舜水の楠木正成賛美の一文とはいかなる内容なのか。そもそも、朱舜水とはどんな人物か。死したあと、はるか後世の若者、吉田松陰さえも嚮導《きょうどう》するほどのカリスマなのか。「七生報国」のような、ある種、ファナティックなフレーズを好んで叫ぶ危険な煽動家なのか。違うようである。彼の思想はたいへん落ち着いていた。水戸藩の弟子たちは朱舜水を揃って実学の人と呼ぶ。理屈を深めすぎて観念を弄ぶようなところは少しもない。伝統的な生活や儀礼の型を守り抜く。そのための道具作りから細かな作法までにいちいちこだわってとまらない。

そんな朱舜水のことを、吉田松陰の「七生説」における理気二元論、精神や観念と物質や現象の対比論を念頭に置いて説明しようとすれば、松陰の場合は気がなくとも理で通じるというような極論に走りがちなのに対し、朱舜水は理と気をいかにつなげるかを考えた思想家のひとりと理解できるのではないか。そこに不可欠な実学ということだ。

たとえば剣の道について考えよう。そこには剣の思想というものもあるだろうが、剣の道は思想だけでできるはずはない。剣は観念ではない。斬る行為なくして剣はない。物も人も両断する。肉が裂かれ、骨が断たれる。生々しい実技である。その実技は、それをただ即物的に考えれば、剣を振るう肉体と肉体によって振るわれる剣の二つさえあれば成り立つ。が、剣の道は即物主義を認めない。それを道たらしめるものは型である。しきたりである。作法である。道場の床は清浄に拭き清められておらねばならず、衣装もよく整えられていなければならない。俗に言う心・技・体の三位一体説こそが道の根幹であろう。精神と技術と肉体が、剣や衣装や道場という建築空間に支えられながら合一する。それが剣の道である。そこには空間設計や決まった衣装やその着こなし、さらには礼に始まり礼に終わるような作法の連鎖が生成する時間的形式が必ず伴う。剣道に限らず、柔道も茶道も華道も能も礼法もみな同じことだ。

学問もそうである。たとえば『論語』を読む。そのときの姿勢が大事なのだ。それが東洋的学問というものである。清められた空間で身を律する。背筋を伸ばす。正座する。集中する。そうして読まれる孔子のもろもろの言葉こそが、道場の稽古で剣のもろもろの型が会得されるのと同じように、真に身に付く。逆に言うと、悪い姿勢で『孟子』や『大学』や『中庸』を読んでも身に付かない。そうした信仰の上に、いわゆる東洋的学問は成り立つ。朱舜水が実学を重んじたとは、そのような意味においてである。

思想は観念的に抽象的にだけ存在しはしないし、もしも思想がそのように存在するならば、その思想は人間にとって無意味である。なぜなら人間そのものが物だからだ。物は観念的でも抽象的でもない。具体的だ。人間は言葉を発し、動き回る。人間の思想は発語や動作の積み重ねの中でしかはぐくまれない。そこには年齢や立場というものも必ず伴う。思想は観念や抽象と結び付くには違いない。しかし、それが人間の思想であるかぎり、思想は時間と空間と行為と切り離すことができない。観念と物質は分けられない。理と気は別物ではない。思想は人間の生の中で息づく。もしも、常に学ばれるべき、真に正しい思想が存在するとすれば、その思想は正しい空間設計や正しい身体動作や正しいタイム・テーブルと必ずセットになっているはずである。外面では悪しき姿、だらしない恰好をしているのに、内面の思想は立派ということは、この考え方からすればありえない。また、正しい型が伝承され、反復されれば、そこにはいつも時代を超えて同じ気が立ち現れるから、個々の人間が死んでゆき代替わりしていっても、気も失われず、その気と結び付く理も幾らでも蘇ることになる。

そして儒学者とは仁義とか忠信とか孝悌とかに真の精神的価値を見いだすものだ。現在において仁義や忠信や孝悌の精神が守られているか否かは、それに相応しい生活の形式が保たれているか否かによって、容易に日々判定されうる。過去において仁義や忠信や孝悌が守られているか否かは、歴史を子細に検討すれば判定しうる。だから朱舜水は実学を重視し、儒教の儀式の正しい作法の伝承に心を傾け、聖堂や学問所の設計に細かくこだわり、また歴史的事実の探究を怠らなかった。実学の重視は思弁の軽視ではない。正しい思弁は実学の徹底からしかもたらされない。それが朱舜水の信念であった。

ではこの信念にしたがって、日本と中国を眺めるとどうなるか。朱舜水は明の最期に立ち会って忠臣のあまりの居なさに絶望した。ところが日本には楠木正成が居る。楠木一族は「七生報国」とまで唱えている。朱舜水は感激した。また日本には「間違った家督相続」を悔いて、水戸藩のような大藩の跡目を、わざわざ兄の子に譲って「失われた長幼の序」の回復をはかる弟が居る。しかもその弟は「天下の副将軍」なのだ。

さらに、ここが朱舜水にとって肝腎なのだが、日本人は作法、生活の型というものに強くこだわる。おまけに天皇家による王朝は古代から保たれ続けている。儒学が常に実現を目指しながら本家の中国ではいつも打ち砕かれてきたものが日本にある。日本こそ本当の中国ではないか。最上の理想国家ではないのか。亡命者、朱舜水の見果てぬ夢想は水戸学の根っこで蠢いてゆく。

十　海防論と国体論の相互循環

吉田松陰は一八五一（嘉永四）年一二月一四日、江戸を出発した。熊本藩士の宮部鼎蔵《ていぞう》、南部藩士の安芸五蔵と相諮っての大旅行。ペリー提督率いるアメリカ艦隊が浦賀に来航するおよそ一年半前のこと。

とりあえず注意すべきは旅立ちの日付だろう。そこに意味がある。一七〇二（元禄一五）年一二月一四日、赤穂浪士が吉良上野介の屋敷に討ち入った。主君の敵を取った。吉良の首級をあげた。その日から満で一四九年、数えで一五〇年の節目になるのが嘉永四年の一二月一四日。浪士の指導者は大石内蔵助。赤穂で山鹿素行に兵学を師事した。山鹿流の兵学者の流れに連なる。彼が同志たちとはかり、非業の死を遂げた主君、浅野内匠頭への忠義を貫いた。そんな大石らの行動を単なる仇討ちの域にとどまらず、幕府へのプロテストと見る向きもある。幕府が喧嘩両成敗という大原則を軽んじ、浅野に切腹を申し付け、吉良を咎めなしとした。筋が通っていないではないか。正義が守られていないではないか。大義なき裁きは真の裁きではない。ケリを付けるには直接行動しかあるまい。討ち入りは私怨・私闘に非ず。主君への忠義ゆえにも非ず。ただ天下に正義を貫くため。そういう解釈である。忠義か、大義か、正義か。いずれにせよ義の字が入る。赤穂浪士が赤穂義士とも呼ばれる所以である。

そのことと吉田松陰の旅立ちにいったい何の関係があるのか。松陰は兵学者であった。まだまだ卵と呼ぶべきかもしれないけれど、長州藩の兵学師範の家を継ぐ者であった。吉田家の伝える兵学は山鹿流。大石内蔵助と同じである。しかも、一二月一四日に松陰がどこに旅立とうとしていたかといえば、とりあえずは水戸に向かってである。水戸学の学者たちの門をたたき、水戸学の祖、徳川光圀ゆかりの地を訪ね、光圀が師と仰いだ朱舜水の墓に参ろうとしていた。水戸学の背骨を成すのは誠実に義を貫く精神である。光圀は義公と呼ばれる。また元禄時代の光圀は、将軍の徳川綱吉やその懐刀の柳沢吉保に、筋の通らぬことについていちいち意見した「天下の副将軍」という役回り。その光圀の死後、綱吉や吉保は「松の廊下の刃傷」に対する裁きで喧嘩両成敗という原則を貫かなかった当事者になる。

山鹿流兵学者の松陰が水戸を目指す吉日は、どうしても一二月一四日。松陰ならではの思い込みがあったろう。

この出立は松陰の人生を変えた。ネガティヴな作用があった。

実は遊学への藩の許可がなかなか下りなかった。早くから願い出ていたのに。通常ではありえない。理由は定かではない。一説では同行者のせいとも言われている。熊本藩士の宮部鼎蔵は一八六四（元治元）年に池田屋騒動で斃れた。新選組に斬られた。尊皇攘夷の志士として大物中の大物だった。だが、それはのちの話。問題はもうひとりの方。南部藩士の安芸五蔵である。彼が長州藩の上役から危険視された可能性がある。もしそのせいなら、松陰の遊学に、ブレーキのかかった理由も分からないではない。

そもそも安芸五蔵とは変名である。彼は那珂弥八郎と名乗ることもあるが、それもまた変名。本名は違う。兄の仇討ちをしようと名を偽って敵を探していた。『忠臣蔵』の物語と日を合わせたいとのアイデアも、仇討ち成就を願う安芸から出たらしい。一行の待ち合わせ場所は御丁寧にも高輪の泉岳寺。浅野内匠頭と赤穂義士が葬られている。義士伝をなぞれるだけなぞろうというわけ。この安芸五蔵に松陰が同道して、松陰が仇討ち騒動に巻き込まれれば、藩にとっても厄介事。ついに許可の下りぬまま、出発予定日が来てしまった。松陰はもう少し待てばよかった。日にちを遅らせば、たぶん円満に旅立てた。でも彼の出立日はどうしても一二月一四日でなければならなかった。無許可で出発した。脱藩者になったことを意味する。これで松陰は長州藩の藩士としての身分をついに失う。それでも出かけた。

さて、そこまでしての大旅行の目的はなんであろうか。旅行というよりは、やはり遊学と表現すべきかもしれない。良き師の居るところや何か学ぶべき事柄のあるところには長居する。兵学の勉強をする。国難に立ち向かうための知恵を養う。国難とはつまり外圧である。西洋諸国が日本と関わりたがっている。異国船が頻々とやってくる。松陰の立場は攘夷。異国船を打ち払わねばならない。

そういうものの考え方の基盤を、松陰は既に水戸学から受け取っていた。それを深めるために水戸に行かねばならない。だから最初の主目的地は水戸。それから会津若松、新潟、弘前などを巡る。特にロシアの脅威に、一八世紀この方、晒され続けている北方の様子を、少しでも知りたい。海岸の地理を実見し、海防の現状を見聞したい。これもまた目的。結局、江戸に戻ったのは翌年の四月になった。師走の出立だったから、翌月はもう嘉永五年。その年は陰暦の閏年で、閏月がはさまった。二月の次は閏二月。二月が二か月分あった。なので、一二月から四月までは足かけ六か月。ほぼ半年の旅である。

吉田松陰は一八三〇（文政一三）年、長州の萩の生まれ。長州藩士、杉百合之助の子で、四歳の年に叔父の吉田大助の養子となり、五歳で吉田の家を継いだ。吉田家は長州藩の兵学師範。流派は先述の通り山鹿流。山鹿素行の学問を伝承していた。松陰も長州藩で兵学者の道を歩んだ。嘉永四年、松陰が二一歳の年に江戸に居たのも、兵学修業のためである。

松陰は嘉永三年に九州を遊学した。水戸学の代表的書物でありながら当時まだ未公刊だった、会沢正志斎の『新論』の写本にふれた。大きく影響された。江戸に行き、さらに水戸に向かう大きな原動力になったのは『新論』の読書体験だったろう。萩から江戸へと出発したのは嘉永四年三月五日。途中、徳川光圀の建てた、湊川の楠木正成の碑に涙したりしつつ、江戸に着いたのは四月九日。江戸では、山鹿素行の裔で山鹿流軍学の継承者、山鹿素水、さらに佐久間象山に直接学んだ。また会沢正志斎の『新論』を江戸でも読んでいた。佐久間象山は信州の松代藩の儒学者だけれども、藩主の真田幸貫が一八四一（天保一二）年に幕府の老中に任じられて海防掛になると、砲術や蘭学を勉強し、主君を助けた。新時代の海防論の一大権威としてその名を知られていた。

そう、危機の時代なのである。幕府の老中に海防掛が要るような。松陰が東国や北国の太平洋沿い、日本海沿いを見て回りたくなるような。しかもその危機は慢性化していた。この時代の感覚に即して言えば「終わりなき海防の時代を生きろ」というところ。

たとえば、松陰七歳の一八三七（天保八）年、モリソン号事件が起きた。モリソン号はアメリカの商船。民間会社の持ち船だ。浦賀や鹿児島にやってきた。しかし、勝手に一存で、民間の意志のみで、はるばる日本に来航したのではない。ジャクソン大統領の御墨付きを得て、アメリカ政府のかかわった言わば「日本開国プロジェクト」の一環だった。

モリソン号には七人の日本人も乗っていた。うち三人は尾張からの、四人は肥前・肥後からの漂流民。モリソン号は日本の鎖国の制を知りながら危険を冒してまで日本人を国に帰しに行く。まことに好意的な態度ではないか。その船が、アメリカ国家を代表して日本と通商交渉するきっかけを探す役目も兼ねる。アメリカから日本に輸出できる品物のサンプルもたくさん載せていた。何しろ日本人漂流者を伴っている。頭ごなしに拒絶されるだろうか。日米交渉の緒がつかめるのではあるまいか。

だが、浦賀でも鹿児島でも日本側の態度は剣呑だった。幕府も薩摩藩も鎖国の建て前を墨守した。モリソン号を力ずくで追い払った。当時の日本の外国船対応を定めた法として効力のあったのは「無《む》二念打払令《にねんうちはらいれい》」である。一八二五（文政八）年に出た。接岸してくる異国船はその場所に居る人間が総出で何が何でも打ち払え。要はそれだけと言ってもよい。その「無二念打払令」がモリソン号に対して発動された。商船のモリソン号はじゅうぶんな武力を持たぬうえに、事を荒立てても良いとの命令も受けてはいなかったから、反撃せず、日本人漂流民を返還もできずに、帰っていった。

とりあえず鎖国は無事に守られ、幕府としてはめでたしめでたし。とはいえ、一皮めくればおかしなことがたくさんあった。浦賀では、幕府の浦賀奉行は確かに「無二念打払令」を実行し、奉行所総出で、事に当たった。大砲も撃った。しかし、浦賀防衛に緊急動員された川越藩の藩兵はというと、まるでやる気がなかった。国難に対処する気概も発想もない。「無二念打払令」にしたがい、力ずくで打ち払いの任に当たるというとき、実際問題として、誰がどのようにしてどこまでやるのが適当なのか。明確な規範がなかったせいもあるだろう。

浦賀の経緯において、幕府からみて問題があったのは、動員されながら役に立とうとしない川越藩の態度だけではなかった。士農工商のうちの農工商と言えばよいか。侍以外。日本人の圧倒的多数を占める諸階級の態度がまた、かなり不穏であった。異国船を岸から追い払っても、少し沖で役人の目にもつかなければ、そこでまで異国船を敵視しなくてもよいのではないか。かえって仲良くした方がお互いに利益があるのではないか。モリソン号には日本の漁船や商船が群がり、異国船に日本人の大勢が乗り込んで、船上は大にぎわい。積載されているアメリカ商品を貰って帰る者がたくさん居たという。一方的に贈与されるばかりでなく、物々交換もなされたのであろう。民間のアメリカ商船、モリソン号は、民間日本人と貿易をした。そう言ってもおかしくあるまい。これが果たして本当に異国船を打ち払ったことになるのだろうか。

しかも、この筋立てはいつかどこかで聞いたような話でもある。そう、一八二四（文政七）年の大津浜事件の頃に、常陸の沖、房総の沖、あるいは奥州の沖の太平洋でしばしば起きていただろうことと、まるで同じ。英米の捕鯨船と日本の沿岸民とのあいだの「民間外交」や「民間貿易」が、幕府や水戸藩を含む諸藩を大いに悩ませた。そのまったき再現である。「お上」は日本の民間人が自由に外国人と交際や交易をすることを禁じている。けれど、海の上で、国を超えての漁民と漁民、商人と商人との交わりを誰がとめられようか。人と人は国や政治を超えてお金と物と人情でつながるのが当たり前。この感覚を、長い鎖国時代を経ても、海国日本の民人は忘れてはいなかった。だから打ち払われている最中の民間商船、モリソン号に、日本の民間船が友誼を求めて殺到してしまう。

川越藩になぜ国防意識がなく、三浦半島周辺の民人たちはなぜ士の身分の人々と心を合わせて異国船打ち払いに努めないのか。国民的な共同意識を有せないのか。答えは簡単である。まだ江戸時代なのだ。近代的な国防観念も、国家意識も、国民的連帯も、この国には成立していない。日本人は士農工商という身分制度に階層的に割られ、藩という封建的秩序に空間的に割られている。近代的な国家と国民の姿はまだ遠い彼方である。たまたま浦賀で海防の役目に動員されてしまった川越藩の藩兵が、なぜ川越藩の領地でもないところで、危険を冒してアメリカの船と戦わねばならないのか。三浦半島の農工商の階級に属する民が、幕府に見つからず咎めも受けないだろう海上でアメリカ人と仲良くして何が悪いのか。そうした疑問に対する有効な処方箋は容易にはみいだせない。

にもかかわらず、日本が鎖国を、世界の列強が東アジアにいちだんと目を向けはじめているらしい時期に、なおも守り続けるとすれば、島国日本の圧倒的総延長をもつ海岸線を、大勢で防備しなければならない。監視し警戒し打ち払い続けねばならない。その労力をいとわぬ精神、経済的見返りが保証されていないとしてもなおも国土を護持しようとする精神とは、いったいどこから出て来得るのか。必要とされる膨大な人数は、どこから都合されるのか。それからもっと大切なこと。西洋諸国の貿易への願いを拒絶し続けるとすれば、日本がそう主張し続ける大義名分はどこに求められるのか。

答えは細かくはいろいろあるだろう。が、大筋ではおよそひとつの方向に帰着する。川越藩の藩兵が浦賀を命がけで防備して当然と思うようになるためには、幕府や藩という次元にこだわっていては駄目なのだ。空間の区切り目をなくして日本をひとつの国にし、軍隊をひとつにしなければならない。近代的な言葉で表せば国軍が必要になる。川越藩の部隊に浦賀で玉砕せよと命ずることは無茶だが、国軍が国土のどこでも等しく防衛するのは自然である。また、士農工商という身分制度があるかぎり、それぞれの身分に属する日本人が他の身分と一体化して同じ日本人であると思うことは極めて困難だが、身分制度を壊してゆけば、みなが対等の国民と思い込むこともできる。身分制度にこだわっていては国を守るに足る人数が出てこないのだ、日本の場合は。

江戸後期の「終わりなき海防の時代を生きろ」時代に展開した海防論のたどり着くところを理念化して言えば、こういうことになる。日本の長い海岸線を守るには、士農工商の士だけでは人数が足りない。農工商も兵にする道を考えねばならない。豊臣秀吉以来の兵農分離は続けられない。農工商にも武器をもたせる。そうしないと島国日本の海防は果たせない。

また、日本全土の海防を具体的に整えようとすれば、藩単位では非効率にして軍事力も不揃いにならざるをえない。外国軍隊が陸軍を侵攻させようというとき、それなりの軍備を誇る雄藩の領する海岸線への上陸は難しくとも、弱藩の海岸線なら容易というのでは、国土防衛のどんなグランド・デザインも成り立たない。さらに、海岸線を有する藩に負担を強い、内陸の藩を関係なしとするわけにもゆくまい。藩が割れていることは外敵なき島国の統治方法としては有効だった。でも、外敵が長い海岸線のどこに現れるかを常に心配しなければいけない「終わりなき海防の時代を生きる」準戦時体制的時代には、まったく不向きである。

一八世紀から一九世紀にかけての海防思想は水戸学も含めてこのような思考の経路を大筋ではたどっていった。国を防衛しなければいけないと思う。でも海岸線を守るためには国の仕組みに無理があると分かる。すると海防のために国の仕組みを変えなければいけなくなる。あとは海防に真面目に取り組むか、そこから目を背けて当座の現状維持だけを考えるかのどちらかになる。

江戸幕府のとった基本的態度は後者であった。先の「無二念打払令」を真面目に日本の海岸線のすべてで実行しようとすれば、全国至るところに砲台を築き、監視員を常駐させ、機動的に動いて近隣のどこの海岸にもただちに向かえる沿岸防備軍を諸藩に命じて編成させるなりしなければならない。が、幕府は「無二念打払令」を出しただけで、それを実効あらしめる海防策の実現に積極的に取り組もうとはしなかった。本気で行えば、幕藩体制の枠組みと士農工商の秩序に差し障りが出てくると知っていたからであろう。

そもそも「無二念打払令」が文政八年に出されたのは、前年の大津浜事件と宝島事件の対応策としてであった。ともにイギリスの捕鯨船員が上陸してきた。前者は水戸藩領の大津浜に。後者は薩摩の宝島に。どちらも捕鯨船の母船は沖に居て、ボートで少人数が上陸してくるだけだった。「無二念打払令」はその程度の事態を想定した法であり、マニュアルであったと考えられる。ボートで少人数の捕鯨船員が来るだけならば、軽装の侍がほんの幾人かでも、あるいは漁民や農民でも、一心不乱に追い払えば帰るだろう。その程度なのである。だから川越藩兵を浦賀に動員しても、彼らを働かせる思想もマニュアルもあったものではない。

　このようなありさまでどうして国が守れるか。海防論者は過激化する。松陰はそういう若いひとりだった。本当に日本の海防を果たすための体制作りを欲してやまない。軍事技術が必要だ。経済力が必要だ。だが、それだけでは駄目だ。この国の長い海岸線を、日本人が身分の違いを超え、身命を賭して、守ろうとするだけの価値体系が必要だ。松陰はそれを求め、九州で『新論』に出会い、江戸で水戸行のための人脈を作り、ついに水戸を目指した。水戸で会沢正志斎らと交遊した。そうして松陰が水戸学を大いなる導き手として摑んだ価値体系とは、たとえば一八五六（安政三）年の「太華《たいか》翁の講孟箚記《こうもうさっき》評語《ひょうご》の後に書す」でこう示されている。

「凡《およ》そ皇国の皇国たる所以は、天子の尊きこと万古易《かわ》らざるを以てなり」

　日本人は等しく皇国の民であり、皇国は世界に冠たる国体であるがゆえに、そして国体の尊厳は西洋的価値観と並びたたないがゆえに、命を捨てても守る値打ちがあるということだ。海岸線の長い日本を防衛するには国民総動員的な体制を可能にしなければならないという海防論の一種の現実主義と、日本が万古不易の国体を有する世界最高の国であるからそれを士農工商の身分差にかかわりなく一体で防衛しなければならないという国体論の一種の超現実主義とは、鶏が先か卵が先かという関係にあるのだろう。

十一　水戸の夜に鐘は鳴らない

儒教は本質的に恨みがましい。そういう意見がある。いや、そんなはずはあるまい。聖人君子の教えを説くことと、恨みがましいこととでは、ずいぶん違うだろう。矛盾があるだろう。そもそも聖人君子は、恨みなどという俗な情を捨て去れるからこそ、聖人君子と呼ばれるのではあるまいか。

が、一皮めくれば聖人君子とは実はやはり恨みがましいものかもしれない。改めて言うまでもないが、聖人君子の教えとは、誰でも分かって真似できるものではないからこそ、聖人君子の教えである。すぐ実践できるのなら、もっともらしく荘重に教え続けずともよいだろう。平生の道徳律という程度で済む。

ということは、聖人君子の教えをよく分かって、なおかつそれを論じ語れていると信ずる者は、ほぼ間違いなく孤独なのではないだろうか。他人に容易に理解されるはずのない教え。たとえ理解されたとしても、実践の容易ならざる教え。そういう教えを伝える選ばれた少数者は孤独にならざるをえない。打っても大勢に響かない。いくら教えてもその通りにならない。よって自らを真の儒学者と信ずる人はいつも苛立つ。怨念を持つ。根深く持つ。

儒教の核心的な教えは一般には五つあるとされる。仁と義と礼と智と信。儒学者は何よりもこの五つを教える。それらが実践されればこの世はユートピアになる。が、ユートピアは無何有郷《むかゆうきよう》である。理想の中にしかないとも言える。教えても教えても実らない。よって恨む。ただ怨念を表に出してはならない。我慢する。それが儒学者というものだ。『論語』にそういうことを諭しているとも読める有名なくだりがある。

『論語』は儒教の教典である。孔子の論じ語った教えを記した書物。全二〇篇からなる。第一篇は「学而《がくじ》」。なんと書いてあるか。

まず「子曰く、学びてそして時に之を習う。また説《よろこ》ばしからずや」

解釈はいろいろある。学んだことを復習して深めることは一般に楽しいことであるとか。が、儒教が恨みを伴う教えであるとするなら、もっと穿った、次のような解釈もありうるかと思う。所詮は自分にしか分からない聖人君子の教えをおのれの胸中で反芻し確認し続けることが、とりあえずは間違いのない喜びである。外に理解者を求めるのは容易でないのだから。さすがに穿ちすぎだろうか。

その次は「遠方より来たる朋有り、また楽しからずや」。

友はどこにでも居る。遠くにも居る。遠くからわざわざ来てくれる場合は特に嬉しい。そのようにも解せる。が、儒学者の孤独を思えば違った意味にもとれる。真の友は滅多に居るものではなく、理解者が身近にあるとはとても思われないが、友たりうる未知の誰かが実は遠方に居る可能性となると否定できない。その未知なる友ともしも会うことができれば、それはきっと楽しい。これまた穿ちすぎだろうか。

そして「人知らずして慍《うら》まず、また君子ならずや」

この箇所には孔子の叫びが聞こえるような気がする。「慍まず」とわざわざ言うのは、普通なら恨むのだが恨まないように何とか頑張ろうという思いの表れとも取れる。要するにそもそも恨みがある。

孔子は春秋時代を生きた。弱肉強食、権謀術数。そんな世のまっただ中で、仁義や礼智を説いた。神話伝説にあらわれる皇帝、堯や舜の時代には仁も礼も当たり前に行われていた。理想即現実であった。そう教えた。現代は神話時代から際限なく堕落した。堯舜の時代への復古。それが本当の維新。理想への道。孔子の教えである。

だが、なかなか広まらない。観念として理解されても、実践はきわめて難しい。戦国乱世に、長幼の序や主従の道を厳格に守れと言っても無茶である。いくら教えても実が挙がらない。そこで「人知らずして慍まず」という言葉が発せられざるをえない。他人が自分の考えを理解できなくても恨まないのが君子というものだ。自分も君子として振る舞わなくては！　恨む心を悟られてはいけない。恨みを隠し、ついには滅さねばならない。それが日常生活における君子への道。そんなふうに解せるのではあるまいか。

さて、山鹿素行の流れを汲む青年儒学者・兵学者、吉田松陰が、儒学を日本化した学問・教説と言える水戸学の本場、常陸国の水戸の城下へやってきたのは、一八五一（嘉永四）年一二月一九日のことだった。

その五日前の一四日、松陰は赤穂義士の討ち入りの日付に合わせて、江戸の長州藩邸から出奔した。藩の許可なく旅に出た。脱藩者となった。道中では変名を使った。追捕を恐れてのことだという。長州の鄙人《ひじん》、松野他三郎と名乗った。一四日の夜は下総国本郷村の本福寺に泊まった。時宗の寺である。今だと千葉県松戸市。本福寺は寺子屋もやっていた。翌日の朝、宿泊の礼ということか、松陰は寺子屋で授業をした。追手の心配を本気でしているとは思えない。松陰の日記にこうある。

「十五日、村童ノ為ニ学而ノ首章ヲ講ズ」

早朝から、『論語』のうち「学而ノ首章」すなわち「遠方より来たる朋有り、また楽しからずや」とかのあたりを、村の子どもたちに講釈した。『論語』のいちばん有名な箇所を子どものために取り上げた。そう考えてもよい。しかし松陰にとっては脱藩の翌日である。『論語』の「学而」に潜む孤独な儒学者の思いに共鳴し、孔子と自らを重ね合わせたと考えることもできるだろう。

自分の身近におのれの学問・知識・発想を理解し深めてくれる者がどれだけあるか。長州藩の環境に満足できるか。そこに友があるか。自らを信じ、「学びてそして時に之を習」ってばかりではないか。それでよいのか。

そのような懐疑なくして、脱藩などという大それた行いはできまい。そして行き先は水戸だ。長州から江戸を経てその先の常陸国へ。友を求めて遠方へ自ら出向く。話の分かる真の友はきっと水戸に居るに違いない。会わねば済まない。それが松陰の思いであったろう。『論語』の「学而」を地で行く。だから出奔した翌朝に「学而」の講義をする。「遠方より来たる朋」を水戸は必ず歓迎してくれるに違いない。松陰は思い詰めていたのであろう。

もちろん俄か仕込みの行動ではない。松陰の心はすっかり水戸に呼ばれていた。

きっかけは、水戸学者、会沢正志斎の手になる尊皇と攘夷と海防の書『新論』を読んだことであろう。松陰は一八五〇（嘉永三）年、九州に遊学した。平戸で葉山佐内の塾に入門した。同年一〇月一〇日、葉山の塾に蔵されていた『新論』を読んだ。

平戸は松浦家の領地。捕鯨をする土地でもある。西海に面し、長崎からはすぐ。場所柄もあって外事にはどうしても敏感である。たとえば、安永年間から文化年間まで藩主だった松浦静山は隠居後に『甲子夜話』を著し、文政年間、常陸沖に頻々と現れるイギリスやアメリカの捕鯨船についての情報を、水戸藩の会沢正志斎をニュース・ソースのひとつとして、丹念に記録した。一八二四（文政七）年、水戸藩領にイギリスの捕鯨船の乗組員たちが上陸してき、幕府や水戸藩を震撼させた大津浜事件についても綿密に調べさせ、『甲子夜話』に記載していた。

その平戸に当時はまだ未公刊の『新論』の写しがあった。『新論』は大津浜事件へのリアクションの書。正志斎は大津浜でイギリス人たちを尋問する任に当たったことで、水戸藩きっての「西洋通」ということになっていた。彼はそのときの尋問を通じて夷敵が日本侵略の意思を有していると確信するようになっていた。

『新論』は事件の翌年の文政八年に完成。夷敵の侵略が目前に迫っている。常陸沖での捕鯨船の頻繁な操業の真の目的は、日本攻略のための偵察である。非常時はもう到来しており、この国と水戸藩はただちに対応しなくてはならない。どうすればよいか。そもそもなぜに鎖国は守られねばならないのか。西洋の勢力をこの国に入れてはならない理由は何か。そして海防の実を挙げるには如何なる手段をとるべきか。『新論』の骨子である。過激な警世の書。公刊を憚られた。写本で密かに読まれていた。

その『新論』の写しのひとつが、在って確かに不思議ではない平戸にあった。松陰が読んだときには大津浜事件と『新論』執筆の頃からほぼ四半世紀が過ぎている。この『新論』に松陰は大きく影響されたようである。

それから、もうひとつの松陰と水戸との強い縁。松陰が嘉永四年春に長州から江戸に行く途中、湊川で、後醍醐天皇への誠を最後まで尽くして討ち死にした楠木正成の墓碑に参り、墓前で慟哭した。それは一種の神秘的・宗教的な体験であった。墓碑は徳川光圀が建てた。朱舜水による楠木正成賛美の銘文が刻まれてもいた。朱舜水は大陸から亡命し、光圀の師となった、ということは水戸学に大本を与えた存在とも言える。松陰は徳川光圀と朱舜水の楠木正成への熱情を追体験して涙が止まらなかった。松陰は徳川光圀と朱舜水を友と思った。時空を超えて友と出会った。もちろん『新論』の著者、会沢正志斎も。三人の友が水戸から松陰を呼んでいた。

松陰は江戸に出てから、水戸行を実りあるものとするための準備を周到に重ねた。伝てを求めた。松陰が頼ったのは斎藤弥九郎とその息子の新太郎である。斎藤弥九郎は神道無念流の剣術家。幕末江戸三大道場のひとつ、練兵館の道場主。剣術ではむろん天下の名人だが、それだけではない。洋学にも通じていた。幕府きっての開明派、韮山代官の江川太郎左衛門に仕え、高島秋帆《しゅうはん》に西洋式兵学を習ってもいた。

その弥九郎は水戸藩でも長州藩でも剣術を指南した。水戸藩では藤田東湖と親しかった。弥九郎と東湖は、同じ神道無念流。共に岡田十松《じゅうまつ》の門下だった。長州藩では、桂小五郎（木戸孝允）、高杉晋作、井上聞多（馨）、伊藤俊輔（博文）らが弥九郎の門下だった。松陰の門下と重なる者も多い。桂小五郎は練兵館の塾頭まで務めた。

弥九郎は松陰のために水戸藩の永井政助への紹介状を書いた。弥九郎なら真っ先に藤田東湖に引き合わせてくれそうだが、嘉永四年というと、東湖は蟄居中だった。

松陰の水戸行から遡ること七年の一八四四（天保一五）年、水戸藩主だった徳川斉昭は江戸幕府から蟄居謹慎を命ぜられ、隠居させられた。なぜか。話はさらに遡る。水戸では、文政七年の大津浜事件の前後より、水戸学の徒、藤田幽谷・東湖父子や会沢正志斎を中心に尊皇と攘夷と海防を結び付けた議論がさかんに行われるようになった。それは決して藩論の主流ではなかったが、一八二九（文政一二）年、水戸の第八代藩主、徳川斉脩が逝き、九代目を斉脩の弟、斉昭が継ぐと、情勢は一変した。

徳川斉昭は、二代藩主、徳川光圀の再来かというほどに思想的な人物だった。彼が「天下の副将軍」になった。光圀が義公と呼ばれたように、斉昭は烈公と呼ばれた。烈公は水戸学に心酔し、会沢正志斎と藤田東湖を重用した（東湖の父の幽谷は斉昭の時代の来る前に世を去っていた）。正志斎の『新論』が斉昭の手引書だった。

烈公は尊皇と攘夷と海防を叫んだ。皇国日本を西洋の夷敵に汚されぬために海防を重視した。軍事力の強化に努めた。日本の長い海岸を防御するには武士だけでは足りない。もっと大勢を戦闘員とし、しかも海岸沿いに常時住まわせなくては皇国を守れない。屯田兵のような制度こそ海防時代には相応しい。兵農分離のうえにたつ徳川時代を根底から覆すようなことを、斉昭は考えはじめた。

また烈公は皇国の宗教として神道に肩入れした。仏教を異教扱いして抑圧した。明治維新後の廃仏毀釈の嵐は烈公の先例をなぞったものと考えてもよい。とにかく烈公の物事の仕方は激烈だった。海防を果たす。民には愛国の心情を植え付けねばならない。そのために渡来宗教の仏教を邪魔と思えば本気で弾圧した。

幕府はそんな斉昭一派を危険視した。海防論議は必要である。しかしやりすぎである。しかも幕府を積極的に朝廷の下に置くかのような思想を吹聴している。天皇の居る国、日本は世界で別格。その特別性を護持するために如何なる犠牲が払われても当然。究極的にはそれだけである。将軍や武家はそっちのけなのだ。皇室の盾の一環をなすにすぎない。水戸の藩政も、斉昭と過激な水戸学者の暴走により不安定化する一方。かくして斉昭は藩主就任から一五年でついに謹慎の身となり、隠居させられた。それが天保一五年改め弘化元年の事件である。斉昭の取り巻きだった会沢正志斎や藤田東湖らも、幕命や藩命により職を解かれ、禁錮や謹慎の身の上となった。

松陰の水戸行のときはまだその余波の及ぶ時代だった。徳川斉昭が藩政への関与を再び許されたのは一八四九（嘉永二）年。会沢正志斎が自由の身になったのも同年。その翌々年に松陰が水戸を訪れた際には、藤田東湖はまだ謹慎を解かれていなかった。東湖が晴れて自由の身となるのは一八五二（嘉永五）年だ。それで斎藤弥九郎は松陰に、親しい東湖ではなく永井政助を紹介したのである。

永井政助は藤田幽谷の甥。幽谷の妹が政助の母。ということは藤田東湖は政助の従兄になる。政助は東湖と机を並べて幽谷に師事した。大津浜事件の際には、幽谷の命で、東湖に同道して大津浜に向かおうとした。皇国の土を汚した侵略者のイギリス人たちを捕鯨船に返してはならない。斬り捨てるべきだ。幽谷は幕府にも水戸藩にも何の断りもなく、息子と弟子を刺客として、まったくの独断専行で事をなそうとした。一種のテロであろう。イギリス人が先に放免されてしまい、決行には至らなかったのだが。そんな政助は弘化元年の斉昭失脚に伴って、長く冷や飯を食らうことにもなった。

ともかく東湖の従弟の永井政助は水戸の人々の中でも大物のひとり。彼への斎藤弥九郎の紹介状は松陰を欣喜雀躍させたことだろう。松陰はそれを携えて水戸へ発った。松戸、守谷、水海道と進み、筑波山に登った。さらに真壁を経て笠間へ。笠間藩は学問が盛ん。江戸を出て四日後の一二月一八日、松陰は藩校の時習館を訪ね、『孟子』を講義し、水戸についての情報を収集した。

そして翌日、松陰は水戸に入り、さっそく永井政助の家を訪ねる。紹介状が物を言う。翌嘉永五年一月二〇日まで、年末年始のほんの数日を除いて、ずっと永井家に泊めてもらった。じきに、水戸での合流を約していた、熊本藩士の宮部鼎蔵、南部藩士の安芸五蔵も、永井家にやってくる。松陰は水戸で何を感じたろうか。

安芸五蔵、あるいは那珂弥八郎とも、仇討ちのために変名を名乗っていた、実は江帾《えばた》五郎という人物は、明治維新後、このときを回想して記している。

「過ぎつる歳の事なりき、毛利の御内人（長州藩士）、吉田大二郎（大次郎、松陰のこと）が、宮部鼎蔵と、陸奥の方へと思ひ立ちぬと聞き、己れも仙台までまからばやと、もろともに吾妻（江戸）を出立し、まづ水戸の御家の手ぶりこそ見まほしけれとて、永井雅輔（政助）が家に廿日《はつか》あまり宿りせしが、昼は更なり、夜も城の上にて時告ぐる太鼓より外には、鐘てふものの聲せねば、いと寝安き心地こそすれとて、もろともに打笑ひてけり」

吉田松陰と宮部鼎蔵と安芸五蔵が永井家に泊めて貰っていて、あることに気付く。音が違う。江戸でもどこでも朝に昼に夜に聞こえる寺の鐘の音が水戸ではしない。日本人の生活空間を律する梵鐘の響きが聞こえない。城から弱く太鼓が響いてくるだけだ。寝心地がよい。が、不思議である。松陰が永井政助に尋ねた。答えはこうである。

「こは斉昭の中納言の、夷ふせがんとするために、鉄炮鋳させ給はんとて、寺々の鐘などりなく、たてまつらせ給ひし故なり」

水戸の町中の梵鐘が熔かされて、海防のための大砲や鉄砲に変じているという。松陰は驚いた。その数は？　永井政助は「数えきれないほど」とだけ答えた。軍事機密だからであろう。

なるほど。烈公は仏教を異教として退けることで本当の日本の姿とは何かという問いを喚起しながら、寺から金属資源を供出させ、海防のための軍備の手当てにしているのか。神がかった建前論とリアリズムとの見事な融合。これが危機の時代の国家のありようだ。水戸は時代の最先端を行っている。だいたい人々の安眠を妨害し、民力を殺ぐことにしかならない梵鐘の響きなど、非常時には百害あって一利なしではないか。

松陰は「かくまで（徳川斉昭公が）御心つくし給ひぬとは思ひもかけざりしと、いたく驚ける様なり」。

松陰はこのとき「持たざる国」が西洋列強に対抗するための国力・精神力のふり絞り方を彼なりに悟ったのであろう。

そして松陰は会沢正志斎と徳川光圀と朱舜水に会いに行く。

十二　伯夷と叔斉という名の兄弟

吉田松陰は一八五一（嘉永四）年の大晦日、水戸を出発した。この長州藩の青年兵学者は、ペリーの黒船来航前夜の時代に、大胆不敵に江戸の藩邸から無許可で旅立って、つまり脱藩して、一二月一九日から水戸に居る。同行するのは、熊本藩士で松陰と同じく山鹿流の兵学者、宮部鼎蔵と、仇討ちのため諸国を流浪中の江幡五郎。松陰は水戸では永井政助の家に逗留している。政助は藤田幽谷の妹の子だから藤田東湖の従弟。一八二四（文政七）年の大津浜事件、すなわちイギリスの捕鯨船の乗組員が水戸藩領に上陸してきた事件の際には、師の幽谷から従兄の東湖とともにイギリス人の暗殺を命じられている。もちろん未遂に終わったのだが。とにかく永井政助は尊皇攘夷の志を持つ若者にとっては伝説の人である。その家に寝泊まりして松陰は幸福だったろう。

松陰が大晦日に水戸から出たというのはもう水戸と別れを告げたということではない。松陰は年末から憧れの水戸学者、会沢正志斎の家に出入りするようになっていた。幽谷の古い弟子であり、大津浜事件でイギリス人たちを尋問し、彼らがこの国に災いをなす者だと確信し、尊皇攘夷思想の聖典にして明治維新の原動力となった書物『新論』をただちに著したのが正志斎である。恐らく正志斎との対話を通じて、のちに松下村塾で維新の志士を育てることになる松陰らしさの土台がかなり作られたに違いない。松陰は、年が明けて嘉永五年に改まってからも、正志斎のもとをまだまだ訪ねる。議論を重ねる。つまり松陰は大晦日に水戸を出発してすぐまた水戸に帰ってきた。水戸近郊への小旅行だった。宮部鼎蔵と江幡五郎と連れ立って。松陰にはどうしても新年をそこで迎えたい場所があった。徳川光圀ゆかりの地を巡りながら、年を越したかった。

松陰一行は水戸の北へ行く。久慈の太田の方を目指す。まずは瑞龍山《ずいりゅうさん》へ。そこは水戸藩主の歴代の墓所。梅里《ばいり》先生の碑もある。

梅里とは徳川光圀の雅号。水戸黄門の漫遊物語には町人に身をやつした光圀が梅里と署名して相手がその正体に気付き平伏する場面があるものだ。梅といえば水戸である。水戸の偕楽園は梅の花の咲き匂う庭。水戸の名産は梅干しである。だから梅里なのか。違う。本末顚倒というか順序が逆である。

梅里という号が先で、だから水戸にたくさん梅が植えられるようになった。なぜ梅なのか。幕末維新期の水戸学者のひとり、栗田寛《ひろし》は『浪華梅記《なにわのうめのき》』で述べている。

「むかし、難波高津の宮に、天下治《あめのしたしら》しめしし天皇の御弟宇治の稚郎子《わきいらつこ》、学びのわざを百済の王仁《わに》にうけ給ひて、兄弟徳譲の美あり、王仁なにはづの歌もて、御位に即し事を、ほぎ奉りしより、この梅のかをり世にひろく、文学のわざもみさかりにはなりけらし、其後菅原の神を始め、忠誠の心もて、朝廷につかへまつれる人々の、梅をめで給へるは、深きゆえこそあるらめ」

栗田寛はここで第一五代の応神天皇の皇子たちにちなむ故事に触れている。応神天皇は皇子のうち弟の宇治の稚郎子を愛した。学問があり才に恵まれている。その父の意を汲んだ異母兄が弟に皇太子の位を譲った。弟はそれを喜んだわけではなかった。譲り合った。麗しい兄弟愛があった。そこに梅が絡んだ。天皇やその皇子の徳の高さを思うとき、梅の木と花が欠かせぬものになった。天皇への「忠誠の心」としっかり結びつく植物が梅という話である。

が、この話には出典がある。古代中国にある。徳川光圀が梅里と名乗ったのもその出典のせいだ。『史記』の伝える物語である。殷を滅ぼして周王朝を開いた武王。その曾祖父には三人の男子があった。太伯《たいはく》と虞仲《ぐちゅう》と季歴《きれき》である。季歴には昌という子があった。のちの周の文王。文王の子が武王で、彼が主の殷に弓を引き、周の国を支配王朝に高めることになるのだが、それはまだ後のこと。とにかく季歴父子に周の国を任せるのが吉と、季歴の兄二人、太伯と虞仲は悟った。それで国を捨てて、南の蛮族の地に逃れ、蛮族の習にあえて倣って全身に刺青を彫り、わざわざ周に戻れぬからだにして、周で位を継承する意思は兄二人には絶対にないと宣した。困る弟の季歴の、国へ戻ってくれという願いを退け、南の地に呉という国を開いた。かくして兄二人は呉太伯と呉虞仲と呼ばれるようになった。そして呉太伯ゆかりの土地の名が梅里である。

徳川光圀はこのストーリーが大好きだった。自分をそこになぞらえれば季歴やその子の役回りとなる。なぜなら光圀は兄をさしおいて水戸藩主になったからである。が、精神においては呉太伯である。幼いときに跡取りにされ、兄をさしおいたことを生涯の痛恨事とし、水戸家の当主の地位を兄の子に譲ったからである。そこで呉太伯を慕って雅号を梅里とした。水戸といえば水戸光圀であり、光圀といえば梅里である、ということになった。といっても光圀は水戸に梅林を作ったわけではない。手近な場所に少し植えただけである。実際の水戸にはあまり梅がなかった。梅里こと徳川光圀あってこその水戸だというのに、現実の水戸の風景に梅が目立たぬというのはあまりに悲しい。そこで、会沢正志斎や藤田東湖を積極登用して幕末の水戸藩を尊皇攘夷で導いた烈公徳川斉昭その人が、水戸を梅の名所にした。江戸の梅の実を水戸に持ち込んで、偕楽園を開き、梅の苑に育てた。水戸では梅里の名前が先で本物の梅はあとから付いてきたというのは、そういうわけである。

すると吉田松陰らが訪ねた梅里先生の碑とは何か。むろん徳川光圀にまつわる碑。「梅里先生碑陰ならびに銘」と呼ばれる文章が彫られている。作者は誰だろうか。光圀のことを梅里先生というからには、没後に遺徳を偲んで光圀をよく知る者がしたためたのか。普通ならそう思うだろう。が、そうではない。碑文は光圀本人が自分を梅里先生と呼んで生前に記した。奇妙と言えば奇妙。だがこれも中国の故事に倣っている。魏晋南北朝時代の大詩人、陶淵明は自らを投影して五柳《ごりゅう》先生を創造した。「五柳先生伝」という自伝的な文を残した。徳川光圀はそれを真似た。陶淵明に憧れていたからである。

陶淵明は晋の滅亡を目の当たりにした。国は乱れ、宋という新王朝に取って代わった。陶淵明はこの宋を認めなかった。晋の皇帝を殺してできた王朝には大義がないと考えた。どんなときでも皇帝は皇帝。秩序の大前提は既に居る皇帝は常に絶対に皇帝だと認めるところにある。一切の関係はそこから成立する。政治が乱れているからとか、自らが権力を欲するからといって、いちいち皇帝を殺し王朝を変えていては、この世に休まるときはない。信じられる価値がなくなる。政治が悪いというなら皇帝に意見して正せばいい。それで直らなければ自らの非力を悟って隠者となればいい。王朝を滅ぼすなどは論外。陶淵明はそうした思想の持ち主だった。大それたことを考えず、余計なふるまいをせず、何もせずにいいときは何もしないことを第一義とした。少なくとも徳川光圀は陶淵明をそのような詩人と思って敬愛した。陶淵明は柳を愛したから五柳先生。ならば自分は梅を好むから梅里先生。こうして「梅里先生碑陰ならびに銘」は生まれた。

そこに何と書かれているか。冒頭はこうである。

「先生は常州水戸の産なり、その伯は疾《や》み、その仲は夭《よう》す。先生夙夜膝下《しゅくやしっか》に陪して戦戦兢兢《せんせんきょうきょう》」

徳川光圀が季歴なら、兄たちは太伯であり虞仲である。父の認知の遅れた兄や夭折した兄があったせいで、長幼の序に反して自らが家督を相続してしまった。兄たちに申し訳なく、天に対して恐れ多く、夜も眠れぬほどだ。光圀は梅里先生という自画像をそのように描き始める。だが、悩みのようやく晴れるときがきた。

「元禄庚午《こうご》の冬、累《しき》りに骸骨を乞ひて致仕《ちし》す。初め兄の子を養ひて嗣と為し、遂に之を立て以て封を襲《つ》がしむ。先生の宿志、是に於てか足れり」

兄の子につがせて隠居。これこそ梅里先生の理想。宿願はようやく果たされた。それが一六九〇(元禄三)年である。光圀が満で六二歳の年。大名なら隠居しても立派な屋敷に暮らすものだし、「天下の副将軍」の退隠後となればなおさら相応の場所で生活するのが当然だけれど、隠遁者気質の陶淵明を慕う徳川光圀は違う。通常では考えられないような鄙の片隅に小さな隠居所をこしらえた。

「月は瑞龍の雲に隠るといへども、光は暫く西山の峯に留まる」

こう述べて「梅里先生碑陰ならびに銘」は結ばれる。「月は瑞龍の雲に隠る」というのは引退して生前に瑞龍山に墓まで建てたことを指す。「光は暫く西山の峯に留まる」というのは隠れた月の光がなおしばらくは西山にだけは弱く当たるという意。西山が隠棲地なわけである。

テレビ・ドラマの『水戸黄門』だと、各シリーズの第一話ではたいてい黄門さまこと徳川光圀は西《せい》山荘《ざんそう》という隠居所に居る。そこから旅立つ。西山荘はどこか。瑞龍山から一里ほどしか離れていない西山という山のふもとに建てられた。

屋根は茅葺き。部屋数は僅か。屋内は質素。清廉なおもむき。書見する部屋の窓のすぐ外には梅里先生に相応しく梅の木。門には蔦かずら。外は表側が竹垣一重。裏側は何のしきりもない。ちょくせつ西山に続く。前後には池。蓮の花が咲く。山には鹿をはなす。門前の田には鶴をはなす。この鹿と鶴は光圀になついていて付いて一緒に歩いたというのだが、本当のことだろうか。それら西山荘への道筋には桃の並木。

これはつまり中国風の隠者のユートピアの模倣だろう。山ぞいの簡素な家。周りには鹿や鶴。それから桃。桃源郷のイメージである。

だが、それよりも地名だ。山の名だ。西山である。水戸徳川家の墓所の設けられた瑞龍山の近くに隠居するのがいい。そういう考えは光圀にあったろう。しかも近所には、隠宅を置くに相応しいところは幾らもあった。しかしそこで西山に決めたのにはやはりそれなりの理由があった。またしても中国の故事なのである。光圀は呉太伯の伝記を愛し、陶淵明の生き様を慕っていた。そのせいで梅里という号が選ばれ、梅里先生の文章も生まれた。

でも光圀にはもっと大好きな筋書きがある。中国の故事の中に。例の話だ。光圀の人生に覆い被さっている話だ。光圀が一八歳で触れ、以来、人生の指針とした話。『史記』にある伯夷と叔斉という兄弟の伝記である。

殷王朝に仕える孤竹国の諸侯の家の跡取りに、父親は弟の方の叔斉を指名して亡くなる。才能を買ったからだ。しかし弟は兄の伯夷に遠慮する。長幼の序を守るのが人の道、仁の基本だからである。そこで兄は出奔した。弟の遠慮は当然である。が、父の遺志を実現するのが親孝行である。居なくなるのが手っ取り早い。

ここまでは梅里の名の由来でもある呉太伯のエピソードと同型である。けれど、この先が違う。呉太伯の場合は、兄たちの蒸発によって弟の血筋が生きることになるのだが、伯夷と叔斉の場合は、伯夷に申し訳ないと思いつつ叔斉が家督を相続するのではなく、出奔した兄の気持ちを思えば自分はますます跡を継げないと、弟までが消えてしまう。

究極の譲り合いである。親の遺志を守ろうとする。兄弟の上下の秩序を守ろうとする。その板挟み。解決が難しければあとのことはどうなろうと両方とも退いてしまう。そのくらいまで身を引きに引いてこそ美しい。兄は父の遺志に背かず、弟も長幼の序に外れない。義が通される。

徳川光圀はこの物語に感激した。呉太伯や陶淵明よりも胸に深く刻まれた。兄を差し置いて水戸徳川家を相続したことを後悔した。かといって家を捨てて混乱を巻き起こすわけにもゆかず、ゆっくり時間をかけて事を正義に復さしめる方途を考え、実行した。それが兄の息子への国譲りである。それを果たして隠居した。以前にも確認している通りである。

だが、今、重大なのは『史記』の「伯夷列伝」のその先だ。伯夷と叔斉はそれからどうなったか。太伯と虞仲のように蛮地の王となったのではなかった。伯夷と叔斉は行動を共にした。周の文王が徳治を実現しているというので周の国を訪れた。噂通りなら仕えてもよいと思った。周の文王とは太伯と虞仲の弟の季歴の子。だが、伯夷と叔斉が周の国にたどり着いたとき、文王は既に逝き、その息子の武王に代替わりしていた。武王は、殷王朝の衰退がもはや極まり、これ以上、仕えることに意味はなく、滅ぼして新たな王朝を立てるべきと考え、兵を進めるところだった。

伯夷と叔斉はどうしたか。武王の前に立ちふさがった。たとえ王朝の政治が乱れているとしても、臣下の礼をとる者が主に弓を引くことに正当性は決して付与できない。逆賊の行いである。臣は主に改めさせるようにお願いする。改められるように力を尽くす。それができないのなら、そのときは主が悪いのでなく臣が悪い。責任を取って消え去るのは臣の方だ。死して消えるか、隠者になって消えるか。正義に基づけば他の理はたたないはずである。王朝を改める革命は断じて不可。人の道としての仁を立てようとすれば別の選択肢はない。革命の前例を作ってしまえば必ず歴史は繰り返される。臣が主に、下が上に、いざというときは平気で反逆する世界が生まれる。パンドラの箱をあけてしまう。

王朝を交替させた方が世の乱れを早く収めることができる。もっともらしい。しかし、それは正義を、仁を、相対化することだ。一度でもそうなると、もう絶対普遍というものは回復できない。例外を認めれば例外は前例になる。今はあのときと同じだから、同じようにやってよい。この理屈で回り始める。したがって革命は禁じ手。伯夷と叔斉の哲学である。

だが武王は兄弟の言に耳を傾けなかった。殷を潰した。周の国が次なる王朝を開いた。伯夷と叔斉は、正義を踏みにじって悪しき前例を世にもたらした周を許さなかった。周に服属して生きるのを潔しとしなかった。周の権力の目の届かぬところで暮らした。首陽山という山に入った。山中で隠遁生活をした。蕨を食していのちを繫いだ。限度があった。それでも山を降りなかった。兄弟ともに餓死した。

兄弟で地位や名誉や権力を譲り合う物語なら呉太伯の兄弟の例でも事足りなくはない。が、易姓革命、王朝交替を戒める物語は伯夷と叔斉でなければならない。正義を貫徹するには山に籠って蕨だけで餓死しても当然。首陽山は義人の理想郷と観念された。伯夷と叔斉を敬慕する者は世を捨て隠者になって首陽山で餓死する。徳川光圀もそういうイメージを追っていた。だから隠居所を山のふもとに簡素に作った。鹿や鶴まで連れてきてそれらしい雰囲気を再現しようとはかった。そこで肝腎なのは首陽山の別名である。西山という。光圀は水戸の領内に西山という名の付くところを探したのだろう。瑞龍山のそばという恰好の場所に西山はあった。光圀は狂喜したに違いない。かくて西山荘が生まれた。念のために言えば勝手に新しく付けたのではない。もともと西山だった。

このように、徳川光圀は水戸の北方に、一種の見立ての空間を造形した。瑞龍山に自らの墓碑を陶淵明になぞらえて作った。梅里の号を用いることで呉太伯と結び付けた。呉太伯は義の貫徹に、陶淵明は易姓革命拒否と隠者礼賛につながっている。西山荘は首陽山荘という含みである。伯夷と叔斉が蕨を食べる世界を表す。中国趣味、『史記』趣味、儒学趣味による、見立ての空間である。ただし儒学でも孟子のような易姓革命を認める部分は除かれる。もちろん日本における易姓革命拒否思想とはすなわち天皇絶対主義である。尊皇である。万世一系の皇統を守護し、天皇の命には絶対服従。瑞龍山と西山に徳川斉昭の偕楽園の梅を合わせれば、これはもう尊皇思想のディズニーランドのような仮想現実的ユートピアが見えてくるだろう。

しかもその中心には見立てを見立ての域にとどめない工夫がなされている。瑞龍山では歴代水戸藩主の墓や梅里先生の碑文が朱舜水の墓とセットにされている。伯夷と叔斉の思想を徳川光圀の生きた時代に引き継いだかのような明朝の遺臣にして大儒と呼んでいい朱舜水の墓が一緒になり、朱舜水が梅里先生のそのまた先生として顕彰される。その仕掛けによって、常陸国にあつらえられたこの空間は、中国の物まね的な箱庭空間というよりも、大道廃れた本物の中国に取って代わる新しい中国を担う言わば本気の空間として屹立してくる。

吉田松陰一行は、嘉永四年の大晦日を瑞龍山で、翌年の元日を西山で過ごした。松陰は幸福だった。日記にこうつけた。

「是遊歴中最快事也」

第二章　東アジアの中の水戸学

一　『国性爺合戦』

近松門左衛門は一六五三（承応二）年に生まれて一七二四（享保九）年に没した。徳川将軍でいうと、四代家綱から八代吉宗の時代。一方、水戸徳川家の二代目当主にして「天下の副将軍」徳川光圀は一六二八（寛永五）年に生まれて一七〇〇（元禄一三）年に逝った。生年も没年もおよそ四半世紀ずれる。重なって生きている歳月は約半世紀。同時代人といってもよいだろう。

近松門左衛門は浄瑠璃、歌舞伎作者。人形芝居のために多くの作品を残した。その中でも同時代的に最も人気を博したのは、たとえば『心中天網島』や『曾根崎心中』のような心中物とかではない。『国性爺《こくせんや》合戦《かっせん》』である。

一七一五（正徳五）年だから、光圀が没してから一五年後に、大坂の竹本座で初演された人形浄瑠璃。人形芝居としては空前絶後の大ヒットとなった。正徳五年一一月から享保二年二月まで。一七か月も続演された。江戸時代にも近現代にも、単一演目でこれを超える長期連続興行の記録は、人形芝居にはない。人形芝居として初演ロングラン中に、歌舞伎にも移されて上演された。人形でも生身でも。『国性爺合戦』はまさに一世を風靡した。

物語は極めて国際的である。日本と中国を股にかける。しかもスペクタクルだ。中国の王朝は明。鄭芝龍《ていしりゅう》は、明の謹厳実直な高級官吏であったが、皇帝に諫言して容れられず、かえって逆鱗に触れた。日本の平戸に亡命。老一官《ろういっかん》と改名し、その地で日本人の妻を迎え、一子をもうける。和藤内《わとうない》こと鄭成功《ていせいこう》である。

長い年月が経つ。老一官の日本亡命からおよそ三〇年。一官は学者然とした風貌の老人になっている。彼はそのままこの国を終の栖とするつもり。子の和藤内も偉丈夫に育つ。そうしたら平戸の浜に小舟が流れ着く。乗っているのは明の皇女。聞けば、明の皇帝は北方騎馬民族の韃靼《だったん》人に殺され、明朝は事実上滅ぼされてしまったという。幼い皇子は忠臣の呉三桂《ごさんけい》とともに何処かに落ち延び、皇女は日本を目指してきたのだという。

和藤内は勇み立つ。父が今も忠誠を誓う明の王朝を再建し、韃靼人を覆滅しなければならない。それが父の国への息子の志である。また母の国、日本の武勇を世界に示すまたとない機会でもある。日本はもののふの国。日本人には韃靼をも倒す力が備わっているだろう。かくして、日中のハイブリッドである和藤内こと鄭成功は唐土に渡る。義兄に当たる甘輝《かんき》将軍や、明の皇子を奉ずる呉三桂とともに大活躍。南京を攻略して皇子を新帝に擁立し、明の王朝を復活させる。和藤内こと鄭成功は勲を称えられ、新帝から国の姓、朱の一字を賜る。国姓爺とも呼ばれる。近松は、姓という女へんの漢字が、武勇の化身、男性的なるものの権化たる和藤内の芝居の題名に入るのを嫌ったのだろうか。国姓爺をもじって国性爺とした。『国性爺合戦』は明朝再興の喜びの中で大団円を迎える。

この芝居の何がよかったのか。鎖国時代の日本人に異国のロマンを感じさせたのが受けたのか。そういう面もあったろう。が、それだけではない。愛国的な筋書きが観客の熱狂を生んだとも伝えられる。漢民族は中華を自称しながらも愚かにも韃靼人の姦計にはまり、国を滅ぼされて自力では再興もおぼつかなく、押しまくられる。そこに日本の血をひく和藤内が登場する。本当の忠を知り、父を遠ざけた明の王朝にもなお尽くし抜く心を持つ。天に承認されているはずの王朝が異民族に蹂躙されて倒されるなどという事態を断じて認めようとせず、正義を貫き、もとの王朝を復活させることのみに集中し、しかもその志を実行できる胆力を有する。日本の血を享け、日本で育った人間こそが、この世界に真の正義を実現する。中華民族にできないことを日本人がやる。そこがよかったという。

しかも『国性爺合戦』は作り話には違いないけれど、まるで荒唐無稽というわけではない。和藤内こと鄭成功は実在の人物で、父が鄭芝龍、母が日本人というのも本当だ。そのうえ物語は当時の東アジア情勢をそれなりに踏まえている。明から清へ。中国における王朝交替の歴史経過を見据え、事実と創作をないまぜにしてドラマを編んでいる。リアルなところがきちんとある。そこもよかった。

北方騎馬民族のひとつ、満洲族が、英雄ヌルハチによって統一されて金と名乗り、明を派手に脅かしはじめたのは、一七世紀初頭のこと。明は彼らを討伐しようとするが捗らない。明の屋台骨は既にだいぶん揺らいでいた。財政は破綻。急場を凌ごうと新税を次々と作り出し、民心はすっかり離反。権力内部の抗争も激化。そこに外患として満洲族が登場。泣きっ面に蜂とはこのこと。

そんな明の衰退には、一六世紀末の豊臣秀吉による朝鮮出兵も大きく絡む。明の冊封《さくほう》体制に組み込まれていた朝鮮を救援するのは明の義務。日本を押し戻すために明の投じたエネルギーは思いのほか膨大だった。また、ヌルハチが満洲で威勢を拡大してついに明を脅かすだけの力を蓄えられたのは、明が日本に気を取られている隙をついたせいと考えてもよい。秀吉の出兵は正気の沙汰ではないような言われ方をよくする。けれど、そう決めつけてよいものだろうか。秀吉が、朝鮮半島へ、その先の大陸へと、食指を動かしたとき、明はもう衰退期に入っていた。異民族から見れば攻め時であった。やりようによっては満洲族の歴史的役回りを日本がもっと担ったかもしれない。そんな可能性もあったろう。

それはともかく、満洲族が王朝の名を金から清と改めるのが一六三六年。相次ぐ内乱、および清との戦争で、ついに立ち行かなくなった明が、首都の北京を、内乱の指導者、李自成《りじせい》に奪われ、第一七代皇帝の崇禎帝《すうていてい》が自殺に追い込まれるのが一六四四年。その李自成が清に敗れて死ぬのが翌年。清が君臨しはじめる。それでも明の皇帝の一族や遺臣たちは各地に拠って挽回をはかり、清の勢力を北に押し返そうとする。が、大勢はいかんともしがたい。清は大陸の南へと広がってゆく。

いや、陸伝いに南に向かうだけでは済まないかもしれない。満洲族は朝鮮のすぐ北隣の中国東北部を根拠とする騎馬民族だ。彼らの根城は日本に案外と近い。中原《ちゅうげん》の民とは、地理の感覚、世界の地図が違う。モンゴル人のたてた、かつての騎馬民族征服王朝、元のような真似をするかもしれない。大陸を南下・西進するだけでなく、海を渡って東の日本列島を狙うかもしれない。文永・弘安の役の再現がありうる。元寇ならぬ「清寇」の危機である。

たとえば、水戸学の系譜に入る人ではないけれど母方の実家が水戸で、本人も少年時代を水戸で過ごした儒者の熊沢蕃山《ばんざん》（一六一九～九一年）は『大学或問《だいがくわくもん》』でこう述べた。

「北狄中国を取りて、日本に来りし事度々なり。今已に中国を取れり」

「北狄」とは北方の異民族のこと。この場合は満洲族。彼らは中国を取れば日本も取りたがる。そういう傾向を有している。とすれば、清の侵略に対する備えを、日本はすぐにでもなさねばならない。もしも、清の日本侵攻の時期が思いのほか早く、準備が間に合わなければ、この国はたちまち滅亡するかも。そう蕃山は言う。

「今北狄来りなば、彼と合戦までに及ばず、内虚《うちきょ》にして人心散ずる事あらん」

戦争で負けるのではない。日本の戦闘技術では勝負にならないのではない。戦う前に内部崩壊するというのだ。

蕃山は述べる。現在の諸大名で中長期の戦に備えて兵糧を蓄えているのは二〇侯に一侯か二侯程度だろう。ほとんどの大名家が、大坂の役と島原の乱で目先の戦は終わり、天下泰平の世となって、動乱の心配はとりあえずせずともよいと信じている。

だが、それは国内しか見ていない者の発想である。外敵が突然押し寄せる。すると幕府も大名も慌てふためく。「大坂に出したる売米の残りは、皆国々に戻す」だろうし、「其上に用銀あらば」米を買い足すだろう。そうやって兵糧の確保を懸命にはかる。そうするのは当然だ。が、当然と思える策が国の破滅を招く。この国の食糧需給は基本的にはいつもギリギリ。余力がない。米はすぐ品薄になるだろう。価格は暴騰するだろう。

「しからば諸浪人・諸町人・民間の一日過《いちにちすぎ》のもの、諸宗の坊主、忽《たちま》ち餓死に及《および》なん」

「一日過のもの」とはその日暮らしの者ということ。全国を、特に都市部を食糧危機が襲う。蕃山の想像力は逞しい。そのときおとなしく餓死する人間は居ない。全国で暴動が発生するだろう。

「其時は世間さわがしく、諸人うは気（浮気）になり、虚説のみ多ければ、無事のときの飢饉のごとく、居ながら餓死する者はすくなからむ。みな強盗と成て、少きは五十人百人、多きは五百人千人組て横行すべし。軍法者・歴々の浪人など大将に取立て、いかやうなる事をせんも計がたし」

外国の侵略に伴うことだ。突発的異常事態だ。即座に終末感が漂うだろう。天候のもたらす飢饉とは違う。経済的、政治的、瞬間的に訪れる飢饉だ。デマも飛び交う。だんだん食えなくなって衰弱してゆくのとは様相を異にする。人々は体力のあるうちに手を打とうとするだろう。奪える物は奪ってしまう。軍学者や、関ヶ原以来相変わらず世に満ちる浪人が指揮者となって、権力に抗する武装集団が簇生《そうせい》し、国の秩序はたちどころに崩壊し、カオスになる。蕃山はそう考える。

さらに蕃山は暴動・騒乱の主体として都市民だけでなく林業に従事する者なども想定する。

「吉野・熊野其外の山中の杣《そま》は、強力の者共にて幾千人もありなん。彼等は材木を切て米にかへて食とす。其時は材木を米にかへるものあるまじければ、みな強盗となりて、国中に出んより外の事あらじ。昔は吉野を世のうき時のかくれがといへり。其時は諸国山林多くて、吉野に杣すくなき故なり」

都市化と産業化と貨幣経済化が進んでいる。昔と違って、食べ物を自前で作っていない人間が田舎でも増えている。林業従事者は本当に林業しかやっていない。山の人口も増えている。山に自生する植物で命を長らえられるというのは今日では単なる牧歌的幻想にすぎない。銭を稼いで食べ物を買う。このサイクルが断ち切られれば山の者たちは平地に下り、腕力を活かして強盗になるよりほかはない。

異国と戦う前に国のまとまりは失われ、あらゆる信頼関係は虚しくなり、大騒乱が起きて、日本は滅亡する。蕃山のこんな近未来図は、明の崩壊のさまを日本にかなり嵌めて出来ているのだろう。明の都、北京が陥落したのは異民族の清の軍隊が侵入してくるよりも先だった。盗賊上がりの李自成の率いる暴徒が首都機能を麻痺させ、権力を崩壊させ、皇帝を自殺に追い込んだ。農業生産力に恵まれた中国大陸を支配する明ですら、長い衰退の末、ついに民を食わせられなくなって、無秩序状態の中で潰えた。似たようなことは、そもそも生産力の乏しい日本が準備不足のまま外国との戦争に巻き込まれれば、たちどころに起きうる。

ならばどうしろというのか。蕃山の処方箋は簡にして明である。

「今の急務は兵粮《ひょうろう》多く貯るにあり」

清の侵略に備えるためには、米価の急騰を巻き起こさぬよう慎重に適度なペースで幕府も諸藩も食糧備蓄を進めることだ。食糧増産も必要だろう。そうして兵糧がとりあえず足りそうになったら、はじめて戦ができる。態勢が整うまで、清の日本来襲のないことを祈るのみ。蕃山の至極まっとうな意見である。

とにかく対岸の火事ではなかった。鎖国しているから海の向こうのことは知らぬ存ぜぬ。それでは済まなかった。大陸における明から清への王朝交替は、日本の対外的危機意識を深めた。中華民族の王朝の明が、北方異民族の清に倒壊させられる事態は、日本の天皇や将軍の存在の正統性や存続の可能性、さらに天皇や将軍が正統で存続しなければならないものとすればその理由は何なのかについて哲学することを、日本人に強いた。いざというときには徳川将軍家を捨て身で守る。そういう使命をもたされた水戸藩においては、なおさらだった。

そして敏感な者たちは日本も侵略されるのではないかと恐れもした。熊沢蕃山がそうであり、徳川光圀もそうだったかもしれない。鎖国のあとの対外的危機は、一八世紀以降、ロシアやアメリカやイギリスの船が日本近海にだんだんと姿を現してきて、久々に起こったというのではなかった。鎖国してすぐの清朝誕生期に、危機意識はもうほとばしっていた。清はいったいどこまで広がるのか。誰かがどこかでこの征服者を押しとどめてくれるのか。

話を大陸の出来事に戻す。南へ南へと追い詰められていた明の残存勢力による清に対する大反攻と呼べるものは、一六五八年から始まった。廈門《アモイ》を進発。まずは南京奪還を目指した。総大将は鄭成功。近松の『国性爺合戦』の主人公である。老一官こと鄭芝龍が平戸の日本人妻とのあいだにもうけた子という芝居の設定も史実にかなう。ただし鄭芝龍が明の皇帝に諫言してその逆鱗に触れた話は創作。本物の鄭芝龍は、学者然とした謹厳実直な元官吏というのとは、恐らくまるで違った。海千山千の貿易商人だった。大船団を率いて大陸と日本と台湾と南洋で手広く商売した。オランダとの取り引きで儲けに儲けた。若き日には平戸藩主の松浦家と親しくして平戸を拠点にし、松浦家の家臣、田川七左衛門の娘を妻とした。子は男二人。兄の方が鄭成功。一六二四（寛永元）年生まれ。弟は平戸で田川家の跡取りになった。

鄭芝龍と成功の父子はそれからも長く平戸で暮らしたのではない。近松の芝居では平戸に約三〇年も居続けた設定だが、それは鄭成功を純然たる日本育ちにして「日本人度」を高め、「愛国の英雄」にしたいがための作り話。実際には父子は平戸をじきに離れ、台湾や福建で商売を続けた。この時代の海外貿易だから商船は武装している。略奪したりされたりが日常茶飯事。いわゆる海賊船とイメージとしてそう区別のつくものではない。

一六四〇年代、明が衰え、北京が陥落し、清が明に取って代わると、芝龍と成功は共に明朝再興を目指す側についた。まず仕えたのは、明の皇帝の一族で、代々が唐王を名乗る家からたてられた隆武帝。福建の福州を仮の都とした。鄭成功に明の国姓、朱を与えたのは、この隆武帝である。だが一六四六年、清に敗れて捕えられ、自ら命を絶った。このとき鄭芝龍も諦めた。清に降伏し帰順した。

だが息子の鄭成功は清に逆らい続けた。明朝第一四代皇帝、万暦帝の孫にあたる永暦帝に仕えた。広東あたりを根拠にした。大陸の南も南。広い中国とはいえ、もうその先はあまりない。イチかバチか。鄭成功が仕掛けた一六五八年の大反撃はまさに最後の賭けだった。一〇万の大軍を編成した。鄭成功は海上貿易で軍資金を稼いでいた。大軍は船団を組み、廈門から浙江と海路を北上した。だが、途中で嵐に見舞われた。大損害を出した。にもかかわらず軍団を再編し、盛り返した。一六五九年、激戦を勝ち抜き、南京に迫った。明がついに盛り返すか。全東アジアが注目した。

近松が『国性爺合戦』の幕切れにしたのはこのくだりである。国性爺は合戦の末、南京を回復する。明の復活が都で宣言されて結ぶ。しかし、それは事実と大いに異なる。もしもそうなら歴史が覆る。実際は南京を目前にして、鄭成功の大軍は清軍の奇襲に虚をつかれた。あと一歩でまさかの逆転負け。このとき「抗清復明《こうしんふくみん》」の夢はついに終わりを告げたと言えるだろう。中華民族は北方異民族に敗れ去った。鄭成功はついに台湾に逃れた。もちろん父親の鄭芝龍も近松の芝居の老一官とはえらい違いだ。一六四六年に裏切ったままで、息子とは反目し続けていた。

実説はそうなのに、しかも本物の鄭芝龍は豪胆な海商なのに、『国性爺合戦』の老一官はなぜ、明に誠をひたすら尽くす一徹なインテリなのだろうか。皇帝に諫言し、容れられずとも忠を尽くし続けるのだろうか。作劇上の必要からだろうか。そうかもしれない。けれど、鄭芝龍とは別の実在の人物の影がどうもちらつく。

鄭成功の南京攻略軍に加わった一徹者のインテリが居た。高名な老儒学者である。鄭成功とも深い信頼関係があり、攻略軍でもどうやら枢要の地位を占め、勇戦虚しく敗れたあとも、鄭成功とともに生き残り、なお「復明」の夢を捨てず、再起を図るべく負け戦の年のうちに日本に逃れてきた。南京の戦のときはもう還暦。芝居の老一官と妙に重なる。彼はそのあと四半世紀を日本で過ごした。近松の芝居では老一官は三〇年も滞日する。時の長さも似ている。近松の老一官は、実際の鄭芝龍よりも、この儒学者を意識しているのではあるまいか。いうまでもなく、その人の名は朱舜水である。

二　日本乞師

「日本乞師《きっし》」という言葉がある。日本に師を乞う。良き師を求める。といっても、ここでの師は師匠の師ではない。先生のことではない。師団の師である。師なる漢字には軍隊の意味がある。古代中国の周代の兵制では、二五〇〇人の兵隊でひとつの師を構成した。つまり一個師団である。そこから転じて大勢の軍隊を師と呼ぶようになった。「日本乞師」とは、日本にまとまった軍事力の提供を求めるということである、日本に援軍を求めるのが「日本乞師」である。

いったいこの四文字熟語はいつ使われたものだろうか。誰が日本に救援を頼んだのだろうか。

一六四五（正保二）年の暮れ、長崎に林高という中国人がやってきた。彼は鄭芝龍に仕える周崔芝の名代であった。鄭芝龍とは、若き日を平戸で過ごし、そこで日本女性と結ばれて、彼女とのあいだにのちの国姓爺こと鄭成功をなした、あの鄭芝龍である。鄭成功とは、近松門左衛門の『国性爺合戦』の主人公として今も文楽や歌舞伎の舞台でおなじみの、あの鄭成功である。そして、周崔芝に日本へ緊急の使者を出すよう命じたのは鄭芝龍であった。

用件は「日本乞師」。そのとき、中国では支配王朝、明が滅亡の危機に瀕していた。明は漢民族にとってまことに大切な王朝であった。騎馬民族のモンゴル人による征服王朝、元を滅ぼし、漢民族が中華の地の支配権を取り戻す。その大業を一四世紀になしたのが明である。もう二度と異民族に中国を明け渡すことがあってはならない。重要な使命を担うと観念されたのも明である。その明がよりによって再び北方騎馬民族によって攻め滅ぼされようとしている。今度はモンゴルではない。満洲人である。彼らの建てた王朝、清が北から明を圧迫した。明の都、北京は、清に侵略される前に、農民主体の反乱軍に奪われた。一六四四年のこと。明の一七代皇帝、崇禎帝は北京を脱出できず、どさくさの中で自死に追い込まれた。そのあとの北京を清が襲った。帝都は満洲人の支配下に入った。

明の勢力は大陸の南に拠って態勢の立て直しをはかった。だが皇帝は死んでいる。明の皇族は一枚岩にはなかなかなれず、分派した。南京には福王の弘光帝、福州には唐王の隆武帝といった具合。鄭芝龍は隆武帝を擁して清と戦っていた。だが、兵が足りない。そこで日本を頼った。

その頃、この国はいわゆる鎖国政策を推進していた。海の外への意識を国策として積極的に断とうとしていた。幕府が海外貿易港を長崎に限定し、日本人の外国への渡航や外国在住日本人の帰国を禁じたのは一六三五（寛永一二）年のことだった。

だけれど鄭芝龍は、日本がその路線で簡単に落ち着ける国ではないとよく知っていた。彼の日本生活は長かった。海外貿易の華やかな拠点のひとつだった平戸で、日本人の海外雄飛へのやむにやまれぬ性向をたっぷり見聞していた。そのうえ鄭芝龍は平戸を離れてからも海商・海賊として日本人も大勢使っていたようだし、日本との貿易で稼ぎ続けていた。日本はずっと親しい土地であった。当時の東アジアにおいて日本が対外戦争に耐える経済力も軍事力も十分に備えていることも分かっていた。日本の軍事技術が水陸両面で卓越し、鉄砲等、最新の武備も充実している。明の屋台骨を揺るがし、のちの崩壊への種を蒔いた、豊臣秀吉の二度にわたる朝鮮出兵が終了してから、まだ半世紀は経っていない。「日本乞師」には脈がある。東海の列島には大陸に押し渡りたいという情念が相変わらずたぎっている。そのエネルギーを利用すれば騎馬民族を北に押し戻せるかもしれない。鄭芝龍はそう信じた。

その読みはかなり当たっていた。幕府は惑った。鎖国路線を大きく崩し、大陸への大規模介入をしてもよいのではないか。そう考えてもみたらしい。実際に出兵の可能性をふまえて西国大名らが動いている。動員の計画を練り始めた大名が居る。不確かな噂の域でそんなことを始めては、幕府への謀反を疑われる。幕府が本気と見えたから、気の早い大名は後手に回らぬようにきちんと対応しようとした。そう考えてよいだろう。

しかし幕府は出兵には踏み切れなかった。国策を大転換するには、長崎にやってきている使者が頼りない。唐王の隆武帝に仕える鄭芝龍の、そのまた部下の周崔芝からの使者というのでは、責任ある人物とは思われない。結局、断った。

慌てすぎて格式を整えなかったのが災いしたようだ。鄭芝龍はただちに次の手を打った。唐王の国書を持たせ、新たな使者、黄徴明を差し向けた。再度の「日本乞師」。鄭芝龍も書状を添えた。日本は明の前の王朝、元のなしたことを忘れたのか。彼らは鎌倉時代、二度にわたって船団を組み、九州に押し寄せて侵略をはかったのではないか。清が今の勢いを保って本格王朝を樹立すれば、元と同じく騎馬民族である彼らは、やはり似た発想をするに違いない。日本が再び襲われるということだ。芽を摘みたければ今しかない。明を扶《たす》けて清を討つ。それこそが日本の国益にかなう最良の選択だ。鄭芝龍の書面の内容である。

黄徴明が長崎に到着したのは一六四六（正保三）年の八月である。前回の使者からあまり間断がない。鄭芝龍の側からすれば、それだけ事態は切迫していた。日本側も長崎を通じて情報収集に怠りはない。清の勢いを幕閣中枢は熟知していた。

ときの将軍は三代目の徳川家光。議論は白熱した。御三家も加わっていた。この頃の御三家の当主はいずれもまだ初代。徳川家康が関ヶ原の戦いの前後にもうけた子供たちである。尾張が義直。紀州が頼宣。水戸が頼房。将軍家光にとっては揃って叔父である。

この三人がどうやら揃って出兵を主張した。秀吉の夢、乱世のロマンをもう一度。だがそうした武家の闘争本能が彼らを参戦に駆り立てていただけではなかった。もっと現実的なことがある。牢人問題だ。浪人とも言う。牢人とはすなわち主君をもたず俸禄にありつけない武士である。彼らが世に満ちていた。関ヶ原の合戦で徳川方に付かなかった多くの大名は家を取り潰された。続いて大坂の冬の陣と夏の陣で豊臣家が滅亡。その前後にも江戸幕府による御家お取り潰しが相次いでいた。牢人となった武士が新たな仕官先を見つけるためには極めて狭き門をくぐらねばならなかった。

要するに、長かった戦国乱世の生み出した武士の数が、天下泰平の世に彼らに相応の石高を与えてゆくにはあまりに多すぎた。狭い国土に武士が過剰であった。雇用の限界を超えていた。そんな武士を放っておくことは危険である。武士は戦闘を本分とする。自分に俸禄がなければ分捕ろうとする。

反乱である。政権打倒である。それをなす可能性の高い予備軍が牢人である。決して杞憂ではない。現に島原の乱が一六三七（寛永一四）年に起きたばかりだ。キリシタンや農民の反乱に関ヶ原・大坂以来の牢人が加わった。鎮定におよそ五か月を要した。年を越した。

その島原の乱が終熄してから唐王よりの国書が届くまではたった八年である。なおも余りに余る牢人をどうするか。大陸からの手紙と牢人を結び付けるのはごくごく自然な発想だった。余剰人口とも呼べ、国内の現行秩序には容易に吸収されない武装勢力を、まとめて明の援兵として海の向こうに送り込む。国内問題の解決につながるうえ、明を助けて勝利できれば、元の再来の清を早々に駆逐したことになり、日本の安全も保障される。一種の日明同盟による新たな世界秩序を建設できる。一石二鳥とはこのことではないか。

この議論の積極的推進者は紀州の徳川頼宣であったようである。彼は一〇万の牢人を率いて大陸に渡ると言った。兄の尾張の義直も、弟にして徳川光圀の父でもある水戸の頼房も、同心した。

どこかで聞いたような話ではないか。そう、このときから二〇〇年以上先の征韓論である。明治維新は王政復古と文明開化を二つの旗印にした。王政復古とは具体的には武家の世よりも前の王朝時代に戻ることである。その頃には士農工商などという身分制度はまだ存在しない。居るのは天皇と臣民である。一方、文明開化は西洋近代の政治や社会や経済や産業を真似ることである。近代国民国家を作るということだ。士農工商にこだわって壁を作り、また藩ごとの自治を認めてこれまた壁を作っていては、人的流動性を確保できない。必要な兵隊の数も新産業の労働者の数も確保できない。立憲君主制か共和制にしたがって身分制度を撤廃し、日本人は一律に等しく国民であるという新概念を即座に徹底して、移動も居住場所もなるべく自由にしていかなければならない。

つまり、王政復古と文明開化という、過去志向と未来志向に一見分裂しているかのような明治維新の二つの目標は、どちらも階級構成の問題としては天皇と臣民に落ち着く。いずれにせよ、それまでの特権階級であり明治維新の大きな原動力をなした武士の出る幕はもうない。御一新とは武士の自己否定の運動であった。がんばって自らの居場所をなくした。そのような一面を持っていた。しかし維新が果たされれば自ずとそのように展開すると分かっていた者は少数であった。多数が気付いたときにはもう遅い。もしも既得権益を守り強化することに人の目指す常なる価値があるとするならば、武士一般にとって明治維新は失敗であった。徳川初期の比ではない。武士はみんな牢人してしまい、新たな「仕官先」を探すのは、維新というカラクリを回す役目を務めた薩摩や長州などの元武士であればともかく、普通は容易ではなかった。かくして「牢人」がちまたに溢れた。その不満は高まる一方だった。

彼らに何かをさせなければいけない。戦闘者の誇りを与えてやらねばならない。そこで思い付かれたのが征韓論だろう。日本はアジアに友邦を見つける必要がある。それが居なければ新たに盟友を作り出すべきである。その国を西洋列強への緩衝材として、日本の自立を保ちながら、王政復古と文明開化を両立させた国家建設にすみやかに励む。仲間が居た方が何かとやりやすい。その候補は李氏朝鮮であった。だが維新日本のように西洋化に靡こうとはしない。ならば力ずくで仲間にしてしまう強硬策も考えられるだろう。そこで「牢人」を使う。元武士に栄誉と仕事と利益を与え、命を懸けて、国家の安全保障のために戦わせる。これぞ一八七三（明治六）年の征韓論というものであろう。

この議論はどうなったか。言うまでもない。退けられた。内政重視派が勝った。幕府が倒れてまだ六年。外征などしている余裕はない。国を固めるときなのだ。岩倉具視や大久保利通が覇権を握り、征韓論を主張した西郷隆盛、江藤新平、板垣退助らは下野した。江藤は士族反乱の指導者となって佐賀の乱で敗れ、板垣退助は自由民権運動の中心人物となった。自由民権運動とは旧武士階級の権利擁護運動という側面を強く有している。デモクラシーのきれいごとの理想に支配された高邁で理想主義的運動とはだいぶん違う。それから西郷隆盛。彼は旧武士階級への温かい心を忘れない高徳の偉人として祭り上げられた。御輿から降りられず、西南戦争に敗れた。そのあとも武士的なるものへの美しき郷愁を一身に背負った。明治近代国家も、階級としての武士は否定しても、武士の精神なくして強い軍隊は成り立たないから、武士の精神の象徴としての西郷を否定できなかった。上野で銅像になった。

この征韓論の物語に先行する、言わば「討清論」の物語の方はどうなったか。むろん基本は同じ筋書き。西郷や江藤や板垣に相当する御三家の当主たちに、内政重視派が強く異を唱えたようだ。その中心は井伊直孝だろう。「徳川四天王」のひとりとして戦国に家康のそばで活躍した井伊直政の子で、幕閣に大きな発言力を有し続けた。彼が、江戸幕府成立からまだ日も浅く、体制固めに努めるべき時期に、しかも鎖国路線を推進している真っ最中に、海外との交流の活発化を伴うだろう大規模な外征などとんでもないと論じたらしい。ただしそれで井伊直孝が御三家を押し切ったという話とは少し違う。幕府内で揉めているうちに、援軍を送る対象の、唐王と鄭芝龍・成功父子の旗色が悪くなった。清の軍勢に追われ、拠点の福州を失った。唐王はその後、自らの意思で餓死した。その後の情勢を展望しにくくなった。

紀州の徳川頼宣がこの国の牢人を結集して海を越えるといくら息巻いても、援軍をどこに送れば勝ち目があるのかが分からなくなっては仕方ない。幕府は、唐王の勅使、黄徴明にも色好い返事を与えず、長崎から引き取ってもらった。

この交渉の経緯は、当時の日本の仕組みから言って公にはならなかった。民主主義ではないのだから公になる仕掛けも存在しなかった。幕閣中枢と鄭芝龍らのあいだで秘密裏に運ばれた。とはいうものの、話はどこからともなく伝わる。徳川頼宣が牢人の総大将となって大戦争を起こし、牢人に生き場所と死に場所を与えてくれる。この噂のようなものは牢人たちに広まっていったようである。それが伏線となって一六五一（慶安四）年の慶安の乱につながる。

軍学者、由比正雪は、丸橋忠弥らと語らって諸国の牢人を組織し、大乱を起こそうとした。それが慶安の乱。そのとき正雪は、牢人を集めるのに徳川頼宣の名を使った。牢人たちにとって、家康の子にして武を人一倍尊ぶとされた頼宣は、牢人の辛さを知って救いの手を差し延べる英雄になっていた。偶像として崇められていた。だから正雪が頼宣の名を持ち出すと、効果てきめんだった。頼宣は、牢人を結集して江戸幕府を覆す内乱を起こそうとしたのではなく、鄭芝龍・成功父子と組んで大陸で戦おうとしていたはずなのだが。おそらく話がうまくすりかわった。そのあとの講談等でも、由比正雪の黒幕と言えば徳川頼宣と相場は決まっている。

こんな牢人たちのアイドルとしての「討清論者」徳川頼宣のイメージは、旧武士のアイドルとしての征韓論者、西郷隆盛のイメージとどこかかぶるところがあるようにも思える。頼宣は紀州で西郷は薩摩。共に南のイメージを背負っている。頼宣は南龍公とも呼ばれる。彼が肩入れしようとした鄭芝龍・成功父子は南の海で助けを待っている。南方幻想と救済幻想が結び付くところに徳川頼宣と西郷は居る。

ともかく正保二年と三年の鄭芝龍による「日本乞師」は実りを結ばなかった。だがそれで終わりではなかった。幕府がどう対処し、紀州の頼宣や尾張の義直や水戸の頼房がなおも出兵にこだわりつづけたかどうか、史料に乏しく分かりにくいが、「乞師」は長く執拗に続いていった。鄭芝龍の派遣した黄徴明が手ぶらで帰らされた翌年の一六四七（正保四）年には、今度は長崎に、馮京第《ふうけいだい》、黄孝卿、朱舜水らの一行がやってきたようである。彼らの目的も「日本乞師」だった。けれど鄭芝龍の頼んだ唐王とは別系統だった。

唐王の家は、明を開いた洪武帝こと朱元璋の第二三子に連なる。その子孫の代々が唐王を名乗った。対して、馮京第、黄孝卿、朱舜水らは、同じく洪武帝の第一〇子、朱檀に始まる魯王《ろおう》の家からの使者だった。魯王家は山東半島に領地を持っていた。が、清に追われ、魯王の朱以派は戦死。次の魯王を弟の朱以海が継いだ。彼は南へ南へと逃げていった。一六四六年、日本の元号だと正保三年に浙江の紹興に小さな国を立てた。紹興酒の紹興である。そこで監国魯王と称した。清にあくまで抵抗する意思を示した。この建国には故事をなぞるドラマがある。徳川光圀を感激させ、水戸学にも影響を与える性質のドラマがある。その物語は次項にゆずる。

とにかく監国魯王は唐王隆武帝の斃れた翌年、退勢を挽回すべく「日本乞師」をした。それでどうなったか。日本に残る史料ではよく分からない。だが中国側の史料『海東逸史』には具体的記述がある。薩摩の島津氏が恐らく牢人であろう三〇〇〇人の兵士と大量の軍資金の提供を約したというのである。別の史料では、幕府が約してその具体的交渉のため、一行のひとり、朱舜水が江戸に入って幕閣と直談判したことになっている。そこに紀州家、あるいは水戸家がどう関与したのか、牢人三〇〇〇人の派遣が机上の計画に終わったのか、実は海を越えていって歴史の闇に埋もれたのかは、時代劇のナレーションではないが、定かではない。

この謎に満ちた一六四七年が朱舜水の恐らく初来日である。このあと彼はさらに六度、日本にやってくる。その最後からはこの国に定住。ついに水戸藩の歴代藩主のみが眠ることになっている墓地に、徳川光圀の師として特別待遇を受け、墓を並べるまでになる。水戸学はほんの一時期だけあった中国の南の小さな国としっかと繋がっている。

三　監国魯の運命と日本

監国魯、あるいは魯監国という国があった。魯王の治める国である。いや、国と言ってしまっては正しくないかもしれない。明朝を立て直そうとするひとつの政治勢力と呼んだ方がよい。産声をあげたのは西暦一六四六年。その年が監国魯元年である（一年早く一六四五年を元年とする説もある）。

監国魯の三文字は、魯王が監国という役職を務めていることを意味する。そこから進んで魯王が治め影響を及ぼせる世界の呼び名や元号の代わりとしても用いられた。監国の魯王が率いる国というか勢力が監国魯というわけだ。魯王の家は、明朝の開祖、洪武帝の第一〇子、朱檀に始まる。一六四六年に魯王だったのは朱以海。その朱以海が監国と名乗った。監国とはどんな役職か。皇帝が旅などに出て王朝に不在のとき、一時的に代理をたてる。摂政のようなものだ。皇帝のいないときに国を監督する。それが監国だ。

はて、魯王はどの王朝の監国になったつもりなのか。むろん明である。明の第一七代皇帝、崇禎帝が李自成の乱によって北京で自殺に追い込まれたのは一六四四年。そのあとを満洲族の征服王朝、清が襲った。明の皇族で逃れられた者は南を目指した。北が乱れると南へ活路を求める。古代からの中国史のパターンである。

逃れた皇族の中には、明の正統を継ぐつもりで皇帝を名乗る者も居た。明朝一四代皇帝、万暦帝の三男、朱常洵は初代福王と名乗ったが、その子の二代目福王は南京で弘光帝となった。明朝の開祖、洪武帝の二三男の血筋は代々、唐王を名乗ったが、その子孫の唐王朱聿鍵《いつけん》は福州で隆武帝になった。鄭芝龍と国姓爺こと鄭成功の父子が推して支えたのはこの隆武帝である。が、たちまち相次いで清に敗れた。弘光帝は一六四六年五月に処刑され、隆武帝は同年一〇月に自殺した。隆武帝のあとを継いだ紹武帝も一六四七年一月に首を吊った。

それでもなお抵抗を続ける勢力はあった。そのひとつの希望の星が監国魯である。明が皇帝らしい皇帝を仰いで中国大陸に復活するまで皇帝の代理として明の勢力を代表しようという心意気を示す三文字が監国魯であった。

といっても魯王が監国を務めているつもりの明王朝の、実際に魯王が監国として支配できる領域、すなわち魯王の国は概ねまことに小さかった。いや、小さいというよりも、そもそも小さいなりの実体らしい実体が持続的にあったとは言いにくい。不断に流動的であった。波の間に間に漂う浮草のような国であった。

魯王の都も転々と移り変わった。最初は紹興。中国大陸の南の浙江省に位置する。紹興酒の紹興。それから廈門。浙江省のさらに南の福建省にある東シナ海沿いの港町だ。そのあとは舟山《しゅうざん》。群島である。紹興の東側には港町の寧波《ねいは》があり、その沖に舟山群島が広がる。千数百もの島々で出来上がる。そして金門。廈門の沖の島である。中華人民共和国に対する中華民国の最前線基地、金門島のことである。

清朝と戦い続ける明朝の監国、魯王の威勢が多少なりとも盛り上がれば清朝を打ち倒すべく北へ進み、敗れ衰えれば南へ退く。その繰り返し。浮草は膨脹したり縮小したりしながら大筋としては衰え萎んでゆき、やがて魯王の安心できる居場所は大陸にはなくなった。島に逃げざるをえなくなった。最後は国姓爺こと鄭成功を頼った。一六五一年のことである。明朝復興の志を捨てず、その頃は崇禎帝の従弟にあたる永暦帝を奉じていた鄭成功の拠点。そこが金門。魯王はそれからずっと金門を動けなかった。監国を名乗ることも止めてしまった。監督する国の実体がもうほとんどなくなっていたからであろう。鄭成功の清朝に対する最後の大反攻というべき南京奪還作戦が失敗に終わったのは一六五九年。魯王はその後も金門にあった。一六六二年にその島で逝った。

監国魯の運命はやはりとてもはかなかった。今では世界史の片隅に埋もれている。とはいえ魯王に思い入れる少数の人々は居る。彼らは蔣介石の国民党政府による大陸反攻の夢に胸をかきむしられる者たちとダブりがちである。金門島を足場に大陸を共産党から奪還しようとした蔣介石と、同じ島から大陸を睥睨して清朝打倒を諦めなかった魯王とは、どうしても重なる。それから日本。監国魯はこの国の歴史とも切り結んでくる。なぜなら監国の魯王に仕えた朱舜水が日本に亡命して徳川光圀の師となり、水戸学の形成に深い影を落とし、その水戸学がやがては明治維新と天皇中心の国作りの原動力となるからである。

そもそも監国として魯王が紹興で擁立される最初のいきさつは極めて劇的であった。初めの命の吹き込まれ方がまことに強烈であったので、監国魯の三文字はそのあとしばらく勢いを保ち得たともいえる。

きっかけは劉宗周《りゅうそうしゅう》だった。紹興の大儒学者。彼が一六四五年六月に絶食を始めた。前年に北京の崇禎帝は斃れ、今、浙江省のあたりも清に奪われようとしている。清は北方の騎馬民族による王朝ではないか。中華からみれば北狄だ。中華世界に服属すべき夷の一種だ。

思えば儒学の開祖、孔子は中華世界の中での王朝の交替さえ認めようとはしなかった。皇帝は天の正義、最高に善なる価値の体現者であって、その下に展開される秩序の体系は絶対に動かし難い。もしも皇帝の政治が世を乱し、悪がはびこったとしても、だからといって皇帝に仕える臣が皇帝を裏切って王朝を交替させるのは道理にかなわない。皇帝は天の正義を世に示すのが務めであり、臣は皇帝に天の正義を示させるのが役目である。この役割関係は動かしがたい。動かせばパンドラの箱を開けることになる。なぜなら下剋上という悪を為した者にそのあと正義を説く徳は決して備わらないだろうから。皇帝を倒して皇帝に成り代わった臣がそのあと幾ら正義に目覚めたとしても、あるいは皇帝が悪に染まって堕落したならそれを倒すのが正義と幾ら主張しても、そこに真の説得力は生まれないだろうから。もしも皇帝の政治が乱れたときには、臣はその修正役に徹するべきで、それがかなわなければ自らの力不足を悟って退くほかない。皇帝に成り代わってよい理屈は断じて出てこない。これが孔子の説く正しい道というものであろう。

このように中華世界の内部に於いてさえ、王朝交替の正当化には困難があるというのに、劉宗周の眼前で今起きているのは、北方異民族の主導する王朝の交替である。しかも北方異民族と中華世界とがどちらも一枚岩で争ってそうなっているのではない。中華に属する者が続々と裏切って異民族に与している。正義をふみにじって悪に靡いている。だからこそ急激な崩壊が起きている。

無理が通れば道理引っ込むという。この世を成り立たしめているのは、理という一種の観念と、気という一種のエネルギー。理と気の組み合わせ。儒学の作ってきた世界観である。そこで問題となるのは理が気を生むのか、気が理を生むのか、互いが互いを生み合うのか、どれが正しいかということだ。

もしも正義の道理という理がこの世の本質にあって、そこから正義を守るエネルギーがどんどん生み出されるなら、王朝の交替も起きず、ましてや中華世界を裏切って異民族に従う不届き者が続々と出現することなどありえない。しかし、中国の実際の歴史では王朝の交替は繰り返されてきたし、そこに北方異民族が絡んで主役を張ることも既にあり、今また満洲族の王朝が登場しつつある。理がこの世に自動的に気を供給しているなら、こんなことは起きるはずもない。

つまり正義の道理は放っておけばオートマティックに実現されるものではない。理がどこかにしっかり存在してそこからこの世に気を送っているのではない。道理は努力せずとも保障され守られるものではない。無理が通れば道理は容易に引っ込む。その非情な最終証明が清の圧倒的な広がり。中華の側から世界を見る劉宗周の結論はこのようなものであった。

でも正義の道理が世を支配することもある。そういう時代もある。なぜ時代によって理に強弱が生じるのか。劉宗周によれば理は気に先行していない。逆なのである。気が理を生む。道理を貫こうとする精神エネルギーが地上に満ち溢れていれば、無理を通さない道理がこの世に保たれる。理は理を愛する気によってのみ具体化される。しかるに無理が大陸を席巻しているとすれば、それはつまり中華世界の気が堕落して、道理を引っ込め無理を通す悪の精神エネルギーに支配されている証拠だ。

もはや如何ともしがたいのかもしれない。中華世界の理を支える気がついに衰えきったせいで、仏教流に言い換えれば末法を極めてきたせいで、満洲からの騎馬民族の侵入を阻止できず、裏切り・寝返りがとまらず、明の皇帝権力にとどめが刺されようとしている。それは中華世界の最終的滅亡を意味しているとも考えられる。ついに天下の破産、世の終わりが来ているということかもしれない。

大袈裟に思われる向きもあるかもしれない。だが、この明朝滅亡期に劉宗周ら多くの儒学者たちを襲った一種の崩壊感覚は後の歴史に照らせばけっこう当たっていたとも言える。明のあとに大陸を支配した北方民族の征服王朝、清は、一九一二年に宣統帝溥儀が退位するまで続く。それからの中国は中華民国と中華人民共和国。王朝は今のところ清で終わり。漢民族から皇帝が出たとされる王朝は明で終わり。中華世界が漢民族の皇帝によって理想的に支配されるのをよいとする儒学者たちのひとつの夢は、明朝の滅亡で確かに断ち切られている。その意味ではやはりこのときが、本当に天下の破産、世の終わりだった。

だが一六四五年の時点では完全に諦めるにはまだ早かった。明朝は蘇りうる。紹興の大儒学者、劉宗周は自らの最後の精神エネルギーを振り絞って果敢な行動に出た。絶食である。多くの門弟の見守る中で、劉宗周は正義の失われてゆく中華世界への抗議の情念を燃え上がらせ、怒りに震え、しっかと目を見開きながら、日々肉体を衰えさせてゆく。

食べられる物があるのに食べない。生物としての本能に厳しく抗う。強烈な精神エネルギーなくして不可能な行い。からだが弱れば弱るほど執念が浮き上がる。圧倒的な気が放射される。正義に目覚めよ。道理を思い起こせ。劉宗周には孔子や徳川光圀が常なる参照項とした伯夷と叔斉の兄弟の故事が連想されるだろう。

道理の通らぬこと一切に妥協しない伝説の兄弟。その物語には幾度か触れてきた。伯夷と叔斉のふたりは、父が兄よりも弟に家を継がせたい意思を察し、兄の伯夷の方は父の意思を守るのが子の子たる道として家を捨て、弟の叔斉の方は兄をさしおいて家を継ぐことが兄弟の長幼の序列に反し弟の弟たる道に背くことになると家を捨てた。揃って道理を貫くために家を出た兄弟は、共に浪々の身となってから、兄弟共に助け合う道理に従って行動を一にし、周の国の文王に仕えようとした。だが文王は既に逝き武王に代替わり。この新王は周の国が服属してきた殷王朝に弓を引こうとしていた。殷の皇帝が堕落して世を乱しているから討つという理屈である。だが伯夷と叔斉の兄弟はどんな場合でも臣下が皇帝を討つのは道理が通らないと武王を諫める。武王は承知しない。殷を滅ぼし、周を王朝とする。兄弟は世界の崩壊、天下の破産を感じる。決して周に仕えず、秩序をないがしろにしたこの世をはかなみつつ、山に入って共に餓死する。

劉宗周は一七世紀の半ばに伯夷と叔斉の兄弟の物語を復活上演してみせた。人知れぬ山の中ではなく大勢の見守る紹興の町の中で。そしていよいよこときれかかったとき、目力《めぢから》で弟子に筆と硯と紙を要求した。老師は遺言しようとしているのか。劉宗周は古稀も近いくらいの年齢だった。一同が手に汗握る中、彼はついに一字だけしたためた。「魯」だった。弟子たちは尋ねた。「魯王に委ねよ」ということか。劉宗周は頷き、やがて息絶えたという。

この劉宗周の絶食自殺パフォーマンスの発した精神エネルギーが、清に呑みこまれようとする大陸南部の人々に改めて正義の道理を注入した。劉宗周の学説通り、気が理を生んだ。遠く山東半島から逃れてきた魯王が紹興の地に監国魯王として擁されたのはそういう背景があったのである。かくして正式な国の名も元号ももたず、いつか蘇る正統な明朝へのつなぎとされる魯王の政権が誕生した。

そんな魯王のもとには、世界の終わりにあってもなおも正義を貫こうとする人士が結集していった。陳子龍、黄宗羲、沈光文などである。その中に朱舜水もいた。

朱舜水は一六〇〇年一〇月一二日、浙江省の餘姚《よよう》に生まれた。明の万暦帝の時代。豊臣秀吉による朝鮮侵攻が明に大きな負担を与えたばかり。朱舜水が育ったのは明朝が滅亡の下り坂を転げ落ちてゆく時代だった。青年時代の朱舜水は大都、南京で勉学に励んだようだ。学問の力で官吏の道を目指し、身を立てる。予定の進路であったろう。だが、そうしなかった。なぜか。日本で徳川光圀の庇護を受けるようになってから、朱舜水は水戸学の最初の骨格をかたちづくる学者たちを育てた。その水戸藩での弟子ふたり、今井弘済と安積澹泊《あさかたんぱく》による『舜水先生行実』にはこうある。

「初為南京松江府儒学学生、所謂秀才也。少抱経済之志」。朱舜水先生は南京で儒学を学び、秀才に数えられ、将来を嘱望されていた。先生本人も経世済民の志を抱いて、政治の道に進もうとした。ところが先生は二〇歳の頃、自らその道を断つと決めた。国の状況が悪すぎるからである。世俗に関わらず学問に沈潜して暮らすことにした。先生はその頃の思いを妻子に繰り返し次のように語ったという。

「私がもしも登用されていたらすぐに県令となって初年度で大きな成果を出し、民衆からは徳の高い役人と慕われるだろうが、そのうちに必ず科《とが》を得るだろう。そこで進んで言いたいことを言えば大罪人とされるだろう。身を滅ぼし、家族も守れないことになる。かといってそうならないように本心を隠し通し、自らを偽って政治に関わることはできない。よって志を絶ったのである」

『舜水先生行実』は弟子たちが朱舜水本人から聞いた台詞も交えながらこのように伝える。朱舜水が二〇歳くらいとは一六二〇年頃。明の北京失陥まではまだおよそ四半世紀ある。しかし既に清の前身、後金の擡頭は著しかった。明は外では北方の脅威にさらされ、内では宦官派と反宦官派の対立が激化して中央政治は停滞し、地方政治では贈収賄が横行し腐敗が極まっていた。既に亡国期に入っている。救いようがない。劉宗周の言い方をすれば、気が悪くなって道理が死にかけている。儒学の正義を追求しようとしても、国家組織の一員になれば、こんな世の中ではたちまち周囲から潰されてしまう。無理が通れば道理が引っ込む末世がもう来ているのだ。なら革命による世直しという発想も出てこようが、孔子の道を奉じる朱舜水にその選択はありえない。道理を蘇らせるべく革命を起こすのは論外である。上下の秩序を否認することがそもそも孔子の道に外れているからだ。どんなに言い繕っても革命に道理はない。

朱舜水はストレスを募らせながらじっとしていた。が、それにも限界があった。ついに本当に国がなくなりそうになった。儒学を育てた中華世界が滅びてしまう。劉宗周の呼び掛けに朱舜水はついに起つことにしたのだろう。一六四五年、もう四五歳の朱舜水は初めて歴史の表舞台にあらわれてくる。監国魯王のために働きはじめる。そしてアジアをへめぐる。中国大陸で明を支持する者の数はもはやあまりにも少ない。気が足りなくて理が立たない。儒学の正義を理解する精神エネルギーを大陸に外から入れ直すほかない。それが「乞師」という行動であった。明のための、監国魯王のための援軍を、儒学を解する周辺の外国に求める。すなわち「乞師」である。朱舜水は幾度も安南（ベトナム）に行った。幾度も日本にも行った。そして日本で動けずに居るうち、魯王も永暦帝も逝ってしまった。朱舜水にとっての世界＝中華世界は滅亡した。大陸に気はついに戻らず、理は立て直せなかった。

でも朱舜水はアジア遍歴の中で、新たな中華世界らしきものを見いだしていた。滅びたものは蘇る。異郷の地で。彼がとどまる日本である。一度も王朝が交替していない。儒学の勉強に熱心である。最後まで裏切らずに華々しく散る忠臣の歴史の積み重ねが現にあり、それを賛美する気質がある。正しい気が理を生んでいる。そのサイクルが大陸のように途絶えていない。日本が本当の中国なのか。驚異の発見である。

四　江戸の中国人

明末清初の儒学者、朱舜水は七度も日本に来たという。一六四五年頃から中国南部の浙江省と日本と安南（ベトナム）を頻繁に行き来した。浙江省は明朝の残存勢力の最終的拠点のひとつ。そこを足場にして、満洲族の征服王朝、清を北に押し返して北京を奪還できないか。復明勢力のはかない夢だった。朱舜水もその夢を棄てきれなかった。実は彼はその夢を実現する見込みがあるとはほとんど信じていなかったようだが、といって表立って諦めるわけには、なかなかゆかなかった。筋は通さねばならない。実際にできるかできないかではない。正義が貫かれているかいないか。清朝が明朝を滅ぼすことに大義はない。義なきことを罷り通らせるわけにはゆかない。儒学者にとって大切なのはその一点。朱舜水は義に生きた。東シナ海、台湾海峡、南シナ海を駆け回った。安南ではついに捕われの身となって命を落としかけた。

朱舜水は何のために旅していたのか。詳しくは分からない。でも最大の目的は「乞師」である。明朝再興のための援軍を日本と安南に乞う。もうひとつの目的は政治資金、軍資金の獲得だろう。貿易である。誰か商人と組んで、あるいは朱舜水自らが商人を兼ねて、品物を運んでいたのかもしれない。貿易促進の工作をしていたのかもしれない。いずれにせよ先立つものがないと清には立ち向かえない。孫文が清朝打倒の民国革命を起こすべく資金作りのために日本を含む世界各地を旅して回ったことを思い出してもよい。

朱舜水が七度目の来日をしたのは一六五九年。彼は日本で関ヶ原の合戦のあった一六〇〇年に生まれているから、年齢は数えだともう還暦。そのとき、朱舜水の仕えていた監国魯王、すなわち明の皇帝の一族で復明の志士たちにとって最後の希望の星のひとつであった人は、大陸の拠点を失い、金門島に退いていた。どう考えても既に勝負あった！　そんな時節に朱舜水は大海原を漕ぎ渡る最後の旅をした。

彼は一六五九年、鄭成功の率いた復明勢力による事実上最後となった大反攻作戦に参加した。南京奪回寸前まで行った。だが土壇場で形勢逆転。敗走した。清の壁は厚かった。朱舜水の一六五九年の来日とは、つまりこの大敗北の直後。そして七度目に踏んだ日本の地からもう離れはしなかった。大陸にも台湾にも金門島にも戻らなかった。事実上、明から日本への政治的亡命者となった。このあと一六八二年までずっとこの国で暮らした。まことに長命であった。還暦の頃からの亡命生活は二〇年以上に及ぶ。初めは長崎。一六六五年からは江戸。水戸へ赴くこともあった。が、だいたいは江戸。彼は「江戸の中国人」になった。

日本はいわゆる鎖国の時代に入っている。外国人が江戸に来て普通の生活を送り、学者として日本人の門弟を教育することは、通常なら考えにくい。朱舜水はひとつの大いなる例外だった。理由は改めてふれるまでもない。徳川御三家のひとつ、水戸徳川家がこの大学者を迎え入れて厚く遇したからである。
何しろ十何年か前から幾度も来日しては幕府に援軍を請うていた人だ。将軍家も御三家も、その他外事に関係しがちなクラスの諸大名も、彼のことをある程度知っていたに違いない。朱舜水が江戸城内で幕閣重鎮と「乞師」の交渉をしたと伝える中国側の史料もある。もしそれが本当なら、彼は日本の政治指導者や幕府の官僚の中ではかなりの有名人であったろう。水戸徳川家が招くのも決して無理のない展開である。

朱舜水が事実上の日本亡命をした年、一六五九年は、日本の元号でいうと万治二年。四代将軍家綱の時代。水戸徳川家が二代目藩主の光圀に代替わりするのは一六六一（寛文元）年。光圀が長崎に正式な使者を送って彼を藩の儒学者に招聘するのは三年後の寛文四年。徳川光圀が満三六歳の年である。

はて、朱舜水はいかなるつもりで長崎に来、ついで江戸に移ったのか。この大儒は明朝復活の企てを諦めていたわけではない。七度目に長崎の地を踏んだのも、逃げてきたというよりも態勢立て直しのつもりだったろう。だが一六六二（寛文二）年には国姓爺こと鄭成功と監国魯王が相次いで没する。それで復明勢力が消滅したわけではないが、だいぶん影が薄くなったのは確かである。監国魯王に仕え、鄭成功と共に南京で戦った朱舜水からすると、二人の死はそのまま大いなる終末を意味していた。

では一六六二年までは朱舜水が復明の可能性を本気で信じていたのかというと、先に触れた通り、恐らくそうではなかった。彼は一六四五年頃から監国魯王のために働いて復明の挙に参画していたと言ってよいが、正式に魯王に仕えたのはずいぶんと遅く一六五七年である。それまで彼は幾度も明朝の官吏となるように命ぜられてきたけれど、すべて拒んできた。五〇代後半まで浪々の身であった。なぜなのか。そうせざるを得なかった事情を朱舜水は魯王への上奏文にこう綴っている。

「敝邑運当季世、奸貪無道、以致小民怨叛、天下喪於逆虜」。「敝邑運」は国運が尽きるということ。

「当季世」は今は末世ということ。奸賊が国政を乱して、正しい道はまったく失われ、それゆえに大局に立って物事を見ることを知らない民衆は国家を恨んで喜んでこれに背き、天下は正しい道に逆らう野蛮人の利するところとなった。野蛮人とはむろん北方の異民族、満洲族のことである。

そしてこのように続く。「もしもおのれが厚顔無恥であれば、野蛮人の作った清朝に仕えて立身出世すればよいだけのことだ。しかし、私の家は祖父も父も兄も明朝に仕えて君臣の義を果たしてきた。私は、野蛮人に仕え、満洲人に強いられて弁髪をし、獣の仲間になるわけには何としてもゆかない。では、清でなく明に仕えるべきか。私は若き日から明朝の臣となるべく高い教育を受けて科挙の試験を通過してきた者ではある。が、私は明朝に仕えずに年を経てきた。なぜなら私が若く志をたてようとしたときに既にもう、明朝の政治機構からは君子の道が消滅していたからである。上に立つ者に上に立つ者としての器はなく、悪人ばかりがはびこる。そんな国で役人になって上に立つ者に臣として尽くそうとしても、悪に荷担することにしかならない。上役が悪人ばかりでは、上下の秩序を重んじることを第一義とする儒学の理想を奉ずるかぎり、組織に属して国家に尽くすことはたいへん難しい。諫言して罰せられるか、理想を棄ててごまかすか。そんな二者択一を迫られるなら、最初から仕官しない方がましである」

まともに考えれば明にも清にも仕えられないということである。いったいなぜに中国はここまで堕落して異民族にたやすく滅ぼされるような国と化してしまったのか。孔子のたてた儒学という最高の学問にして倫理道徳を有する国であったはずなのに。朱舜水は徳川光圀に招かれる前に、しばし長崎で暮らしていたのだが、その身辺で尽くしていたのは日本の儒学者、安東守約《もりなり》である。彼にあてた書簡で、朱舜水は次のような議論を展開している。

——中国は儒学によって立つ国と言えば聞こえはいい。しかし国家をデザインするに当たって致命的な間違いを犯したように思われる。四書五経を学んで科挙の試験を通ってこそ国政に参与する人物になれる。高級官僚になれる。受験者は立身出世を望んで四書五経を習う。『論語』などを学ぶ。しかし孔子の教える仁義礼智とは既存の体制の中で成功を第一義とする人生態度とは本来相容れない。宜しくないことを宜しくないといい、命を賭して、上司が、さらには皇帝が間違った判断をせぬように目を光らせ、曲がったことがあれば敢然として諫め、それで駄目ならあくまで上下の秩序を重んじて寂しく去りゆく。もしも自らが間違えれば誰に咎められずとも退く。そうやって正義を通すのが第一義。立身出世は第二義。それが儒学の本道であろう。立身出世のために儒学が用いられる試験制度には根本的な倒錯がある。事なかれの出世主義者や体制に寄生して甘い汁を吸いたいだけの功利主義者に、仁義礼智が正しく理解されるはずもない。儒学はどんどん歪められた。

本来の儒学は、政治を正道に導くべく、体制の内側からもだが、それ以上に外側からも、不断に命懸けの批判を加えることで面目を保つ。ところが官学として馴化《じゅんか》され、肝要な批判的機能を弱めてしまった。出世主義者や功利主義者や事なかれ主義者の便法に切り下げられた。かたちばかりで、実質を受けとめる者が少なくなった。そうして長い歴史を経た。明末はそういう歴史の果ての果て。中国は滅びるべくして滅びるのだ。儒学の中の上下身分の秩序を墨守する部分が増殖し、身を棄てて正義を貫く部分が矮小化してゆく。官吏登用のための官学にされた儒学は、そうしたバイアスから免れれず、国家を不断に更正させる学問から、国家をひたすら腐敗させる学問に堕落する。明朝の倒壊、中国の滅亡はそこから必然的に導かれる。

朱舜水はそこまで明朝を見限っていた。それなのに見込みなき復明の旗印を掲げる監国魯王の臣下となったのはなぜだろう？　魯王の一途さと誠実さに打たれたせいもあるだろう。孔子の教えに従えば、明という王朝が仮にすっかり根腐れし、もはや再生不能のように思われたとしても、その王朝を根底から覆し別の王朝を立てることに正義はない。人間は上位の者を諫めてもよいが倒してはいけない。この儒教的正義を貫き、それを解する者を、礼を尽くして同志に招く。魯王の姿勢であった。だが朱舜水が魯王に仕えた理由はそれだけではあるまい。早い話がもう滅びかけていたからである。裏切って逃げる者はひとり残らず既にそうしていた。魯王に従う者はよほどの馬鹿者か真の仁義礼智を知る者に限定されていた。魯王の政府は、朱舜水が懸命に避けてきた奸賊悪人を内に含む組織とは縁がなかった。世間ずれした人間ならそんなところに今ごろ居るわけはない。もはや勝ち目はない組織。しかし不義不忠の者もいない組織。一徹者の朱舜水が仕えてもよいと信じられる組織が、滅びのときだからこそ出現した。そういう面もあるだろう。

そのあとは案の定の展開。明朝の残存勢力は崖っぷちに追い詰められ、朱舜水は日本に活路を求めた。そして彼は七度目の来日にしてついに日本に可能性を〝発見〟した。

そもそも儒学の徒にとって大切なのは儒学の奉ずる価値である。仁や義や礼。その価値は中国で生まれ育ったのだから、中国にアドバンテージがある。儒学の本場は中国。自負が生まれて当然。けれど、明朝崩壊という歴史的現実が、長年の自負をすっかり打ち砕いた。中国の儒学は終わってしまった。それが同時代人たちの感慨であり、朱舜水の実感であった。

だが儒学は中国だけのものではない。繰り返せばそれは価値を説く。儒学とは文明の規範を成す価値である。価値はよその国でも学習可能。文明は移植可能。儒学の求める価値とそのうえに築かれる文明は、儒学のテキストの原典に触れるのに必須の漢字文化とセットであれば、かなりの確度で伝えられる。そうやって伝わった儒学の価値がより多く深く実現されれば、その国は儒学者にとって理想の国になってゆく。儒学が花開く国が中国以外ではいけない理由はない。

もちろん中国の儒学者は、孔子以来、中国が古代に儒学の理想を政治社会に実現した唯一無二の国で、その理想は時代がくだって失われたが、儒学の広めようによっては再興可能であると考えたがった。世界で最も過去において優れた実績を持ち、未来において再びその実績が再現されると思えてこそ、世界の中心に位置する華のある最高の国という意味の中国なのであった。大陸の中原に位置するから中国。儒学の生み出した価値体系に則った世界最高の文明国だから中国。地理的概念と文明的概念が二つ重なってこその中国。中国はこの前提で出来ていた。

が、壊れた。中国大陸の中原を核心地域とする地理的概念としての中国は相変わらず存在するが、その国が儒学の価値を実現する中国と一致するという確信は消えた。ここに中国という言葉は漂流しはじめる。儒学の理想を実現しうる最高の国という意味での中国は中国大陸の国とは別のところに存在するのではないか。もしくは今後存在しうるのではないか。そんな想念に多くの儒学者がとらわれたのが明朝滅亡時代である。

朱舜水またしかり。彼は極東の日本を終の栖と定め、そしてもしかして日本が実は中国なのではないかと思い始めたようである。

たとえば朱舜水が日本亡命後、孔子の肖像画に添えた文章のひとつ。そこにこうある。「仲尼《ちゅうじ》之道、大則則天、明則並日」。仲尼は孔子の字《あざな》。孔子の教えはこの世界の大原則、普遍の真理、最高道徳である。それは天に象徴されるものであって、太陽が輝くのと等しく、世の闇を照らす。この孔子の道が生まれ育ったのは中国だが、実際にそれが行われていると言えるだろうか。「然在中国、帝王之治或有盛衰、則仲尼之道固有明晦」。中国の皇帝の政治はうまく運んでいる時代もあれば、そうでない時代もあった。孔子の道も明るく光る時代と暗く曇る時代があった。

では日本はどうか。「況在日本、国小而法立、気果而軽生」。国は小さくまとまっている。法が行われ、秩序正しい。しかし法によって窮屈に育っているのではなく、人々には気がみなぎっていて、生動している。柔軟性があり、未知の可能性を帯びている。この国の中心的な教えが孔子の道であったという歴史的事実はこれまでないようだ。だが、教えられずとも人々は義や礼を好んでいる。正しい儒学の教えが行われていないのだから、日本人は本当の義や礼の意味を知らないのだが、本能的に好んでいる。廉恥も重んじている。これまた本当の意味を教えられてはいないのに、この国の人々は本能的に恥を知っている。そんな日本人とは、きちんと孔子の教えを広めれば、堯舜の時代、すなわち孔子の理想とした中国古代の最高のユートピア時代を再現する可能性を有しているだろう。朝鮮では箕子《きし》が孔子の教えに等しいものを広めたとされている。箕子は殷の紂王《ちゅうおう》の暴虐を諫めようとしてかなわず、しかし上下の秩序を踏み外さず、紂王に叛逆することなく、中国から朝鮮に逃れた人だ。だが、そのような素地のある国は朝鮮だけではない。日本も堯舜の世を蘇らせる可能性に富んでいる。その意味で日本は中国になりうる。

このくだりは、亡命して世話になっている日本へのリップサービスなのか。そう勘ぐりたくもなる。だが朱舜水の同国人への私信でも、たとえばこのようなくだりにぶつかる。一六六六（寛文六）年、陳遵之に宛てた手紙の一節。

「世人必曰『古人高於今人、中国勝於外国』。此是眼界逼窄」。中国の人間は暇さえあれば、昔の人の方が今の人よりも立派で、中国が外国のどの国よりも優れていたと話したがる。だがこの話は視野が狭いと言わざるをえない。日本の為政者には中国に生まれ、優れた宰相がそばで支えれば、現実を理想郷に導けるほどの優れた人物がいる。今の中国には見当たらないような徳高き人間が実在する。

大絶賛である。朱舜水は日本こそが儒学の価値を実現できる国ではないかと本当に昂ぶっていたのだろう。そして彼は、彼のほめそやす日本の為政者本人に送った書簡ではこう述べる。

孔子の道を行うことは「私計近世中国不能行之」（私が考えるに今の中国では不可能である）。明朝の滅亡とそれに伴う中国人の裏切りをはじめとする無数の醜態は、心有る者に完全な絶望を与えた。だが「而日本為易。在日本他人或不能行之、而上公為易」。日本の政治家「上公」なら儒学の奉ずる価値を現世に完璧に実現し、孔子の理想とした堯舜の時代を再現できる。ほかの日本人では無理かも知れないが「上公」ならできる。明末清初の中国の大儒、朱舜水のとてつもない御墨付きだ。はて「上公」とは誰か。むろん朱舜水を長崎から招いた徳川光圀である。

光圀と朱舜水は一六六五（寛文五）年、江戸で初めて会った。互いが互いに感服した。朱舜水は「天下の副将軍」の師となった。このふたりの結び付きが、日本こそ中華である、世界でも選ばれた特別な国であるという思想としての水戸学を生み出していった。明の滅亡によって中華思想の魂が朱舜水を経由して水戸の地に乗り移った。そう考えてもよいだろう。

五　教養としての『太平記』

『仮名手本忠臣蔵』は一七四八（寛延元）年、大坂の竹本座で人形浄瑠璃として初演された。竹田出雲らの合作。大当たりをとった。歌舞伎にも移された。むろん実話に基づく物語。

赤穂藩主の浅野内匠頭が、幕府の高家《こうけ》肝煎《きもいり》の吉良上野介に遺恨を持った。朝廷から江戸の徳川将軍家に遣わされる天皇の名代の公家たちをもてなす。接待係が浅野で指南役が吉良。そこで揉めたらしい。浅野は吉良に江戸城の「松の廊下」で刃傷に及ぶ。一七〇一（元禄一四）年三月のこと。

五代将軍、徳川綱吉の下した裁定は吉良には御咎めなし。対して浅野は切腹。赤穂浅野家は断絶。喧嘩両成敗の原則に反する。不公平ではないか。浅野の遺臣が蹶起した。赤穂の浪人たちは吉良の屋敷に討ち入って、上野介の首級をとった。率いたのは赤穂藩の元国家老、大石内蔵助である。刃傷沙汰の翌年の元禄一五年一二月一四日の出来事。

この赤穂浪士の仇討ちの物語を大長編に仕組んだのが『仮名手本忠臣蔵』。といってもそこは江戸時代。徳川幕府や高家や大名をめぐる物語を実名でやるわけにはゆかない。別世界に仕込み直す手間が要る。『仮名手本忠臣蔵』が借りてきたのは『太平記』の世界。浅野内匠頭は塩冶判官《えんやはんがん》として、吉良上野介は高師直《こうのもろなお》として、そして大石内蔵助はこれは『太平記』にも出てこない架空の人物、大星由良之助として登場する。

元禄時代が『太平記』に、浅野が塩冶に、高家の吉良上野介は高師直に。単に時代や名前を借りて一部語呂合わせもしたというだけではない。塩冶判官と高師直には浅野と吉良の関係を想起させる物語があった。塩冶判官高貞は南北朝の動乱で南朝方に従った。武家の棟梁として後醍醐天皇の「王政復古」を認めぬ側に立ち、北朝を担いだ足利尊氏と戦った。後醍醐天皇の命で、新田義貞と脇屋義助の兄弟の軍勢に加わり、鎌倉にこもる足利尊氏の討伐に赴いた。ところが塩冶は寝返った。足利の軍門に降《くだ》った。北朝方を勢いづかせる大きな原因を作った。

しかし、その後の塩冶判官は順風満帆とはゆかなかった。妻が絶世の美女であったという。足利方で威勢をふるう高師直が彼女を奪おうとした。そのために高貞を陥れた。足利尊氏に讒言した。塩冶判官は無念の自害。『太平記』の伝えるところである。

そんな南北朝時代の物語を赤穂浪士の物語に重ねる。そうやって『仮名手本忠臣蔵』はできた。初演された寛延元年は赤穂浪士の討ち入りから四六年後。ずいぶん間がある。それだけ長い間、演劇興行者たちは幕府を恐れて実説を芝居に仕組めなかったのか。

そんなことはない。先行する作品は既に幾つかあった。たとえば近松門左衛門の『兼好法師物見車《けんこうほうしものみぐるま》』と『碁盤太平記』。前者は討ち入りから四年後、浪士たちの切腹からは三年後の一七〇六(宝永三）年の作。後者はそれからさらに四年後の宝永七年の作。ちなみに近松が、まるで朱舜水をモデルにしたような真面目な人物にされた鄭芝龍と、その子で日中混血の鄭成功の父子をスーパー・ヒーローに仕立て抜いて「抗清復明」の大スペクタクル史劇『国性爺合戦』を作り、空前の大当たりをとるのは『碁盤太平記』から五年後の一七一五（正徳五）年になる。

『碁盤太平記』。題名に『太平記』が入っている。そこから推測されるように、『碁盤太平記』も、そしてそれに先行する『兼好法師物見車』も、赤穂浪士の世界を早くも『太平記』と掛けていた。その意味で『仮名手本忠臣蔵』のまぎれもなき先行作と呼べる。塩冶が浅野で師直が上野介というところも同じ。しかも『碁盤太平記』には大石内蔵助に相当する人物がもう大星由良之介と名乗って登場する。由良之介と由良之助。一字違い。大星という日本演劇史上にあまりに知られた役の名は『仮名手本忠臣蔵』ではなく近松によって生みだされ、広められていた。とにかく、事件が起きてけっこうすぐのうちから、赤穂浪士の物語は『太平記』になぞらえられたと分かる。

なぜ『太平記』なのか。塩冶と師直のくだりが浅野と吉良の関係を彷彿とさせたから。それはそうに違いない。だが、似ているだけでは劇化の条件としては弱い。芝居見物に来る人々が世界の設定をのみこんでいてくれなくては、わざわざ重ねてみても意味がない。工夫が伝わらない。塩冶と師直の遺恨譚をみんなが知っている。そのくらい『太平記』が人々の共有財産になり、娯楽かつ教養になっている。これが前提。

いや、それだけではない。もっと大きな前提がある。赤穂浪士は希代の忠臣たちの物語。それだから士農工商みんなを含む、江戸時代を生きる人々の心を打った。主君が乱心して、京都から勅使を迎えている最中の江戸城を血で汚した。幕府に切腹を命ぜられ、御家断絶。肩身が狭い。浪人して生き直すのも苦労だ。それなのに仇討ちの心を捨てない。

しかもほんの数人ではない。「四十七士」である。それだけの人数が心を合わせて隠密裏に大事を為すべく準備をする。大勢で徒党を組んで討ち入ろうとする。それなのに最後までばれないというところも凄い。奇跡に近い。そんな綱渡りの曲芸をやりきる忠臣が、常軌を逸すると思われるほど、蔵から溢れ出るほど、たくさんたくさんこれでもかと登場する。四七人も居たインパクト。だから忠臣蔵なのである。赤穂浪士は忠臣。武士の鑑。儒教道徳の規範。だから赤穂義士。

これだけ凄まじい義士たちの物語を過去の世界に嵌めて表現し尽くすには、塩冶判官と高師直のストーリーが浅野内匠頭と吉良上野介を思わせる程度では頼りない。忠臣で溢れ返る蔵のような世界でないと赤穂義士は引き受けられない。

そんな物語が日本にあったか。大勢に利あらずとも果敢に抵抗して主に忠義を尽くす人々の物語。しかも赤穂義士が結局は亡君同様、切腹と決まったように、悲劇性が伴っていなければならない。忠臣がどんどん現れて義を貫いて時勢に抗し、死に赴く物語。従容として、あるいは悲憤慷慨し、筋が通らぬと怒りつつ、命を落としてゆく物語。

それがあったのである。『太平記』だ。楠木正成と正行《まさつら》の父子、新田義貞と脇屋義助の兄弟、名和《なわ》長年《ながとし》、児島高徳《たかのり》、北畠顕家《あきいえ》、千種忠顕《ちくさただあき》、結城親光《ちかみつ》などなど。南朝に命を捧げたつわものたちの物語。殉じてこれでもかと死に行く人々の物語。『太平記』こそ元祖忠臣蔵であろう。そこに希代の悪役として現れるのが高師直。南朝方の裏切り者とはいえ、悪の権化、高師直に陥れられて怒りに怒って死んでゆくのが塩冶判官。彼もまたヒーローの系譜上に数えようと思えば数えられなくもない。

赤穂浪士を遠い昔の世界に嵌め直して壮大なドラマを作り上げる。そのとき近松門左衛門も竹田出雲も『太平記』を思った。『太平記』はそんな物語として日本中によく知られていた。『太平記』は室町時代に成立した古典である。みんなが知っていて当たり前とも言える。だが『平家物語』や『源平盛衰記』に比べれば知名度は長いこと低かったかと思われる。それが変わったのはおそらく江戸時代前期であった。『太平記』が前へ前へと押し出され、中身を知っておくことが武家から町人までの基礎教養となっていった。

たとえば新井白石の『折たく柴の記』にはこんなくだりがある。

――土屋の家来に富田小右衛門という人が居た。出は加賀の国という。彼は『太平記評判秘伝理尽《りじん》鈔《しょう》』という書物をよく学んでいて、その講釈が得意だった。毎晩のように、父上などが集まって、富田氏の講釈を聞いていた。私はその頃、四つか五つと幼かったが、いつも席に連なって、夜が遅くなってもその場にとどまり、富田氏に質問して、子供なのに大したものだと皆から感心された。

白石の自慢話には違いない。白石といえば、赤穂義士の時代の五代将軍綱吉の後を襲った、六代将軍、徳川家宣《いえのぶ》の学問の師にして側近のひとり。『折たく柴の記』は彼の人生回顧の書。白石の父は、上総久留里《くるり》二万石の大名、土屋氏の家臣で、富田小右衛門は家中の朋輩。『太平記評判秘伝理尽鈔』は『太平記』の解説書として当時、とても流行ったというか、江戸時代の長きにわたって読まれた本。軍学の手引書。土屋の家臣たちは「時代の教養」として、富田小右衛門の教えを受けていたわけだろう。

新井白石は一六五七（明暦三）年生まれだから、土屋の家中での言わば『太平記』勉強会は一六六〇年代初頭の話と思われる。徳川光圀が父の頼房の死によって水戸藩主の地位に就くのは一六六一年。朱舜水が日本に亡命したのは一六五九年。四代将軍家綱のとき。小大名の土屋家の家臣たちが『太平記』の学習に励んでいたのはちょうどそんな頃合いであった。

そしてそれは繰り返せば決して特異な事例ではなかった。『太平記評判秘伝理尽鈔』はスタンダードな「教養書」と呼ばれてもよいくらいのものだった。もう時代は『太平記』。そもそも、三代将軍家光が死去した際、ここが狙い目と、江戸で軍学塾を開いていた由比正雪がいわゆる「慶安の乱」を起こしてただちに弾圧されたのは一六五一（慶安四）年だけれど、正雪の軍学・兵学の流儀は何かと言えば「楠流」であった。正雪は『太平記』の楠木正成の戦術を研究して講釈し、江戸にブームを巻き起こした。というか、三代将軍の時代には楠木正成の話をすればスターになりやすかったのである。そのくらい『太平記』の世界は親しまれていた。武家から町人へと伝播し、赤穂義士の物語も『太平記』の世界に嵌めて解釈され忠臣蔵の物語として定着することになった。

なぜ江戸初期から『太平記』が流行りになったのか。由比正雪は極端にしても、富田小右衛門のような『太平記』の世界を絵解きする人が恐らく日本全国に数多く現れたのはなぜなのか。

大坂夏の陣で豊臣家が滅亡し、江戸幕府を脅かす勢力の影がすっかり薄くなり、天下泰平の基礎が固まったかのように思われたのは一六一五（元和元）年である。九州でキリシタンや浪人や農民が結集し、島原の乱が起き、鎮められたのは、一六三七（寛永一四）年から翌年にかけて。戦国の世はいよいよ遠くなった。現実で失われたものはロマンになる。戦争のなくなった分、戦争文学が読まれる。そういう面はあったろう。

だがそれなら『平家物語』でも『源平盛衰記』でもよかった。江戸初期に戦争文学の中でも『太平記』がクローズ・アップされたのには、徳川将軍の時代ならではの大きな理由がある。徳川家康が『太平記』を好んだのである。そう伝えられる。実説かどうかは分からない。どうも後世の創作くさいところもある。しかしそのあたりは大したことではない。真相が奈辺にあるかはあまり重要ではない。大切なのは、家康がきっと『太平記』を愛したに違いないと、世の中を信じさせる構造があったことである。

徳川家康が天皇から征夷大将軍に任じられたのは一六〇三（慶長八）年。武門として最高の地位。

武家の棟梁となったことを意味する。関ヶ原の合戦に勝利して三年後。家康の将軍就任に異議を挟む者があろうはずもなかった。だが戦国を勝ち抜いた最強の武士なら征夷大将軍になれると単純に考えるわけにもゆかない。血筋、家格がからむ。

徳川氏は元は松平氏を名乗っていた。三河国は加茂郡の松平郷を本拠としたからである。先祖は誰か。加茂郡だから加茂（賀茂）氏の流れと名乗ることもあった。賀茂氏は古代出雲の豪族であるという。先祖は八咫烏《やたがらす》に化身して神武天皇の東征を導いたとも伝えられる。賀茂氏の祖霊をまつるのが京都の賀茂神社。葵祭が行われる。徳川家と言えば葵の紋。賀茂氏を出自とするから葵なのだ。そんな説もある。いずれにせよ、もしも先祖が賀茂氏ならそれなりに由緒正しいことになる。陰陽師を出した家柄でもある。『方丈記』の鴨長明も賀茂氏という。

だが武家としては賀茂氏だと物足らない。やはり源氏か平家の出であった方がよい。一五六六（永禄九）年だから松平氏が駿河の今川氏と縁を切り、尾張の織田信長と結んでしばらくの頃。それまで松平姓であった家康は徳川姓を名乗り、朝廷から従五位下の位を賜り三河守に任じられた。既にその時代、松平氏は賀茂氏でなく清和源氏の流れを汲むと称していたようである。家康は官位を授かるに当たり、出自をよりはっきりさせる必要に迫られた。でないと朝廷が納得しない。そこで家康は、三河の松平氏とは、足利家と新田家に連なる関東の武者、得川氏の末裔であり、藤原氏ともつながっているとした。得川を徳川と表記することもあったらしい。家康は松平から得川でなく徳川に改姓した。得より徳の方が徳のある家と感じられるからであろう。ともかく徳川姓の方が松平姓であるよりも清和源氏の出であると、朝廷をより納得させられ、位を得やすくなったというわけだ。

足利は足利尊氏の足利。新田は新田義貞の新田。どちらも関東武士。祖先は清和源氏。八幡太郎こと源義家の子、源義国のそのまた子供である義重が上野国の新田荘を領して、新田義重となり、新田氏の開祖となった。一方、義重の弟になる義康は下野国の足利荘を領して、足利義康となり、足利氏の開祖となった。新田と足利は元をただせば八幡太郎義家の孫となる兄弟の家であった。その子孫が足利は北朝、新田は南朝に付いて、血みどろの抗争を繰り広げた。松平氏の先祖、得川氏はこの足利と新田に連なる清和源氏である。三河守に任じられたときの徳川家康の説明であった。

それから三七年後。家康はついに名実ともに天下人となった。征夷大将軍の位を得た。だがそれを天皇から授かるには具体的な由緒正しい系図のあった方がよかった。徳川家が将軍の家に相応しいと宣言するための家格の創造が必要だった。徳川の系図は新修された。その元のかたちを用意して家康に提供したのは吉良義定であったらしい。吉良家は足利将軍家の一門であり、その頃、徳川家に仕えていた。

その系図によれば、新田義重の子、義季《よしすえ》が得川氏の開祖である。得川氏は直接には清和源氏の中でも足利氏より新田氏につながるということである。この得川氏が、南北朝の戦乱で本家の新田氏が足利氏に敗れ去ってゆく過程で上野国にとどまれなくなった。新天地を求めて落ちていった。三河国の松平郷にやってきた。そこで松平姓を名乗った。新田義重を祖とするまぎれもない新田の一族。徳川氏はそう称して、後陽成天皇から征夷大将軍に任じられた。吉良家は恐らくこの系図作りの功績によって徳川将軍家から特別の待遇を受け、高家肝煎となった。

源氏将軍という言葉がある。征夷大将軍の位は源氏に限るものではない。だが鎌倉幕府を開いた源頼朝はもちろん源氏であり、室町幕府を始めた足利尊氏も源氏であった。将軍には源氏が似合う。江戸幕府を置こうという徳川家康もずっと清和源氏を名乗ってきた。足利と新田に連なる家と称してきた。けれど足利だと室町幕府とダブる。徳川家康は新田の裔であることを強調した。事実、宮廷での徳川家康は「新田殿」と呼ばれていた。そこには家康に新田義貞の再来であってもらいたいとの願望もきっと幾分なりかは込められていただろう。天皇に忠節を尽くす武家の棟梁ということである。

本物の新田義貞は後醍醐天皇から足利尊氏追討の命を受けながら塩冶判官らの裏切りもあって果たせなかった。室町幕府が誕生し、武家の世が続き、宮廷はないがしろにされた。「新田殿」はそんな足利とは大いに違ってもらわねば困る。『太平記』に描かれた新田義貞のように、天皇に対し義を果たす人であってもらいたい。

かくして徳川家康は、征夷大将軍就任の過程の中で、自らを「新田殿」として演出した。逆臣、足利尊氏を退ける、忠臣、新田義貞の再来として朝廷の信頼を勝ち得、幕府政治の礎を築いた。そんな「新田殿」である家康は、『平家物語』でも『源平盛衰記』でもなく『太平記』の世界と結び付けられる存在となった。家康が『太平記』を好んだとの伝説もここから生じる。「新田殿」が新田義貞を英雄として描く『太平記』を愛さない道理はないのだから。

江戸時代初期の『太平記』人気はこのような江戸幕府誕生物語と被ってこそまき起こったものだろう。家康は天皇をないがしろにする「足利殿」では決してなく、天皇を尊重する「新田殿」である。そこから、家康の孫、徳川光圀の始めた尊皇の学としての水戸学までは一直線であろう。

六　七生報国

三島由紀夫が東京の市谷の自衛隊駐屯地に突入して自決した。一九七〇（昭和四五）年一一月二五日のこと。そのとき三島は頭に鉢巻をしていた。「七生報国」と書かれていた。何に由来するか。『太平記』だ。南朝方の楠木正成の軍勢は湊川の合戦で絶体絶命の危地に追い込まれた。楠木勢は味方の新田義貞の軍勢と分断され、足利直義《ただよし》率いる北朝方の大軍を一手に引き受けざるを得なくなった。

その敵の数はなんと五〇万騎！　一四世紀の日本の人口や武者の数を考えても実数五〇万はありえないだろう。だが『太平記』にはそう記されている。対する楠木勢は七〇〇騎程度だという。およそ七〇〇分の一だ。が、戦の神様にして軍略の巨人、楠木正成の率いる猛兵揃い。鬼神も驚く勇戦ぶりにて、七〇〇騎が五〇万騎を押しまくる。楠木正成は弟の正季《まさすえ》とともに戦の先頭に立ち、足利直義を討ち取る寸前まで行く。

が、敵もさるもの。足利直義は逃げ去る。援兵も投入される。赤穂義士に討ち果たされる吉良上野介の先祖の吉良氏の軍勢。その吉良上野介が『忠臣蔵』の芝居で『太平記』の世界に嵌められて高師直と名を変える、その本家本元の高氏の軍勢。吉良と高の揃い踏みで楠木勢を追い詰める。

さすがの南朝忠義の臣、楠木正成の少数精鋭部隊も、足利勢の雲霞の大軍相手に、ついになす術を失う。犠牲はかさみ、いつの間にか七〇〇騎は九割を失って七〇騎に減っている。楠木の一族郎党はもはやこれまでと悟る。なおも生き残っていた者たちは集団自決をはかる。

『太平記』の伝えるところでは、そのとき楠木正成が弟の正季に語りかける。

「聞くところによれば、死に際で何を思い詰めるかによって、輪廻転生しての来世の運命も決まってくるそうだ。正季よ、おまえは次にこの世に出るときは何に生まれ変わりたいのか」

正季は即座に呵々大笑してこういい放つ。「七度生まれ変わってもその度にこの世で人間として生まれ、朝敵を滅ぼしたく存じます」

正成も応ずる。「罪深いおのれではあるが、我が思いもおまえと同じだ。ならば共に生まれ変わって、今度こそ本懐を遂げようではないか」

一族郎党の切腹自刃を見届けた兄弟は刺し違えて死んだ。七度生まれて天皇に尽くし、天皇の国に報いると、来世への願をかけて最期を遂げた。「七生報国」の語源である。たとえ味方が絶対的劣勢であろうと、あるいはそうでなかろうと、何の関係もない。正しいこと、義のあることに、ただ忠実に従う。もしも悪や不義の側に勝利できなければ、生まれ変わって続きをやる。勝てるか勝てないか、結果が出せるか出せないかは二義的な問題である。義を貫けるか貫けないか。重要なのはそれだけだ。無茶でもいい、逞しく筋を通せ。志半ばに死んだら死んだで、何も悔いることはない。無駄死にと思うこともない。また生まれ変わって続きができるのだから。輪廻転生を信じぬとしても、筋を通して命を惜しまぬ事実を歴史に刻むことが、必ず後世に強い影響を与え、次の義人を生み出すはずだから。義士の存在価値は結果責任というよりも行為責任にあるといってよい。義を果たしたと判断できる行動を起こしたかどうかが大切なのだ。仮に結果が出なくとも構いはしない。

「七生報国」の精神とはそういうものである。「楠公精神」とも呼ばれた。とりわけ太平洋戦争のおりには大いに喧伝された。その頃、青少年期をすごした三島由紀夫の世代は「楠公精神」に直撃されている。

日米戦争たけなわの時代、「楠公精神」は次のように翻訳されていた。数を頼んで寄せくる足利方がアメリカ軍。多勢に無勢は百も承知でも、知略を尽くし勇気をふり絞って一切何も諦めずに戦い抜く楠木方が日本軍。その日本軍は言うまでもなく皇軍である。大日本帝国憲法下の日本軍隊は天皇の軍隊と法的にも規定されている。天皇の大義に殉ずるのが天皇を大元帥と仰ぐ大日本帝国陸海軍の使命。近代日本の軍隊とは楠木軍に見立てられるものなのだ。特に敵国がロシアやアメリカやイギリスのような強大国である場合は。

そんな「楠公精神」は帝国陸海軍の精神的基軸となった。戦争末期のほとんど絶望的で救いのない体当たり攻撃に多くの将兵を向かわせた倫理的原動力もまた「楠公精神」であった。七〇〇騎で五〇万騎に立ち向かう心意気である。しかもその心意気には大義が伴っているという確信である。

太平洋戦争における「最後の特攻出撃」と呼ばれるのは、一九四五年八月一五日午後五時台、つまり玉音放送が流れてから何時間かあとに大分から沖縄方面に飛び立った、海軍の全一一機である。実際には攻撃というよりも敗戦の責任を負っての集団自決行であった。海軍の第五航空艦隊司令長官として、九州にあって体当たり攻撃を指揮していた宇垣纏《まとめ》中将自らが特攻機に乗って、一一機を率いた。宇垣はそのまま海の藻屑と消えた。宇垣は『戦藻録《せんそうろく》』と題する日誌を付けていて、それはのちに出版されたが、その最後の方、玉音放送後、出撃前に書かれたくだりにはこうある。

「余又楠公精神を以て永久に尽くすところあるを期す」

「楠公精神」という言葉はそのように用いられるのが一九四五年八月までの常であった。当時の頻用語であり流行語であり戦意高揚のためのスローガンであった。アッツ島やサイパン島や硫黄島の玉砕が、同時代的には作戦の不備や防衛力の不足の問題として批判されることなく最後の勝利につながりうる美談にたちどころに変成しえたのは「楠公精神」の神通力と錬金術あってのことだったろう。真田幸村の無茶な戦に人が感激するのもそれが「楠公精神」のヴァリエーションだからだろう。そして三島由紀夫の「七生報国」まで「楠公精神」はなおも人を酔わせ続ける。必敗という客観情勢を美的・倫理的の両面で正当化する魔力をそれは持っている。

「楠公精神」の魔力は天皇の軍隊を持った日本の近代によって大いに強化されたからこそ、太平洋戦争の時代に深く機能したのだろう。といってももちろん天皇の軍隊が出来てから「楠公精神」の意義が初めて見出されたわけではない。幕末の尊皇の志士たちは、自らの志を果たせるか果たせぬかという現世的損得勘定を超越するために、成功不成功にかかわりなく、尊皇の大義を貫く規範として楠木正成を大いに称揚した。吉田松陰しかり、真木和泉またしかり。

楠木正成が最期を遂げた湊川に、彼を祭る湊川神社が創建されたのは明治維新直後のこと。正成以来、尊皇の志は、武家政権の暴圧にめげず、七度かもっとか生まれ変わった人々によって脈々と受け継がれ、ついに幕末から尊皇運動が盛り上がって、後醍醐天皇の「建武の新政」以来の「王政復古」が実現した。そのような史観にたてば、楠木正成が維新後、神に祭られるのは当然と言えば当然であった。神社は維新政府自らが建てた。

だが、維新政府とは別に、自らに建てさせるようにと、強硬に主張し運動した勢力があった。廃藩置県前の水戸藩である。

そもそも現在に続く湊川神社は、一六九二（元禄五）年に、水戸藩第二代藩主にして水戸学の祖、徳川光圀が、水戸の家臣、佐々宗淳（『水戸黄門漫遊記』の登場人物、佐々木助三郎こと助さんのモデルとされる）に命じ、当時、楠木正成が正季と刺し違えた場所と伝えられるところに建てさせた正成の墓碑を中心にして、創建された。前に触れた通りである。江戸時代初期からの『太平記』の流行とそれを受けての光圀による碑の建立が「楠公精神」の流布史の原点とも言える。詰まるところ「楠公精神」のイメージの形成に最も力のあったのは、徳川光圀と、その師である中国大陸からの亡命者、朱舜水、それから光圀の甥で朱舜水を慕った加賀藩主の前田綱紀であったろう。

前田綱紀は、豊臣政権時代の五大老のひとり、前田利家の曾孫になる。父の前田光高は正室を水戸徳川家から迎えた。綱紀の母は徳川頼房の娘で徳川光圀の姉だった。綱紀は光圀の一五年下になる。綱紀は叔父から大きな影響を受けた。義を貫くことへの過剰なこだわりを学んだ。おまけに『太平記』ブームにも浸った。側近に『太平記』の解説書『太平記評判秘伝理尽鈔』の講釈者たちを抱えていた。南朝の忠臣としての楠木正成にほれ込んだ。『太平記』の名場面中の名場面を感動的な絵にして、大義を貫く精神を象徴的なヴィジュアルとし、長く偶像とすることを望んだ。狩野探幽に依頼した。探幽の描いたのは『楠公訣児図《なんこうけつじず》』。子別れの場面である。綱紀がその内容で発注した。

湊川合戦の前。楠木正成は、今度の戦では足利に敗北する可能性が高いと事前に予想した。まだ幼い嫡男の正行を、合戦に同行させず、行軍の途中で楠木氏の根城の河内に帰すことにした。桜井の駅で別れ際にこんなことを子に伝えた。

「獅子は生まれたばかりの子を数千丈の崖の上から突き落とすが、獅子の子は獅子らしい天性を有しているから、教えられずとも身を翻して崖下で生き残るという。ましてやお前は子供とはいえもう十を過ぎている。一言いえばじゅうぶんだろう。これから申す内容に背かぬ人生を送れ。父の顔は今が今生での見納めになるだろう。父は戦死したら、いったんは足利の天下になるだろう。が、そうなっても、現世的実利を優先して足利に降るようなことがあってはならない。河内の山にこもれ。たとえどんなに不利でも、天皇への忠義を捨ててはいけない。最後の一兵まで戦え。それが親への孝行である」

楠木正成の死に際における「七生報国」の宣言の壮大な前奏曲を成す場面だ。相手が子供であるがゆえに、図像的には「七生報国」の場面以上に人々を感極まらせ、義を貫く思いを喚起しうる見せ場に、絵でも芝居でもなりうる。

ところで、絵というと、現代人は芸術作品として絵画そのものだけで完結した表現となることを想定しがちだ。しかしこの時代の日本の絵は近代西洋画などとは期待される効用が違う。前田綱紀は、楠木正成と正行の父子がどんな姿や恰好をしているかよりも、観る者の大義への目覚めを期待している。そういう絵はヴィジュアルだけでは厳しい。文字情報もあった方がよい。それを画賛と呼ぶ。絵の余白に絵の意味するところを書き込んでセットとする。その文章を、前田綱紀は、加賀藩に仕えていた儒者の木下順庵を介し、朱舜水に依頼した。

大儒学者、朱舜水が七度目の来日を果たしたのは一六五九年。長崎に来、そのままもう大陸には帰らず、滞日を続けることになった。北方異民族の清朝に抗して滅び行く明に忠節を尽くすことに漢民族のひとりにして儒者であるおのれの大義がある。そう信じてきた朱舜水に、大陸での居場所はついに無くなってしまっていた。

そんな、亡命してすぐの、まだ水戸の徳川光圀に迎え入れられておらず、長崎に暮らしている朱舜水。彼が『太平記』に関心を寄せ、楠木正成について調べ始めたのは、早くもこの長崎時代であったろう。

朱舜水は感激した。とりわけ楠木正成に。裏切り者が相次いで、滅びていった明。そのさまを見聞して心に深い傷を負った朱舜水に『太平記』の楠木正成像は深い慰めを与え、大義を貫く理想主義への新たな情熱さえ呼び覚ました。そんな朱舜水が楠木正成を讃えた文章としては三編が遺る。『楠公訣児図』のための賛はこのように書き始められる。

「忠孝著乎天下、日月麗乎天。天地無日月、則晦蒙否塞、人心廃忠孝、則乱賊相尋、乾坤反覆」

つまりこういうことだ。「忠と孝の精神、儒学の教えるすべてにおいて義を貫く精神がこの世界に漲っていれば、太陽も月も平穏無事に天に輝くよい時代となる。ところが、間違った精神が世に溢れれば、日も月も地を照らさなくなり、忠も孝も廃れ、乱臣逆賊がはびこり、天と地はさかさまになってしまう」

そしてこんな具合に続く。「日本に来て私、朱舜水は聞いた。この国には楠木正成なる者が居たのだと。彼は天皇に対する忠義心を微動だにさせず、しかも武勇の士としては並ぶ者がなかった。正成公が兵を率いれば、臨機応変の見事な指揮で、敵の想定を次々と覆す。人を知り、武を知り、義を知る。おかげで彼の作戦が外れることはなく、戦に勝てないということがない。大義が何かを知っているから、目先の利害や勝敗予想に惑わされて心を乱すこともない。ゆえによく天皇の力を復興させられた」

ここまでで朱舜水は、後醍醐天皇が楠木正成らの力を頼んで、鎌倉幕府を滅ぼし、大義を貫き、日月を明らかにする理想の天皇政治を実現したことを讃える。だが、あとは再び争乱の時代。南北朝の抗争が始まる。朱舜水は綴る。

「諺に言う。前門の狼を退ければ後門に虎が出現すると。英雄、正成公を襲った事態も諺通りだった。天皇の政治の具体的なかたちを定めてゆくだけの人材が居なかった。朝廷の議論は乱れた。悪臣がはびこった。皇太子が殺され、天皇の権威はたちまち陰った。また功績のあった英雄を妬み謗る者が雲霞の如く現れるのも世の常である。このときの日本も例外ではなかった」

この先が楠木正成への絶賛の頂点となる。狩野探幽の絵の中身にも照応してくる。「正成公が、それでもなお政治と軍事の世界にとどまり天皇への忠義を尽くそうとすれば、有象無象のよこしまな輩の増殖の中で、命を失ってゆくしかなかった。ところが正成公は、そのような悪い状況の中でもまったくひるまなかった。忠義を貫くことに躊躇がなかった。ただ従容として義に就き、死に赴いた。死ぬ前には、正成公が消えることで天皇に忠節を尽くす者がこの世から果てぬようにと、子供に生き残って父のあとを継ぐように命じた。ここまで至れり尽くせりの忠義のドラマを世の中で他に見いだすことは、なかなかできまい」

そして朱舜水は日本で目にする『太平記』ブームにも驚嘆を隠さない。「現代の日本においては王公大人、つまり将軍・大名・公卿といった高位の身分の人々から、里巷の士、つまり都会や田舎に暮らす庶民階級の人々まで、口を揃えて正成公の素晴らしさを称えてやまない」

このことが朱舜水をして日本を単なる亡命地と思えなくする大きな理由にもなった。国を挙げて『太平記』を読んでいる。ひたすらな義に生きる人の姿に老若貴賤の差を問わず感激している。いったいこの島国は何なのか。楠木正成を讃美することを生きがいとしているらしい前田綱紀のような大大名が居て、自分に文章まで頼んでくる。しかもその綱紀はまだ若者という。実は、国の元、民族の元となる部分において、この日本なる国は、世界の中心とうぬぼれてきた中国よりも高い気質、中国よりも儒学の教えをそのまま守れる性質を所持しているのではあるまいか。中国のように皇帝・王朝が倒されておらず、天皇家なる家が、紆余曲折はあるにせよ、楠木正成のような義人たちに守護されて、神話時代から途絶えていないというのも、朱舜水から見れば驚き以外の何ものでもなかった。

ところが、そこで朱舜水は大きな疑問も抱かざるをえない。楠木父子の永訣の場面を描く狩野探幽の絵のための賛は次のようにしめくくられる。

「惜しいかな、筆を載する者に信を考うる所なく、その盛美大徳を発揚すること能ざるのみは」

朱舜水も『太平記』をあてにして楠木正成を褒めた。その伝記に感激した。でも、そこに書かれた物語が史実なのかというと、どうも疑わしさをぬぐえない。何しろ七〇〇騎で五〇万騎を蹴散らしたなどと書いてあるのだから。誇張がすぎる。話が面白すぎる。つまりは『太平記』は野史の類いだ。中国で言えば『三国志演義』のようなものだ。日本が中国を超える道徳的・倫理的ポテンシャルを有する特別な国であると内外に証明していくためには、より正史的な、内容の確かな歴史書を編纂してゆく必要がある。朱舜水の訴えである。

この朱舜水の考え方が、水戸藩による『大日本史』編纂の思想的背骨となる。

七　野史が正史を超えるとき

日本三景と言えば、陸奥の松島、丹後の天橋立、安芸の宮島。では日本三忠臣とは誰だろうか。平重盛と楠木正成と万里小路藤房《までのこうじふじふさ》だという。

三人を選んだのは安東守約である。彼は柳川の儒学者。京の都で松永尺五《せきご》に学んだ。一六六〇（万治三）年、明朝再建に尽くしてきた大儒学者、朱舜水が、清の圧倒的威勢にかなり心くじけて、長崎に亡命してきたとの報せを聞くと、ただちに同地に赴いた。安東守約は二〇〇石取りの柳川藩士であったが、その俸禄の半分を毎年、朱舜水に献じた。大儒学者の長崎での暮らしを、骨身を削って支えたのが安東守約である。その経済的献身は、朱舜水が徳川光圀に招かれて江戸に移る一六六五（寛文五）年まで続く。守約はむろん学問においても朱舜水の門下となった。心服した。朱舜水も守約には絶対の信頼を寄せた。

その安東守約による日本三忠臣。忠の対象は揃って天皇である。

まず平重盛は平清盛の嫡子。が、彼は決して「驕れる平家」に与さなかった。天下を取ったつもりになって勝手をしたがる父親を常に諫める側に回った。武門の務めはあくまでも朝廷を守ること。重盛は後白河法皇を尊重した。平家をして皇室を軽んじさせぬように努めた。かといって父を裏切ろうとはしなかった。親への孝行。天皇への忠義。それをきちんと両立させるのが日本のつわものの道。そこからブレなかった。まこと忠臣の鑑。

楠木正成は後醍醐天皇に仕えた。鎌倉幕府の最期、建武の新政、南北朝の争乱。激動の時代に筋を通して生き抜いた。裏切り、寝返りの続出するなか、どんなに劣勢になってもひるまなかった。天皇への忠節をまっとうし、湊川の合戦で果てた。死しても果てしなく生まれ変わってはそのたびに義を貫くと宣言して。これもまた忠臣の鑑。

すると万里小路藤房は？　彼も後醍醐天皇に仕えた。公卿である。中納言である。天皇の討幕の挙に参画し、建武の新政では後醍醐新政権の中枢にあった。

そのとき後醍醐天皇は調子に乗っていた。何しろ武家から政権を奪い返したのである。大願成就。さっそく贅沢三昧をした。皇居に馬場殿を作り、競馬をさせたり、弓の名人に馬上から射かけさせたりして楽しんだ。

そこに塩冶判官高貞が、ひときわ立派な馬を、この世ならぬ天馬なり、竜馬なりと称し、献上した。塩冶判官は後醍醐天皇方から足利方に寝返ることになるのだが、それはまだ少し先の話。江戸時代の芝居『仮名手本忠臣蔵』で浅野内匠頭に擬されることにもなる塩冶判官所有の名馬は、朝に出雲を出て夕には京の都へ、半日で駆けてきたという。それだけ走っても息も乱さず泰然自若としている。ありうべからざることだ。この駿馬は本物の天馬ではあるまいか。後醍醐天皇は太政大臣の洞院公《とういんきん》賢《かた》に尋ねた。

「古代中国には項羽の愛馬のような日に千里も駆ける馬が居たという。しかしわが国に想像を絶するそんな駿馬が居たとは聞いたことがない。ところが今、ついに眼前にその馬が現れた。これを如何に解するべきか。吉か、凶か」

洞院公賢は答えた。古代中国では虞舜《ぐしゅん》の時代には鳳凰が、孔子の時代には麒麟が現れたという。周の穆《ぼく》王の時代には天馬が出現し、穆王はそれに乗って世界の果てまでも旅し、ついに天馬は時空を超えて、釈迦が『法華経』の教えを説法している霊鷲山《りょうじゅせん》にもたどり着いたという。そこでほんとうに『法華経』の教えを釈迦からじかに聞いたという。後醍醐天皇に天から天馬が差し向けられたのは、周の穆王の経験の再現である。『法華経』の予言するユートピアがわが国に訪れることを約束する吉兆と解せられる。つまり、建武の新政が軌道に乗って永久に続くだろうとの約束のしるしが天馬である。

洞院公賢の凄まじい持ち上げようを、後醍醐天皇は正面から素直に受け止めた。大いに気をよくした。慢心した。さらに心地好い意見や解釈が聞きたい。腹心の公卿のひとり、万里小路藤房にも同じ問いを投げ掛けた。

ところが、安東守約が本朝の三大忠臣のひとりに選ぶ彼の答えは、洞院公賢とまるで違った。天皇の期待に反した。藤房は、天子たる者が一日に千里も走る馬に乗っていったいどこへ行くのかと言った。後醍醐天皇の喜べない種類の中国の故事を次々と引いた。

藤房曰く、漢の文帝にも同様の馬が献じられたことがあるが、文帝は取り合わなかった。この国にどんな吉事があろうと一日三十里、どんな変事があろうと一日五十里、駆ける馬があれば事足りる。だいたい皇帝だけ千里走っても、付いてこられる大臣も役人も軍隊も居ないだろう。それになんの意味があるのか。皇帝の単騎行など危険なだけだし、する必要もない。文帝のそのような言はまこともっとも。

また藤房曰く、洞院公賢は、周の穆王が天馬に乗って駆った物語を吉事のように吹聴するが、実際には周は、穆王が天馬を操るつもりで天馬に操られた。はるか遠い世界を経巡って享楽に耽り、国をやたらと空けて、政治も儀式もないがしろにした。そのせいで、周はどうなったのか。傾いたのではなかったか。

かくて藤房は言う。日に千里走る馬。それは王たる者には不要である。そんなに走ったら王は国から飛び出してしまう。国に居ない王に何の意味があろうか。国を忘れる王に王の資格があろうか。便利なものが有用とは限らない、無用どころか、もっと悪いことさえある。騎行、遊興、弓馬、管絃。それらに溺れるのは亡国への道である。

そこから藤房はさらにきつく後醍醐天皇に意見する。そもそも鎌倉幕府を打倒し、天皇中心の新政治をはじめられたのは、全国の武士の協力のゆえである。中でも足利高氏（尊氏）、新田義貞、楠木正成、赤松円心、名和長年らの力が大きかった。他にも勲のある者は無数といってよいほど居る。しかるに英雄たちへの論功行賞ができていない。それどころか、彼らの既得権益すら侵害している。王政復古によって都から新たに地方へと派遣された国司が、在地武士を抑圧している。

不満は天下に満ちている。ついこの前まで京の都は、全国から集まる訴人で一杯だった。この国の大転換に尽くしたのに恩賞が貰えていない。かえって酷い目に遭っている。何とかしてほしい。だがいつの間にか訴人が消えている。納得して解決したからではない。怒って、都から地元へと帰っていってしまったのだ。もはや天下に大乱が近づいているのかもしれない。武家の側に新たな指導者が登場して大号令をかければ、たちどころに天下は再び覆されるだろう。それを食い止めるには、内裏造営や遊興三昧をただちにやめ、天皇は食費すら倹約して正しい論功行賞をなし、臣下に満足を与えるように全力を傾注しなければならない。一刻の猶予もならない。

万里小路藤房の大胆きわまる諫言である。けれど、後醍醐天皇が即座に改心することはなかった。不興を買っただけだった。藤房は言うだけのことは言ったつもりだった。熱誠を込めた。それでも主君に通じないとすれば、臣として忠義を尽くしきる能力が足りなかったということである。至らない自らを恥じ、身を引くしかない。藤房は遁世した。妻子を棄て、父母を捨てた。京の北山の岩蔵に庵を構えた。

その話を後醍醐天皇が聞いて反省した。忠臣を手放すわけには行くまいと思った。が、とき既に遅し。天皇が慌てて使いを出すと、庵はもう無人だった。藤房は出家し、行方をくらませていた。ただ歌が残されていた。

「住み捨つる山を浮き世の人とはば嵐や庭の松にこたへむ」

わが庵を浮世の人が尋ねても大風が庭の松を鳴らすだけだろう。もう二度と私が浮世の人の前に姿を現すことはないだろう。万里小路藤房の行方はそれきりになった。

安東守約が選んだ日本三忠臣の三人目の物語はそういうものである。楠木正成のように合戦で命を散らすのとは別の形の、後醍醐天皇への忠義の物語。しかしどこかで聞いたふうでもある。安東守約の師、朱舜水も、彼を江戸に招く徳川光圀も大好きな、司馬遷の『史記』のあの有名な伯夷と叔斉の兄弟の話の後段だ。

義を貫くために祖国や家族を棄てざるをえなくなった兄弟は、周の国に行って仕えようとする。周では、ちょうど文王が逝き、子の武王が跡を継いだところ。武王は、周の国が従ってきた殷王朝に対して反乱を起こそうとしている。殷の皇帝はもはや徳を失っている。臣下がいつまでも臣下でいなければいけない理屈はもはや立たないと武王は思う。

が、伯夷と叔斉の兄弟は、皇帝に徳が備わらないのは臣下の諫める能力の不足と考える。恥じるべきは臣下の方。それなのに自らの無能を棚に上げて主君を討ちに行くとは何事であるか。そのとき兄弟は殷を滅ぼすべく出兵しようとする武王の馬を叩いて必死に諫める。けれど武王の不興を買うばかり。伯夷と叔斉は自らの力の足らざるを知り、浮世から退き、首陽山に隠遁して餓死する。

万里小路藤房の物語は、この『史記』のエピソードをある程度なぞっているようにも読める。伯夷と叔斉は仕えようとする王に、藤房は仕えている天皇に、その身勝手さを改めさせようと懸命に意見する。だが容れられない。力不足を恥じる。この世に居場所なしと思う。世を棄てて山に入る。消え入る。

そうした基本構図が似ているうえに、藤房のストーリーには細かな仕掛けも利いている。第一には諫言につきものの馬の役割だ。王は褒められぬことをするために馬に乗りたがる。そうして遠くに行きたがる。伯夷と叔斉の見せ場は武王の乗る馬を叩くくだりと相場は決まっている。藤房の諫言の筋書きにも、徹底的に馬が利用されている。馬の話ばかりというくらい。それも、日に千里も行ける馬の所有者となったと有頂天になる天皇に、姓に千里を超える万里と入った公卿が厳しく意見するというのだから、できすぎである。

万里小路藤房は大した役者だ。伯夷と叔斉のストーリーをなぞって、歴史の舞台の中で後醍醐天皇を武王に見立て、懸命に演じてみせた。そういう解釈もありうるだろう。だが、そもそも安東守約の称賛するこの物語は実話なのだろうか。馬と諫言。万里の姓を持つ者が千里を行く馬を嗤う。文学的に過ぎるのではないだろうか。足利尊氏が反旗を翻し、南北朝分裂の大戦乱が勃発する近未来も、藤房はあまりに正確に見通しすぎている。万里小路藤房は実在の人物だし、後醍醐天皇に意見したのも事実かもしれない。だがその先は『史記』の伯夷と叔斉のくだりに嵌めて、多分に創作しているのではないか。千里の馬の話は万里小路という姓から思いつかれて嵌められたのではないか。

それはありうる。なぜならこの万里小路藤房の諫言譚の出典は『太平記』だからである。安東守約が感激してやまない残る二人の忠臣の筋書きの出典はというと、楠木正成はやはり『太平記』、平重盛は『平家物語』であろう。どちらも歴史書としては「野史」に属する。「野史」の反対は「正史」である。

一九一二(明治四五)年のこと。早稲田大学出版部が『通俗日本全史』の刊行を始めた。「野史」の集成を志したシリーズである。『太平記』はもちろんのこと、『源平盛衰記』、『太閤記』、『三河後風土記』、『難波戦記』、『北条五代記』、『陰徳太平記』、『甲越軍記』などが収録されている。

いや、既成の「野史」を集めるだけではない。なんと『古事記』と『日本書紀』の世界を「野史」風に再構成した『日本神代志』と『上代王朝志』なるものを新たに創作して加えている。意欲的である。「野史」と「正史」の対照に、在野で大衆的たらんとする私学の雄、早稲田大学と、お高くとまった官学との対立をかけているところもある。『通俗日本全史』によって早稲田の存在理由までをアピールしようとしている。このシリーズは何やら熱いのだ。とにかく、その緒言にはこうある。

「顧《おも》ふに往時盛行せし野史（軍記物語）は、啻《ただ》に読物としてのみならず、或は講談に語られ、祭文に歌はれ、音楽に奏せられ、劇壇に演ぜられて、国民の歴史趣味を鼓吹し、尚武の気象を涵養せしこと幾許なるを知らず」

　このように「野史」の絶大な影響力を述べたあと、「正史」との対照性をこう説明する。

「正史は記述の正確を以て経と為し緯と為すべき者なれば、其記事は考証正確にして、寸毫の訛誤《かご》なきを期せざるべからず。然るに野史は事件の大体を正史に採れども、之に付属せる些末の点は必ずしも史蹟に拘泥せずして、適宜の脚色を施し、人物をして躍然活動せしめん事を期す。是れ二者の依て分るる所なり」

　要するに話を作っても面白くするのが「野史の野史たる所以」ということだろう。そしてこう続く。

「顧ふに史上の事実は、単に其径路を記載するのみにては、其記事如何に精細なりとも、以て読者の感興を引くに足らず、又、薫化《くんか》を与ふるに足らざれども、之に加ふるに、其事件に伴ふ周囲の風物、裏面に伏在せる纏綿《てんめん》の情致、其人物の服装、風采、挙動、言語等の細叙を以てする時は、読者を感動して、拍案三歎《はくあんさんたん》せしめ、知らず識らずの間に偉大の薫化を与ふる者たり。然るに是等の細叙は、概して撰者の推想の筆に成り、考証的価値の乏しきものたるを免れず」

「野史」の魅力は見てきたような嘘をつく「細叙」にあるということだ。「細叙」というと、風景や行動の細かな即物的描写であったり、さらにそれを情緒的なレトリックで粉飾したりということを考えるかもしれない。だが、それだけではない。もっと拡張して考えてよい。

「野史」の「細叙」とは結局、筋を通して細かく埋め尽くす技術だ。大筋だけしか分からない。細かな断片的事実だけしか伝わらない。そういう事柄を、生彩に富み、面白く、かつ精緻な物語に仕立てるために、細かくつながるように埋めてゆく。「裏面に伏在せる纏綿の情致」を「撰者の推想の筆」で作り上げる。しかも分かりやすく感動的な物語でなくては野史として愛されない。

たとえば、万里小路藤房の実説は、後醍醐天皇から疎まれ、あるいは寵愛を失って失脚して世をはかなんだ一公卿の物語にすぎないかもしれない。楠木正成の本当の物語も、尊皇精神や「七生報国」とは違った思想に突き動かされるものだったのかもしれない。だが真実はもはやよく分からない。ならば美しい物語に仕立てて人を感動させてしまえばよいではないか。「薫化」してこその「野史」。講釈師の世界はそうして生まれる。

そこでは、好まれ選ばれる物語のパターンも自ずと決まってくるだろう。儒教の道徳や仏教の信仰に乗るような筋書きが前近代に於いて人々に紅涙をしぼらせやすいだろう。親元を去ったり、主君と訣別したりするときは『史記』の伯夷と叔斉の兄弟の物語とか。日本の「野史」では、やはり中国の「正史」や「野史」、あるいは儒仏の経典の提供する物語がものを言う。『平家物語』も『太平記』もそうした出典群によって大筋を濃やかに解釈し、ある人がある人をなぜ裏切ったりするのかを既成のおなじみの物語のパターンにはめ込んで、世界を作り込み、細部を埋めて出来上がっている。そう思ってよいだろう。それが「野史」というものだ。

徳川光圀は、そんな「野史」の巧妙な詐術の世界にはまり、その中で純粋培養された思想家なのかもしれない。『太平記』の描く楠木正成の後醍醐天皇への忠義に感激した。歴史の真実と思った。そしてそこから恐らく『史記』などの中国の古典へと遡っていったというのが、読書勉学の順番であったろう。伯夷と叔斉の物語等々を日本の歴史はさまざまな局面で受け継いで今に至っている。そう素直に思ったに違いない。「野史」が中国の古典の鋳型に日本の歴史を嵌めて、極めて乱暴な言い方をすればたくさんの物語を捏造し、作り替えているとは思わなかった。儒学の理想とする義が、様々な困難や悲劇に直面しながらも（たとえば湊川合戦における楠木正成の敗死！）、とぎれず貫徹してきた奇跡のような歴史がこの国にはある。そう信じた。その何よりの証拠は、天皇家を絶やす革命が起きていないことではないか。『太平記』から誇張をとりはらい、義の実践史のエッセンスを抽出し、その筋道を前後の時代に敷衍しておけば、日本の全体史は必ず描ける。それは壮大な義の実践史になるだろう。しかも「野史」ではなく「正史」として。

そしてその歴史の流れの上に江戸幕府と水戸藩と徳川光圀自身を位置づける。義を実践する前衛としての水戸藩の存在理由を明らかにする。水戸藩の大事業たる『大日本史』の編纂と、それを支える学問としての水戸学の、根源的企図である。

第三章　尊皇の理念と変容

一　南北朝正閏問題

零戦。太平洋戦争で活躍した日本海軍の戦闘機の名称である。零式艦上戦闘機を略して零戦と呼ばれた。零式の零とは何か。海軍がその戦闘機を制式採用した年の末尾一桁の数字だ。軍用機の正式名称はそのように付けられる慣例があった。正確に言えば、九七式艦上攻撃機とか、九八式水上偵察機とか、末尾二桁をとるしきたりだったのだが、零戦の採用された年は末尾二桁が零零であった。零を重ねて呼ぶのは煩わしい。そこで末尾二桁目を省いて零式艦上戦闘機となった。

末尾二桁が零零とは何年のことだろうか。零戦の採用は日米開戦の前年、西暦でいうと一九四〇年、昭和でいうと一五年である。四〇と一五。どちらも零零ではない。つまり西暦とも元号とも違う。そもそも西暦とはキリスト誕生紀元である。キリストの生まれたとされた年を元年としたキリスト教世界の紀元である。近代日本は文明開化したといっても、和魂洋才のつもりの国。キリスト教国の仲間入りをしたわけではない。天皇を絶対の中心として成り立ったのが明治維新に始まる国家体制である。忠君愛国の思想と実践の根基たるべき「皇軍」の用いる兵器の正式名称にキリスト誕生紀元が使われるはずもない。

だったら元号と思いたいがそうではない。零零とはいったい何だろう？　皇紀である。神武天皇即位紀元だ。『日本書紀』は代々の天皇の在位年数を事細かに書き記している。初代天皇の即位年は西暦に換算すると紀元前六六〇年。キリスト誕生よりも約七世紀も日本の国の歴史は遡れる。西洋に対するこの国の自尊心を支えるためにも、皇紀は有効であった。国学や水戸学の学者は江戸時代から好んで皇紀を用いた。もちろんしょっちゅう変わる元号ばかり使っていては歴史意識を養いにくいということもある。

明治政府は大日本帝国の正式な紀元として皇紀を採用した。津田真道《まみち》の建言による。津田は皇紀の使用の法制化と元号の廃止を組にして考えていた。西洋と付き合うには西暦も使わざるをえない。西暦と皇紀と元号。三つは多すぎる。どこかで付け替わる元号は、何事も長期計画を必要とし、一〇年も二〇年も先を見越して書類を作らねば仕事にならない近代国家の官僚にとっても不都合である。「明治五〇年を期して実現する」と計画書に記しても、その前に明治が終わってしまったら、ややこしいことこのうえない。よって皇紀と西暦の併用が好ましい。津田の意見であった。

だが、津田真道の案は通りきらなかった。皇紀は法制化されたが、元号も残った。守旧派が抵抗し、いかにも日本的に決着した。両方ともあってよいではないか。そういう話になった。

長年しみついた元号使用の習慣を捨てられない。守旧派にはそんな思いもあったろう。が、それだけではない。皇紀は神武天皇以来の悠久の歴史を国民に常に意識させるためには適切ではある。しかし、今上天皇の御代を特別に感じさせはしない。それどころかあまりの長さの中に埋没させてしまう。

今の天皇が即位して何年なのか。そこがきちんと伝わらずして天皇中心の新しい国家が保てるか。そのためには一世一元の仕組みが有益である。慶応までのように何かあると元号を替える習慣はやめる。天皇一代でひとつの元号。それでこそ、ひとりひとりの天皇と国家国民がしっかと結び付く。暦を通じて浸透する。明治、大正、昭和、平成、令和。われわれは元号で近代日本の歩みを感じている。津田真道に反対した守旧派の思いの通りに生きさせられている。元号と皇紀を併用すれば、皇紀で万世一系、元号で今上天皇を感じることができる。鬼に金棒。西洋何するものぞ。これぞ併用の思想。明治国家の落としどころであった。

　零戦の話に戻る。それが採用された西暦一九四〇年は、西暦に六六〇を足すと皇紀なのだから、皇紀二六〇〇年。それを記念して東京ではオリンピックと万国博覧会も開催予定だった。皇紀二五九七年に始まって、すぐ片の付く予定だった日中戦争を終わらせられなくなったせいで、オリンピックも万博も返上してしまったけれど。

　すると、西暦の紀元前六六〇年は『日本書紀』によってなぜ皇紀元年とされたのか。『日本書紀』編纂のとき、史実としてそう認識される根拠があったのか。いや、そうではあるまい。だいたい今日の考古学的・歴史学的常識では、天皇のもとでの統一的国家が日本列島に形成されるのは、それよりも九〇〇年も一〇〇〇年も後のこととされているだろう。ではどうして西暦の紀元前六六〇年でなければならなかったのか。文明開化の世に西洋式の近代史学の方法を修得した学者のひとり、那珂通世《みちよ》はひとつの発見をした。

『古事記』や『日本書紀』の作られたのは「大化の改新」に始まる日本史の新しい段階においてである。天皇中心の中央集権国家を確立しようとする革命期の出来事である。「大化の改新」は西暦六四五年とされるが、その中心人物の中大兄皇子（天智天皇）が斉明天皇の崩御で称制を始めるのは六六一年。この年が言わば日本革命にとっての特別な年として扱われなければならない。それが記紀の根底にある歴史観だろう。

　ならば西暦六六一年の年を、当時の価値観に則して、変革の起きるのに相応しい年だと、いかに合理化し人々を納得させるか。容易な手立てがただちに発見される。西暦六六一年は五行十二支でいうと辛酉の年である。

辛酉の年はむろん六〇年に一度巡ってくる。その年は中国古代の思想では革命の起きやすい年とされていた。しかも二一回、あるいは二二回のサイクルで、並の革命でない大変革がもたらされるとも言われてきた。二一回なら「六〇×二一＝一二六〇」。二二回なら「六〇×二二＝一三二〇」。西暦六六一年を日本の大変革の年とし、その前の大変革の年を逆算すると、一二六〇年前の紀元前六〇〇年と、一三二〇年前の紀元前六六〇年という二つの年を得られる。神武天皇即位年はこのうち「六〇×二二」の周期に該当する。偶然の一致とは思われない。『日本書紀』の編纂者は中大兄皇子称制年から逆算して神武天皇即位年を設定したのだろう。そうやって、中大兄皇子称制を神武天皇即位と同等の値打ちを持つ歴史的出来事と意味づけたかった。要するに史実とは恐らく無関係に生み出されたフィクションの年代である。神話は仮構されたのだ。那珂の説は明治の近代史学界の定説となり、それを久米邦武も踏襲した。久米は『大日本時代史』に「神道は祭天の古俗」と書いた。神話は虚構と強調した。久米邦武とは、明治初年の岩倉具視率いる使節団の一員となって西洋を回り『米欧回覧実記』を著したのと同じ人である。

さて、彼らの説明は世間にどう伝わったろうか。明治維新からの日本国家の体制、帝国憲法に基づく明治国家の根本は、天照大神にまで遡る神々の子孫としての天皇が統べているところにこの国の独自性があると、国民が信じることで成立する。そのようにデザインされている。はて、那珂や久米のようにフィクションであると割り切ってもなお、国民は天皇に心服するだろうか。神話も国家も虚構である。虚構だと分かりながらもとりあえず信じたふりをすると世の中はうまくゆく。那珂や久米、あるいは小説『かのやうに』を書いて「……であるかのように信じたことにすれば神話と科学の調停は可能である」と説いた森鷗外のような最上層のインテリであれば、本音と建前を併せ呑み使い分けることも可能だろう。

だが、一般国民にはその作業は素直でなさすぎる。心底から信じられるから信じるのであり、偽りと知りながら信じたふりをするというのは無理ではないか。実際、那珂や久米の学説は明治国家に否定的な影響を与えたようである。たとえば一九一〇（明治四三）年に摘発された大逆事件。幸徳秋水らの社会主義者が明治天皇暗殺という大逆を企てた罪で逮捕され、二四名が死刑判決を受けた。うち半分は大赦されたが、一二名は本当に処刑された。罪状はかなりがでっち上げだったと言ってよい。とはいえ、彼らの多くが、平民階級・労働者主体で天皇のいない社会主義国家を夢見ていたのは確かだろう。

その中のひとりで死刑になった森近運平は、岡山の出身で、堺利彦らと一緒に日本社会党の評議員も務めた大物運動家であったけれど、彼が天皇中心の明治国家体制に懐疑の念を抱いたのは、久米邦武の『大日本時代史』を読んで、この国のまやかしを知ったせいと当時伝えられた。

神話は正しい。皇紀の年代も正しい。この建前に隙ができると、社会主義革命や天皇暗殺を誘発する。国家が正式に使用している神武天皇即位紀元がフィクションに過ぎないと声高に語られるようになっては、せっかく天皇中心で仕立てた国民国家も砂上の楼閣のようにたちどころに崩れてゆきかねない。明治政府の得た教訓であった。皇紀は虚構という近代史学の説明は表舞台から引っ込まされた。昭和になっても皇紀二六〇〇年は堂々と祝われた。

すると、皇紀の他に脆いところはないか。天皇中心の近代国家のたてつけ、その前提となる国家公認の歴史に弱点はないか。とても目立つうえにいかにも打たれ弱いところがあった。南北朝時代である。天皇が同時にふたり存在した長い時期。ここをどう国民に説明するか。

南北朝とは何か。鎌倉時代の一二四六（寛元四）年、幕府の執権が北条経時から北条時頼に代わる頃、天皇もまた代替わりした。後嵯峨天皇は退いて、皇位は後嵯峨の三男、久仁親王に譲られた。後嵯峨は院政を布いた。久仁親王は後深草天皇になった。が、後嵯峨院は三男の後深草よりも四男の恒仁親王を愛していた。一二五九（正元元）年、後嵯峨院は後深草天皇を退かせて、恒仁親王を即位させた。恒仁親王は亀山天皇になった。後嵯峨院は、以後は亀山天皇の血筋に皇位を継承させてゆくよう遺言して逝った。亀山天皇のあとは後嵯峨の遺志通りに亀山天皇の皇子が即位して後宇多天皇になった。

が、後嵯峨院の「弟優先」は禍根を遺した。後深草は納得していなかった。亀山と後宇多の御代はちょうど文永・弘安の役の頃。執権は北条時宗。彼は後深草と結んだ。後深草の系統は後深草上皇の仙洞御所が持明院だったので持明院統、亀山の系統は亀山上皇の仙洞御所が大覚寺だったので大覚寺統と呼ばれたが、北条時宗は後嵯峨の遺勅を反故にして後宇多の後に後深草の皇子を即位させた。持明院統の伏見天皇の誕生である。そのあとは伏見の皇子が後伏見となり、持明院統が二代続く。

けれど、大覚寺統がそれで引っ込んだのではない。後宇多上皇が鎌倉幕府に物言いをつけ、以後は両統交互に天皇を出すかたちでいったんは収まった。持明院統の後伏見天皇の次は、大覚寺統の後二条天皇、その次は持明院統の花園天皇、そのまた次は大覚寺統の後醍醐天皇。持明院統は鎌倉幕府と仲がよく、大覚寺統はそれに反発する。そんなドラマが続く。そして、ついに後醍醐天皇が、大覚寺統の持ち続けてきた鎌倉への不満を爆発させ、倒幕に成功。もともと武家への不信感の強い後醍醐の親政が、当然の如く武家の怒りをかきたてて、足利尊氏の造反と、彼による、相変わらず武家と仲良くできる持明院統の擁立につながる。持明院統が京の都で朝廷を、大覚寺統が京の南の吉野でこれまた朝廷を同時に開き、南北朝同時存在の時代が一三九二年まで続く。元号も南朝と北朝で違ったものを使ったから、一三三六年から半世紀以上、元号も二つあった。

この時代の説明の仕方を、明治国家は長く玉虫色にしてきた。明治維新は、尊皇運動の成就による、武家政権すなわち江戸幕府の打倒と王政復古として説明できる。つまり、南朝の後醍醐天皇以下代々が果たせなかった夢を、明治天皇と彼を奉ずる「現代」の楠木正成や新田義貞がついに実現したと、解釈可能である。事実、維新の志士たちの多くは「南朝の忠臣」を自らのモデルとしていた。そのような歴史観の雛型を作り上げ、志士たちを鼓舞していたものは何か。改めて言うまでもない。徳川光圀や朱舜水を起源とする水戸学の伝統である。

ならば明治国家は南朝主体で国家公認の史観を確定できそうなものだが、そこに憚りがあった。明治天皇は、後深草天皇以来、武家に寄り添ってながらえてきた持明院統の子孫になるのだから。室町幕府三代将軍、足利義満は南北朝合一を実現した。そのとき南朝に義満は約束した。鎌倉時代末期の慣例に戻すと。また大覚寺統と持明院統から交互に天皇を出すようにすると。が、それはいっときを丸く収めるための方便にすぎなかった。大覚寺統は裏切られた。

以来、皇統は持明院統によって受け継がれてきた。だというのに明治政府が南朝こそ正統と公に宣言できるだろうか。南北朝時代に限って北朝を否定し、南北朝合一後はまた話は別。それでも筋は通る。しかし分かりにくい。かといって、北朝こそ正統と言ってしまっては、明治維新をもたらした志士たちの思想と行動の否定につながる。これも認められない。玉虫色にしておくしかなかった。

この状況下で、西洋流の近代史学はいかにふるまい、国民にどのような影響を与えたか。皇紀をめぐるのと似た物語が展開された。歴史をなるたけ価値判断ぬきに客観的に見ようとすれば、南北朝時代に二つの朝廷が存在し、その南朝と北朝を、白黒、真偽、善悪で、峻別することは無理と言ってよい。だから南北朝期は対等の天皇がふたり共存していた時代と説明し、国民を教育するのが当然だろう。

こうした近代史学流の南北朝解釈が、特に明治三〇年代からは大手を振ってまかり通った。文部省の責任において編纂された義務教育の歴史の国定教科書が、そのような史観で記述された。止める勢力はとりあえずはなかった。南朝が正しいと言えば皇室に対して差し障りがあり、北朝が正しいと言えば維新の大業に傷がつく。その間隙をぬって教科書までを合理的・客観的な姿勢の近代西洋流史学が席巻した。

ところが、大逆事件で空気が変わった。国定教科書が天皇のふたり居る時代を積極的に認めてどうするのか。

記紀神話は天照大神の言葉をこのように伝える。「豊葦原の千五百秋《ちいおあき》の瑞穂国は、是れ吾が子孫《うみのこ》の王《きみ》たるべき地《くに》なり。宜しく爾皇孫《いましすめみま》、就きて治《しら》せ。行け。天津日嗣のさかえること、まさに天壌無窮《てんじょうむきゅう》なり」

豊葦原瑞穂国こと日本を天照大神の子孫の天皇が王として治めることが宣言されるくだり。王がひとりでなければならないとは述べられていないが、ふたり居てもいいという解釈は普通ここからは出てこない。天津日嗣は太陽にかけられており、太陽が二つあっては国は治まらない。王はひとり。世界の常識だろう。

この当たり前を具体化すると、聖徳太子の「一七条憲法」の第一二条になる。「国に二君なく、民に両主なし」。天皇はひとりでなければならない。そう明瞭に記されている。

その延長線上に明治憲法の天皇が規定される。すなわち第一条。「大日本帝国ハ万世一系ノ天皇之ヲ統治ス」。仮に皇族の兄弟が同時に天皇を名乗って相争う、もしくは平和的に共存したとしても、どちらも天照大神の子孫という点では一系の上に乗っかっているから「万世一系」と言えないこともないのかもしない。が、大日本帝国の憲法がふたりの天皇を認めるはずもなく、その伝統が万世にわたるというのだから、天皇は神武天皇以来、常にひとりが大原則と、明治憲法も謳っている。そう読める。

となれば、南北朝時代は長期にわたってふたりの対等の天皇が居たと国定教科書に記述されていては拙いだろう。その拙さが大逆事件で顕在化した。皇紀の信憑性への疑義が反天皇主義や社会主義革命思想の胚胎へとつながるのであれば、南北朝時代についても同様だろう。ふたりの天皇に優劣をつけず、どちらも天皇と認める時代が、しかも半世紀以上、この国にあったと認めることは、神話と一七条憲法と明治憲法への裏切りであり、天皇の歴史に対する、国民的な疑義を煽ることになる。天皇はいつもひとりでなければならない。南北朝のどちらかの天皇は本当の天皇ではなく、せいぜい天皇に准ずるものとして扱われねばならない。

かくして、明治の末年の世を大いに賑わわせ、近代史学者が吊し上げられ、水戸学の歴史観が改めて注目され、明治天皇も悩ませることになったのが、南北朝正閏《せいじゅん》問題である。正閏の閏の字は閏月《うるうづき》や閏年の閏。閏は余計にさしいれられたものというような意味を持つ。南朝と北朝のどちらが正で閏かという話だ。

このテーマを考究し、明治末年にアクチュアルに蘇ってきた人は、やはり徳川光圀であった。

二　富士山と牛肉

吉祥寺から渋谷まで。東京の西を、電車が北西から南東に斜めに走って、一本に結んでいる。京王電鉄の井の頭線である。吉祥寺から乗ると、井の頭公園、三鷹台、久我山を経て、四つ目の駅が富士見ヶ丘。杉並区内になる。名の由来はもちろんその辺りが富士山のよく見える丘であるからだろう。

東京から富士山まではおよそ一〇〇キロほど。西寄りであればよく見えるのが当たり前。いや、東に寄ってもそうである。靖国神社の北側の町名も富士見。千代田区に属する。急な坂の上に丘が広がる。最近はどうだか分からないが、天気がよく空気が澄んでいれば、高所から西に望む霊峰の姿はとてつもなく巨大だった。都心から眺めてもここまで視野を覆うものなのか。昭和四〇年代に度々そういう経験をした。

富士見坂と呼ばれる坂は文京区にも多い。本郷にも小日向にも白山にも富士見坂はあった。今もその名のままの坂もある。荒川区の日暮里にも富士見坂はある。坂にばかりこだわらなくてもよい。北斎や広重や国貞が江戸の名所を描いた錦絵を見れば、日本橋からも神田からも佃からも千住からでさえ、町並みの向こうは青い空に富士山と相場は決まっている。

では夜はどうだろうか。日が沈んでも江戸から富士山は見えただろうか。よく見えることもあったという。

一六六四（寛文四）年だから徳川幕府が四代将軍家綱の頃。その旧暦一一月一四日、江戸には朝から一日大風が吹いた。寒中に暴風。空気はよほど冴えわたったらしい。その夜「月色」は「晴明」だった。

「自館中見之則士峯如畫、白雪堆高秀出雲間、誠是無雙絶景也」。館の中から昼間のように富士山がはっきりと見えた。強い月光に富士の白雪が反射して、雲のあいだから富士山のあのかたちがしっかり浮き上がっている。まことに絶景としか表現のしようがない。

「余在本宅聞此地富士夜見、然宿此之時未逢如此之晴、至今夕始得見之」。この漢文の筆者は、この館の場所からは夜景に富士が見えることがあるとは聞いていた。だが実際に夜の富士を眺めた経験はなかった。ここまで晴れて明るい夜に巡り合わなかった。が、ついにその日が訪れた。

場所はどこか。忍岡《しのぶがおか》である。現在の台東区上野公園。上野の山の上。文章の作者はそこに住んでいた。林鵞峯《がほう》という。この頃、四〇代半ば。林春勝とも林春斎とも名乗った。林羅山の子にして林家の跡継ぎ。林羅山は京都の儒学者であり、藤原惺窩《せいか》に師事し、徳川家康に仕え、『論語』や『大学』に訓点を施し、解釈を教え、歴代将軍の儒学の師となった。それのみならず江戸幕府の法整備や法解釈、外交文書の策定に携わった。学者政治家というわけである。上野の山の上に、幕府の許可のもと、塾を開き、孔子を祀る儒教の聖堂を建て、屋敷も構えた。

林羅山が逝ったのは一六五七（明暦三）年。家督を相続した鵞峯も、幕府において父と同じ役目を担った。ところが口うるさく鵞峯のやることに何かとけちをつける者がいた。羅山とも鵞峯とも付き合いの深かった、水戸中納言、徳川光圀である。鵞峯よりは一〇歳下。夜景の富士の出現した前年の寛文三年にも鵞峯は光圀にしてやられていた。

その年、幕府は全国の武家に与える法典『武家諸法度』を改定した。武家が京都の公家と勝手に婚姻してはいけないとか、主君への殉死を禁ずるとかの条文が加えられた。そこに、林羅山を継ぎ将軍家の思想と学問を担う立場にある林鵞峯として改めておきたい一条があった。儒者に乗輿の権を与えることである。輿に乗っての登城は医家や陰陽師には許されていた。その列に儒者も、というのである。将軍家に儒学を講ずる林鵞峯のような存在は高度な専門職であって、特別な礼で遇されて然るべき。当時の幕閣の首脳、保科正之らはそれに同意した。

が、そこに横槍を入れたのが徳川光圀である。「儒ハ読書の者に限るべからず、我輩の如きも儒者なり、何ぞ医と並て両道と云べき、若儒医両道と有之ハ末代の嘲たるべし」

その意はこういうことだ。儒者とは「読書の者」、漢文を読んで講釈して教える師に限らない。それを学んで身に付けて実践する者はすべて儒者。儒者は特殊技能を身に付けた医者や陰陽師とは違う。俗世から離れて出家する体裁をとる仏教僧侶とも違う。俗世の指導原理こそが儒学であり、それを教える者も学ぶ者も儒者である。この世はそれを構成するみんなが儒者になってこそ、道義の通った世界と化すであろう。儒者という言葉もそのように使われねばならない。そんな前提すら弁えず、儒家を医家と同様に扱う法度を定めては、幕府が天下の笑い者になるだけだ。

保科正之らはこの光圀の意見に接して手のひらを返した。林鵞峯の面目は潰れた。

けれどそのあと、鵞峯には吉事もあった。亡父、羅山が執筆をはじめ、鵞峯がその作業を受け継いで、日本通史として完成させようとしていた書物『本朝編年録』が幕府の公認を受けた。書名も『本《ほん》朝通鑑《ちょうつがん》』と改められることになった。林家の私の仕事であった歴史書作りが、幕命による正史作りに格上げされた。輿に乗る権利を与えられなかったが、それ以上の名誉とも言える格のある任務を将軍家から賜った。保科正之らの配慮である。

忍岡に構えられた『本朝通鑑』のための仕事場は国史館と名付けられた。寛文四年の秋のこと。林家が国史館での作業を始める記念に、林鵞峯は仕事記録も後世に遺そうと毎日のように詳細な漢文の日誌をつけはじめた。『国史館日録』という。そのおかげで夜の富士山の話も知ることができる。富士の夜景が上野の高台に迫ったのは、国史館を開いた直後のこと。鵞峯が吉兆と喜んだのも無理はない。

「昔設色者書富士八景、其中有富士夜景、世以為珍奇、今為庭前之假山者可謂幸也」

珍奇！　幸！　滅多に見られぬ絶景を我が屋敷より望む快感。上野の山のありがたさ。林鵞峯の心躍る一夜であった。

その翌日。鵞峯は徳川光圀から『東国通鑑』を借りた。それは朝鮮の史書。日本関係の記述もある。

鵞峯はそこを写したかった。この『東国通鑑』に限らず、林家と水戸徳川家のあいだには、本の貸し借りがかなり頻繁に行われていたようだ。夜の富士の日の一週間後の一一月二一日には、今度は光圀が鵞峯から『大鏡』を借りている。

林家は先代の羅山が『本朝編年録』にとりかかって以来は特に、史書の蒐集や筆写に努めていた。水戸徳川家の方は『大日本史』の編纂を一六五七（明暦三）年から始めている。林鵞峯が上野に国史館を構える七年前。むろん光圀の意志で始まった事業だ。内外の資料蒐集に藩の財政を傾けて取り組んでいる。この時代の江戸で歴史を調べたければ水戸徳川家の彰考館か林家の国史館か。しかも両家はもろもろ助け合いながらも、『武家諸法度』改定騒動の一件にも示されるように何かと角を突き合わせたがるところもある。ライヴァル関係なのである。巨人と阪神か、東大と京大か。そういうものだ。

水戸徳川家の『大日本史』はのちの名で、最初は『本朝史記』と呼称していた。司馬遷の『史記』の日本版を目指す。構成も『史記』に倣う。その姿勢があらわれている。簡単に言うと重要人物の伝記を並べて歴史全体を描こうとする手法である。対して『本朝通鑑』は原題の『本朝編年録』という名の通り編年体が基本。時系列で書く。歴史書として編纂の仕方が違う。どちらがより国史の真相を穿てるか。互いの対抗心も強まる。

さらに、片や水戸徳川家が主体、こなた徳川将軍家が後ろ盾。光圀からすると、最初は儒者の林家の私の著作になると思っていたものが、将軍家によってオーソライズされたのだから、面白いはずはない。『武家諸法度』改定の議を巡る騒動への意趣返しなのか。『本朝通鑑』という新名称も宋の司馬光の編年体による史書『資治通鑑』などに倣ったもの。司馬遷の紀伝体による『史記』に倣う水戸と、わざと真っ向からぶつかろうとしているようにも感じられる。光圀の幕府への不信と林家への対抗意識は膨らむ一方であったろう。

夜の富士の日からだと二週間後になる一一月二八日、徳川光圀は水戸藩邸に林鵞峯を呼んだ。光圀は言う。「今度通鑑編輯、為国為家為後世、(中略)珍重珍重」。鵞峯にまずは「ご苦労」と挨拶し、ついで編集方針や今後の見通しを尋ねる。ライヴァルの様子を知りたい。鵞峯は手の内をほどほどに明かしたようである。ついで光圀が問う。「『通鑑』とはずいぶん重みのある題名を付けたものだ」。取りようによっては嫌みである。鵞峯は「決して自ら希望したのではなく幕閣の意向に従ったまで」と答える。

このあとがこの日の本題。光圀は鵞峯に聞きたいことがあった。南北朝正閏問題である。天皇がふたり居る時代。どちらが正統で、どちらが准じるのか。鵞峯の見識は如何に？

羅山の遺稿の続きを書く鵞峯は、ちょうど南北朝の辺りをまとめにかかる頃合い。光圀の情報収集は正確だった。資料のやりとりでしょっちゅう忍岡に水戸の家臣を遣わしているから知っている。光圀は具体的に訊いてきた。そう『国史館日録』にある。

「まず源平合戦のときのことだ。安徳天皇が平家とともに西に落ちると、京都では後白河法皇によって後鳥羽天皇が立てられた。どちらが正でどちらが閏であるか」

鵞峯はこの件についてははっきりと答えている。「壇ノ浦で崩御するまでは安徳が正で後鳥羽が閏でしょう。註を付すかたちでそこは明らかにして記そうと考えます」

「南北朝の方は？　南朝の後醍醐天皇は位を譲ったつもりがないのに鎌倉幕府の北条高時は北朝の光厳天皇を、後醍醐天皇に背いた足利尊氏は北朝の光明天皇を擁立している。どちらを正統とみなすか」

鵞峯の答えはおおよそ以下のようなものである。「現在の天皇家の流れを考えれば北朝の血筋で続いているのだから、北朝が正で南朝を閏とするのが筋の通った考え方である。しかし、北条高時も足利尊氏も、そのときは位に正統性のあった後醍醐天皇に弓を引いた点では逆臣である。逆臣の立てた天皇が正義であるかについては疑義なしとは言えない。かといってそこに深入りして、もしも南朝が正統と記述すれば、今の朝廷に対し憚りが出てくる。南北朝合一後、再び北朝が正統性を取り戻したと、仮に幾ら懇切丁寧に論を進めたとしても、今の朝廷や徳川幕府の世に疑念を向ける者を出しかねない。南北朝時代については正閏を強く押し出す歴史記述を積極的に為すべきではないのではあるまいか」

そして鵞峯の論はこのように進む。

「南北朝問題に限らず、歴史記述は正閏のような究極の価値判断を必ずしも要求しないのではあるまいか。事実をただ淡々と並べて記していけば、正邪・善悪・上下・正閏・毀誉褒貶を明記せずとも歴史は自ずと伝わる。そこに編年体で歴史を綴る妙味もある。事即理である。事理相即である。実際に起きていた事柄をそのまま記録すれば、そこから読み手の心の中に理は書かずとも明らかになる。真の義というものは声高に叫ばずとも事実を明察するところから現れるのである」

つまり鵞峯は、南北朝時代にはふたり天皇が居た、その事実のみを記して正閏にも真偽にもふれない書き方で『本朝通鑑』を完成させたいと述べている。

『国史館日録』には「参議莞爾」とある。天下の副将軍はとりあえず微笑んだらしい。しかしそれで済んだということではないようだ。

「近世事者直書則有障、曲筆則有意者嘲之」。光圀は、今の世に関わってくることをまっすぐ書くと差し障りがあるから、筆を曲げざるを得ない、あるいはハッキリ書けないのは分かるが、それでは真の有識者の侮蔑を受ける、恥ずかしいではないか、と返している。そもそも光圀の『本朝史記（大日本史)』の方は『史記』を真似た紀伝体、すなわち扱う人物の優劣を定め、事の値打ちに軽重をつける形式での完成を目指しているのだから、正閏をないがしろにしてはうまく書けない。が、それだけでなく、白黒を明快につけねば気に入らぬ光圀個人の性格が反映している。

そのあと、光圀は鵞峯にうどんを出した。対座して食べた。光圀は林読耕斎《どっこうさい》の思い出話を始めた。読耕斎は林羅山の四男で鵞峯の弟。年齢は鵞峯と光圀の中間。光圀と仲が良く、光圀の学問を手引きし、光圀の守役の娘を妻にした。林家と水戸家のつなぎ役であった。しかも南北朝時代に関しては後醍醐天皇びいきである。父や兄よりも正閏を明瞭にせずには済まない気質でもあった。ところが一六六一(万治四)年にまだ三〇代で既に没していた。

鵞峯は、うどんをすすりながら亡弟の思い出話に耽る光圀に感謝したろうか。いや、正閏問題からとりあえず逃げておくと話したばかりのとき、読耕斎を持ち出すのは嫌みに決まっている。加えて読耕斎は儒者が僧形になるのを嫌い抜いた人間でもあった。儒者は日本の伝統では仏僧と同類の扱いで、身なりも頭をまるめて法衣を着ることを求められる場合が多かった。そうでないと城中に居ても様にならない。林羅山も鵞峯もなりは仏僧風にしていた。だが、それでは筋が通らない。光圀は読耕斎派だった。

そもそも儒者は仏僧のように現世を捨てて出家するのとは違う。光圀が『武家諸法度』改定問題で指摘したように、現世の中にとどまってそこに正義ある秩序をもたらすべく奮励努力するのが儒学を教え学ぶ者の姿である。その儒者が無関係な仏教の僧侶のなりをするとは奇怪至極としか言い様がないではないか。

ところが、光圀の目の前でうどんを食している読耕斎の兄は、僧形である。儒学の徒として聖堂に孔子を祀りながら、なりが仏教徒。正義を貫くとは何かを思考の目標としている儒者のはずなのに、南北朝正閏問題からも目を背けようとしている。

この日からあともずっと、光圀と鵞峯の付き合いは続く。だがこの寛文四年一一月二八日、恐らく光圀は林家の儒学を見限ったのではないか。藤原惺窩と林羅山はともかく、そのあとのこの国にもはや真の儒学者なし。光圀が長崎に家臣をやって、大陸からの亡命者、朱舜水を正式に水戸藩に招請し、江戸に住まわせて師とするのは翌年のことである。将軍家が妥協主義者の林鵞峯なら、自分は妥協知らずの明の大儒、朱舜水。正と閏の違いを見せつけたかったのだろう。

徳川光圀が朱舜水に学ぶようになって四年目の一六六八（寛文八）年四月八日、林鵞峯は光圀に小石川の水戸藩邸に招かれた。光圀は鵞峯に庭を見せたかったようである。後楽園である。光圀はその造園に精魂を傾けていた。朱舜水の知恵を借りたとも伝えられる。

先導と案内は光圀自ら。遊園の模範を示す。「園中有山有池有舟有橋、嘉木奇巌無不備焉、径路沼沼如村野、其間清水長流、巌瀑迸出、水車挽水回轉」。鵞峯らは驚嘆する。言うまでもなく後楽園は儒教的理想世界を表現した人工楽園。筋を隅々にまで通しに通した作り物だ。

林鵞峯の『国史館日録』を読んでいて風景描写に目を奪われる箇所は、忍岡から観た月光に浮き上がる夜の雪の富士山と、この後楽園のくだりが双璧だろう。片方は自然のなりゆきで見ることのできた偶然であり、片方は設計しぬかれた作り物である。ちなみに後楽園の位置は現在の文京区でも海抜のいちばん低いところだ。富士山はあまり見えなかったのではないか。そこで富士見よりも人工遊園地に惑溺する光圀。そうあらねばならぬ造型を力ずくで実現する直球勝負の光圀。丘の上で偶然に見えてしまった富士山に感激し、成り行きに任せるときは任せて無理をせず「曲筆」も辞さない鵞峯。日本人のふたつのかたちである。

一六六九（寛文九）年一二月一三日、『国史館日録』はこう記す。「水戸相公賜牛肉一器」。林鵞峯は、朱舜水の教えを受けつつ南朝正統化の論理をもとめてやまず、学問的には自分を軽んじる光圀から、牛肉を貰って食べ始める。日本人の当時の一般的食文化ではない。光圀は朱舜水から中華料理を習って牛肉も積極的に食べていたようだ。林家ではレシピも水戸家に教えてもらった。鵞峯は牛羹を味わう。ビーフシチューのようなものらしい。贈られた牛肉をみんな煮込みにし、一九日の晩御飯でついに「完食」した。「水戸君から賜るところの牛肉、今に至る七日間にて尽きる」。おいしかったようだ。

三　具象だけが道理を表す

令和の世の今上天皇は初代の神武天皇から数えて第一二六代。常識であろう。が、その常識の歴史は案外と浅い。明治国家が歴代天皇を数え直した。明治維新の求めた史観の更新、そして明治末年の南北朝正閏論争とそれを受けた明治天皇自らによる裁定を経て、新たな歴代天皇表が作り出された。そこには、水戸の学者たちが長い歳月をかけて完成させた『大日本史』が強く反映している。というか、誰がそのとき本当の天皇だったかと議論を呼ぶ箇所についてはみな『大日本史』の通りになっている。

すると、もしも明治国家が史観を改めず、それ以前の歴代天皇表が今日まで生き長らえていたら、今上天皇は何代目になるか。第一二七代である。一代しか違わない。だが、誰かひとり外れて減一なのではない。五増六減だ。日本史の相貌がガラリと変わる。そのくらいのことが明治に起きた。水戸学の作用によって。

歴代の天皇の代数や在位期間の正確な認識。この国が万世一系の天皇の国ならば、国家の正統性を確認するための基本中の基本だろう。古代の日本はそれを確定し続けるための努力をした。「正史」を編纂した。『日本書紀』に始まり、『続日本紀』、『日本後紀』、『続日本後紀』、『日本文徳天皇実録』、『日本三代実録』と続く。以上六つをまとめて「六国史《りっこくし》」と呼ぶ。これで神話時代から西暦で八八七（仁和三）年まで。通算約一五〇〇年分。たいへんな事業である。が、あとが続かなかった。七番目はできないままだった。それは、天皇の代数をオーソライズしてこの国の物事の歴史と重ね合わせて天下に知らしめ続ける作業が、長くないがしろにされたことを意味する。逆に言えば、仁和三年からうしろは、いちいちオーソライズして念を押さずとも、続くものは自ずと何らかのかたちで続いてゆくだろうとの確信が、この国の思想の大本になったということだろう。「六国史」の終わりは摂関政治の始まりにほぼ対応し、続く一〇世紀は武士の擡頭期にもなる。天皇か、摂政関白か、武士か、将軍か、幕府か、はたまた上皇や法皇か。ひとつの正統を探り当て明示するのが厄介な時代が始まり、拡大していった。そうとも言える。

とはいえ歴代天皇が定かでなくなってはさすがに困るだろう。時は下って一五世紀。現行の『皇統譜』では第一〇〇代に数えられる後小松天皇が、称光天皇に位を譲り上皇に退いてから、公家の洞院満季《みつすえ》に皇室の新たな系図の編纂を命じた。そうして一四二六（応永三三）年に成ったのが『本朝皇胤《ほんちょうこういん》紹運録《じょううんろく》』。天皇のみならず天皇の生母や兄弟、子供などを、注も豊富に調べ上げた、詳細な系図である。

他の上皇や天皇でなく、後小松上皇がなぜその編纂を志したのか。差し迫った理由があった。後小松が京の都で天皇に即位したのは一三八二年。そのときには南の吉野の山奥にも天皇がいた。長慶天皇である。元号も二つあった。一三八二年は京都では永徳二年で、吉野では弘和二年。一三三六年に足利尊氏が、後醍醐天皇の在位中にもかかわらず、別に光明天皇を立て、同年中に後醍醐は吉野に逃れた。元号も一三三六年に後醍醐が延元と改元したが、足利尊氏と光明天皇の側はそれまでの建武を使い続けた。以来、日本の国の中に朝廷も元号も二つあり、天皇も二人いる時代が続いた。吉野の南朝と京都の北朝が並立する南北朝時代である。後小松天皇が即位したときには、この国は二つに引き裂かれたまま、もう半世紀近くも過ごしていた。

そんな時代に終止符が打たれたのは一三九二年。南朝では元中九年、北朝では明徳三年にあたる。両朝の和解が成り、南朝の後亀山天皇は吉野を下った。後小松が即位してから一一年目。南北朝は合一し、以後、天皇の位は北朝の血筋の独占するところとなった。

これで後小松天皇が『本朝皇胤紹運録』のような皇室の正統を明らかにする系図を欲した理由の見当も付くだろう。日本に朝廷の二つある常ならぬ時代が六〇年近くも続いた。ようやく久々に自分の代に、天皇ひとり、朝廷ひとつに戻った。そこでただちに必要となるのは、二人の天皇が存在した時代の評価書である。自分を何代目の天皇と数えるか。吉野にいた歴代の天皇を歴史の中にどう置くか。後小松天皇が即位したときには、南朝は長慶天皇であり、すぐ後亀山天皇に代替わりした。後小松天皇は長慶も後亀山も自分と対等の天皇として同時に存在していたと後世まで認め続けねばならないのか。

そもそも、天皇が二人いても構わなかったという歴史を公認してしまえば、せっかく合一した天皇家が将来分裂してもおかしくないことにもなるだろう。前例があるのだから。いや、同時に二人いてもよいなら、三人も四人もいても不思議でないと感じられてくるかもしれない。国家が四分五裂するのは、中国の歴史では当たり前。京都と吉野の朝廷の両方に正統性を認めれば、将来、日本が複数にちぎれたときに、ちぎれた数だけ天皇がいていいという思想の誕生へと、道を開きかねない。後小松天皇の悩みは深かったはずである。

もちろん幾ら悩んでも、南北朝に存在し、二人の天皇、二つの元号がそれぞれに正統性を主張し機能した時代の存在した事実は否定できない。しかし、そのどちらにもそれぞれの理があったと相対主義的に評価しては後世に禍根を残す。京と吉野の天皇は決して対等でなく、どちらかが正でどちらかが閏であったと、歴史の審判を下さねばならない。それが『本朝皇胤紹運録』を編纂する最大の理由でもあったろう。

すると、後小松上皇公認の歴史の審判の書において南朝の天皇はどう扱われたか。後醍醐天皇は『本朝皇胤紹運録』では第九五代の天皇で、その位にあったのは二期に分かれるとされる。第一期は後醍醐天皇が鎌倉幕府を倒そうと挙兵した一三三一（元弘元）年まで。第二期は、倒幕に失敗していったん隠岐に流されるも再起して今度は倒幕を果たした一三三三（元弘三）年から、足利尊氏が光明天皇を立てる一三三六（建武三）年まで。では九六代はというと後醍醐の最初の挙兵後に後伏見上皇の立てた光厳天皇で、九七代が足利尊氏の擁した光明天皇。それから九八代の崇光、九九代の後光厳、一〇〇代の後円融と北朝方が続いて、後小松に至る。現在は一〇〇代とされる後小松天皇は『本朝皇胤紹運録』だと一〇一代になる。

一方の南朝方はどうか。『本朝皇胤紹運録』は後醍醐天皇が吉野に移ったあとの王朝を正統と認めていない。正閏論的には閏の扱い。後醍醐天皇を継いだ後村上天皇はあくまで義良《のりよし》親王と呼称され「南方で天皇と称し、後村上天皇と号した人」と但し書きされる。後村上のあとの長慶天皇は「南方で自ら勝手に天皇と名乗り、長慶天皇と号した人」とされ、続く後亀山天皇は「吉野で降伏したあと、本当は天皇でなかったのだけれど便宜的に太上天皇（前天皇）とされ、後亀山院と号した人」といった具合に注記される。京都に正しい天皇がいて、吉野に天皇と名乗る正統性の乏しい人たちの系譜もまたあった。そういう片付け方である。これが明治時代までのスタンダードな天皇の数え方となった。

それは単なる「勝ち組」の史観だろうか。そういう言い方もできなくはない。が、正閏論の元祖である中国の思想に照らしても決しておかしくない、いや、それどころか極めて筋が通っている。たとえば北宋の司馬光の歴史書『資治通鑑』における正閏論を参照してみよう。

「正閏之際非所敢知、但拠其功業之実而言之。周秦漢晋隋唐、皆嘗混壱九州、伝祚於後子孫雖微弱播遷、猶承祖宗之業」。王朝が二つ以上あるとき、どれが正で閏かは軽々に明らかにしえないけれども、判断の基準と考えてよいことはある。どの王朝が何をなしたかという実際の結果によって観察し判定できる。周も秦も漢も晋も隋も唐も、ついには中国全土（九州）の統一に成功した。そのあとに力が衰え、国家の分裂や遷都などがあっても、統一の業を継続する意欲を保っているうちは、そうした王朝を他よりも正統とみなしうる。司馬光の考え方である。

『資治通鑑』は一一世紀に成り、日本にも大きな影響を与え続けた。『本朝皇胤紹運録』の編纂時にも『資治通鑑』の正閏論は関係者たちの念頭にはあったろう。

ならば、司馬光の意見に耳を傾けつつ日本の南北朝時代を総括するとどうなるか。南朝は吉野に逃れて以後、司馬光の考える正統な王朝の資格を有していたろうか。たしかに南朝方か北朝方かに分かれての大乱は長く続いた。だが南朝そのものは吉野の山奥に隠れるように存在した小さな王朝に過ぎなかったとも言える。南北朝時代の全国各地における戦争も、南朝方に関して言えば、吉野の朝廷の統一された政治的・軍事的計画に基づいて終始指導されていたとは考えにくかろう。北朝も似たようなものかもしれないが、少なくともそれは足利将軍と結びついていた。足利将軍を形式的には従えてこの国に統一をもたらすべく現実的に振る舞っていたのは北朝であり、実際の歴史も北朝と室町幕府の勝利によって天下は統一に復したものとして描ける。司馬光によれば、国の統一を果たそうとし、現に果たすものこそが正閏論において正の位置を占める。『本朝皇胤紹運録』の北朝正統論とそれに基づく天皇の数え方は、司馬光に照らせば正しい。

だが、この北朝正統論は、日本に儒学の浸透してゆく中で次第に駁《ばく》されてゆく。そこで大きな役目を果たしたのは、『資治通鑑』の要約書にして注釈書の『資治通鑑綱目』を著しもした一二世紀の南宋の儒学者、朱子だろう。彼は『朱子語類』でこのように言う。

「物久自有弊壊」。物は長い時間、有り続ければどうしても傷んで壊れてゆく。歴史もそれと同じだ。中国の太古にあっては現実と天の道理は一致していた。すべてが清く明らかだった。太古にあった物には道理が反映していた。清く明らかな物しかなかった。しかしその頃の物は壊れてしまうし、あってもすがたかたちが傷んで狂ってゆくし、それに合わせて天の道理も見失われていってしまう。「唐太宗起来整得略略地後又不好了」。たとえば唐の王朝が立ったときには太古に戻すような大きな力が働いたし、そういうことは繰り返し起きてきたがなかなか続かない。「終不能如太古」。太古に帰る企てはどうしてもうまくゆかない。

これだけなら、ただの悲観主義と虚無主義しか生まない。だが、朱子の思想の核心として受容されたのは、それに続く次の一節とそのポジティヴな解釈である。

「或云『本然底亦不壊』。曰『固是』」。或る人が朱子に言った。「それでも天の道理の本質は失われずに今も存在しているのですね」。朱子は答えた。「その通り」。もちろん儒学の言う天の道理とは結局のところ孔子の思想に基づく。筋が通っているか。正義を踏み外していないか。朱子はそうした観点から『資治通鑑』を読み替えてしまう。力が押し切る歴史の現実をそのまま正しいとは考えない。力に踏みつぶされた正義の側に対する再評価の視点を開く。壊れゆき狂いゆく物の背後に隠れて遠ざかっていってしまっている、壊れず狂わない不変の道理を見据える。それが『資治通鑑綱目』の思想である。歴史の中に果たされなかった正義を見いだし、今にフィードバックさせることで、太古を改めて蘇らせようとする。その志の息吹を吹き込むものこそ学問の力だ。

そんな儒学の思想と真摯に向き合えば、『本朝皇胤紹運録』の歴代天皇表もそのままでは済ませたくなくなってくる。天下は単に統一されればよいのではない。問われるべきは統一の仕方である。孔子は、たとえ皇帝がどんなに不徳であっても、臣たる者は皇帝に対する臣の道をまっとうすべしと説いていたはずである。ところが足利尊氏は、後醍醐天皇の臣でありながら、後醍醐に従わず、かといって諫めて自害するわけでもなく、別の天皇を立てて自らの権力を追求した。そう見える。そこに天の道理は認めにくい。ならば結果として天下を統一しても司馬光流には割り切れない。弱小な側に終始正義が備わっていたとも解釈できるのだ。儒学の洗礼を受けると、ものの見方はかくも変わる。江戸幕府に仕えた林羅山と鵞峯の父子も、徳川光圀の率いる水戸の学者たちも、共に儒学の徒として、しかも日本の歴史を見定めて史書をまとめようとする者として、南北朝正閏論をやり直さなければならないという問題意識を共有していた。

けれど、父の林羅山の歴史編纂の仕事を受け継いだ林鵞峯は『本朝通鑑』をまとめるに当たって考えた。大義を取って南朝を正、北朝を閏とし、『本朝皇胤紹運録』の見解を逆転させれば、後小松天皇の直系として江戸時代に続く天皇家に畏れ多い。そこで『本朝通鑑』は両論併記にした。南北朝の正閏をはっきりとは定めず、対等に見えるようにした。林鵞峯として最大限の努力である。

編年体で書かれた『本朝通鑑』の目次を見ると、たとえば「巻一百二十一」は「後醍醐五・光厳上」で、「巻一百三十一」は「後醍醐十五・光明二」で、「巻一百四十一」は「後光厳三・後村上十」である。後醍醐天皇崩御の後からは、北朝の天皇の名が南朝よりも前に来るようにして現朝廷に気を遣いながらも、対等の恰好は崩さない。しかも『本朝通鑑』は天皇の代数を神武天皇からずっと記さない。南北朝のどちらの天皇を正規に数えるかをはっきりさせなくてよいようにするためのひとつの工夫とも見られる。

『本朝通鑑』は儒学の立場から南朝の天皇も北朝の天皇と同格で数えるべきと問題提起をした、画期的な書物になった。しかし、同じ儒学者として林家をライバル視する徳川光圀からすると認めがたい代物だった。正閏の判断をせぬ歴史書にいったい存在意義があるのだろうか。孔子や朱子の流儀で押し切りたい光圀からすれば、後醍醐天皇の理想を追求した南朝と逆賊の傀儡だった北朝の正閏はあまりに明らかである。

だがそれで万人を説得できるかというと弱い部分もある。北朝を閏とすることが現皇室に無礼なばかりではない。確かに足利尊氏は乱臣である。とはいえ逆賊はついに征伐されなかった。尊氏の側に多くの武士が付き、北朝も存続した。それはなぜか。徳川光圀や朱舜水が心躍らせた『太平記』は、南朝賛美の書のように読めるが、天皇を巡る根本的史観はというと『本朝皇胤紹運録』と同じで北朝が正で南朝が閏の立場を守っている。足利尊氏が後醍醐天皇に歯向かったのは、後醍醐に徳が欠けていたからとも説明される。皇帝の徳の有無を重視するのもまた儒学だ。徳のない皇帝が居たら臣は諫めることに徹するべきで、反乱を起こすのは非道というのが、孔子の意見だろう。だが、同じ儒学でも孔子に続く孟子なら、皇帝の徳が地に墜ちる状況とすれば、反乱を起こし革命を遂行するのも道理にかなうと主張する。多くの叛臣を生み出すのが帝の徳の不足にあるとすれば、足利尊氏を排撃することは後醍醐天皇を幾分なりか難ずることにつながってしまう。

結局、天の道理に基づいて南朝を正とし北朝を閏としようとしても、いわゆる「神々の闘争」を免れない。孔子流に君主絶対を貫くか、孟子流に反乱にも道理のある場合ありと言うか。儒学内の教派的論争となって究極的な白黒は付けられまい。徳川光圀の弱りどころである。自分の確信にみなが付いてくるとは限らない。自らの思想、水戸学の立場、『大日本史』の論述を、相対主義的な言説のひとっにしたくはない。『本朝通鑑』などとは別次元の絶対的な結論に導きたい。

そこで光圀は気付いた。朱子は、正義の判然としていた古に正義を表現する具体として存在していたはずの物はみな傷み壊れ滅してしまうから、今では天の道理を学問によって感得してゆくほかないのだとする。けれどそこには、その議論はどうしても観念的になり「神学論争化」するというおまけが漏れなくついてくる。でも、それは中国の話ではないか。日本には傷つき壊れず神話時代から今に伝わるとされる物がある！　その物が正義と一体となっているとの確信に裏付けられるのが日本の国柄ではないのか。同じ儒学を奉じていても、中国とは決定的に違うところだ。中国流の儒学に解消できない神道という独自宗教がこの国に保たれている理由もそこにある。

徳川光圀が水戸の学者たちにまとめさせた『神道集成』なる書物にこうある。「以辞達其理難、以象悟其理易」。辞、つまり言葉、観念によって天の道理を伝えるのは難しいが、象、つまり具体的な物体によってそれを悟らせるのはたやすい。中国は観念で分からせようとして結論なき論争に至るが、日本は物そのものによって一発で分からせる。天皇の正閏もどちらに理があるかを考えずとも、正義そのものである或る物をどちらが持っていたかで分かる。その物とは、言わずと知れた三種の神器である。

四　日本的陽明学と日本的朱子学

一九〇四（明治三七）年二月一〇日、岡倉天心は横山大観や菱田春草を連れて日本から米国に旅立った。ボストン美術館の招請に応じてのことである。日露戦争が勃発したのはまさにその日。西洋の大国と日本がついに対決する。天心は興奮した。米国において英文で『日本の目覚め』を著し、それは同年秋、ニューヨークの書肆から出版された。もちろん祖国の精神を西洋人に理解してもらおうとする本である。そこで彼は明治維新の意味を懸命に講じようとした。ついこの前までサムライの世だった日本がなにゆえロシアと矛を交えられる近代国家へと短期間で成長しえたのか。

天心の説明のキイワードのひとつは陽明学である。中国の明の時代の儒学者、王陽明の学問を陽明学と呼ぶ。儒学の一派ということだ。天心は西洋人に陽明学を竜のイメージで伝えようとした。その心は確固たる実体がないということ。斎藤美洲《びしゅう》の訳から引く。

「東洋の竜は、西洋中世の想像力が生んだような不気味な怪物ではなかった。それは力と善の精であった。それは原動力であり、第一原因であり、万象に宿ってその環境に応じながら、たえず新しい姿をとる。しかし決定的な姿というものはけっしてとることがない」

竜はかくも変幻自在である。身を殺ぎ、生まれ変わり、身体をくねらせ、小さな隙間も通り抜ける蛇の拡大版としての竜。それは「大神秘そのものであり、人跡未到の深山の洞窟にひそむとか、あるいは深海の底にとぐろをまくとかして、時きたらばおもむろに動き出す」

竜の爪は「稲妻とまがい、そのきらめく鱗は雨に洗われた松樹の肌かとまがう」。天心にかかれば、竜の爪は電流のような瞬間不定の運動の象徴となり、竜の鱗は常に新鮮で若々しい何ものかのシンボルとなる。

竜の「声は疾風《はやて》にまぎれて聞こえ、森の枯葉を吹き散らしながら新しい春を呼ぶ。竜は現われたかと思えばたちまち消える。それは老廃の垢滓《こうし》をはらい落して伸びんとする有機体の伸縮性を象徴するものである。みずからの力でくり返しくり返しうねりながら、竜は荒れ狂う天地の中で脱皮して、一瞬その姿を鱗の閃光によって垣間みせる」

天心は竜と蛇を重ねているとはっきり分かる。竜は脱皮する。しかも頻繁に。閃光の中に浮き上がる鱗はきらめく度に違う鱗である。「たえず新しい姿をとる」のだ。日本人は陽明学に学んだからこそ、その術を身につけた。そう天心は言う。

陽明学はかたちにこだわらない。既成の存在にとらわれない。日本に息づいた陽明学はとりわけそうだという。なぜか。天心によれば、極東の島国に伝来した陽明学は単なる中国の学問であることを離れ、日本の地で「インド流の考え方」「生々流転の無常観」と特に結びついたからである。かたちあるものは滅ぶ。昔のもの、眼前のものにこだわる必要はない。すべてを打ち壊して新しいものを始める。その覚悟が入り用なときは素直にそうすればよい。何もかも変えてしまえばよい。そのために機敏に決断し実行する。日本の陽明学はそんな精神を育てた。とりわけ薩摩と長州に育てた。だから薩長の志士は、敢然として躊躇なく、とてつもない破壊と再生の儀式をなしえた。それが明治維新である。維新の背骨はインド思想と結びついて存在に頓着せぬことを教えた日本流の陽明学。天心の明治維新観だろう。

天心にとっての日本の特別性とは『東洋の理想』以来、中国的なるものとインド的なるものを化合させてアジアの粋を示すのが日本人の特技という仮定、ただその一点においてのみ担保されている。天心にかかれば陽明学もそのように解される。諸行無常だから、かたちに、存在にこだわるのは無駄である。無常観が破壊活動を促進する。陽明学の行動主義を倍加させる。維新が徹底する。ゆえに世界でも稀な、東洋でも類例なき、劇的革命としての明治維新が達成されたという。

天心は言う。日本の陽明学の徒によれば「過去の仏陀は未来の仏陀と同じではない。なぜなら後者は前者に何かが加わったものにちがいないからである。新しい存在はすべて過去の瓦礫の上に、無数の小世界がくずれ落ちるまったただ中から生まれ出るものである。生々流転とは、異なる次元における自己顕現にほかならない。目ざましきかな、その変転！　みごとなるかな、『生死』の異変！」

不断の新生！　万物流転！　無限の生命力！　天心が陽明学を説き明かそうと用いた竜のイメージは、恐らく太平洋の荒波、その刹那にかたちを変え続けるダイナミズムに、竜の鱗を重ねることで強固な想念へと育ったものだろう。天心は明治三六年、つまりボストンに行く前年、茨城県の太平洋側の北端の五浦《いづら》に土地を買い求めている。明治三五年から三六年にかけては千葉の銚子で過ごしてもいる。眼前はやはり太平洋。そして、繰り返される海外への船旅。波に揺られ続ける。天心は海に不断の更新を発見し、かたちにこだわらない東洋の心を見いだした。

　そのような天心の竜への賛美は、たとえば横山大観のあの竜の絵画に反映されてゆくだろう。竜は維新の具象化であり、最良の日本精神であり、東洋の実践主義的哲理そのものである。天心が、眼前に怒濤の逆巻き続ける五浦に六角堂を建てたのは、ボストンから帰った明治三八年。近所には徳川光圀が巡検に訪れたおりに水を汲もうとしたと言い伝えられる井戸もある。五浦は水戸藩の領内であり、逆巻く海は一九世紀初頭からは米国船や英国船が出没して水戸藩を悩ます海でもあった。

　ところで、陽明学がもののかたちにこだわらない行動主義であって、それが無常という観念と結び付いて明治維新の原動力になったとは、具体的にはどういう理屈なのか。そもそも陽明学とは何か。

　王陽明は一四七二年に生まれ一五二八年に逝った。繰り返せば明の時代である。時は朱子学全盛であった。明の前はモンゴルの征服王朝の元。その前は宋。朱子学の大成者、朱子こと朱熹は宋代の儒学者である。彼は「格物致知《かくぶっちち》」を説いた。物とはこの世に存在するものや出来事であろう。そこには道理が内在している。道理があるから物がある。出来事がある。物は無常にも崩れ行く。だから道理は霞んでいるかもしれない。しかしそれでも道理はある。人間は物の道理を洞察することで知に至る。ここで言う知とは単なる知識や知恵ではない。真実を知る最高の力である。人の正しい道を見抜く力である。最高道徳が分かる力である。正義が奈辺にあるかを間違えない力である。それを知と呼ぶ。

この朱子の教えは正しいのか。物の核心を見通せば知を極められるのか。王陽明は「格物致知」に徹しようとしてみた。有名な竹の故事が生まれる。何物にも道理があるとすれば、たとえば竹にも道理があるだろう。王陽明は考えた。「格物致知」の物に竹を代入すれば「格竹致知」である。竹の理を極めてみよう。彼は七日七晩、竹と向き合った。だが竹の道理が見通せない。王陽明が未熟だからだろうか。ならばどこかの有徳の士は彼と違って竹の道理を知っているのだろうか。そんな話はきかない。とすれば、朱子の理屈に無理があるのではないか。竹の理など不可知なのではないか。とはいえ、この世に理がないはずはない。最高道徳や正義がないということはあるまい。それはどこにあるのか。どうすれば知ることができるのか。

朱子は人間の外のかたちあるものにこだわる。この世に既にあるものや起きたことに粘着する。事物を外から見る。儒学をよく学べば真実が事物の中から伝わると教える。その伝で言えば、竹にも神が宿っているし、それを徹見する能力を人間が持ち得ることになる。

王陽明はそこがおかしいと考えた。人間の外にあるものを観察することで知に至るという朱子の根本発想が変ではないか。物に理があり、理を突き詰めれば最高道徳、正義、究極的に為すべきことが分かる。それは正しい。ただその物は外ではなく内なのだ。自分という物、一個の人間の内なる心に最高道徳は備わっている。それを曇りなく発動させるように自らを磨けばよい。そうすれば自らが為したいことが即正義となるだろう。外にあるかたちをためつすがめつ眺める必要はない。おのれに純粋にひたすら忠実であればよい。最高道徳に律されたおのれの行いは知、つまり正義を知る心と同体になる。これを知行合一《ちこうごういつ》という。陽明学のテーゼである。

そこに万物流転、諸行無常、実体否定の古代インド的・仏教的世界観が化合すれば天下無敵となる。志士が思った通りに行動し、かたちあるものにこだわらない。どうせいずれはみんな壊れるのだ。思うことは状況に応じていかようにも変わる。天心が竜とは「力と善の精」であり、「それは原動力であり、第一原因であり、万象に宿ってその環境に応じながら、たえず新しい姿をとる」と述べているのはまさにそれである。竜は知にして行である。最高道徳を徹見し実践して知行合一を果たし続けるのが竜の力。「力と善の精」だから知行合一をなしうる。天心に言わせれば吉田松陰も西郷隆盛も陽明学の徒である。儒学的教養に裏付けられて人間本来の判断能力を全展開しうるという確信に満ちた人間だから、間髪をいれず、かたちにこだわらず、思った通りを大胆になせる。思うままに行えばそれは正しい。そう信じる人間が大勢いなくては維新の大業はなかった。そういう真似は儒学と仏教を重ね合わせなくてはうまくできない。両者を吸収した日本にだけできる離れ業。日本の覚醒できた理由を天心はそのように説く。

だが、それだけでは明治維新は解明できないだろう。そもそも陽明学は、いくらかたちにこだわらないと言っても、アナーキーな破壊をもたらす思想ではない。それはあくまでも儒学である。最高道徳を信じ、天の観念を奉り、天を現実界で代表する天子が居ればそれに忠誠を尽くし、親には孝行をし、民を思う。自己の内面にひたすら依拠した行動主義とはいえ、知行合一のうちの知が内面に君臨し行動を制御し、その知とは儒学の説く正義を離れることはない。天子というかたちあるものが外に居れば、それに対して破壊的に振る舞うという態度が原則論としては出てくるはずもない。要するにすべての外形を否定し尽くす理屈では決してない。

実際、明治維新はすべてを新しくする革命ではなかった。かたちを重んじた。王政復古なのだから。かたちを軽んじる傾向のある陽明学が役割を果たしたとしても、それはかたちを重んじる傾きを持つ朱子学とセットになっていた。明治維新はかたちを破る闘争であると同時に、かたちを守る運動でもあった。天心は諸行無常を強調するが、人間は実際には諸行無常を心底から受け入れたいとはかぎらない。無常の虚しさにとらわれたくない。「有常」を擁護したい。物やかたちにこだわる朱子学にはもともとそういうところがあり、朱子学的思考が日本に伝来すると、それは無常を乗り越えて日本にただひとつ永続の可能性のあるものとして残り続けているかたちを純粋に擁護する運動と結び付いていった。そのようにして日本的陽明学と対になったのが、言わば日本的朱子学である。その中から水戸学があらわれる。

はて、日本的朱子学の擁護するかたちとは何だろうか。明治維新は王政復古なのだから、そこに見つかるかたちあるものは天皇に決まっている。日本固有の天子である。より正確に言えば、生身の天皇に物である三種の神器がセットになって基本型をかたちづくっている。生身の天皇は生き物だから崩御する。活物であるがゆえにはかない。まさに諸行無常だ。一方の三種の神器は鏡と玉と剣であって、生き物ではない。死物と呼んでもよい。だが壊さずに守れば長く保つこともできる。天皇は代替わりが順調なら永遠にも続くだろう。が、代の替わるときは危うい感じがする。その空白や裂け目を三種の神器が埋める。活物が死物に生気を吹き込み、死物が活物に永遠性と正統性を付与する。この組が成立してこそ何としても永続させたいと日本的朱子学の徒の願うかたちがうまく出来上がる。そのかたちを巧みに作り上げたのが徳川光圀に始まる水戸学の流れであった。

いやいや、三種の神器は別に水戸学を持ち出さずとも、神話の時代から定まって天皇とセットにされた観念ではないか。そう思われる向きもあるだろう。確かに『日本書紀』にはこうある。

「天照大神乃賜天津《あまつ》彦彦火瓊瓊杵尊《ひこひこほのににぎのみこと》 八坂瓊曲玉《やさかにのまがたま》及八咫鏡《やたのかがみ》 草薙剣《くさなぎのつるぎ》 三種宝物」

天照大神が天孫降臨にあたって地上に持たせた「三種宝物」として玉と鏡と剣が明記されている。しかしそれがただちに三種の神器として天皇の存在に必須となったわけではどうやらない。三種の神器という表現が一般化しだすのはずっと時代がくだって『平家物語』以降と考えてよいだろう。

『平家物語』と言えば諸行無常の代名詞である。栄耀栄華を極めた平家が滅亡し、代わった源氏も源頼朝と義経の諍いに始まって諸行無常の歴史をなぞってゆく。定かなものが見当たらない。『平家物語』は岡倉天心流に諸行無常を積極的に前向きに肯定しているのではむろんない。かといって諸行無常への諦念に覆い尽くされているのでもない。無常を超えた定かな何かを欲する。その思いが三種の神器についての記述につながっているだろう。

『平家物語』では安徳天皇を奉じて瀬戸内の海を漂う平家に後白河法皇の院宣がこうくだる。

「一人《いちじん》先帝、金闕《きんけつ》、鳳暦《ほうれき》の台《うてな》を出でて、南海、西海の境に幸し、しかるあひだ三種の神器、南海にうづもれて数年を経る。もつとも朝家の御嘆き、亡国の基なり。なかんづくかの重衡の卿は東大寺焼失の逆臣たるによつて、すべからく頼朝の朝臣の申し請くる旨にまかせて、死罪に行はるべきといへども、ひとり親族を離れて、生捕となる。籠鳥《ろうちょう》雲を恋ひて、思ひをはるかに千里の南海にうかぶ。帰雁友を失つて、心さだめて旧都の中途にかよはんや。しかるときんば、三種の神器ことゆゑなく都に返し入れたてまつらば、かの卿においては、すみやかに寛宥《かんゆう》せらるべきものなり」

「一人先帝」というのは安徳天皇のこと。都から落ちて西国の海に漂って久しく、都では後白河法皇が後鳥羽天皇を新帝にたてている。安徳天皇はもう先帝扱い。しかし三種の神器は安徳天皇とともにある。後鳥羽天皇の正統性が疑われる。亡国のきっかけにもなる。そこで源氏方に生け捕りになっている平重衡と三種の神器を交換しようではないか。後白河法皇はそう言う。

平家方の返答は？　「帝王の御位をたもたせ給ふと申すは、ひとへに内侍所《ないしどころ》の御ゆゑなり。これを都へ返し入れたてまつらば、君は何の御たのみにて世にもわたり給ふべき」

「内侍所」とは宮中における八咫鏡の置き場所のこと。転じて、ここでは三種の神器の言い換え表現になっている。三種の神器を都に返しては、安徳天皇がなおも正統な天皇であると平家が主張することができなくなるし、安徳天皇自身も何を心のよりどころにしてよいか分からなくなる。よって返さない。平家は後白河法皇にそう返答する。

このくだりこそ日本の思想史・文学史における三種の神器の誕生を示す箇所といってよいだろう。記紀にも登場する鏡と玉と剣ではあるけれど、天皇の正統性とここまで結びつけられて強調されたことは、これより前にはあまりなかった。

『平家物語』の諸行無常は源氏や平家の運命についてだけではない。朝廷・天皇家がとてつもなく諸行無常である。ついに天下にひとりのはずの天皇がふたりになってしまう。南北朝時代に先駆ける事態が一時的にも現出した。王朝の分裂。亡国の危機。諸行無常の極み。ここで無常を超えた定かな何かとしてクローズ・アップされるのが三種の神器というものである。三種の神器という物に宿る真理が、ふたりの天皇の正閏を見定め、諸行無常のアナーキズムから世を救い出す唯一無二の手段として待望される。

この『平家物語』による三種の神器の特権化の思想的発展型として現れるのが、北畠親房《ちかふさ》の『神皇《じんのう》正統記《しょうとうき》』になるだろう。南北朝時代のまっただなかに北朝よりも南朝が正統であることを、南朝方が三種の神器を所有する事実をひとつの根拠として、強く主張した書物である。その論理を更に大きく飛躍させると水戸学の天皇と三種の神器を巡る日本的朱子学の体系となって、それが近代日本を支配することになる。

北畠親房は『神皇正統記』をどこで著したか。南朝方の公卿である彼は、一三三八年（南朝の元号で延元三年、北朝の元号だと暦応《りゃくおう》元年）、常陸国の神宮寺城に入り、ついで阿波崎《あばさき》城、小田城と移った。『神皇正統記』は延元四年に小田城で書き上げられた。神宮寺城と阿波崎城は今日の茨城県稲敷市に、小田城は同じくつくば市に位置する。岡倉天心の五浦が常陸の北なら、北畠親房は南。その真ん中が水戸。常陸国は、日本の国がら、国体、ナショナリズムの方向を定めることに、最も関与した土地と呼んでよいだろう。

五　天皇の採点簿

安積澹泊という人が居た。『水戸黄門漫遊記』格さんこと渥美格之進のモデルである。澹泊は号で、名は覚。安積覚が渥美格之進に変じたというわけ。

彼は一六五六（明暦二）年、水戸の生まれ。徳川光圀が師と仰ぐ大陸からの亡命者、朱舜水に少年のうちから弟子入りした。江戸で儒学の教養を仕込まれた。朱舜水が門下生のうちで最も期待したひとりであったと言われる。実際、安積澹泊は、水戸藩が藩の事業として推進した『大日本史』編纂に活躍した。その主たる書き手へと成長した。一六八三（天和三）年には『大日本史』の編纂所である彰考館に入り、一六九三（元禄六）年には総裁の職に就いた。亡くなる一七三七（元文二）年、すなわち八代将軍徳川吉宗の時代まで『大日本史』に身命を捧げた。主君の徳川光圀や師の朱舜水の事蹟を後世に伝える役目を果たしたのも彼であった。光圀の側にあっては極端な思想に傾きがちな主君の意見に物を言い、より広く受け入れられ易い史観へと修正するように努めた。

その安積澹泊が、荻生徂徠の門人であり、水戸の支藩で光圀の弟の松平頼元を始祖とする陸奥国守山藩に仕えた儒学者、平野金華に与えた書簡で、徳川光圀の史家としての態度を絶賛し、光圀の史眼と論法の卓越した例として南北朝の正閏を挙げている。

「北朝の天皇も南朝の天皇も後嵯峨天皇の直系の子孫であるのだから、どちらも天皇であって、正閏は私の思想によって付けられるものでは決してない。光圀公が南朝を正、北朝を閏と定められたのも決して私心からではない。神器を南朝が有していた時期は南朝が正であり、南朝が北朝に神器を返してからは北朝が正である。正閏は光圀公の思想からではなく神器の移転という実事に即して決められた」

徳川光圀は北朝よりも南朝に正義があると信じていた。後醍醐天皇自らの意思として存立する南朝と、その南朝に弓を引いた逆臣の足利尊氏の傀儡王朝としか思われない北朝とでは、南朝に正統性の存するのは自明ではないか。ところがそれを万人に説得しようとすると案外難しい。後醍醐天皇の正義が天皇の徳の高さに相応しい完全な正義であれば、そのもとで逆臣が力を持てるはずはない。そう反論されてしまう。光圀の思想はひとつの立派な思想だけれど、やはりひとりの人間の好みを映した私の思想であって、みなを納得させるには至らないというふうに相対化されてしまう。

誰にも文句を言わせないためには観念ばかりでケリをつけようとする態度を引っ込めるのがよい。光圀は三種の神器を強調する態度へと変じてゆく。『大日本史』が楠木正成を忠臣とし足利尊氏を逆臣とするのも、彼らの思想や心理の内実によってではなく、三種の神器を有している天皇を奉ったか有していない天皇を奉ったかの形式論に究極的には基づくというのである。

はて、徳川光圀は、相対主義を乗り越えるために三種の神器を持ち出すという必殺技を、いったいどこから学んだのか。大きく物を言ったのは『神皇正統記』。そう考えられる。

『神皇正統記』は南北朝の動乱のさなかに南朝方の北畠親房によって書かれた、いろいろな不思議さが抜きがたい悲愴美を伴って迫りくる、まことに特異な書物である。太古の神話時代より説き起こし、神から人皇へ、つまり神とその子孫である人としての天皇の流れの正統を語るから、神と人皇の皇の字を組み合わせて『神皇正統記』なのであろう。

それは冒頭からふるっている。「大日本は神国なり。天祖始めて基を開き、日神長く統を伝へ給ふ。

我国のみこの事あり。異朝にはその類なし。この故に神国と云ふなり」

日の神、太陽の神たる天照大神の血筋が高天原から地上に移ってそのまま万世一系で続いている。かような王朝を持つ国は世界広しと言えど他にない。だから世界唯一の神国大日本である。

とぎれないということは揺らがず安定性が高い。揺らがないものは揺らぐものに対して値打ちも高い。真の乱れを経験しない。混沌と断裂の時期を国の歴史の中に見出だせない。これが神国でなくて何であろう。たとえば隣の中国はどうか。北畠親房は言う。「ことさらみだりがはしき国なり」。特にでたらめな国という意味である。

「昔、世淳に道正しかりし時も、賢を選びて授くる事有りしにより、一種を定むる事なし。乱世なるままに、力を以て国を争ふ。彼等は民間より出でて位に居たるも有り」

中国では太古に世の中が最も淳、すなわちすなおであった時代にさえ、賢を選んで皇帝の位を授ける物の考え方が当然とされていた。一種、つまりひとつの血統で定まり続けることがなかった。賢を選んで皇帝にするのは大いに結構ではないかとも思えるが、北畠親房の言う賢とは小賢しいの賢だろう。実際的な政治や経済や軍事を統べる能力の高い者がこの場合の賢。実務能力の高低をはかる基準は、文明文化の度合いや、平時か非常時か、時代状況に応じても変わるだろう。ある時の賢者はのちの世にも賢者か。賢者の役に就く人は時勢の要求によって取り換えられるのを宿命とする。だから中国では王朝が交替し、賢者即皇帝の地位を求めて争いが絶えない。よって「みだりがはしき国」である。みだりがわしくない国は賢の上のより絶対的なものを奉じてそれを地にかたちあらしめる国のことに他なるまい。それが賢という相対的な価値の上位に淳、すなおさという絶対的な価値を置いて、それを表す日の神の血筋を絶やさず奉る神国日本。北畠親房がこの国に捧げる賛歌である。

北畠親房は血筋を重んじる。この世は抽象ではない。観念ではない。理想だけでは成り立たない。

この世はなまものである。理想は取り換え不能な連続性に担保されていなければならない。連続性を人間に感得せしめる最良のもの。それは血筋である。血統への信仰である。賢者の血統は取り換え可能な血統だが、神皇の血統は取り換え不能、唯一無二の血統である。『神皇正統記』は「神皇血統記」であって、北畠親房は血統のつながりを数えることに執念を燃やす。万世一系の確認。その作業が『神皇正統記』の精髄をなす。

たとえば北畠親房の仕えた後醍醐天皇の項を見てみよう。「第九十五代、第四十九世、後醍醐天皇。諱《いみな》は尊治、後宇多第二の御子」と記されている。「第九十五代」は『神皇正統記』の数え方で九五代目の天皇ということ。すると「第四十九世」の方は？　そこから遡って『神皇正統記』を読んでみる。「第九十四代」は「伏見第三の子」の花園院。「第九十三代」は「後宇多第一の子」の後二条院。「第九十二代」は「伏見第一の子」の後伏見院。「第九十一代」は「後深草第一の子」の伏見院。いずれも何代目の天皇かは明記されているが「第〇〇世」は付いていない。

そこでもう一代遡る。「第〇〇世」がようやく出てくる。「第九十代、第四十八世、後宇多院。諱は世仁、亀山の太子」。そこから更に「第八十九代、第四十七世、亀山院」、「第八十七代、第四十六世、後嵯峨院」と「第〇〇世」は辿ってゆける。

天皇の代数とは別に『神皇正統記』の設定する世数の意味はもうお分かりだろう。父親、そのまた父親と、父親の代を代とは言わず世と呼んで数え、天皇の代数と併記している。後醍醐の父は後宇多で、後宇多の父は亀山で、亀山の父は後嵯峨。そうやって初世の神武天皇まで現天皇から父でつながる切れ目なき血統を数えて世数は決まる。したがって天皇の代数とは一致しないし、天皇にならなかった皇族でもその子が天皇になって今につながっている場合はその皇族も世数に入れる。たとえば、天智天皇の子の施基《しき》皇子は皇子のままで一生を終えたが、施基皇子の子が光仁天皇になって後醍醐へと父系がつながる。よって『神皇正統記』は光仁天皇を四九代・二七世、施基皇子を二六世、天智天皇を三九代・二五世と数える。このようにして『神皇正統記』の父系図は歴代天皇表とは違った順番を際立たせ、万世一系を確認しやすくする。世数は今上天皇から父の代を数えるので、同じ皇族でも先代天皇とは違った父親の続きに新天皇が生まれれば数え方が変わってしまう。代数は過去から単純に積み上がってあとに誰が来ようと一度決めた代数は変わらない性質のものだが、世数は今の天皇から遡って数えるので、どの血筋が今上になるかで変動しうる。一度、世数の付いた天皇も、自分の子の血筋の天皇が絶えれば、世数を消される。数え方の基準は過去ではなく現在にある。過去から現在に降りてくるのではなく、現在から過去を手繰る。今誰が天皇なのかが大切。北畠親房の歴史哲学である。

『神皇正統記』の強調する、この現在重視の思想は、政治学者、丸山眞男によって、日本人の根底にあり続ける時間意識と解され、見事なフレーズへと結晶させられた。丸山は論文「歴史意識の『古層』」にこう記す。

「こうして古層における歴史像の中核をなすのは過去でも未来でもなくて、『いま』にほかならない。われわれの歴史的オプティミズムは『いま』の尊重とワン・セットになっている。過去はそれ自体無限に遡及しうる生成であるから、それは『いま』の立地からはじめて具体的に位置づけられ」る。「そうして未来とはまさに、過去からのエネルギーを満載した『いま』の、『いま』からの『初発』にほかならない。未来のユートピアが歴史に目標と意味を与えるのでもなければ、はるかなる過去が歴史の規範となるわけでもない」

いま、目の前にこの時代に現在この瞬間におわします天皇。それがすべてということである。だが、言うまでもなく北畠親房は難所にさしかかって煩悶していた。いまを背負う天皇が二人いる時代に生きたからである。二人が同時存在することをニュートラルに認めては彼の奉ずる一種一系の歴史哲学は崩壊する。一元性が保たれてこその安定と安心。二を容れては日本もまた中国と同じく「みだりがはしき国」へと転落する。ここに血統に自足できなくなった。血筋だけからするといずれも正統とみなしうる天皇が一緒に二人居るとなれば、血統とは別の判別基準を導入せねばなるまい。そこで北畠親房は『神皇正統記』において、三種の神器の意義を『平家物語』などをはるかに上回る水準でひたすら高唱する道を選んだ。親房は書く。

「さても旧都には、戊寅の年の冬改元して、暦応とぞ云ひける。芳野の宮にはもとの延元の号なれば、国々も思々《おもいおもい》の号なり。もろこしにはかかるためし多けれど、此国には例なし。されど四とせにもなりぬるにや。大日本島根はもとよりの皇都なり。内侍所・神璽も芳野におはしませば、いづくか都にあらざるべき」

「内侍所」は三種の神器のうちの鏡、神璽は玉のこと。北朝の京都と南朝の吉野のどちらが本当の皇都かと言えば、神器のある吉野の方だ。そう親房は宣言している。

すると親房にとって神器とはいかなるものなのか。『神皇正統記』はこう記す。

「鏡は、一物も貯へず、私の心なくして万象を照らすに、是非・善悪の姿彰《あら》はれずと云ふことなし。その姿に順ひて感応するを徳とす。是れ正直の本源なり」。鏡は親房の重視するすなおで正直で私なき理想を象徴している。

では玉と剣は？　「玉は、柔和・善順を徳とす。慈悲の本源なり。剣は、剛利・決断を徳とす。知慧の本源なり」。鏡がすなおさなら、玉はまるくまとめる力の、剣は物事を正しく判断する力の本源だという。ならば、それらを所持していれば、天皇はすなおさもまるさも知恵もおのれと一体にできるのか。三種の神器とは天皇の超越的な力を保証する魔法の品物なのか。

そうではないと親房は考えているようだ。『神皇正統記』は歴代の天皇を論評している。「第二十六代、武烈天皇」の項。「性さがなくまして、悪としてなさずといふことなし。よりて天祚も久からず。仁徳さしも聖徳ましまししに、此皇胤ここにたえにき」

親房の筆には何のためらいもない。救いもない。天皇を大悪人として論難している。賢なる価値を超えた淳なる価値の体現者としての地位、最上者たる立場は、神器を保有するだけでは保たれない。武烈天皇もまた三種の神器を有していたはずなのに大悪人だったというのだから。オートマティスムではないのだ。神器があれば天皇は即有徳かつ神聖な身分として安泰なのではない。神器は天皇に目標を与えているだけと言ったらよいだろう。親房は天照大神が皇孫瓊々杵尊を高天原から地上に派するときに神器を与えて勅を添えるくだりをこう記す。

「『この鏡のごとくに分明《ふんみょう》なるを以て、天下に照臨し給へ。八坂瓊のひろがれるがごとくに、曲妙を以て天下をしろしめせ。神剣を提げては、まつろはざる者を平げ給へ』と勅《みことのり》しましましけるとぞ」。そして書き添える。「この三種に就きたる神勅は、正しく国を持ちましますべき道なるべし」

三種の神器を持つ天皇がそれぞれの神器を身近に置くことによって常に意識し自らを琢磨すべき道、努力目標が、すなおさやまるさや知恵ということなのであろう。持っているだけでは駄目なのだ。個々の天皇の人格が問われる。至らぬ天皇が出れば神国もたちどころに危うくなる。それが今このとき。南北朝に分裂する日本に生きる北畠親房の実感だったろう。それでも三種の神器を有している天皇の方が、有していない天皇よりも、すなおさやまるさや知恵を身に付け実践する可能性が高いのは確かなはず。吉野の山奥に追いつめられていても神器の象徴する三つの理想を世に弘められるはず。南朝の臣下としてそこに賭ける。『神皇正統記』の悲愴美である。神器があるから安心なのではない。日本れることをただただ祈る。後醍醐を継いだ後村上天皇が三種の神器に見合った力を発揮してくはもはや中国同様に正しくない国になりかけているが、神器を擁する天皇の居るかぎり望みを捨ててはいけない。絶望の中でも希望を歌うのが『神皇正統記』である。

そんな調子で語られる三種の神器の存在に、この国ではどんな逆境にあっても正義が貫かれ天皇の世は続くのだという確信を見出したのが、徳川光圀である。三種の神器によって貫かれる日本の歴史を書き通すようにと、格さんこと安積澹泊に後事を託したのも徳川光圀である。

安積澹泊が担当した『大日本史』での大きな仕事に論賛の執筆がある。『大日本史』が書としての構成の模範としたのは司馬遷の『史記』。『史記』は人物の伝記を並べ、人物ごとに批評を付す。批評部分を論賛という。安積澹泊は『大日本史』のために膨大な論賛を書いた。たとえば後醍醐天皇の論賛はこんな具合である。

「後醍醐天皇は天皇親政の世に戻そうとする大業を起こした。此の国の歴史に刻まれる不朽の行為である。素晴らしき出来事である。が、不忠の臣、足利尊氏に反逆され、再興の機会があったにもかかわらず、吉野に籠ったまま形勢を挽回できずに終わった。なぜか。適切に賞罰ができず、諫臣の声に耳を傾けられず、紀綱も紊乱したゆえである。忠臣義士もあったが力が足りなかった。それはやはり後醍醐天皇の能力の問題に帰するであろう。この天皇は世を覆す才には恵まれていたけれど、忠臣と佞臣を見分けられなかった。これでは醍醐天皇の理想の時代に世を戻そうとする志も果たされようがなかった」

辛口である。徳川光圀がどんなに後醍醐天皇を持ち上げ南朝の正統性を力説しても「天皇の徳が足りていれば乱臣逆賊が力を持てるはずがなかったのに」という反論を突破できない。その反論に最大限の理解を示して、徳川光圀の熱い思いにけっこう冷や水を注いでいる。しかし、そのあとには光圀のたどり着いた結論、三種の神器を有する天皇こそが真の天皇であること、たとえ行いに遺漏があっても南朝の正しさに何の揺らぎもないことが、確認される。「然りと雖《いえども》、帝の英邁の気、百折撓《たわ》まず、其の神器を新王に伝ふることを拒むの語は、義正しく辞厳なり」。神器を持ち続け、北朝に渡さず、自らの天皇の正統性を保った。これによって至らぬ部分も帳消しにされる。後醍醐天皇は賛えられるべし。格さんこと安積澹泊の評はかく結ばれる。徳川光圀の極端さを最大限補正しながら、天皇絶対主義や南朝の正統性についての議論はしっかり守ってゆく。光圀の「三種の神器論」も入れ込まれる。安積澹泊の大成した前期水戸学の落しどころであった。

しかし澹泊の態度は彼に続く後期水戸学の人々によって批判される。光圀の思いを小賢しく歪めているというのである。天皇の至らなさを訳知り顔で批評するなどもってのほかと言うのである。天皇は完璧な存在として描かれるべきなのだ。それでこそ神国日本ではないか。かくして水戸学は歴史主義から超歴史主義へ、史論よりも形而上学的方向へと転換してゆく。もっと正確に言えば形而上学とプラグマティズムの組み合わせになる。

六　「内外合一の御鏡」

第一次世界大戦下の一九一六（大正五）年の夏のこと。東京帝国大学法学部教授、筧克彦《かけいかつひこ》は、彼の信ずる天皇の国の核心を集中講義した。『皇国精神講話』という本にまとまった。昭和の天皇主義者たちの「聖典」のひとつになった。

筧の専門領域は憲法や行政法。美濃部達吉や上杉慎吉とは同じ学部の同僚のうえ、分野も重複する。美濃部と上杉は大日本帝国憲法の解釈を巡って相対立する学説を唱えていた。

美濃部の説は「天皇機関説」と呼ばれる。西洋近代の民主主義的な立憲君主論で明治憲法を解釈する。天皇は憲法によって定められた国家にとってのひとつの部品にすぎない。もちろんその部品は国家の最高機関を占める最上の部品であるが、といっても部品は部品。天皇は国家に優越しない。あくまで一部である。しかも美濃部による明治維新理解の基調は「五箇条の御誓文」のうちの一条「広ク会議ヲ興シ、万機公論ニ決スベシ」。国家の最上位の部品である天皇の頭の中身は、公論によって充当される。公論をとりまとめる議会に、国家の部品としての高い権能が与えられる。美濃部が「大正デモクラシー」の代表的思想家と呼ばれうる所以である。

対する上杉の説は「天皇主権説」と呼ばれる。といってもその言葉は通常の意味合いとは違う。近代の立憲国家の主権概念に従うなら、天皇主権であれ国民主権であれ主権者は憲法の枠組みに拘束されるものだが、上杉は皇国日本ではそのような近代的常識を通用させる必要はないと考える。天皇は憲法に縛られない。超越する。現人神の政治が蘇ったのが王政復古としての明治維新。現人神の権能が法によって制限されるとしたら、現人神は現人神でなくなってしまうのではないか。日本的近代は西洋近代とはあくまで異質である。帝国憲法を美濃部のように西洋近代の立憲主義に基づいていちいち解釈するのは、日本の国柄に合わないというのである。二つの学説の対立は一九三五（昭和一〇）年の天皇機関説事件へとつながってゆく。

さて、筧克彦は？　上杉とも美濃部とも思想を異にしていた。筧によれば、上杉も美濃部も天皇と臣民を別々にとらえる点では同じである。美濃部説では臣民の意思が天皇の意思を作り上げることになり、政治的主体は臣民で客体は天皇とも解される。上杉説では天皇が時には超法規的に臣民を自らの意思に添わせることができるとされ、これはもう天皇が主体で臣民が客体である。ところが筧は、日本の神話の教えるところに従えば、天皇と臣民を切り離して考えることからして皇国の精神にそぐわないと言う。天皇と臣民は別々なところもあるが、別々でないところもある。上杉も美濃部も分けて考えられると思ってしまったところで、既に西洋に毒され、日本の純正な思想の態度というものを忘れてしまっている。そもそも日本人は物事を分け隔てて切り離して考えない。何でもつなげるのだ。上御《かみご》一人《いちにん》と呼ばれる天皇でさえ、一人としてはつかまえられない。皇祖皇宗とつながっていてこその天皇である。いわんや臣民においてをや。これが筧の立場である。

そんな理屈を説明しようとするとき、筧が『皇国精神講話』で強調するのは、たとえば三種の神器のうちの鏡だ。筧は神話の筋書きを語る。日の神たる天照大神が、高天原をかきみだす弟の素戔嗚《すさのお》の所業に怒って、天岩戸の内に隠れてしまう。高天原は真っ暗。困った神々は計略を用いる。宴を催し、陽気に騒ぐ。天照大神は不思議に思う。暗黒の中で明るく楽しく振る舞えるはずはない。岩戸を少し開けてみる。神々はすかさず「天照大御神様に、之を御覧遊ばせといつてさし出し、(大御神様は)御覧になるとハッと御思ひになつた、その内外合一の御鏡」こそが、後に三種の神器のひとつとなる鏡である。

鏡をわざわざ「内外合一の御鏡」と呼ぶのが話のミソだろう。天照大神は、天岩戸の内にしか自分は居ないと思った。当たり前だ。岩屋に隠れれば、内と外とは切り離され、外は真っ暗になる。そう思って天岩戸に入っていた。ところが鏡を差し出された天照大神はもうひとりの自分を外に見た。内にも外にも天照大神が存在する。そのように感じたから「ハッと」した。

この「ハッと」が凡夫凡婦の身に起きれば、単なる笑い話かもしれない。が、天照大神の精神に現象したのだ。鏡に映じた自分を本物と見間違えるようなお方ではない。ところが間違えて驚く。鏡が特別だからだろう。そのとき確かにもうひとりの天照大神が鏡を依代にして居たということだろう。でなければ天照大神が「ハッと」するわけもない。

この天照大神の経験を伝える神話は、真に尊い唯一のものが唯一でなく、たとえば鏡に映されることで移されて、唯一のはずのものが岩戸の内と外に、高天原と豊葦原に、神話の過去とはるか未来に、常に同時に存在する、あるいは遍在しうるという、日本人の特異な信念を証するものであると、筧は考えたのだろう。そこに天皇の国の核心があるというわけである。

鏡に映った天照大神は普通なら単なる幻であり虚にすぎない。しかし、その幻はよりによって天照大神を「ハツと」思わせている。そこでは幻はもはや単なる幻を超えている。実体に優るとも劣らぬイメージを鏡は供することができる。記憶することができる。鏡は記憶を永遠化する。永遠のメモリアである。鏡にはもうひとりの天照大神が確かに居て、しかもそれはイメージだから生身のように衰えて滅びない。イメージは実体と違い、イメージを恋い慕う者のあるかぎり色褪せない。「百年の片思い」も本物と再会しなければ醒めないだろう。

そのイメージは依代としての鏡なら鏡に焼き付けられるわけだが、もしも依代が古び壊れ傷つけば、新しく焼き付け直せばよい。イメージだけなら幾らでも蘇る。果てしなく清新でありうる。そこに「永遠の今」への信仰も成就するであろう。三種の神器という、いかにも唯一無二でありそうなものが実際はコピー可能であると考えられているようであり、源平の壇ノ浦の合戦で水没して失せたものがあっても、仕立て直せば事足りると信じられているようなことも、そのあたりから説明されるだろう。とにかく三種の神器の鏡のあるかぎり、天岩戸を開いたその瞬間の天照大神のイメージは永遠にその鏡とともにとどまり、今に君臨し続ける。日本人にとって大切なのは、抽象観念でも、実体ある唯一無二の本物でもない。空像というかイメージと、その依代となる仮初《かりそめ》の何か（たとえばコピーして作り直すこともできる三種の神器）があれば自足するのだ。

ここで、水戸学者のひとり、栗山潜鋒《せんぽう》が、後醍醐天皇のある行いを論難したことが思い出されもする。南朝の後醍醐天皇は、三種の神器を欲しがる北朝方に本物と偽って贋物を渡した。北朝の有り難がった三種の神器が実は贋物であったということは、水戸学が南北朝のうち南朝を正、北朝を閏とする最大の根拠であった。が、真贋が本当に意味を持つのはコピーがまったくの無価値という前提があってこそ。三種の神器が作り直し可能な一種の依代であり、大切なのは三種の神器と信じられたものを通じて現れるイメージなのだとすれば、贋物のつもりとはいえ、天皇が絡んで作ったそっくりのコピーが何の機能も果たさないと言い切れるかどうかは怪しくなる。贋物が本物に成り代わる目もあるのが、厳密な意味において唯一無二とは言えず、いざというときはコピーも認める三種の神器に付いて回る宿命である。そこに恐怖を感じたがゆえに、栗山潜鋒は後醍醐天皇を責めずにはおれなくなったのであろう。

それはさておき、神話は本当に、鏡があれば天照大神が永遠に存在し続けるなどと述べているのだろうか。その考え方は、鏡を三種の神器のひとつとして天照大神が高天原から豊葦原に降る天孫に渡す時に下した神勅に明瞭に現れていると、寛は言う。

「御鏡に付ての御神勅は『此の鏡は専ら我が御魂として吾が御前を拝《いつ》くが如斎《いつ》き奉り給へ』といふので、此御鏡は我が御魂である、故に吾れと同じに之を御祀りせよと仰せられました。天孫が畏つて此御鏡を御戴きになりまして、豊葦原に於て天照大御神を懐しいと思召しになる時には、天照大御神様の御言葉を信じて之を御拝みになると、天照大御神様が在らせられます如き心地して、有り難く懐かしみ思うておいでになります」

天照大神自らが鏡を「我が御魂」であり、鏡と対面するときは天照大神と対面するのと同じであると述べている。天孫、すなわち天照大神の子孫である代々の天皇は、鏡に天照大神のイメージが蔵されていると信じてその鏡を見ることを求められている。そう信じて鏡に天皇が自分を映せば、その姿は天照大神として見える。天照大神が天岩戸の扉を開けて経験した「内外合一」が反復される。ただしそのときは、岩戸の内に天照大神が居て、岩戸の外にその姿を映す鏡があったのだが、天孫が鏡を見るときは、もちろん内と外とが逆転している。鏡の内に天照大神が居て、鏡の外の天皇が、鏡に映ったおのれの姿を、なぜか天照大神の姿として見るという絶対の不可思議境を経験する。

しかし、改めて天皇が鏡を「能く御覧遊ばせば」と、筧は続ける。「天孫のお姿が映つておいでになる。信仰を以て御鏡に向はるれば、天孫は即ち天照大御神に外ならず、天照大御神様の御延長である。此神人合一した所の御鏡に対し、世々の天孫、千代に八千代に更り給ふ天皇も皆此信仰を以てお向ひになれば、天照大御神様これ自身の御延長である」

天皇は独立単体の一個人ではなく、鏡の永遠の作用として天照大神の「延長」であるという。といっても両者は完全な同体ではない。天皇が天照大神に吸収されてしまうのではない。「能く御覧遊ばせば、天孫のお姿が映つておいでになる」のだから。天皇は天照大神であって天皇自身でもある。

筧は確認する。天皇が天照大神と「合一すると思へば思ふ程」天皇と天照大神の「双方は何時も隔つて居る、決して同じものではない」。確かに理にかなっている。別のものと「合一する」と思っているものがあるということは、そう思っているものは実際には別のものと完全には合一していないということだ。そう思っているものが別のものとついに合一すれば、そのものはもうそのものでなく、「合一する」と思うことも不可能になるはずだから。

この理屈を筧はかなりの飛躍をもって更に拡大する。歴代天皇と天照大神のあいだだけではなく、天皇と臣民のあいだにも広げる。筧は言う。「此天子様の御信仰を中心として天皇に誓ひ奉り、臣民は御鏡に対し奉る時には、又皆即ち天照大御神様の御延長に外ならぬ。斯の如くにして無数の臣民は各々異つて居るやうでありますけれども、皆唯一の天照大御神様の御魂に合一致しまする」

これが、筧克彦の説く、天照大神の鏡像と永遠に向き合う神の国としての皇国日本のひとつの核心だろう。歴代天皇も日本の国民も「天照大御神様の御魂」と合一するような気持ちになれてこそこの国に生きる喜びを感じるのだが、「合一すると思へば思ふ程双方は何時も隔つて居る」のだから、決して一元化・一体化が完遂されて自他の区別がなくなるのではない。多即一・一即多である。そう思えば、誰が見ても鏡には一なる天照大神が映るので多即一となるが、改めてよく見ればやっぱり自分が映っているから一即多に逆転する。驚くべき融通無礙。この理屈で筧は上杉と美濃部を超克したと信じたのだろう。大日本帝国憲法の根本的構想は皇祖皇宗と天皇と臣民をひとつかみにするところにあるのではないか。それを近代的にまさに分別くさく、別々に分けて考えては駄目。「内外合一」と「神人合一」。このイメージを受け入れてはじめて、皇国の正しい姿は思い描けるだろう。

このような筧の議論での三種の神器の鏡の役割は、たとえば徳川光圀から安積澹泊らへと受け継がれていった北畠親房の『神皇正統記』における神器についての議論とは、ずいぶん違っている。親房が比重を掛けたのは、鏡なら鏡の象徴する徳であった。鏡はありのままを映すから素直さの象徴で、天皇は素直な心でありのままを見、私利私欲で鏡を曇らさず、政を行うべき。天照大神もそのつもりで天孫に鏡を授けられた。そうしなければ国が乱れ、天皇の世も危うい。なぜなら天皇は人皇だからだ。高天原から豊葦原に降りて神から人になった。天照大神の教えも遠くなる。

孔子は堯舜の世が昔になればなるほど正しい政が行われなくなると嘆き、仏教者たちは釈迦が世にあって教えを説いた時代から離れれば離れるほど末法になると嘆いた。それらと同じである。神代から遠ざかれば遠ざかるほど世の乱れる可能性は一般論として高まる。そうならないように天皇は高い徳を発揮しなければならず、そのために神器の象徴する徳を忘れず、有徳者として精励努力せねばならない。北畠親房の場合、鏡に込められる価値として素直を強調するのは神道から、その素直さを皇帝の身に付けねばならぬ徳目としたのは儒学から、それぞれ学んでのことだろう。

が、神器の鏡の意味を、そこに内在する倫理的・道徳的・政治哲学的価値ではなく、筧克彦のように見いだそうとすると、様子はすっかり変わってくる。早い話、神代が遠くならない。神話の教える神武天皇即位以来の二千数百年の時間も、高天原と豊葦原の空間的距離も関係ない。鏡をその気になって見れば、いつも天照大神と対面できるのだから。天皇自らの鏡像が天照大神に見えるというのだから。

天皇は人皇だけれども、鏡を通じて常に「神人合一」の体験ができる。だから天皇はいつまでも神である。神鏡のもたらすそんな思想を認めれば、時代が下ると天皇はどんどん神から遠くなり人としての性質を強めるから徳を身に付けてそこを補わなければならないなんて話は成り立たなくなる。かくて歴史は超歴史化される。天皇が天照大神と合一するとすれば、天皇は神そのもの。鏡を見ればいつでも神。万事ＯＫ。歴史は消滅。そんな天皇をあたかも人であるかのように、その徳の有無をあげつらって歴史のいちいちを批評するなどとは、おこがましいにも程がある。仮に天皇の所業に問題があったとしても、臣下の論ずる事柄ではない。

日本が神国であるかぎり、それにもかかわらず国が乱れたとしたら、天皇の徳が足りないと考えてはならない。臣民の側に問題があると思うのが正しい。天皇が人としての徳の多寡で存在を測れる次元になく、天照大神と常に一体となりうる神とすれば、天皇批判は即ち天照大神批判。不敬の極みである。天照大神と天皇が神と人としての距離を有していれば、臣下も同じ人として天皇に物を言う道も開ける。が、神鏡を使ってそこを超越されると、神国日本でたとえいかなる凶事が起ころうとも、神に責任があると言っては神国の自己否定につながるから、天皇は免責するに越したことはない。むしろ凶事もまた神の意思の反映であり、恐懼すべきは常に臣民の方と考えるべきだ。何事の責任も臣民の側にある。敗戦後まっさきに東久邇宮稔彦《ひがしくにのみやなるひこ》首相が「一億総懺悔」と述べたのはこの思想に基づくものであろう。

といっても、鏡によって天照大神と天皇が相即するという考え方は、むろん筧克彦による大正・昭和の新思想ではない。天皇を尊崇すると臣民までに天照大神の魂が映り込むところは、大日本帝国時代ならではの筧の創意と呼べる。けれど、鏡を介しての天照大神と天皇の神人合一という話は、神話の記述に基づいて神道思想から江戸時代の国学へと受け継がれ長く鍛えられた想念である。

水戸学はというと、それはもともと儒学である。明から日本への亡命者、朱舜水を大本の師と仰ぐ本場譲りの儒学である。徳川光圀は儒学の理想をそのまま日本の歩みに投影すれば、理想即現実として古代から現在までを描き抜けると思った。何しろ神話時代から万世一系の王朝が途絶えず忠義の士にも事欠かない独特の歴史を積み重ねているのだから。それを内外に証明する書物が『大日本史』。歴史主義に徹すると高邁な理想が即座に現れる。『大日本史』の夢見たことであった。

今も『大日本史』の名は高い。タイトルだけなら歴史の教科書にも出ている。しかし思想書の体系的叢書や古典文学全集などにはまず入っていない。昔から実はあまり読まれていない。編纂も理想通りに運ばなかった。確かに天皇は万世一系だが歴史の細部に綻びが多い。南北朝時代など、どう取り繕っても矛盾が残る。強引にやらねば美しくならない。

かくして歴史主義は超歴史主義に取って代わられてゆく。天皇は神人合一の存在として棚上げされ、天皇個々の徳の有無云々を評価するのはやめる。天皇はおわしますだけで神！　超越的！　それでよし。水戸学には神道や国学も入り込み、シンクレティズムの傾向を呈してくる。尊皇攘夷の迫力も超歴史主義からこそ生まれいづる。

七　国難と手のひら返し

大日本帝国と言う。通り名ではなく、本名である。明治憲法も正しくは大日本帝国憲法。といっても、日本が大日本帝国と称し始めたのは明治維新後ではない。明治政府の作った新しい名前ではない。既に幕末には使われていた。江戸幕府が日米修好通商条約の批准書を一八六〇（万延元）年にワシントンでアメリカ政府と交換したとき、幕府の代表は大日本帝国の大君の使節と名乗っていた。

なぜ大日本帝国なのか。中国的習慣に従ったとも言える。唐王朝は大唐と呼ばれた。水戸学の思想的祖師とも言える朱舜水が忠誠を尽くした明王朝も大明と称された。日本が大日本と名乗りたがっても不思議ではあるまい。

とはいえ、それだけの理由でもないだろう。大日本の三文字は、江戸時代にもう長いこと、知識層に親しまれていた。何しろ水戸藩が二代藩主徳川光圀以来、いつまでも最終的完成をみない『大日本史』の編纂を、万延元年から数えるなら二〇三年前の一六五七（明暦三）年から続けていたのだから。日本の歴史が大日本史なら、この国の名は大日本。となりの大陸の国が大清帝国なら、わが島国は大日本帝国。水戸学の紡ぎだした新たな常識と言ってもよいかもしれない。

ところが、水戸学の学者の一部の、といっても主たる人たちが、自らの編纂する歴史書に『大日本史』なる書名の付いていることに激しく抵抗した時期があった。一八〇〇年前後のこと。一七九七（寛政九）年には藤田幽谷が『校正局諸学士に与ふるの書』と題する書簡で、『大日本史』の名が如何に不適当か意見し、藩内に論争を巻き起こした。校正局諸学士とは『大日本史』の校正を担当する水戸藩の史臣たちを指す。

藤田東湖の父にして会沢正志斎の師である藤田幽谷は、大日本と題名に記すことになぜ反対したのか。理由は書簡の中に幾つも挙がっている。そもそも史書の編纂を命じた徳川光圀は『大日本史』という呼び名とは直接的には関係がない。編纂中の史書に『大日本史』の名が付いたのは一七一五（正徳五）年。光圀が逝って一四年を経ている。水戸学の決定的権威の源泉たる徳川光圀の与り知らぬところで決まったのだから、どうしても拘らねばならぬ題名でもないだろう。

と考えれば、この国の正史として朝廷に認めてもらうことを最終の念願とする歴史書が『大日本史』と名乗っているのは浅はか以外の何ものでもないと気付くのではないか。幽谷はそう批判する。だいたい、この国が正式に大日本と名乗ったことは、歴史の教えるところに従えば、未だ曾て有ったことがない。神武天皇以来、朝廷の認める国の名は日本の二文字であろう。

確かに、大日本という書き方は、天皇の命によって編まれたこの国の正史『日本書紀』に発見される。だが、それは大倭の倭を日本に置き換えて大日本と表記したときに限られ、その場合の倭は「やまと」と読ませ、都が置かれていたにせよ日本全体から見ればあくまで一部にすぎない大和国を指している。そこに「大」をつけ、今日の奈良県あたりの美称として大倭と言い、その表記が大日本に化けたのだ。『日本書紀』の大日本は大和国の呼び名であって、国全体を指さない。とすれば、国の正史になるつもりで水戸藩の編む書物が、題名に大日本を用いるのは奇妙千万。幽谷の意見である。

この幽谷流を敷衍すれば、水戸学にとっての聖典的書物のひとつ、北畠親房の『神皇正統記』の書き出しが「大日本者神国也」となっているのは親房の勇み足になるのか。幽谷はこう断る。「『日本』にして『大』を加ふるは、天下の本号にあらずといへども、また臣子崇称の詞にして、義において害なし」。臣下が私の書物で「大日本」と勝手に書くのはよいという。あくまで正史たらんとする書物が使うべきでないという話である。

ならば、どうしたら適切になるのか。『大日本史』から大の一字を除けて『日本史』とすればよいのか。違うのである。ここから幽谷の過激な議論が始まる。日本の二字も要らない。そう幽谷は言うのだ。しかし、古代の朝廷の編纂した正史は『日本書紀』、『続日本紀』、『日本後紀』、『続日本後紀』、『日本文徳天皇実録』、『日本三代実録』。合わせて「六国史」と呼ばれるが、六つすべてに「日本」と入る。幽谷は「六国史」の書名さえ否定するのか。

そうなのだ。本当に否定する。幽谷は述べる。「舎人《とねり》親王、宗室の親を以て、国史を修撰して、命ずるに『日本書紀』を以てす。これよりその後、歴朝相沿ひ国史は必ず命ずるに『日本』を以てす」。舎人親王の『日本書紀』が模範となり、続く正史はみなそれに倣い、題名に日本を付けるのを慣例とした。

幽谷はこのことを非難する。「蓋《けだ》し深く考へざるのあやまちなり」大胆な台詞ではないか。浅薄な思慮に基づく間違いで、この国の正史には不適切な書名が揃って冠された。「六国史」は日本を除けて、ただ『書紀』や『続紀』や『後紀』などと名付けられるべきだった。幽谷はそう言う。

なぜ日本の二字がいけないのか。どんな理屈でそうなるのか。そこには、藤田幽谷に始まる後期水戸学の過激な超歴史主義の核心部が露出しているとも言える。いきなり結論を述べれば、幽谷は正史に国の名を入れるのは、日本の国柄の破壊につながる敗北的相対主義だと考えた。

正史の書名から日本の二字を外すべき理由を説明するために、幽谷がまず引き合いに出すのは、司馬遷の『史記』。中国最初の正史。それにしても何とシンプルな名だろう。歴史を記した本が『史記』。だが幽谷は司馬遷が単純を尊んだがゆえにそう付けたとは思わない。そこで幽谷が傍証として挙げるのは『史記』に続く中国の正史群である。『漢書』や『後漢書』や『三国志』や『晋書』や『隋書』

や『唐書』や『宋史』や『明史』。どれも王朝の名が付く。『三国志』の三国というのは具体的国名まで入れていないので例外になるけれど。『史記』に特定の王朝や国の名が付いていないのは、扱われている時代の範囲が広く、夏や殷や周など題名に冠するべき王朝が多すぎるので省かれているせいだと、幽谷は考える。

だからどうしたというのか。大陸の正史が王朝の名を冠することを原則としているのは、幽谷によれば王朝が交替するからである。頻繁に交替する王朝のどれの歴史を記しているのか、判然と区別するために、書名は『漢書』や『唐書』となり、書ききれないときはただの『史記』になる。この習慣をついつい真似て、舎人親王以来、この国でも正史に日本と入れてきたのかもしれない。

が、幽谷に言わせれば、そこが浅はか。日本の二文字は、漢や唐や宋や明に相当する、王朝名にして国号だろう。中国とか中華とか言えば、中国大陸の場所・土地の呼び名であって、国の名前ではない。今日では国の名前かもしれないが、かつてはそうではない。日本の場合も、たとえば日本列島と言ったら、そのときの日本は土地の呼び名・島の名前だろう。が、『日本書紀』や『続日本紀』や『大日本史』の日本は単に場所の名前ではあるまい。王朝の呼び名でもあるだろう。日本の二文字には、東に太平洋を臨んで大海から日の上ってくる島としての地理的名辞と、太陽神の天照大神の子孫である天皇の国だという政治的名辞が掛けられている。

なら、日本という王朝名が正史の書名に入るのは、中国の歴代の王朝名を冠した正史を思うと、やはり自然とも思える。だが、日本は中国の真似をしてはいけない。幽谷は主張する。繰り返して確認すれば、中国の正史がいちいち国の名を断るのは、王朝が次々に変わってしまうからである。しかも『明史』は清代に編纂されるというふうに、王朝が滅びた後に滅ぼした次の王朝がその歴史を纏めるというのも、ひとつのスタイルだ。王朝名の入った中国の正史とは、王朝の滅亡と新たな王朝への交替を前提としている。

日本がそんな中国における正史の名の付け方を踏襲してきたとすれば、意識していようとしていまいと、日本王朝の滅亡の可能性を入れ込んできたことになる。天皇家が絶える。後には日本とは別の名の王朝が日本列島を支配するのかもしれない。そのときのための正史。いずれ滅びて王朝交替を運命づけられている国の記録。日本の二文字を正史の題に入れるとは、かような歴史意識を知らず知らずのうちに容認することにつながる。

しかるに、そのような歴史意識は日本の国柄に反する。神話で日本は天皇の国として窮まり無く永遠に続くと約束されている。王朝交替はこれまで事実として現に起きなかった。今後も絶対に起きないだろう。神国日本なのだから。日本の正史はそうした価値観に基礎付けられてこそ初めてそれらしくなる。よって、題名に大日本とも日本とも付いていてはならない。藤田幽谷は『大日本史』をとりあえず『史稿』と改題すべきと考えた。『史』や『史記』でもよいはずだが、『大日本史』はまだ編集途上であって、正史になるかならぬかは将来に天皇の御墨付きを得られるか否かにかかっている。それまでは、どんなに史料を博捜し文章を彫琢して立派に仕上げたつもりでも、所詮は未だ国に承認されざる草稿である。だからただの『史稿』でよい。『校正局諸学士に与ふるの書』での幽谷の提案だった。この提案は実らなかった。が、水戸学の気分をずいぶんと変えた。学の伝統を覆した。

この幽谷の書簡から六年後の一八〇三（享和三）年、幽谷より三つ年上の水戸学者、高橋坦室《たんしつ》が、今度は『大日本史』からの論賛の削除を提案した。

論賛とはつまりは歴史に対する批評である。『大日本史』の構成のモデルは司馬遷の『史記』。『史記』が実現し、以後の中国の史書の多くが倣った紀伝体に『大日本史』も従っていた。紀伝体とは紀と伝と志と表と論賛とを骨格とする。皇帝・天皇の代々の歴史をなるたけ客観的に綴る本紀。そこに登場する重要人物の伝記を並べてゆく列伝。歴史の概説からこぼれる専門分野史を記す志。年表である表。そして評価を記す論賛。

『大日本史』の論賛については、『水戸黄門漫遊記』で商人に身をやつした徳川光圀に従う格さんのモデルと言われる安積澹泊が長く執筆に当たり、膨大な原稿が仕上がっていた。「本紀」の論賛として神武天皇から後小松天皇まで、「皇妃伝」の論賛として垂仁天皇の皇后から後醍醐天皇の皇后まで、「皇子伝」の論賛として日本武尊から後醍醐天皇の諸々の皇子たちまで、その他「諸臣伝」や「将軍伝」や「将軍家臣伝」など。史書の醍醐味が、史実の精査に基づく客観的記述を本領とする紀や伝や志よりも、やはりその事実をどう見るかという批評にあるとすれば、『大日本史』も論賛が読み物としての白眉をなすはずであった。ちなみに、光圀の側近にして朱舜水の直弟子であった安積澹泊は長命であり、水戸学の主要人物を並べてみると、徳川光圀（一六二八～一七〇〇年）、安積澹泊（一六五六～一七三七年）、澹泊のあとに重きをなした名越南渓《なごえなんけい》（一六九九～一七七七年）、南渓と対立した立原翠軒《たちはらすいけん》（一七四四～一八二三年）、翠軒の弟子の藤田幽谷（一七七四～一八二六年）、幽谷の弟子の会沢正志斎（一七八二～一八六三年）となって、長い江戸時代を五人か六人でつなげる。

それはさておき、この論賛を高橋坦室は『大日本史』からまるまる除くように意見した。「凡そ史に論賛ある、これ皆勝国累代の得失を論ず。口を極めて是非する。固《もと》より妨げざる所なり」。史書の論賛とは人物の上下や優劣や善悪を批評するものである。価値判断のためにある。だが『大日本史』の紀伝において主に扱われるのは天皇と皇族であり、天皇が途中から関東の武家に政を委ねるというような表だった歴史上の変化はあるにせよ、天皇の君としての絶対性は日本では厳固として乱れたことはなく、上世神代は遥か古といえども、わが国での天皇の絶対性は古今すべての時期・時間に対して最高度に均一であって、その意味で、天皇の個々に論賛をしたためるなど全く無意味である。

天皇は絶対の正義として神武天皇以来、一貫して歴代すべてに変わりない。全体として万古不易のものの一代一代を、論賛の対象として切り出すとは、天を恐れぬ振る舞いであり、天皇の正しさについての認識を曇らせるだけである。

こんな高橋坦室の主張に、藤田幽谷が同調した。坦室は、六年前の『大日本史』の書名から日本を除こうとする幽谷の説にも賛成していた。『大日本史』の題名は据え置かれたが、坦室の意見はついに通った。この時期に水戸学は変質したのである。

それまでの水戸学は、やはりもっと儒学らしかった。天の正義という抽象観念、最高道徳が先にあって、天皇の国、日本が歴史的に天の道をどれだけ実現した理想国家であったか、そうでない時期があったとすればそれはいつか、にもかかわらず天皇が今日まで続いているのはどうしてかといった、哲学と倫理学と歴史の交点を探究していた。事実に対する批評性がそれなりに保たれ、だからこそ安積澹泊の論賛も存在した。三種の神器が天皇の絶対性や正統性を保証するという議論は、徳川光圀によって基本型が構築されたと言えようが、それとて南北朝時代のようなふたりの天皇がいる価値紊乱期を相対性の淵に落とし込まないための方便とも言え、決して天皇即絶対正義の形而上学を主張して、歴史の細かな検証をないがしろにする性質のものではなかった。徳川光圀以来の水戸の史学の伝統は、歴史の微に入り細を穿つところに本質があった。一日一日の出来事を疎かにしない。そのための徹底した資料蒐集であった。

そんなことをやっていれば、南北朝時代のような正義の見出しにくい、水戸学にとってはいかにも都合の悪い時代の実相が浮かび上がってきもする。しかし、そんなカオスの中でこそ、真の天皇に忠義を尽くそうとする忠臣の活躍も際立つ。総体としての日本の歴史における正義の貫徹性は決して揺らがない。乱れた世でも際どく道理は保たれている。その論証の危うさ満点なところに、前期水戸学の魅力はあった。

だが、一八〇〇年前後の高橋坦室と藤田幽谷の過激な言説は、水戸学を様変わりさせた。いったいこの頃、何があったか。一七八七（天明七）年、当時の水戸学の総師にして彰考館総裁の立原翠軒は老中の松平定信に「天下の三大患」についての意見書を提出した。ここで翠軒が日本の今後最大の患い事になろうかと警告したのが北夷の問題である。ロシアの蝦夷地への進出だ。根室や厚岸《あつけし》にロシア人がやってきて松前藩に日本との交易を求めたのは一七七〇年代後半。以来、ロシアの影が北日本を徐々に覆い始めた。それに対する、水戸の立原翠軒の反応は極めて早く、また敏感であった。

ここで水戸学の起こりの根本動機を改めて確認しておこう。水戸徳川家は副将軍家として江戸の徳川将軍を如何なる犠牲を払っても守護し通すように、神君徳川家康から命じられた。豊かな藩地も与えられぬまま無理難題だけ押しつけられた。ここに水戸学の発生する動機が生まれる。なぜ徳川将軍を守り続けねばならないのか。その理由を探す学問が水戸学。そして天皇を発見した。天皇が絶対正義なら、その天皇が日本の統治を委任する将軍も絶対性を帯び、将軍を守護する行為も絶対の正義となる。天皇が永遠なら、天皇の信託を裏切らない限り、将軍も副将軍も今後永遠であり得る。いざというときは絶対の正義に殉ずる。それなら無理難題も何のその。が、そこには、天皇が本当に絶対正義なのかと確認する手続きが不可欠になるだろう。水戸学はまず儒学で言う徳を天皇が実現し続けているかどうかを歴史的に検証しようとした。けれど、歴史の事実の積み重ねだけでは天皇即絶対正義だと主張するには厳しさも残る。歴史主義は相対主義を克服できない。絶対を標榜しようとしても蟻の一穴が開いてしまう。そこで超歴史主義を導入する。三種の神器に超越的性格を与え、それを所持していれば天皇は文句なく絶対正義との神学を持ち出す。すると、次に考究されるべきは歴史主義と超歴史主義の弁証の仕方になるだろう。

だが、そこで水戸学にはもう時間が無くなった。ロシアが来てしまった。国難が来れば、矢面に立つのは水戸徳川家。相対主義のすきま風が吹いては国難に立ち向かえない。非常時の到来。歴史を検証する暇はもうない。天皇絶対の論理で徹底武装しどんな無理難題も乗り切ろう。立原翠軒が北の脅威に聞き耳を立て、高橋坦室と藤田幽谷が過激な原理主義的姿勢を打ち出したのは、国難に人一倍敏感な水戸学の宿命である。

第四章　攘夷の情念と方法

一　水戸学者の蝦夷地探検

幕末の尊皇攘夷運動。攘夷で攘《はら》おうとする夷とは、この場合はもちろん西洋諸国である。そこで誰しも真っ先に思い浮かべるのは、一八五三（嘉永六）年のペリー提督率いるアメリカ艦隊の浦賀来航だろう。それは確かに決定的な出来事であった。黒船の衝撃の重みははかりしれない。何しろ将軍の都である江戸のすぐ近くに、当時の日本の軍事力では実力で撃退することのほとんど不可能な西洋の軍隊が突如出現したのだから。

だが何事にも前史がある。水戸学の人々にとっては、西洋はペリーの黒船よりもとうの昔に、ラディカルに目前に生々しい本物として現れていた。ペリーの黒船に二九年も先んじる一八二四（文政七）年、水戸藩領の大津浜にイギリス人たちがこの国の鎖国政策をものともせずに上陸してきた。捕鯨船員たちが食糧などを求め、漁村の村人と取引しようとしたのである。

藩の領内で直接、西洋人の姿を見る。「鎖国の禁を破るな」と言っても素直に引き下がる者たちでもないらしい。日本の広い海岸線のいつどこからまた同じように上がってくるか分からない。鎖国を大事と思う側からすると、年がら年中、居ても立ってもいられないほどの不安を喚起し続けてやまない。文政七年以来、水戸はいつもそうであった。ペリーの来る二九年前からそうであった。

とはいえ、そのまた前史がある。文政年間の大津浜事件よりもっと遡って、水戸学の人々に対外的な危機意識を大いに高めるきっかけとなった事件があった。寛政年間に大黒屋光太夫が帰国した一件である。

一七九二（寛政四）年だから、大津浜にイギリス人が上陸して大騒動をもたらす三二年も前で、ペリー来航まではまだ約六〇年もある頃。大黒屋光太夫がロシアの使節に連れられて日本に戻ってきた。その年の九月、蝦夷地の根室にロシア船が現れ、日本の漂流民をロシアで預かっていたが帰国を望んだので連れてきたのだという。その漂流民が大黒屋光太夫らであった。

光太夫の物語は、井上靖や吉村昭が小説にし、映画やオペラにもなっている。大黒屋光太夫は伊勢の人。商家大黒屋の主人の実子か養子。大黒屋は伊勢と江戸を船で結んで品物を商いしていた。一七八二（天明二）年の師走。大黒屋の雇船は伊勢の白子《しろこ》の港を江戸に向かって出帆した。積み荷は米や木綿。船の名は神昌丸といい、乗組員は一七人。船頭は大黒屋光太夫である。

この神昌丸が遭難した。鳥羽を経由して遠州灘に乗り出したところで嵐に遭った。舵が壊れ、本州の陸地からどんどん遠ざかり、太平洋を漂流した。半年以上も経って、はるか北太平洋のアリューシャン列島のアムチトカ島に漂着。この島には海獣の毛皮を獲りに来たロシア商人も居たが、迎えに来るはずのロシア船も難破して、光太夫らはロシア人と共にアムチトカ島で四年も過ごした。幾ら待っても新たな迎えは来そうにない。彼らは日露共同して船を建造し、カムチャツカ半島に渡った。日本人はロシアに抑留され、カムチャツカで暮らし、それからシベリアを横断してイルクーツクに移ったのが、一七八九（寛政元）年。そこまで生き残っていた日本人は一七人のうち光太夫を含む六人である。

光太夫は帰国を願ったが、シベリアのイルクーツクで地方総督と交渉しても埒が明かない。一七九一(寛政三)年、彼は皇帝に帰国を直訴すべくロシア帝国の首都、ペテルブルグに行った。もうヨーロッパの中心近くと言ってよい。その地で四か月待って、ついに女帝エカチェリーナ二世への謁見を許される。フランスの啓蒙思想家、ディドロをペテルブルグに招いて教えを受けもした、啓蒙君主である。彼女は光太夫を憐れんだ。皇帝の周辺には、光太夫を手蔓にして日本と交易し、日本の港をロシア船が使えるようになったらという、つまりは東方進出の思惑もあった。

とにかく大黒屋光太夫は、ロシア船で日本に送って貰える約束をエカチェリーナ二世にじかにとりつけた。光太夫は、生き残り漂流民のうち、もうふたり帰国を願った小市と磯吉、そしてロシア帝国の日本への外交使節であるアダム・ラックスマンらと共に、女帝の名を冠したエカチェリーナ号で、ハバロフスク地方の港、オホーツクから蝦夷地に向かい、根室沖に至ったのが寛政四年九月だった。ラックスマンは江戸での交渉を望んだ。報せを受けた幕府はむろんそれを呑まず、エカチェリーナ号の一行を光太夫ら帰国日本人も含めて蝦夷地に留め置くように指示し、江戸から交渉役を派遣することにした。任じられたのは石川将監と村上大学である。

この経過を水戸藩も把握していた。将軍を補佐して江戸の政情を真っ先に知る立場にある「天下の副将軍」の家なのだから当然かもしれない。情報に真っ先かつ強烈に反応したのは当時の水戸学の指導者、立原翠軒である。水戸の学者たちは対外情報には伝統的に敏感だ。

水戸学は尊皇思想を育て、天皇の国、日本の大義に殉ずる覚悟で胸を一杯にし、たとえ劣勢であっても後醍醐天皇への忠義を決して覆さなかった楠木正成のような人物に熱い思いを捧げてきた。それは決して彼らの美学のなせるものではない。いったん事あるときは将軍の盾となって揃って討ち死にするのが水戸家の役割。するとなぜ幕府の続く限り水戸家は盾にならねばいけないのか。もしも幕府の命運が尽きかけるように見えるときが来ても、幕府を見捨てず、運命を共にしなければいけない絶対究極不変の理由なんてあるのだろうか。その疑問を窮めようとするのが水戸学の根本動機であった。

彼らはその先に、征夷大将軍を任命することのできる唯一絶対の権威者としての天皇の存在を発見した。末永く将軍たるべき徳川の上位にもっと確固たる永遠の天皇が居る。かくして将軍を守護する信念の根源は尊皇であるとの結論が導かれた。要するに水戸学は危機に備え大義の前に滅私する精神を涵養する思想であって、彼らの本当の関心は、日本の歴史の研究よりも、国難にどう対処するのか、そのための準備をどうするのか、いつ真の国難が来るのかを知りたいということに尽きる。大黒屋光太夫個人の祖国への思いに、人種民族を超えた人間の情として共感を覚え、慈悲をもって、わざわざ帰国船を仕立てあげたロシア。この麗しき物語の陰に国難の種が潜んでいないか。立原翠軒は、ついに水戸の出番の時が来つつあるのかもしれないという強迫観念に、大黒屋光太夫の一件を聞いてただちに苛まれるようになったに違いない。

そこで必要なのは情報収集である。北方の情勢を知らねば国難への対処のしようもない。といっても外交は幕府の専権事項であろう。幕府がロシアとの交渉役を派遣しようというとき、水戸藩が表立って人をそこに加えるわけにはゆかない。としたら、どうするかは決まっている。隠密である。密偵である。しかも彼らが水戸の正規の藩士であっては拙い。スパイ活動が幕府にもしも露見して咎められたとき、水戸藩全体が責任をとらされては国難の前に「藩難」が襲いかかる。昔のテレビ時代劇の台詞どおり「死して屍拾う者なし」で済む人間を選ばねばならない。

立原翠軒はそういうときのための人材を抱えていた。二人を選んだ。水戸領内の天下野《けがの》村の医者、木村謙次《けんじ》と、同じく領内の勝倉村の庄屋、武石民蔵である。木村は儒学を翠軒に学んでいた。愛弟子のひとりである。翠軒の家に住み込みで暮らしていたときもある。れっきとした水戸学者のひとりと呼んでもいい。

翠軒は木村謙次と武石民蔵に「偵探大意七条」を与えた。ロシアの言語や軍事や国家の強弱を知る材料をひとつでも多く集めること、日本側の蝦夷地守備の状況についても調べること、蝦夷地の産物など持ち帰れるものは持ち帰ること、四か月を目安に水戸に戻ること、挙動に気をつけること、などなど。本物の隠密道中である。

ふたりは、江戸からの石川将監と村上大学の蝦夷地行と旅程がおよそ合うように、周到に準備して、寛政五年一月中旬、水戸を出発した。途中の仙台ではもちろん身分を秘して林子平《しへい》に会ってもいる。子平は、ロシアの脅威をいち早く唱えて海防論の先駆となり、『海国兵談《かいこくへいだん》』を著し、危機意識を過剰に煽る者として幕府の咎めも受け、体調を崩して病臥していた。木村謙次は密偵報告書としてまとめられた『北行日録《ほっこうにちろく》』にこう記している。

一月二九日、仙台の「芭蕉ガ辻書肆池田屋源蔵ニ至リ海国兵談ノ書ヲ買」。そこで謙次は林子平の甥の林平吉を紹介してもらい、子平に会わせてもらう段取りをつけ、仙台の北九番丁の小川衛守《えもり》という歌人とともに柴田町の林子平を訪ねた。「子平、時ニ病ニ臥ス」。彼は薬を服用しているところだった。治療のためか「水飲ヲ断チ、顔色労疲セリ」。この「落魄窮居ノ人」は訪問者を喜んで迎え、酒肴も出してくれたという。謙次は、子平が病中にあるとはいえ、人物勇敢で大いに魅力に富むと褒めている。きっと蝦夷地に来たロシア船の話に熱中したに違いないが、会談の中身については何も書かれていない。この日の東北地方には地震があり、それは月の初めにあった大地震の余震のようだ。一月七日の大地震を林子平は「五十六動」、ある仙台藩士は「八十三動」と数え、三陸沿岸には津波もあったと、謙次は記している。今も昔も国難は地震と津波と外国。寛政五年の『北行日録』の世界も日本の相場通りである。

二月二日、木村謙次は仙台から塩竈に行き、塩竈神社に参っている。詣でて祈るだけではない。藤塚式部という神官と会って情報を得ている。式部に「蝦夷地キイタツフヨリノ訴書」なるものを写させてもらっている。ロシア船が連れ帰ったのは「伊勢国白子村神通丸《ママ》船頭幸太夫」であるとか、ロシア船が「七八百石船」の大船とか、船に積まれた食糧は二年分とか、ロシアの国使の名は「アタム・ラックシヤ」だとか、かなり正確な情報が載っている。「蝦夷地キイタッフ」とは霧多布であろう。

なぜ藤塚式部という神官がこんな書類を手に入れていて、木村謙次に見せているのか。ここから江戸時代のインテリジェンスの網の目というものが垣間見えてくるだろう。幕藩体制は基本的にはタテ割りである。それぞれの藩が秘密を囲い込んで情報を隠している。幕府は時代劇さながらに隠密や密偵を放つ。間宮林蔵のような有名な隠密も居る。隠密はときに探検家として歴史に名を残しもする。情報を隠したい側は当然、隠密や密偵を警戒する。だが垣根を越えられやすい人々が居る。神官や僧侶、医者や学者である。立原翠軒が蝦夷地への密偵にした木村謙次も医者で儒者。藤塚式部は儒学に明るい神官であろうから、このネットワークに加わる人なのだろう。彼が霧多布から大黒屋光太夫関係の詳しい情報を受け取っているのは、恐らく蝦夷地の神官の輪を活用している。

霧多布のそばには、寛政三年に、北方探検家の草分け、最上徳内《もがみとくない》が神明宮を建てたばかりであった。現在の厚岸神社である。表向きは北方で暮らす人々の信仰の場ということなのだが、神官が今日風に言えばスパイも務める。神官の情報網に秘密書簡を乗せる。そうすると、塩竈神社で、幕府や仙台藩やあるいは蝦夷地を支配する松前藩の枠組みを超えた細かな情報も知り得たりするわけだ。木村謙次は実に効率的に密偵の仕事をこなしている。水戸藩領内の一介の町医者と侮るなかれ、ということである。

この「霧多布情報」には、ラックスマンが江戸で将軍とじかに交渉したい希望を述べている旨まで入っている。まさか大黒屋光太夫を帰国させた御礼を将軍に述べてほしいということではあるまい。ロシアは日本との国交や通商を求め、そこに「砲艦外交」や「侵略行為」も介在しかねないとは、当時のインテリの誰にでも予想のつくことだ。とにかくラックスマンが将軍と直談判したいという話は、トップ・シークレットに属するであろう。そんな秘密が筒ぬけ。塩竈の一神官がいち早く知っている。江戸時代の面白みである。

そのあと方々をたどりながら、木村謙次と武石民蔵の両名は北上を続け、二月末から三月頭にかけて、津軽より蝦夷地に入っている。幕府の使者、石川将監と村上大学の一行が、三〇艘以上の大船団を組み、津軽海峡を渡ったのは三月二日だ。

木村謙次と武石民蔵も三月上旬は蝦夷地にあって「ロシア情報」の収集に努める。謙次はそこに林子平の『海国兵談』の視座や水戸の尊皇思想家らしい見地を入れて、水戸学の尊皇攘夷思想を方向づけてゆくことになったのだろう、きわめて興味深い時論を仕立てて『北行日録』に織り込んでいる。

木村謙次は述べる。「仏法東漸」と言い、『荘子』には「大鵬図南《たいほうとなん》」とある。東西南北を陰陽で見ると、西と北は陰で、東と南は陽。西と北にいる者はどうしても陰から陽を求めて東や南に行きたがり、対して東と南にいる者は自らが陽で満ち足りているのでわざわざ西や北に行こうとはしない。事実、仏法の東漸は実現し、仏教は日本に及んでいる。水戸学は儒学を根本とし、徳川光圀以来、仏教を喜ばないので、謙次もここで「仏法東漸」を「思想侵略」の例のつもりで取り上げている。大いに否定的なのである。

「仏法東漸」を日本は防げなかった。そして今度は「大鵬図南」の番ではないか。謙次の心配である。大鵬が図って南進する。大鵬はロシアであろう。ロシアは寒い。南の暖地に広がりたい欲求を熱烈に有している。日本は自己充足できる国なので今は鎖国しているが、ロシアはそれをこじあけてでも入ってこようとする。元の気質が、西かつ北の国としてそうであるうえ、歴史的にも現在まさに広がろうとしている国であるから、日本にとって大いに危険と言わねばならない。

しかもロシアの軍事力や科学技術力は強大である。特に軍船と火砲については圧倒的と言わざるをえない。船は大船を建造でき、それでも嵐に巻き込まれれば沈むこともあるが、日本の船よりは長距離の航海に耐え、遥か遠方から日本の近海に比較的容易に到達する。火砲は大口径のうえ火縄もなく射程距離も長い。「水戦長兵」となれば日本はロシアに現状では対抗することが難しいのではないか。「水戦」は海戦であり「長兵」は飛び道具を使った戦闘である。日本が水軍を編成して、北方に打って出るような戦の仕方をもしすれば、痛い目に遭うのではあるまいか。木村謙次はそう心配する。「水戦」と「長兵」はなるたけ避けるべきだ。ではどうすればよいか。「陸戦短兵」なら勝つ見込みがあるという。

木村謙次が集めた情報に依れば、ロシア人は図体が大きく、まさに大鵬だけれども、その分、疲れやすく、日本人に比べると一日に歩ける距離も短い。寒い国で体がほぐれていないこともあるだろう。そのうえ、勇敢さを欠くせいか、鎧が厚く重い。そのせいで動きが悪くなる。小回りが利かない。牛若丸がよく弁慶を負かす要領で戦い、陸上で短距離接近戦に持ち込めば、ロシアを恐れることは必ずしもない。海で戦わず、水際まで来させ、あるいは内陸に引き込み、陸上で小柄な日本人ならではの機動力を活かせば大丈夫だ。謙次の日露戦争論の要諦である。

謙次の『北行日録』は水戸学者が最初に書いた対西洋戦争の戦術論の書ではあるまいか。まだ一七九〇年代で、ヨーロッパはフランス革命期。日本の開国まではなお半世紀以上ある。にもかかわらず、『北行日録』の議論は既に、幕末から明治・大正・昭和に受け継がれるイメージの基本型を示している。

たとえば「大東亜戦争」中の黒澤明監督の柔道映画では、小柄な日本人の姿三四郎が大柄な西洋人を巧みな技で叩きのめしてしまう。むろん柔道だから接近戦の最たるもの。「短兵」の極致である。やはり「大東亜戦争」の初頭に和辻哲郎が日本の航空機とパイロットの優秀性を軽量で小回りの利くところに求めたことも思い出される。アメリカの戦闘機や爆撃機は、アメリカ人が死ぬことを過度に恐れるゆえに必要以上に装甲が厚く、重くて、小回りがきかない。「空の要塞」などといって、飛行機でさえ、迎撃戦闘機の届かないような高度に逃げながら飛びたがる。「長兵」にばかりこだわるからそうなる。だから接近戦に持ち込みさえすればアメリカにも勝てる。

明治の日露戦争でも昭和の「大東亜戦争」でも、ロシア帝国やソヴィエト連邦やアメリカ合衆国の軍隊に対して、日本の陸海軍や一般国民が抱こうとした、「短兵」なら日本人が有利といういささか楽天的な思想は、寛政年間に立原翠軒の弟子である医者にして水戸学者が、本物のロシア人を目にする機会のないまま、隠密活動で集めた情報に基づいて構築した戦術論とほぼ同じであった。木村謙次が先取りしたというより、謙次がひとりの導き手となる幕末の攘夷戦争論が後世にまで影響を与え続けたと考えるべきなのだろう。

木村謙次のロシア論はまだ続く。

二　ロシアについて

ロシア。一八世紀から日本にのしかかり続けるものである。北方領土の問題もその頃から課せられたまま、ついに今日に及ぶ。

ロシアに漂着して長く保護されていた大黒屋光太夫がロシア船に乗せられて蝦夷地に帰還したのは

一七九二（寛政四）年。幕府の隠密である間宮林蔵が「敵情把握」のため敵地深くに潜入して間宮海峡を発見し、樺太がユーラシア大陸と地続きでないことを世界で初めて明らかにしたのは一八〇九（文化六）年。蝦夷地に入り込もうとしているかのような、さらには日本全土に野心を抱いているのかもしれないようなロシアと、如何に向き合えばよいのか。長崎の出島を通して長らくそれなりに安心できる相手として付き合ってきたオランダとも、今まで通りの感覚で交際し続けて大丈夫なのか。ロシア問題が浮上して、国防に敏感な日本の学者・政治家たちの西洋世界の見え方が、急激に変わりだす。

「国防思想」であり「国体護持の学」であり、思弁性よりも実践性に重きを置く水戸学の教説がにわかに「過激化」するのも、大黒屋光太夫や間宮林蔵の時代と重なっている。実践の学としての水戸学は、世界地図の見え方が変われば即座に大胆に変容する。思想そのものの内包する論理が自己展開して移り変わるのではない。水戸学は学問としての完成度を追求しているのではない。「国体護持」に必要な「動員のイデオロギー」なのである。思想内容は極論すれば方便だ。情勢に応じて前言を翻す。思想価値の一貫性よりも、政治目的に対する合理性を保とうとする。水戸学は一種の実学である。

水戸学の総帥、立原翠軒は、大黒屋光太夫を日本に帰したロシアの意図を探るべく、蝦夷地に門弟の木村謙次を派遣した。彼は水戸に戻って翠軒に密偵記録と意見具申を兼ねた『北行日録』なる書を提出した。一七九三（寛政五）年のことである。

木村謙次のロシアについての報告は当時としてかなり理解の行き届いたものである。ロシア人の兵士は鎧を「皮服ニテ結束」してきつきつに着込んでいるので動作の敏捷性を著しく欠き、日本の侍どころか、蝦夷人、つまりアイヌの一般民衆とも白兵戦ならば勝負にならないという。けれど、ロシア人の手先はよく発達していて、火器の扱いは比類なく巧みであるという。火器の性能も日本のそれを凌駕している。軍事科学技術の発展の度合いは向こうが上。『北行日録』での木村は、もしも日露戦争が起きれば、この国の運命はかなり危ういと考えている。

「魯斉亜ノ地欧邏巴亜細亜ニ跨リ天地間ノ大国ニシテ欧邏巴ノ奇巧ヲ用ヒ、亜細亜ノ驍勇《ぎょうゆう》ヲ兼ネ」る。木村はロシア的なるものをこのように結論づける。ロシアはヨーロッパとアジアの性質の両方を有している。「亜細亜ノ驍勇」はここでは武闘精神だろう。神武以来の日本の武勇も、同じアジア的闘争心に豊かに彩られたロシアの前では風前の灯かもしれない。この危機意識の高さが『北行日録』に限らず木村謙次の思想と行動をこのあと長く特徴づけるものになる。

すると「欧邏巴ノ奇巧」とは？　軍事侵略よりも貿易を求め、貿易をしながら相手国で権益を拡大し、ついには国を乗っ取る、巧みな仕方を言っている。その基礎を成すのはヨーロッパ人の経済的欲望の凄まじさである。「商人ノ利ヲ争フコトハ欲心止ムコトナシ、百両殖スルヲモ二百両トヲモヒ漸々其場ヲ広ク貪リ進ム」

半面においてアジア人、もう半面においてヨーロッパ人であるロシア人が、後者の性質を発揮すれば、この血も涙もない商人性が常に突出してくると、木村は北方での彼らのふるまいから推察する。もちろん商人の欲深さは日本人にもある。かくてトラブルが頻発する。そこでロシアは時に武力さえ使用し、航海技術や火力の優位を見せつける。北辺の危機はそのようにして積み上がっていると、木村は言う。しかも、ロシア人が日本人に売り付けているのは「無用ノ羅繍《らしゅう》」。日本人の暮らしに本当は必要でない贅沢品ばかりだ。贅沢品を「有用ノ米穀ニ貿《か》エ其長計ヲ以テ此短智ヲ欺ク」のがロシア人のやり方。これぞ日本に毒を効かせる奇巧そのもの。木村は非難してやまない。

そこには水戸学に限らず、幕藩体制を守り抜こうとする江戸期の多くの思想に共通する態度が見られる。何しろ米穀本位の経済が建前なのだ。農本主義が基本である。日本という国は「豊葦原瑞穂国」。豊葦原といっても幾らでも穀物が育つわけではないが、適正人口と平時の気候が組み合わされば、それなりに豊かにみなが食べられる国として成り立っている。だが豊作だとしても米穀の余裕はこの国ではあまりない。いつも際どい。贅沢品にうつつを抜かす暇はない。大都市の奢侈の行き過ぎが農村を破壊し、農民を困窮させる。江戸時代に繰り返され続けた言説である。江戸や大坂の町人の繁栄を指弾するのがしばしば幕府の改革の政策でもあった。

水戸学もまずは同様である。反都市的・反奢侈的性格を強く帯びていた。農本主義の思考パターンに忠実だった。いわゆる贅沢資本主義を敵視する。必需品である米穀を海外に流し、その代わりに食べられもしない贅沢品を高値で買わされるなんて話はもう論外である。貿易で国富が増大するという発想はきつく退けられる。海外貿易とは、農本的世界を揺るがす、亡国の危険信号である。

農本主義的理想とは自給自足圏の確立と持続のヴィジョンに尽きてくるだろう。外部を遮断し、内部で食糧の生産と消費を回し続ける。政治的・経済的な一定の秩序を、閉鎖的・鎖国的体制の中で永続させてゆく。それを突き崩すのは外国との貿易だ。しかも自国から食料品を売り、他国から非食料品を買う貿易だ。木村はこの種の貿易の形態を「其長計ヲ以テ此短智ヲ欺ク」ものと述べていた。先に引いた通りである。

「長計」とは何か。ヨーロッパ人がアジア人に使う、いつもの長期戦略だ。ロシア人が贅沢品をちらつかせ、日本人の欲望に火を付ける。日本人は「短智」を巡らせ、目前の贅沢品を手に入れようとする。限られた食料品を外国に売り、持続可能な農本主義経済に自らひびを入れてゆく。農業生産力に限りのある国がその種の貿易体制に組み込まれれば、歪みが大きくなり、貿易相手国に対して劣位へと墜ちてゆくだろう。ついにはロシアならロシアの経済的・軍事的版図に呑み込まれるかもしれない。いずれにせよ侵略は貿易から始まる。鎖国を改めて徹底しなければならない。向こうがもしも力ずくで貿易しようとするなら、こちらも力ずくで貿易を拒まねばならない。ここに明治維新につながる攘夷の意識が生まれ育つ。そこで原因となる国家はオランダでもイギリスでもアメリカでもない。江戸の思想史に照らせば、明らかにロシアであった。

しかもロシアが地理的必然とも言えるかたちで真っ先に目をつけているのが蝦夷地であることが、日本にとってはかなり危ない。そう木村は認識していた。なぜならば、蝦夷地はこの国の中でも際立って例外的にロシアの交易の論理にからめとられやすいからである。木村は、蝦夷地の事実上の支配権を有し蝦夷人との交易権も独占していた松前藩の性格に言及する。

「松前ハ極北ノ大都会ニシテ一侯国トイヘトモ其提封《ていほう》甚大ナラス、僅ニ一郡主ニ比スヘシ、其国田畝開墾ノ業ヲ迂《う》ナリトシテ五穀租税ノ収ナク末ヲ事トシ本ヲ忘レ、漁猟互市ノ利ヲ逐フ」

松前藩は米作可能の北限の向こう側に位置していると言うことができ、ということは「豊葦原瑞穂国」の恵みから外れた世界になる。農業生産を基礎とする自給自足的な豊かさを達成出来ない。農本主義の思想に何の実感ももてない。その意味で、日本であって日本でない。気候も風土もロシアとの親和性が高い。そうした土地柄ゆえ、もともと藩財政も蝦夷人との交易によって支えられている。異民族と商売するのが松前藩の長年の当たり前になっている。そこにロシアが来ても抵抗感がない。蝦夷地の「鎮撫保全ノ志」、ロシアを食い止め、入れまいとする強い意志が、松前藩には最初から欠けている。

「松前ノ君臣只交易射利ノ事ニ習テ国家ノ鎮撫ノ大体ニ暗シ、其外夷ニ接待シ官使ニ応対スル必回護糊塗左支《さし》右吾《ゆうご》ノ説多シテ何ンソ価スルニタラン」

松前に出向いて調査検分した木村の言い分である。彼らはロシア人とも密かに宜しくやってしまうだろうと予測している。現に松前の商人は鎖国の禁令をものともせず、ロシア人から贅沢品を買っている。洋服や靴を買っている。松前ではロシア製の靴を「唐太《からふと》」と呼んで履いている人が居る！ではどうするか。松前藩には北方防衛は担えない。そもそもひとつの藩に国防を丸投げすることなどあってはならない。幕府自ら行うべきだろう。木村は提案する。

「故ニ中奥ニハ鎮台ヲ立唐太奥蝦夷ノ地ハ開墾ニ托シテ松前ニ鎮戍《ちんじゅ》ヲ置、国勢ヲ張リテ威武ヲ示サハ外夷萎縮（中略）而シテ後強弱ノ兵勢彼我ノ成敗ハ自ラ天地鬼神ニ質スル処ナリ」

木村は大胆に踏み込む。北方からの軍事侵略を必至と見込み、蝦夷地を一藩でなく幕府の直轄地とする。そして全島を軍事要塞化する。『万葉集』の時代の防人の北辺に於ける再現を夢想している。だいたい鎮戍や鎮台というのは武家の時代の一般的用語ではあるまい。日本では古代の中央集権国家の時代の言葉である。奈良時代から平安時代にかけては、北方の蝦夷を制圧するために多賀城や胆沢《いざわ》城に置かれた。それが鎮戍府ないし鎮守府であろう。鎌倉幕府は九州に鎮西探題を置いたが、これも蒙古の襲来した文永・弘安の役によって引き起こされた九州の混乱を鎮めるため、王朝期の鎮戍府に倣って生まれたものだろう。

北方に鎮戍府を置いて、火力・海軍力の点では圧倒的に優勢なロシアに備え、「彼我ノ成敗ハ自ラ天地鬼神ニ質スル」ほかはない国の存亡を懸けた戦を覚悟する。この木村の構想の背後には、鎮戍府の名に相応しい中央集権国家による総動員体制のイメージがダブってこざるをえない。松前藩で無理だから幕府がじかにやるといっても、幕藩体制のもとでの幕府の自力にも限界がある。徳川将軍家も所詮は一個の大大名にすぎない。天下に号令をかけなくては無理だ。水戸学の論理で言えば、王朝時代の鎮戍府の名を用いて国家総動員を行うには、征夷大将軍のみならず天皇の裏付けがはっきりと必要になってもくるだろう。

蝦夷樺太を木村は「無用ノ棄土」と呼ぶ。当時の技術からすれば農業の実の上がりそうにない、寒冷な土地である。農本主義と幕藩体制を擁護する立場からすれば、実効支配をしても、無駄かとも思える。だが、その地にロシアの浸透を許し、あちこちで日本人がロシアとの密貿易に勤しむようになれば、鎖国的農本主義などたちどころに吹き飛んでしまうだろう。ならば蝦夷樺太を是が非でも守らねばならない。ところが、蝦夷地を防衛するための大義名分は、おのれの領土を保全すれば事足れりとする藩の論理からはでてきようもない。中央集権的な国家がそれを行う方がはるかに自然である。また北方国防のための膨大な軍事予算や人的負担は、地方分権と農本主義を組み合わせた幕藩体制の手に余るものになってくるだろう。木村はそれを予想し念頭に置くから鎮戍府などという表現にこだわるのだろう。

要するに木村は、天皇に委託された将軍の統べる農本主義的ユートピアとしての幕藩体制の永続をひたすら冀《こいねが》い、それを脅かすロシアから「豊葦原瑞穂国」の本体を守るべく、絶対国防圏として蝦夷地と千島と樺太を強力な軍隊の駐留地としなければならぬと主張するのだが、それを支えるエートスと費用と人数をみたすには、幕藩体制と農本主義ではうまく行かないという、大いなる矛盾にたどり着かざるをえない。僻地に膨大な軍事力を集中する鎮戍府をマネージするにはどうしても中央集権が必要なのである。それでこそ防人の時代や多賀城・胆沢城の時代が再現可能になる。ここに明治維新の芽も出てくる。中央集権国家と四民平等と国民皆兵の組み合わせである。

木村は「蝦夷ノ地ハ開墾ニ托シテ」とも述べていたわけだが、これはつまり屯田兵の話だろう。蝦夷地に十分な陸軍力を配さなくては国防はおぼつかない。そこでの大問題は糧食である。いちいち運ぶわけにも行かないだろう。一時的な遠征ではなく、駐留し続けるという構想なのだから。ならば自給自足。蝦夷地には屯田兵。米は無理でも他に作れる食べ物を自分で作って食べて、居続けるしかない。この構想は明治維新で一時的に実現する。北海道には屯田兵が置かれた。ここで付言すれば、蝦夷地を幕府の直轄にする構想は、別に木村の提言に従ったわけではあるまいが、一七九九（寛政一一）年から現実化してゆく。といっても、木村の思い描いたように国運を傾けて武備を集中するところまでは、まるで行かなかったのだが。

このような木村謙次の蝦夷地防衛論を、心配し過ぎといなす者も多かった。水戸学の人々の中にも居た。ヨーロッパがはるばる日本を侵略する可能性が低いと考える水戸学者たちの意見は、決まって次の論法だった。ヨーロッパの国々は治乱興亡が激しい。王朝も頻繁に交替しているようだ。中国の歴史と同様である。易姓革命を繰り返している。仮にロシアが日本を、蝦夷地を取っ掛かりにして征服しようとしていたとしても、それだけの大事をなす前に、ロシアでもきっと易姓革命が起こるのではないか。適当にあしらいながら、相手国の自壊を待っていればよい。

木村は『北行日録』においてこのような意見に厳しく反論している。楽観論者は中国の歴史の学びが足りていないのではないか。試みに宋の滅亡の過程を見よ。木村は叫ぶ。「契丹遼女直金蒙古元一姓ニ非サレトモ其南宋ノ患ヲ為スハ一ナリ」

宋の時代、万里の長城の向こうの北方諸民族は興亡を繰り返した。興っては滅び、取って代わられた。だが、それによって宋は救われたろうか。そんなことはない。負担はのしかかり続けた。北でひとつが倒れても次のひとつが倒れたものの遺産を引継ぎつつ、また南へと圧力をかける。その押し重なりの末に、ついに宋は潰えた。

この事実を踏まえて木村は言う。ロシアの王朝が倒壊しても、それに代わる国家が出てくるだけだ。相手国の混乱のせいで、一刻の猶予は与えられるかもしれない。が、すぐ元通りになる。仮にロシアで革命があっても、日本の立場からすれば、その程度の事柄にすぎない。他力本願では事態の解決はない。

「今欧邏巴洲中ノ狄夷（亜細亜ノ）併呑ヲ謀ルモノ一国ノミニ非ス、莫斯哥（モスクワ）ヲシテ滅ヒシムルトモ、又彼カ後継ヲナスモノアルコト必セリ」

かくて、木村にとっては蝦夷地への大軍の駐屯は喫緊の課題に他ならぬのだが、しかし幾ら軍事的に対応したとしても、なお不十分である。なぜなら彼らの攻め手は、松前で既に行われているように、まずは貿易なのだから。贅沢品の魅力で日本人を誘惑する。しかもそこには甘い友誼的態度が伴う。本音の暴力が噴出することもあるが、表向きは取り繕われるものだ。貿易はお金と物のやりとりだから、相互的信頼が存在しなければ成り立たない。敵国同士は貿易はしない。貿易と友誼は建前として不可分である。友誼は国境を超えた友情を人々に植え付ける。大黒屋光太夫らの帰国を女帝エカチェリーナ二世のお墨付きによる一大イヴェントにしてロシア国家の腹蔵なき善意を広く日本に示そうとする。これがまさに友誼を用いた策略のひとつだ。そして、その友情を、物品のやりとりをするときなどに一時的に盛り上がる感情ではなく、永続的信頼関係に高めるために、ヨーロッパの国々が「奇巧」として用いてくるのが宗教であろう。

友誼心を持ち仲良く貿易しあえる人間は証しとして同じ信仰を持つのがよい。キリスト教である。木村謙次も特に注意を促している。戦国時代にもヨーロッパと交際した大名や商人は次々とキリスト教徒になったではないか。キリスト教は異国の貧しい民にも積極的に慈悲を施す。結局、日本の金持ちは贅沢品によって、日本の「愚民」（水戸学者のよく使う言葉である）はキリスト教の慈善によって、すぐヨーロッパに御されてしまう。キリスト教伝来から徳川三代将軍家光の時代の島原の乱に至る経過で一回は証明されている。

過ちを繰り返さぬためにどうするか。攘夷の完遂のためには、軍事的国防だけでなく思想的国防が必要である。戦国から江戸初期の轍を踏まぬように、キリスト教に対抗しうる別のロジックで「愚民」を洗脳しなければならない。その思想的国防の必須アイテムとして生み出されたのが、後期水戸学が唐突とも言える速度で作り上げて表看板とし、明治国家に受け継がれてゆく「天皇教」であろう。

三　天皇かキリストか

攘夷とは夷を討ち、追い払う意。夷とは外国であり、特に西洋であった。西洋の中でも水戸学がとりわけ貶めたかったのはアメリカだったに違いない。水戸学の反米的性格は、一八二五（文政八）年三月に成った会沢正志斎の『新論』で確立された。

夷とは中国の中華思想に基づく観念である。中華文明圏にとっての外国はおのれと対等なものではない。中華とは中に華がある。外に優っている。華の外は劣位に置かれる。中華は世界の中心であり、中心の外側は東西南北に等しく広がっている。夷も中華の外の全方位に存在することになる。夷という字には、ほぼ同義の字も多くある。夷を狭義に用いるときは、東西南北のうち東に居る夷と結び付けられる。東夷という。和語にすれば「あずまえびす」である。北にいる夷は北狄で、同様に西戎、南蛮となる。するとアメリカは日本にとって東夷だろうか。が、水戸学はアメリカを日本の東にある国だとはどうしても認めたくなかった。

水戸学も一種の中華思想である。天皇の居る日本が世界最高の国柄を有する。そう考える。だが、方位観は中国の中華思想とは異なっている。日本は世界のいちばん東にある国だからこそ世界最高。劣った世界はすべて日本の西側にある。そのように自国を位置づける。

なぜなら、水戸学は天皇の世界に冠たる性格を、太陽とつなげて思念するからだ。天皇は太陽神の子孫である。そうであるがゆえに至尊だ。会沢正志斎の『新論』はこう書き出される。「謹按神州者

太陽之所出、元気之所始、天日之嗣、世御宸極、終古不易、固大地之元首、而万国之綱紀也」

日本は神の国。太陽が世界に最初に出る島国だから。太陽は世界に元気をもたらす。その島におわす天皇は天日之嗣、太陽の化身だ。太陽ある限り、天皇も不滅である。永遠である。しかも太陽はこの世に光と気を与える宇宙で最上位の存在なので、太陽と等号で結ばれる天皇も世界の頂点に位する理屈だ。

すると「もとより大地の元首」とはどういう意味か。これぞ水戸学の世界地図である。というか、まずは西洋の世界地図そのものである。日本はヨーロッパ人の描く世界地図では極東に描かれるのが常。いちばん右端。最も辺境。それを太陽の最初に出る場所と考えてひっくり返す。辺境ではなく元首である。東の果ては太陽の元気を真っ先に受ける土地。だから世界に冠たる場所だ。太陽に特別な価値を認めると、東夷は中華に化ける。古代日本の聖徳太子以来のロジックの反復である。

「大地の元首」というときの元首も単に最高位の意ではない。世界地図に人体図のイメージを重ねたレトリックである。ユーラシア大陸を人が横に寝た姿にたとえる。すると日本は世界の首や頭や顔に見えないか。顔なら目も耳も鼻もあるだろう。感覚器に恵まれている。この世を最も正しく深く認識できる。

とすれば、ヨーロッパは何だろうか。正志斎は「脛足の賤」と形容する。中国やインドやロシアが胴体とすれば、西の果てのヨーロッパ半島は足に当たる。足だから智慧はない。ただ動く能力を発達させているだけだ。それが産業文明であり、機械文明であるということだろう。ヨーロッパは足の足たる所以ばかりを膨らませ、航海術を発達させる。「四海を奔走」し、「諸国を蹂躪」する。踏み荒らし、蹴り上げる。理性なき純粋暴力としてのヨーロッパ。これを討たずに何とする。攘夷断行である。

そして正志斎はついにアメリカに言及する。「海中の地、西夷、名づけて亜墨利加洲と曰ふものに至つては、すなはちその背後なり」

ユーラシア大陸を人体とすれば、アメリカは足としてのヨーロッパ半島から大西洋を挟んで遠く切り離されている。西の果ての果て。人体の背後の遥か彼方に孤立してある人でなしがアメリカ。正志斎の位置づけは東夷でなく西夷。極西にあって、人間の知能とはまるで縁のない野蛮の究極が、アメリカ大陸とその地の住人である。アメリカを、日本から見て太平洋の向こうの東の国とは決して認めない。正志斎の断固たる態度だ。

正志斎も水戸学の面々も、当然ながら地球が円いと分かっている。方位も相対的であり、日本の西にひたすら突き進めば、東から日本に戻ってきてしまうことを、よく理解している。『新論』で正志斎もこう述べている。「地は天中に浮いた球体であり、球に端はなく、どこが中心でどこが端かなどということは、物理的には意味がない」

だが、と正志斎は続ける。「物には自然の形状がある」。この場合の自然とはネーチャーではない。人の世界の中で意味付けられた形態のことである。正志斎は日本という場所の人文地理的な意味を問う。

天皇の先祖は日本の天地創造神話の時代まで遡れる。そのような国がユーラシア大陸の東のへりにある。そこまで長い血筋の伝統を保って今日までこの世に存在する国は他にない。おまけに先祖は繰り返すが太陽神である。太陽神と血が繋がっている。もちろん日本の更に東に日本と類似した国を発見できるわけもない。それらの理由によって、人文地理的性格においての日本の極東的性格は揺るがない。現代人が単に便宜上引いているつもりの日付変更線は、文明の優劣を決定する絶対文明線とでも呼ぶべき線として説得力を持つのだ。そんな理屈が展開される。

『新論』の提示する世界地図は、幕末維新に向けての水戸学の転換を端的に明らかにしている。徳川光圀以来の水戸学は最初から既に尊皇思想であった。が、そこでの天皇の永続性は、天皇自らが自覚的に儒学の考える絶対の正義を日々に実現し続けることによって担保されるのだった。中国で易姓革命が絶えず王朝の交替が止まないのは、皇帝が正義から逸脱するゆえであり、日本に易姓革命が起きないのは、天皇の徳が危機の時代にもギリギリのところは保たれ続けていたからだ。そう説明するのが、かつての水戸学であった。

けれど『新論』になると、もうはっきりと違っている。太陽が上り続けるかぎり、天皇もまた不滅。天皇は絶対神と化す。天皇を戴く日本の地は世界の頭だとまで宣言する。

後期水戸学の学者たちは本気だったのか。心底から神懸かってしまったのか。そんなはずはあるまい。彼らとて一八世紀、一九世紀の知識人である。アメリカを日本の東と認めないなどという子供騙しを自ら信じ込むはずはない。この論法はやはり方便だ。日本の「愚民」を西洋にそそのかされる前に囲い込んでしまうために作り上げられた、緊急避難的論理なのだ。『新論』が大津浜事件の直後に慌てて書かれたことからも、それは想像される。

一八二四（文政七）年五月、水戸藩領内の大津浜に西洋人たちが上陸してきた。水戸学者たちは最初、彼らをロシア人と疑った。日本を開国させ属国化しようと狙っている最右翼の国はロシア。一八世紀末から水戸学者たちはそのつもりで対応策を練っていた。が、大津浜の異人はイギリス人だった。アメリカ船も日本近海に現れている。ロシア、イギリス、アメリカ、その他。「四海」を奔走する多くの西洋諸国が日本を狙っている。彼らのやり方は「愚民」を洗脳して味方に付けることだ。日本の一般民衆をキリスト教化し、内乱を発生させて、国家を転覆しようとする。それが西洋の侵略の典型的な方法と、水戸学者たちは考えていた。いや、徳川家康も、二代将軍秀忠も、三代将軍家光も、幕府のイデオローグの林羅山も、そう思っていた。だからこそ三代将軍の時代に、いわゆる鎖国がなされた。キリスト教を防げば西洋からの侵略はかなり食い止められる。日本の為政者や知識人に、江戸時代初期から広く共有された認識だった。

水戸学者たちの中にロシア脅威論を広め、会沢正志斎が『新論』で示すような攘夷の態度の先駆をなしたのは、一八世紀末の寛政期に蝦夷地を探索した木村謙次だろうが、彼は一七九三（寛政五）年の『北行日録』にキリスト教について次のように記している。

「耶蘇ノ教天帝ヲ以テ真主トシ、嘗《かつ》テ他神ヲ拝セス、日蓮親鸞カ徒ノ専ラ弥陀妙法ヲ念スルカ如シ」

キリスト教を、日蓮の日蓮宗、親鸞の浄土真宗と並べている。三つに共通するのは排他性と破壊性である。日蓮なら南無妙法蓮華経。親鸞なら南無阿弥陀仏。キリスト教なら「父と子と聖霊の御名によりてアーメン」あるいは南無天帝。南無は絶対的な帰依を意味する。日蓮は妙法蓮華経という経典を、親鸞なら阿弥陀仏という仏を唯一無二とする。キリスト教でも三位一体の神が絶対である。三つの信仰はどれも徹底している。妥協を知らない。日蓮は他の経典を認めない。親鸞は阿弥陀仏一本槍である。キリスト教も不寛容な宗教と言われた。神仏混淆、あれもこれものおおらかさはない。排他的である所以である。

すると破壊性とはどういうことか。たとえば親鸞である。その教えは仏教の中でも浄土教の系統を継いでいる。本来の仏教は自力救済であり、自ら悟りを求めて修行せねばならない。悟れば仏になれる。でも悟りは容易ではない。幾ら修行しても悟れぬということはある。高僧でも惑う。仏門に入っても道程は遠い。これでは宗教として行き詰まる。もっと容易に救いの道が開けねば信者の獲得は難しい。そこで浄土教が現れた。浄土教の経典『無量寿経《むりょうじゅきょう》』は、阿弥陀仏という無限の慈悲を持つ仏が、悟れない者も救済して、自らのかたちづくる西方浄土にひとりでも多くを引き取りたいと願っていると教える。そこから『無量寿経』は信仰マニュアル本になる。出家修行者となって布施とか精進とかに励み、西方浄土に往生することを常に念じていれば、臨終のとき、阿弥陀仏とその弟子たちが迎えに来ると教える。そこまで出来なくても、僧侶から戒を受け、布施をし、阿弥陀仏を信じ、出家者を厚遇し、寺を建てれば、西方浄土に入れてもらえると教える。

このように浄土教は仏教の間口を広くした。が、それでも厳しい修行が課されたり、寺を建てたり、寄進したり、選ばれた人物や有産階級でなくては西方浄土にはなかなか辿り着けそうになかった。ところが親鸞はこの浄土教を民衆化した。普通の人間、一般の民衆は、愚かしく、弱く、罪深く、自力で悟れるわけもない。そこで、自らの非力、どうしようもなさ、ただ、それだけを自覚する。そして、阿弥陀仏に詫び、救いを願う。その詫びと願いには、瞑想も修行もいらない。寺を建てずとも寄進ができずともよい。人を殺し、物を盗み、淫欲に耽っては、おのれはなんと下らなく罪深いのかとおののき、心の底から阿弥陀仏に詫びる気持ちを一生のうち一瞬でも起こし、南無阿弥陀仏と一度でも唱えれば、それだけで阿弥陀仏の慈悲がその人に及び、その人は、死後、西方浄土に往生できると教える。

これが現世の位階ある秩序を保とうとする者からすれば、とてつもなく破壊的なのだ。南無阿弥陀仏と唱えれば、阿弥陀仏の大慈悲心の前で万人は平等になる。天皇も将軍も大名もない。貴賤がなくなる。平等な人々の作る信仰の共同体が生まれる。アナーキーなユートピアの夢を人々の心に紡ぐ。だから一向一揆なのである。浄土真宗は内乱を起こす。浄土真宗の総本山、摂津石山本願寺は、織田信長の最大級の敵であった。

日蓮もそうである。妙法蓮華経の世界観は浄土教系の経典とまるで違う。釈迦がこの汚れきったようにも見える地上の現世を、実は仏国土、極楽と化そうとする深い計画を有していると教える。その妙法蓮華経のみを信じよと日蓮は説く。他の教えを捨てろと言う。そこに末法思想が組み合わされる。

万人が妙法蓮華経だけに帰依し、釈迦の大慈悲心に思いを致し、この世をユートピアにする社会的実践運動に励まなければ、世界は暗黒にとざされると宣言する。妙法蓮華経の信仰の共同体の前には天皇も将軍も大名もない。破壊的性格を帯び得る点では浄土真宗に負けない。しかも極端に不寛容である。

木村謙次はキリストを、日蓮、親鸞と同等に見た。信ずる者は救われ、信じぬ者や異教徒は地獄に墜ちるというのがキリストの教えである。不寛容である。日蓮宗の折伏《しゃくぶく》の姿勢を思わせる。またキリスト教には原罪の思想がある。アダムとイヴが絶対神を裏切って禁断の実を食べ楽園を追放され、以来、アダムとイヴの子孫であるすべての人間は罪を背負った弱き者である。親鸞の考え方と似ている。さらにキリスト教は神の怒りによる世の終わりを説く。日蓮の末法の強調を連想させる。そして教会では信徒は平等である。神の前では人は同じ。天皇も将軍も大名もない。破壊的である。豊臣政権も江戸幕府も秩序を紊乱するキリスト教の危険性を強く警戒せざるを得なかった。そしてついに起きたのは三代将軍家光の代の島原の乱である。

木村謙次は恐れを込めて天草四郎の時代を振り返る。「外妖幻ヲ假テ其説ヲ衒《ひけらか》ス、其教愚人ヲ欺ク(中略)、若シ其説ノ是ナラハ天草ノ群賊首ヲ刀刃ノ下ニ落ストキ南無天帝サンタマリト異口同音ニ叫フ声山河ヲ動カスニ至レトモ天主コレヲ救エス、天帝将士ヲ罰セス是ヨリシテ草賊ノ患永ク止メハ彼国ノ教ハ乃《すなわち》虚言誣妄《ふもう》ニアラスヤ」

キリスト教のおしえは奇蹟の話に満ちている。それを江戸時代の人々が批判しようとするとき、繰り出される漢字は妖や幻と相場は決まっていた。キリスト教徒の願ったその奇蹟は島原の乱では起きなかった。異教の神は幕府の軍勢を罰せられなかった。木村謙次はそれを以て「虚言誣妄」の邪教と決め付けようとする。しかしピント外れではある。一向一揆の殉教者が阿弥陀仏に救われる予定になっているのと同様に、キリスト教の殉教者には天国の門が開かれているのだから。

織田信長から徳川家光までの武家政権の歴史は、この三つの破壊的性格を帯びた勢力、日蓮の教えと親鸞の教えとキリストの教えを、如何に抑圧し馴化するかの歩みでもあったと言える。キリスト教についてはついに力ずくで日本から叩き出した。江戸幕府の鎖国政策の最大の理由は、幕府の治世を脅かし、内乱を惹起するキリスト教の排除という一点に尽きるだろう。それは武家政権存続のための基本策であり、一七世紀の江戸幕府はキリスト教の侵入を武威に依拠して退ける実力を有していた。

しかし、日本が鎖国をしているあいだに、西洋の科学技術は更新を重ねた。一八世紀末からの日本の海防の危機はそうして訪れた。水戸学者は武力による国防が破られたときの思想による国防を考えねばならなくなった。もしも再び日本の「愚民」にキリスト教の布教が行われたとしても、日本人の心が侵蝕されないような排他的信仰を、日蓮でも親鸞でもないかたちで作り上げる。それが藤田幽谷と東湖の父子や会沢正志斎らの作り上げた「天皇教」であったろう。

この排他的信仰はキリスト教とかなり同型的とも思える。天皇を超時間的・超歴史的に、西洋人にとってのキリスト教の神のようなものと位置づけようとする。現人神のうちの人よりも神の性質を重視する。その天皇は肉体を有する。キリスト教では、父であり物理的実体のない神と、子であり肉身のキリストと、両者を結び付ける媒介としての聖霊とで三位一体だと言う。現人神の天皇は、神であり人であり、両者は血に宿る神性によって矛盾無く媒介されると解すれば、これも三位一体のロジックで解されるように思える。甚だ大胆かつ乱暴に述べてしまえば、キリスト教の神に太陽神の天照大神を充て、キリストに日本に常に現前する当代の天皇を充て、媒介項としての聖霊に血筋を充てると、天皇教の三位一体説が出来上がる。かくして天皇は絶対となり、肉身でありながら歴史的現実を常に含み込みつつなおかつ超越できるという信仰を導き得るのだが、絶対は唯一であってこそ絶対であり、二物あっては相対になるので、他の絶対は絶対に認められない。キリスト教が入ってはいけないことになる。

ここから水戸学は鎖国の理由を、歴史をさかのぼって捏造する。天皇絶対の観念を守るためにキリスト教は排除されねばならなかったし、今後も鎖国は続けられなくてはならない。ここに尊皇と攘夷は不可分のものになる。これが尊皇攘夷という四文字熟語の思想的理路であろう。尊皇でありながら西洋キリスト教世界に対して開国するという思想は原理的にはありえない。尊皇は攘夷と鎖国としかセットにならない。寛政期からの水戸学が繰り返し確認してゆくのはこの一点である。

四　愛国心の発見

トルコと日本はぐるぐる回っている。一九三一（昭和六）年、陸軍将校、橋本欣五郎が二つのクーデター未遂事件を首謀した。三月事件と十月事件である。橋本は、強大な新興国、ソヴィエト連邦に対抗し得る国防国家を作りたかった。そのためには政党をはじめとする既成政治勢力には任せておけない。軍人が政治の表舞台に出なければならない。

橋本がそう思ったのはトルコで駐在武官を務めたせいである。トルコはケマル＝パシャの時代だった。陸軍軍人だった彼は、第一次世界大戦後の混乱する祖国で革命を起こし、旧態依然としたオスマン帝国についに引導を渡して、トルコ共和国を樹立した。自ら大統領に就任し、強権を集中して目覚ましい近代化を成し遂げた。橋本は日本のケマル＝パシャになりたかった。その計画は頓挫したが、彼の企てが呼び水となって五・一五事件や二・二六事件が連なってゆく。日本の軍人たちのトルコ革命への憧れなくしては、昭和維新運動は発火しなかったかもしれない。

するとケマル＝パシャは何に憧れていたのか。明治維新だろう。尊皇攘夷の旗印のもとに鮮烈なエネルギーが結集して引き起こされた、日本の革命である。明治維新にとっての江戸幕府は、トルコ革命にとってのオスマン帝国であった。維新によって生まれ変わった日本は日清戦争と日露戦争で勝利した。ロシアはオスマン帝国の宿敵である。抗争の歴史はあまりに長い。クリミア戦争でも露土戦争でも第一次世界大戦でも、両国は戦った。トルコ人にとってロシアはあまりに手強かった。なかなかダメージを与えられない。それどころかオスマン帝国はロシアと戦いを繰り返す中で疲弊し、弱国に転落していった観がある。その相手を日本は維新以来三十数年しか経ずして陸戦でも海戦でも破った。ケマル＝パシャが日本に憧れた所以であろう。

ならば明治維新はどうか。そこにオスマン帝国の影は無いのか。無いことはない。維新の起爆剤になったとも言える尊皇攘夷の聖典、水戸学者の会沢正志斎の著した『新論』にはオスマン帝国がきちんと登場する。しかもなかなか頼もしい帝国として。

『新論』が書かれたのは一八二五（文政八）年。前年の水戸藩領大津浜への英国捕鯨船員上陸事件の衝撃と、同年の幕府の異国船打払令（無二念打払令）を受けてのものである。正志斎は、異国船打払令で幕府がついに攘夷戦争を宣言したと解釈し、過激な調子で攘夷の方策を綴る。正志斎の眼中には攘うべき西洋国として英国も米国もあった。だが『新論』で最大の危険国とみなされていたのはロシアである。領地は蝦夷の北にまで及んでいる。軍事大国であり領土拡大への野心も満々。米英に比してあまりに近い。大きい。日本侵略の大軍を今日明日にも送ってくるかもしれない。一刻も早くロシアの侵攻を阻止しうる国防国家を建設せねばならない。そのためには国内体制の変革が急務である。昭和六年の橋本欣五郎とあまり変わらない。身の丈の違い過ぎる隣国への恐怖が、この極東の島国に変革の狼煙を上げる。パターンは繰り返される。

そこで正志斎はオスマン帝国の名を挙げる。世界に七つの帝国があって、それは古代中国の戦国時代の七雄に見立てられるという。そう正志斎は世界地図を描く。鄂羅（ロシア）は圧倒的強国だから秦。始皇帝がついに統一王朝を打ち立てることになる秦だ。そのロシアに対抗する南の大国と正志斎の位置づけるのが度爾格（トルコ）、即ちオスマン帝国であり、戦国の七雄のうち秦とまともに戦えた南国の楚がオスマン帝国に該当するという。日本の脅威、ロシアをはるか西方から牽制しうる逞しい友として正志斎はオスマン帝国に期待している。そういう書きぶりである。

あとの五雄は？　韓になぞらえられるのは莫臥児（ムガール）。魏は百児西亜（ペルシア）。熱馬（ゲルマニア＝ドイツ）は趙になるか。その東隣で秦に対抗する大国であった斉には、ロシアの東方で日本よりも直接的に陸上で国境を接して対峙している大国の清が対応させられる。

残るひとつは日本。日本は七雄の燕に当たると正志斎は考える。燕は中国大陸北方の東側を領有していた。秦とのあいだに趙が挟まったりしていたので、燕は秦の脅威を遠ざけていられた。だが次第にそうは行かなくなった。ロシアが蝦夷地に迫ったので慌てふためくようになった日本の境遇と似ている。

燕の領地は山東半島、遼東半島、朝鮮半島に及んでいたという。日本にとても近い。それだけではない。漢代に成立した『山海経《せんがいきょう》』の「海内北経」には「倭属燕」というくだりがある。素直に解すれば日本は燕の属国だったということだろう。燕は秦についに紀元前二二二年に滅ぼされるが、そのとき燕から海の向こうの属国の倭に逃げた人々もあったかと想像される。

江戸期日本の儒学者たちは、明朝の衰退と滅亡によって中国が世界の中心であった時代は終わったのではないかと思った。儒学の正しい教えを実践し世界で最も道徳的な、その意味で世界最高位の国は日本ではないか、中国は日本になったのではないかと考えるようになった。会沢正志斎も『新論』

で日本を中国と記している。日本が中国なのは儒学を最もよく継承する国家という価値付けを根拠とする。だが中国大陸との直接的なつながりが強調されてもよい。林羅山は天皇家を春秋時代の呉太伯の直接の子孫と考えたともいう。戦国時代の燕も、日本と大陸のつながりを想像するとき魅惑する国に違いない。

しかも合従連衡の合従もある。『史記』によれば洛陽出身の弁論家、蘇秦は、紀元前四世紀、秦の強勢に他の六雄が対抗するには六雄が軍事同盟を結ぶほかないとし、まず燕を説いて同意させ、斉も楚も韓も魏も趙もそこに加わり、合従が成立した。正志斎は『新論』で合従を勧めてはいない。鎖国を大原則とする日本で、あくまで鎖国を貫く立場で執筆されたのが『新論』である。蘇秦的人物に期待して対露大同盟で日本を救おうとは正志斎は書けない。

が、正志斎の世界地図が、ロシアを秦に、日本を燕に重ねたとき、燕が強国の斉や楚と合従したことを思い描かなかったはずはない。ロシアを抑止し、日本の安全保障をはかるのは、日本と清とオスマンの大同盟。正志斎の一八二〇年代の時点での究極の構想はそれだったろう。ロシアを退けることを現実的な第一目的として書かれたと思われる『新論』が展開した尊皇攘夷の大構想は、共にロシアを敵とするオスマンを陰の日本の支えとして織り込んでいた。現代の日本とエルドアン時代のトルコにまで及ぶ、互いに巡り巡る関係の原点は水戸学に見いだせる。そう思う。

だが、鎖国日本を大事とする会沢正志斎としては、とりあえずは日本が自力で、ロシアをはじめとする攻撃的・好戦的な西洋諸国と渡り合い追い払う用意を一刻も早くせねばならない。正志斎は西洋を義なき野蛮国とするが、その軍事力は圧倒的に評価する。兵も強い。国民皆兵的な軍隊組織を持ち、長年不断に侵略行為を継続している。西洋の軍事科学技術も驚くべき発達を遂げており、大艦と巨砲では現状の日本では太刀打ちできない。

如何にすべきか。正志斎は儒学者らしく、孔子が太古の堯舜の世を理想の時代と慕い続けたように、神武天皇の世、古代の天皇の世に思いを馳せる。その頃はすべてが正しかった。天・地・人が一体になっていた。天の正義は天皇という正義そのものの存在が天意を広めることによって確実に地と人に伝わった。人は大地に土着し、つまり地と人が一体になって天皇の天意を実践した。そこでの人はまだ士農工商に分かれていない。一君万民である。天意を受ければみなが軍兵にもなる。大地と密着し、農業を基本とし、足腰を鍛え、兵農分離もされておらず、みなが武器の扱いにも慣れていたから、強兵は国民男子の数だけ居ると言ってよかった。一九世紀の国民皆兵的西洋諸国の野蛮的武勇を退けられる道義的武勇に国民全体が満たされていたのが古代の天皇の時代であった。無敵皇軍の時代が古代であった。むろんその復活が明治以後の帝国陸海軍の使命となる。維新は復古。国民皆兵に復する。天皇の軍隊の理想を蘇らせる。そうすると西洋に負けなくなる。『新論』の理想通りである。

いや、それはまだ先のこと。正志斎は嘆息する。理想の古代はしかしたちまち崩れ、その後の日本史は乱れに乱れていったと。太古から現代までを義が貫いて間然するところがないはずの水戸学の『大日本史』の史観は、もうどこかに飛んでいる。対外危機の急進化に慌てに慌て、建前にこだわっていられない。正志斎は言う。武士が武力を独占し、平家、鎌倉幕府、室町幕府と武家の世を続け、天皇から征夷大将軍等の位を貰い続けながら天意をないがしろにし、日本からは天・地・人のうち天が飛び、地・人の人も、武士が突出して民衆は尚武や道義の世界より疎外されて、もちろん武士も天意を汲まないのだから大義も何も弁えず権力欲のみに支配され、野獣化して戦乱が収まらない。

この長い武家の世の悪状況をついに救ったのが、前奏曲としては豊臣秀吉、本編真打ちとしては徳川家康だったと、正志斎は言う。特に家康ははっきりと奇策を用いた。武家を弱兵化させ、民衆を愚民化させた。天を顧みなくなった武士が、戦闘力においてなおも優れていたのは、土地に土着して地方に割拠していたからである。山野を駆け回る野獣のように戦うことしか知らない気質を守り通していたからである。秀吉と家康はこの武家の気質を短期に改造した。都市に武家を集中的に住まわせるようにした。文化芸能を身近にし、町人の消費生活に近付けた。家康は参勤交代など無駄な金銭を武家に使わせ続けるようにした。武家は大地から切断され、野獣性を喪失する。戦わず蕩尽し続けて一生が終わる。

その武家の蕩尽する財産の出所は？　農工商の三つの階層である。彼らは武家を養い、自らも養い、少しは楽しもうとするうちに人生を終える。武家を養うために苦労が多い現世を楽しくないと民衆が思うとき、誘惑の魔の手を延ばす邪教も江戸時代の日本では公認されている。仏教である。あの世での救いを説く。現世に値打ちがないかのように教える。

天皇のおわします現世に意味が無い？　そんな馬鹿な話があろうか。水戸学とは、水戸学にかぶれて尊皇攘夷思想家になった吉田松陰でさえ怪訝に思うほどに異様なまでの仏教嫌いの思想サークルだが、その理由は明快である。天皇の居る現世に第一義的価値をみいだすのが水戸学であって、来世を上位とするかのような教えを説く仏教とキリスト教を許せない。『新論』の思想の実践者と言ってよい幕末の水戸藩主、徳川斉昭が寺の鐘を積極的に潰して大砲を鋳造していた所以のひとつには、水戸学の仏教への憎しみがある。明治維新がなぜ廃仏毀釈、神仏分離を伴わねばならなかったか。現世を天意の貫通する道義世界になしたい儒学の理想と、この世には神々が直接顕現して神遊びもすれば現人神も居ると当たり前に感じようとする国学・神道の感性とが、水戸学的に野合すれば、仏教と神道の組み合わせはもはや成り立たず、天意＝天皇＝儒学と神道のコンビが維新日本の導き手になる理屈が導き出される。明治維新の構想とは何よりもまずそういうものであった。

とにかく、武家は都市生活によって弱兵化し、民衆は武家の課する負担と反現世的宗教によって愚民化する。天の義が通らなくなった世ゆえの慢性的戦乱状況を鎮め、天の義が相変わらず通らないままに天下泰平を続けようとするなら、武士を弱兵に、民衆を愚民にしておとなしく飼い慣らすのが上策である。徳川家康はそれを見事に成功させた。身も蓋もない言い方をすれば、徳川の平和は義なき弱兵と愚民の平和なのである。

それで済んでいたのはなぜか。幸いにも外敵が来なかった。鎖国すると宣言すれば、それでもわざわざ力ずくで極東まで押しかけてくる西洋の国はなかった。西洋の航海術も海軍力もいまだはるか遠い日本近海でマキシマムなプレッシャーをかけるまでには発達していなかった。オランダに限って長崎を開港しておくと言えば、それで済んだ。一七世紀から一八世紀の世界情勢に救われていたからこその、弱兵と愚民の天下泰平であった。

が、その僥倖の時代はもう終わったのだ。正志斎は、日本とは海という天然の要害に囲まれた難攻不落の国家であったが、西洋の船舶の発達が要害を要害で無くし、日本の全海岸線が西洋にとっての心地好い交通路と化したと説く。日本はにわかに全海岸線を不断に防衛せねば存続の危うい国家に変じた。西洋の野心と実力が調和して、世界史はそうした段階に到達した。時計の針を戻せはしない。即時の対応あるのみである。

どうすればよいか。天・地・人の一体になったあの麗しい古代に可及的すみやかにこの国を戻さねばならない。無敵皇軍を復活させねばならない。国民皆兵で『万葉集』の防人の時代にすぐできれば最上である。正志斎の『新論』の行間からは国民皆兵と言うに言えないことをくやしがる歯ぎしりの音が聞こえてくる。幕藩体制なのである。正志斎も水戸藩の儒者のひとりである。藩や武家をやめようとは言えない。またそうすぐにできる前提もない。何しろ現実の日本には弱兵と愚民しか居ないのだから。

とりあえず武士を増やしてしかも強兵化をはかる。正志斎の献策である。武士は日本の経済力に即して農工商の養える限度の人数に自ずと制限されてきた。そのうえ武士は都会で土着生活よりも割高な暮らしをしている。それをたちまち改革するには武士をかつての本筋のありようであった地方の土着生活に戻せばよい。自ら農漁業もさせればよい。武家を都会から追放するのだ。中華人民共和国の文化大革命の下放《かほう》のようなものだ。そして都市を棄却する。農本主義の徹底である。

そうすると武士の生活費は大幅に割安となるだろう。国家の経済規模が仮に変わらなくても武士は随分増やせる。増えた武士は地方といっても主に海岸線沿いに住まねばならない。西洋諸国の軍勢が日本のどこに上陸しようとしても即応できる体制を作るにはそれしかない。そうすれば天・地・人のうち地・人の一体性は回復に向かうだろう。武士が全国で土着し屯田兵化すれば弱兵は強兵に戻り、民衆も屯田兵の周囲で強兵に感化されて将来の皆兵への道も開けるかもしれない。

が、問題は残る。天・地・人の天である。そもそも武家が天を欠いて地・人の一体性のみ回復してしまっては野獣に戻るだけである。強兵化には向かうかもしれないが、そこに義がないとすれば、欲得を暴力で実現する乱世の武士に戻ってしまう。しかもその武士に屯田兵となって都会よりも辛い暮らしをせよと言う。敵は今日来るか五年後一〇年後に来るか分からない夷敵である。それで攘夷に成功しても新しく得るものがない。恩賞の財源が出てこない。それではいつか来た道だろう。西国武士が元の襲来に備えての海沿い防衛で疲弊し、実際の二度の元寇で戦っても恩賞が不十分。不満が蓄積し、鎌倉幕府倒壊の一因となり、その後の長い南北朝時代の戦乱を生み出した。つまり天・地・人のうち天を欠いて地と人を先行させた屯田兵制度による海防構想は、それを実行すれば、もしかして西洋諸国の本格襲来の前に江戸幕府を崩壊させ、戦国乱世を再現させ、それに乗じた西洋の侵入を容易に許し、亡国をもたらす可能性がある。

ここにやはり天・地・人の天が込みにならねばならない。貧乏な屯田兵生活をしてもたとえ戦死したのに十分な報償がなくても我慢するどころかそれ自体が喜びになるような人格にまずは武家の、ひいては愚民の精神を改造しなくてはいけない。天皇の国、神の国を邪教から防衛することに日本人の人生の第一目的があると心底から信じられるように人間精神を作り直さなければならない。愛国心をもたせるのだ。

正志斎はそのために全国の神社を活用すべきだと訴える。天意を頂く天皇を大神主として、生者を称え、死者を祭り、神の国を守るための祭政一致、軍事も一体になった政治を行う。濃密なスケジュールで全国の神社が祭りを行い続け、万民はそれに参加し続ける。屯田兵は神事に集うことで人格を改造され、恩賞なき戦闘にも献身し、死して神と祭られることに感激するだろう。鳥居の向こうに天皇と天皇から国防を委任された征夷大将軍の姿を見るようになるだろう。祭政一致の神事・政治を実感し得る体験の場を、神社の網の目を用いて張り巡らすことで、神国観念そのものに喜悦を感じさせる。これ以外に全国の海岸線を守り続ける日本人の道を確立しようがない。かくて天・地・人は一体となり神代が復するだろう。儒学と神道を結び付け天皇教を確立する。これぞ尊皇攘夷の実践の道である。明治維新が国家神道を要請する理路も、既に『新論』に示されている。

五　近代軍艦事始

『ロシア皇帝と船大工』という名のオペラがある。一八三七年にライプツィヒで初演された。とても楽しいものである。喜歌劇に分類される。作曲したのはアルベルト・ロルツィング。一八〇一年にベルリンで生まれた。シューベルトより四つ年下、ベルリオーズより二つ年上になる。ナポレオン戦争の終わりが少年期に当たる世代だ。

ロルツィングの両親は俳優というか旅役者だった。もちろんドイツ語で芝居をした。息子も幼い頃から舞台に出た。俳優として育った。劇中で歌うこともあった。演技だけでなく歌の技量も磨いた。俳優兼歌手になった。やがて作曲もはじめた。台本も書いた。舞台演出までした。つまり総合的舞台人である。そうなると乗り出す先は決まっている。オペラだ。ロルツィングは原作を探しては自ら台本を書いて作曲し、演出し、主役とか大きな役を自分で歌った。そうやってドイツ語オペラの作曲家として名声を博した。

ドイツ人の作曲家がドイツ語のオペラを書くのは当たり前。そう思われるかもしれない。だがロルツィングの少し前の世代まではドイツ語圏でもオペラはイタリア語と相場は決まっていた。晩年のモーツァルト、あるいはベートーヴェン、それからロルツィングよりも一五歳年上のウェーバーあたりからドイツ語でのオペラ作りが本格的に始まり、シューベルトやロルツィングの世代に受け継がれた。そう言ってよい。しかもロルツィングは舞台俳優でもあった。ステージでどのようにドイツ語を響かせると上品で美しく芸術的に聞こえるかを現場で探求する、いわばドイツ語の職人であった。

ロルツィングはドイツ語歌劇の確立者の重要なひとりになった。しかも自分で歌う人でもあった。シンガー・ソングライターやコンポーザー・パフォーマーと呼ばれる人は多い。バッハはオルガニストであり、モーツァルトもベートーヴェンもショパンもリストもピアニストであって、自分で作品を書いては演奏した。だが名のあるオペラ作曲家がもともと俳優でも歌手でもあり、自分のオペラでいつも主役を務めるというのは、かなり珍しい部類に属する。オペラ作曲家として著名なモーツァルトもロッシーニもベルリオーズもヴェルディも、歌手を兼任して自作のオペラに大きな役で出演することはなかったろう。ロルツィングはユニークな成功者であった。

そのロルツィングに憧れたのが、彼より一二歳年下のワーグナーである。ワーグナーは演劇と音楽の究極的総合を志し、自らの台本に自らが作曲し、ドイツ語歌劇を頂点に導いた。軽い演目に終始したロルツィングの道をシリアスに推し進めるとワーグナーに辿り着くわけだ。といってもワーグナーがタンホイザーやローエングリンやジークフリートを歌うことはなかった。

『ロシア皇帝と船大工』はロルツィングの代表作と言ってよい。ドイツでは一九世紀以来、一貫して愛好されてきた。このオペラの題名は『二人のペーター』とされることもある。舞台はザールダムという架空のドイツの大都市。海に臨み、大規模な造船所がある。そこで二人の外国人が船大工をしている。ペーター・ミヒャエロフとペーター・イワノフ。姓は明らかにロシア風であろう。芝居の設定もその通りロシア人とされている。ドイツ語歌劇なので名はペーターだが、ロシア風に発音すればピョートル。『二人のペーター』とは「二人のピョートル」である。

オペラには恋がなければならない。二人のペーターのうちイワノフの方が、ザールダムの市長の娘と恋仲になる。このペーター・イワノフを一八三七年の初演で演じたのは、作曲者のロルツィングだった。花形テノール歌手の役回り。もうひとりのペーターのミヒャエロフの方はバリトン歌手が務める。彼はイワノフの恋路を邪魔しない。むしろ助ける方だ。いい奴である。

ところがここに別の騒動が被さってくる。ザールダムの造船所でペーターと名乗って働く外国人労働者が実はロシア皇帝との情報が市長にもたらされる。船大工は世を忍ぶ仮の姿らしい。

皇帝が船大工に身をやつす。『水戸黄門漫遊記』もびっくりであろう。イワノフとミヒャエロフのどちらが皇帝なのか。フランスやイギリスの外交官が、ロシア皇帝とさまざまな交渉事がしたくて、ザールダムに押しかけてくる。町はてんやわんや。

そんなおかしな話があるものだろうか。題名からして『ロシア皇帝と船大工』。皇帝が出てこなくてはオペラは収まらない。市長に届いた報せは真実であった。イワノフの正体はロシア軍の脱走兵で、ミヒャエロフの方が本物の皇帝。ロシア皇帝は脱走兵を身代わりに仕立て、外交やらの面倒事を避け、ザールダムを脱出する。身代わりを務めたペーター・イワノフは、報奨として脱走の罪を赦されるどころか、ロシア帝国の高官の地位まで与えられる。イワノフが自らを偽る必要はもはやなくなった。ザールダム市長の娘と結ばれて国際親善に貢献。めでたしめでたし。

ともかく皇帝と船大工のイメージの落差で引っ張ってゆき、楽しく見せるオペラである。そして船大工を主役にするところにロルツィングらしさもある。彼は船大工に限らず職人の活躍するオペラを作りたがる作曲家だった。その名もズバリ『刀鍛冶』や、靴職人を主人公にした『ハンス・ザックス』といった作品もある。

なぜロルツィングは職人を好んだのか。彼はかのフリーメイソンに加入していた。フリーメイソンを直訳すれば「自由な石工」である。起源は中世に遡る。中世のヨーロッパで、教会や城館を建築する高度な技を有した職人たちは、国境を越え流れ流れて、文字通り自由な石工として、あちこちの現場に携わりながら、長い人生を送るものだった。であるから、建築土木の技芸についての伝承や情報交換のために、あるいはどこに行っても身分・権利・安全が常に保障されるようなネットワーク作りのために、結社が必要だったに違いない。そこにフリーメイソンの起源があると想像するのが、ひとつの自然な見方だろう。

このフリーメイソンの組織は、時代が下るにつれて変質した。ヨーロッパで、封建諸侯の領土の境界・国境・言語圏の壁を越えて活動するのが、特殊かつ高度な技能をもった職人だけではなく、経済や学問や文化芸術に関わる人々にとっても当たり前になってくると、彼らにも国の枠組みとは別のセーフティ・ネットが必要になってくる。その役割を担ったひとつがフリーメイソンだったと考えることができる。あちこちを渡り歩く俳優で演出家で歌手で作曲家のロルツィングは、フリーメイソンのメンバーになることで何らかの安心を物心両面で得ていたに違いない。

フリーメイソンの起源は、繰り返せば石工である。職人のメソッドやスキルに象徴される、科学技術や文化芸術の国境を越えて共有されてゆくわざ。それに自分たちが支えられ、そのわざを人類愛的な理想を持って世に広めるのが自分たちの使命だと考えることに、フリーメイソンの思想の根幹があるだろう。それを確認しようと思ったら、職人賛美という主題に行き着く。そこにロルツィングの思想がある。

だが『ロシア皇帝と船大工』に関していうと、それだけではない。職人賛美のための作り話だとしたら、あまりにも不自然すぎる。なぜロシア皇帝ともあろう人物が遠い異国で一介の労働者になっているのか。

ロシア史に明るい方には改めて申すまでもない。物語の土台には実話がある。ロシアの脱走兵と市長の娘の恋物語は作り話にしても、ロシア皇帝がザールダムならぬオランダのアムステルダムで船の建造を自ら手掛けたことは本当にあった。ロシア皇帝が船大工だった。しかも帝位に就く前の下積み時代とかの話ではない。豊臣秀吉のように草履取りが太閤殿下になった話ではない。皇帝が身分を隠して船大工をしていた。史実とされている。

その皇帝とは、ロマノフ王朝のピョートル大帝ことピョートル一世（一六七二～一七二五年）である。ローマ帝国のカエサルを語源とするツァーを一六世紀にイワン雷帝が名乗って以来、ロシアはヨーロッパ東方の強国として躍進を続けていた。しかし、西欧・中欧諸国に比べれば、政治の仕組みも経済の程度も科学技術も、まだまだ遥かに劣っていた。ピョートル一世は遅れを一気に挽回したかった。ロシア帝国を西方と肩を並べる大国へと促成したかった。そのために大胆な開明路線をとった。

まさにロシア帝国の「文明開化」である。その象徴が大使節団の派遣だった。ピョートル一世は一六九七年三月から翌年八月までの一年半ものあいだ、約二五〇名にも及ぶ使節団を西欧・中欧に派遣した。オランダ、イギリス、プロイセン、ザクセン、ハプスブルク帝国などを歴訪させた。種々の外交交渉のためでもあるが、何よりもまずは西方諸国の制度や科学技術を学ばせることに主眼があった。一行がいちばん長く居たのはオランダである。四か月以上も滞在していた。

日本人ならこの話を聞いて思い出すことがあろう。いわゆる岩倉使節団である。一八七一（明治四）年の暮れから翌々年の秋までの二年近くものあいだ、岩倉具視を正使とする一〇〇名以上の大使節団が欧米を回った。メンバーは岩倉のほか、木戸孝允、大久保利通、伊藤博文、由利公正、山田顕義、田中光顕、佐佐木高行、金子堅太郎、牧野伸顕、中江兆民等々。当時の新政府の指導者や後世の要人ばかりと称しても過言ではない。

いちばん長く滞在したのはアメリカで八か月。イギリス、フランス、ベルギー、オランダ、ドイツ、オーストリア、スイス、ロシアなどにも行っている。この岩倉使節団は身も蓋もない言い方をすると「一七四年遅れのピョートル大帝使節団」であろう。これほどの大物たちが国を留守にして大丈夫かと心配になるくらいの、大胆な規模と期間に及ぶ洋行。それを以て「文明開化」の礎にする。ロシアの真似としか言いようがあるまい。

だが、日本がロシアほど大胆でなかったところがある。『ロシア皇帝と船大工』は実話を基にしていると述べた。ピョートル一世の使節団には皇帝本人が入っていた。ピョートル・ミハイロフという偽名を使って。『ロシア皇帝と船大工』でロシア皇帝の変名がペーター・ミヒャエロフなのは、この史実に由来する。なぜ皇帝が偽名を使ったかといえば、皇帝本人は本国にとどまっていると敵対勢力に対して偽装しようとしたからである。方便であり策略である。岩倉使節団に明治天皇が公家か士族を名乗って紛れ込んでいたようなものだ。維新政府がそこまでやったことにすれば、小説や漫画やオペラが幾らでもできそうだが、ピョートル一世は実際にそれをした。大国の皇帝が一八世紀目前に。やはり驚くべき出来事である。

ピョートル一世の喫緊の課題。それは海軍建設であった。ロシア帝国にはそれなりの陸軍力がある。ユーラシア大陸で騎馬を中心とした陸戦の伝統は西方の教えも受けながら築かれている。だが、近代国家として脱皮を遂げるには国富の増進が必要で、そのためには海上貿易が欠かせない。陸路だけでは限界がある。海が必要だ。

しかるに、バルト海はスウェーデンに、黒海はオスマン帝国に押さえられている。そもそもロシアにはまともな海軍が無かった。建軍から始めねばならなかった。ピョートル一世は造船所を作り、軍艦の建造に取り組んだ。でも当然ながら技術がない。イギリスやオランダにも負けない軍艦はどうしたらできるのか。ピョートル一世の大使節団の目標は造船技術の習得だった。だからピョートル一世はピョートル・ミハイロフを名乗ってアムステルダムで船大工をした。現場で働きながら皇帝自ら学んだ。こうしてスウェーデンやオスマン帝国に対抗するロシア海軍が促成された。その海軍がそれから一世紀を経ずして極東に出没するようになった。今日の北方領土を巡って悶着が絶えなくなった。

このロシアの近代軍艦事始をめぐる秘話は、一九世紀のはじめには日本で知られていた。会沢正志斎の『新論』にも出てくる。『新論』は一八二五（文政八）年に仕上げられているから、オペラ『ロシア皇帝と船大工』の初演よりも一二年前。ほぼ同時代である。偶然でもあるまい。ロシアの海軍力への関心が、ロシアの西でも東でも高まっていたということだろう。正志斎は次のようにしたためている。

「鄂羅（ロシア）の汗（君主）、伯得勒（ペトル＝ピョートル）なる者、かつて微服して船匠となり、間行して荷蘭（オランダ）に到り、大船を造ることを習ふ。鄂羅のよく大船を用ひ、航海術に精《くわ》しきは、蓋しこれを始めとなす。実に元禄年間のことなりと云ふ。夷虜の心を用ふることなほかくのごとし。況や中国にして返つて自ら棄ててなさざらんや」

「微服して船匠となり」とは「身分を隠して造船技術者となり」の意。「間行して」とは「供も連れずに平民を装って」の意。ピョートル大帝の大使節団は元禄一〇年から一一年にかけてのことだから、年代把握も正確である。元は建艦技術をまったく持たなかったロシアが、そう長い時間をかけずに優れた海軍を建設し、中国＝皇国＝日本を脅かしている。夷狄ですらそこまでやっている。日本も諦めずに粉骨砕身すれば、ロシアに出来ていることがやれないはずはない。ロシア皇帝がやったように、たとえスパイ行為をしてでも異国の科学技術を取り入れれば、短期間に強力な海軍を建設可能と説いている。

『新論』は尊皇攘夷の方策として、まずは天皇中心で神道の力により士農工商の人心をまとめ、日本の特別な国体を自覚させて、ナショナリズムを呼び覚まし、贅沢慣れした武士には、愛国心に基づく耐乏生活を求め、それによって武家の経済を切り詰めて、浮いた富で武士階級を増員し、ひいては国民総動員で海岸線防御の徹底をはかるべきという。つまりこれは陸軍の話である。海からの侵略を水際で防ぐ話である。

明治維新後もしばらくのあいだ国防思想の根幹は、日本本土での水際撃滅であった。海沿いに砲台を築き、要塞を建設し、敵を近付けない。明治前期の日本は、もしも清やロシアと戦争になったら、陸軍を朝鮮半島や中国大陸に送り出して敵地でばかり戦えるとは、必ずしも思っていなかった。国力に劣る日本としては、向こうからやってくる敵を自国で退けるしか手はあるまい。近代初期の日本の国防は、江戸時代の鎖国と海防論の延長線上に構想された。要するに本土決戦の思想である。その名残りとして、東京湾や舞鶴や対馬をはじめとする全国各地の要塞は第二次世界大戦の終わりまで機能し、敗戦間際まで米軍上陸に備えていた。

だが正志斎は、一八二〇年代の段階で既に、陸上戦力に頼った海防を上策とは考えていなかった。西洋の軍艦の能力が向上した今となっては、いざというとき敵は日本の至るところを砲撃し、至るところから上陸してくると思わねばならない。一八二〇年代まで、いや、その後も幕府や諸藩の海防論の主流は砲台建設や水際撃滅だったが、正志斎はそれでは無理があると考える。日本中の海岸線に屯田兵を張り付けての国防が現時点で可能な策には違いない。が、やはり海防には大砲が必要であり、大砲の移動は容易でない。日本沿海を自由に動き回る西洋の巨艦に対し、幾ら大砲を並べても追いつかない。

したがって陸上からの海岸防備は当座の策であり、可及的速やかに、国家何十年かの計をもってロシアやイギリスに負けない海軍を有さねばならない。そして先手を打つ。日本に近付いてくる敵海軍をなるたけ遠方で捕捉して撃滅する。これがいちばん効率的であり安全である。専守防衛は突き詰めると長駆しての予防攻撃になる。先制攻撃が必要なのだ。それを可能にするのは海軍力である。そこで『新論』はピョートル大帝のエピソードを強調する。

大帝はロシア海軍建設に必要な技術をどこから導入したか。オランダではないか。鎖国日本が長崎で交際している唯一の西洋国である。鎖国を守りながら西洋の技術を学び、強力な艦隊を揃えるというのは決して夢物語ではあるまい。ロシア皇帝が船匠になったのなら、日本の天皇や将軍が同様の覚悟をもてば必ず海国日本に相応しい海軍を有しうる。

そこまで行けば、日本は、世界に冠たる天皇の国、真の中国としての性質を発揮して、日本に邪心を持つすべての国を屈伏させられるだろう。真の尊皇攘夷は鎖国海防ではない。皇国に無断で近付く敵艦を一隻も出さないために、強力な皇国海軍によって先手必勝で世界の制海権を獲得することである。かくして尊皇攘夷の目標は、海上決戦の勝利による世界制覇へと一挙に飛躍する。

六　南上・親政・万世一系

南上という言葉がある。北上や南下の間違いではない。水戸語だという。水戸藩で使われていた。この場合の「上る」とは「都に上る」の意。侍の都は将軍の都。江戸である。水戸から江戸は南方だ。だから南上という。

この南上を、水戸の侍たちが大挙して、しかもたいへん例外的なかたちで為したことがあった。通常の南上は当然ながら合法的に行われる。水戸藩士が公用で地元の常陸から水戸藩の江戸屋敷などに向かう。あるいは許可を得て私用で江戸へ出る。普通の南上である。

ところが一八二九（文政一二）年秋の南上は違った。大勢が藩の命令も許可もなく江戸に上った。長州藩の兵学者、吉田松陰が、水戸の徳川光圀や朱舜水の墓に詣でたくなり、また水戸学者の会沢正志斎らに面会したくなって、江戸の長州藩邸から無断で失踪し、脱藩者扱いとなる事件が後に起こる。幕末の動乱期に武士が自由に京の都などで政治活動を行おうとしたら、誰しもそういう真似をした。脱藩して浪人となり自由人としての資格を得ることで、とりあえずは雇主から自由に尊皇や攘夷を唱えられる。文政一二年の何十人かの水戸藩士たちの南上も、それに近かった。尊皇や攘夷ではないが公然たる政治的目標があった。一種の強訴である。捕縛されたり浪人となったり命を失う可能性もかなりあった。

文政は、水野忠邦が「天保の改革」を行う天保の直前の元号である。文政一三年が天保元年となる。

坂本龍馬が脱藩するような時代よりもおよそ三〇年は早い。水戸の侍のやることは何事も時代を先取りしていた。水戸人の気風と思想と行動の真似をして起こったのが幕末維新の動乱であったとも言える。

いったい文政一二年に水戸のどんな人々が何を要求したくて江戸のどこへ行ったのだろうか。その年は、水戸藩領の大津浜にイギリスの捕鯨船の乗組員が上陸して大騒動になり、後に水戸学の雄となる藤田東湖がイギリス人たちを斬り殺そうと計画して未遂に終わってから五年後、やはり水戸学者の会沢正志斎が後に尊皇攘夷思想の聖典と仰がれる『新論』を著してから四年後に当たる。藤田東湖の父にして会沢正志斎の師匠であり、水戸藩主徳川斉脩にロシアやイギリスが日本を侵略しようとしていると激烈に訴え続けていた藤田幽谷は、文政九年に五〇代で既に逝っている。

その文政一二年、藩主斉脩は江戸でまだ三〇代の若さでありながら死の床にあった。跡継ぎの男子はなかった。誰が徳川御三家のひとつを相続するのか。以前から藩論は割れていた。水戸藩は誕生して以来、ずっと財政難である。格式に対して石高が低すぎる。常陸の土地も決して肥沃ではない。それでも藩財政を成り立たしめようとすれば、いつも領民には重税が課されることになる。領地には水戸の農民の怨嗟の声が漲って限界に近づいていた。幕藩体制の歪みが、天保の改革期を前にした水戸で、もう爆発しかけていた。

水戸の自力更生の努力は限界に来ている。ではどうすればよいか。江戸の将軍家から世継ぎを迎えるにかぎる。有力な藩論であった。主たる担い手は上士と呼ばれた高禄の藩士たちである。そこで候補とされたのは徳川恒之丞。子沢山で知られた一一代将軍、徳川家斉の二一男で、清水徳川家の養子になっていた。清水徳川家とは、八代将軍の吉宗の二人の息子と九代将軍家重の息子一人をそれぞれ初代として作った御三卿の家のひとつ。他は田安徳川家と一橋徳川家である。御三卿を吉宗が設けたのはもちろん、初代将軍家康が晩年の三人の息子を始祖として尾張徳川と紀伊徳川と水戸徳川の御三家を作った故事に倣っている。

清水徳川家から現将軍の実子を養子に迎えて水戸徳川家を継いで貰えれば、どんなよいことがあるか。将軍家からの財政援助が大きく得られるのは確実であった。水戸藩主の斉脩の妻はやはり将軍家斉の娘であり、清水家の恒之丞は斉脩の妻の弟にも当たる。義弟を養子に迎えて家を継いでもらう。大名家によくある話であり、筋も通っている。水戸家は家斉の娘を嫁にすることで、既に経済的な恩典を種々受けてもいた。おかげで首の皮一枚で財政破綻を免れていたのが当時の水戸藩であった。徳川恒之丞を次期藩主とすれば、水戸徳川家の懐事情はさらに改善され、きっと危機を脱出できる。徳川恒之丞擁立派の水戸藩の上士たちはそのように算盤を弾いていた。

だが反対する人々が居た。藤田幽谷と東湖の父子や会沢正志斎などである。彼ら水戸学者とそのシンパを中核とするグループである。徳川恒之丞をわざわざ連れてくることに本当の義があるか。義公と称された徳川光圀以来の水戸の思想の担い手を自任する彼らは、恒之丞では筋が通るまいと主張していた。確かに徳川斉脩には男子がない。だが弟が居る。先代の治紀《はるとし》の実子の斉昭である。江戸で財政難の水戸藩の家風をよく弁えて慎ましく育っていた。

だいたい水戸徳川家を支えてきたのは、初代頼房とその子の光圀以来の尊皇と武勇を何よりも尊ぶエートスである。貧しい水戸藩のありさまを当為として受け入れ、その中で努力と工夫を重ね、外国の侵略や内乱に備えて思想を鍛え、国防の最前線を担おうとしてきたのが、初代将軍家康と二代将軍秀忠の時代から将軍家の盾として身命を賭するように命ぜられてきた水戸の伝統というものである。今、ロシアやイギリスがついに迫り来ようという時代を迎えて、水戸の立場はいっそう貫徹されねばならない。

ところが恒之丞擁立派はそうした自覚に乏しい。将軍家からの継続的財産分与を受ければ当座は凌げるということばかり考えている。彼らは血に裏付けられた歴史を軽視している。水戸徳川家は斉脩が八代目。そこまで初代頼房とその子の光圀の血筋は保たれている。水戸のエートスは頼房と光圀の血あってこそだ。万世一系だ。その血は斉脩の弟の斉昭を立てれば保たれる。徳川恒之丞でも家康まで遡ればつながるが、彼は頼房や光圀の血を受け継いでいない。徳川恒之丞の擁立は水戸の「万世一系神話」の崩壊を意味する。将軍家による水戸家侵略とも言える。水戸の培ってきた独自のエートスを失わせ、植民地根性を植え付ける。許しがたい。藤田父子や会沢正志斎の考え方であろう。

ここに水戸学の思考様式の核心があるといってもよい。ローカルとセンターをぐるぐる回るのである。光圀の血筋に誇りをもって水戸藩の置かれた無茶な状況に忍耐することと、天照大神以来の天皇の血筋を信仰して極東の島国の独立を保全しようとする心意気とは、鶏が先か卵が先かのような関係にある。そこに、文政後期においては、ロシアやイギリスの日本植民地化の可能性と、将軍家による水戸家植民地化の可能性とが重なって、相乗して、こちらも思考をぐるぐる回す。水戸の学者たち、殊に藤田幽谷以後の人々はそういう考え方を日々当たり前にしていた。水戸の血筋を思うのと同様に天皇の血筋を思い、水戸家と将軍家の力関係を日本と世界の力関係に相似させて考える習慣を身に付けていた。天皇の血筋や西洋の事情は水戸の侍からすれば遠いと言えば遠い。だが、彼らはそれを身近な我が事のように実感できる回路を有していた。新興宗教団体や革命をめざす政治組織のカリスマ的指導者が、自らの健康状態や集団の危機的状況を国家社会や世界全体の命運と無理やりにでも重ね合わせ、思想や行動を際限なく先鋭化させてゆく例はよくみられる。水戸の場合もそれと似ているのかもしれない。とにかく水戸で政治的・社会的・軍事的思想が一九世紀前半に日本の中でも際立って敏感に急進性を示し得た理由は、そのあたりにあるのだろう。

そうした挙げ句の果てに、文政一二年の南上が決行された。そのときもう藤田幽谷は世を去っていた。南上したのは藤田東湖や会沢正志斎、それから幕末の天狗党の乱によって名を残す武田耕雲斎《こううんさい》といった面々である。彼らが江戸の水戸藩邸の藩主斉脩のもとに、後継者を弟の斉昭とするよう直訴すべく押しかけた。常軌を逸した振る舞いというほかはない。だが藩論は、将軍実子を迎えたい経済的現実主義と藩主実弟を担ぎたい政治的理想主義とに分裂して、調停不能だった。そんな状態のまま、斉脩がこの問題についての意思を示さずに逝ってしまっては、気質の荒い藩風の水戸のことだ。血で血を洗う抗争となって、下手をすれば御三家のひとつが無くなりかねない。藤田東湖らの南上は藩主に最終決断を仰ごうとするものであった。天皇に聖断を迫るような話である。それが無理なら、せめて斉昭擁立が自分たちの決死的意志であることを、藩内の反対派や日和見派、さらには幕閣や関係諸藩に訴えよう。下手をすれば、徳川斉昭を巻き添えにし、全員が玉砕しかねなかった。

結果はどうなったか。徳川斉脩はこのときすぐ亡くなるのだが、そうしたら遺書が出てきた。弟の斉昭を後継指名していたという。反対派もとりあえず黙らざるを得ない。徳川斉昭が藩主となり、烈公斉昭の名は幕末史に強く激しく刻まれることになる。ちなみに歴代の藩主を○公と呼ぶのは水戸の中国趣味・儒学趣味から来る習慣であろう。徳川斉脩はというと哀公になった。哀しく寂しい人だったからではない。心の底から弟の斉昭を跡継ぎにしたいと哀願したから哀公。会沢正志斎や藤田東湖は、哀公から烈公へと藩史を導いた立役者として、藩の実権を握ってゆく。

それにしても、哀公の遺書があったというのは出来過ぎている気がしなくもない。東湖や正志斎が「聖断」を偽造したのではないか。同時代からそうとも思われ、言われ続けてきた。水戸学者による陰謀ではないかというのである。確かに斉脩の真筆の遺書も残ってはいないようだ。が、作り話という証拠もまたない。とにかく水戸の「万世一系」はこうして守られた。

さて、東湖や正志斎が、天保の初めの頃、新藩主斉昭に期待した最大のものは何であったか。そこにも幕末維新史とダブる重い言葉が出現する。「御親政」である。この場合の御親政も南上と同じく水戸語と言ってよい。藩主が藩政を執るのは当たり前だろう。ところが水戸では必ずしもそうではなかった。御三家ができて以来、水戸家は他の大名と違った特別な役を課されてきた。「天下の副将軍」は将軍の側にいつも居なければならない。だから「江戸定府」。これまでも触れてきた話題である。参勤交代もしなくてよい。

尾張徳川家や紀伊徳川家を含め、北は松前から南は薩摩まで、全国すべての大名は隔年で江戸と国許を行き来する。藩主在任中の原則として半分の歳月は、領国の城や陣屋で政治を行う。ところが全国に大名は多くあれども水戸藩主だけが異なる。「江戸定府」の原則を守り通すとすれば、藩主であるあいだ、一度も水戸には行けない。事実、哀公こと徳川斉脩は藩主としては国入りを一度もしなかった。それが定めといっても、幕府に願い出れば、随時帰国は許される。斉脩がそうしなかったのは、病弱だったせいもあるが、水戸の財政事情が大きい。水戸と行き来するとなれば、御三家の格に見合った大名行列を組まねばならない。その負担を嫌ったのである。

水戸の歴代藩主は斉脩に限らずそういう具合に過ごしがちだった。すると、国許の常陸はどうなるのか。藩主だから藩政を行う権利も義務もある。が、肝心の常陸は遠い。形式的には江戸から指図するにしても、実権は国許の家老などに移って、それが常態化する。水戸藩士でも、高禄の家柄の上士にして、国許に居て家老や要職の奉行などの職に就く階級が、国許での特権をいろいろと有して既得権益化してしまう。殿様の目が行き届かないのをよいことに、上士が勝手をし、中士や下士、さらに領民が無理な目に遭わされる構図が当たり前になる。

そのせいで不満の溜まりがちな水戸の人々は何を願望するようになるか。水戸語で言うところの

「御親政」である。江戸には、家康の子として勇猛をうたわれた威公頼房や、水戸の誇りにして水戸学の開祖でもある義公光圀の血を受け継ぐ、代々の殿様が居る。だが、その殿様はたまにしか帰ってこない。何十年も帰らぬときもある。おかしいではないか。藩主と下士や領民のあいだの一階層に過ぎない上士と、彼らと仲良くしている人々が、力を持ち過ぎる。それを正すのは「御親政」だ。長ければ長いほどよい。水戸語の「御親政」とは藩主が水戸に帰りとどまって、直接に政治を行うことを意味する。しかもその藩主は威公や義公の血を受け継いでいる。そこが大事なところだ。

そして「御親政」という言葉は、天皇親政とつながる。ここにも水戸学のローカルとセンターをぐるぐる回りする思考形態が発見される。水戸語の「御親政」は、江戸に居る水戸徳川家当主を京の都の天皇に重ね、水戸に居て水戸家の主人から領内統治を委託された恰好の国家老等を、江戸に居て京の天皇から国政を委託された恰好の将軍や幕閣の官僚等に重ねて、使われる言葉だ。しかも、水戸藩の長年の実情に即せば、中間の者が上の人の意向を汲み切れぬことで政治が乱れがちになるから、究極的には親政が望ましいという思想に展開しがちになる。中抜きを熱烈に願望してやまない。

繰り返せば、このような思考の回路は、江戸時代でも水戸藩の特殊事情だけが生み出し得、実感し得たと言ってよいだろう。薩長土肥でも会津でも桑名でも越前でも、藩主は定期的に帰ってくる存在であった。滅多に帰ってこない英雄的藩主に、なかなか顔の見えない天照大神の子孫をダブらせて、理想主義的妄想を膨らませ、その通りにならないと激発するのが、水戸学の思想形態であり、それが感染してこそ、尊皇攘夷の脱藩志士が世に満ちてもいったのだろう。

徳川斉昭は、藤田東湖や会沢正志斎の期待に応えて「御親政」をしようと、水戸に戻る期間を長くすることに努めた。その斉昭は、ペリー来航以後、幕政に強く参与し、将軍よりも朝廷の意向を重んじようとして、幕府の権威を保とうとする大老の井伊直弼と、ことごとく対立した。

その斉昭の子が徳川慶喜である。彼は御三卿のひとつの一橋家に養子に入って家督を相続し、そこから水戸家の系統、つまり頼房や光圀の血を受けた者として、初めて江戸幕府の将軍職に就いた。将軍なのに武家の独断専行を嫌い、孝明天皇に忠義を尽くそうとした。さらに慶喜は、中抜きの最終徹底をはかるべく大政奉還、つまり将軍に委託されてきた国政の権を天皇に返して、天皇親政を建て前とする維新政府実現の道を開いた。水戸語の「御親政」は、言葉の内包していた可能性を全面的に展開して日本近代を創出した。そう言ってよい。

ところで維新政府とは、天皇親政を建て前にしながらも実際は、上士と対立して脱藩するような諸藩の中士や下士のあたりに相当する武士たちが、まさに中抜きの原理を徹底して天皇と結び付くことによって、将軍や大名や家老クラスを飛び越え、権力を獲得して創出した政府とも言える。大久保利通や木戸孝允や伊藤博文や山県有朋や黒田清隆といった名前を並べれば、それは分かる。

徳川斉昭の「御親政」を目指して蹶起し南上した水戸の人々は何者であったのか。やはり下士が中心であった。商人の息子で、学問の力のみによって水戸藩に取り立てられ、侍となって立身出世を果たしたのが、藤田幽谷であった。弟子の会沢正志斎も、遡れば農民の家だという、低い身分の武士であった。能力によって自力で這い上がった学者たちとそのシンパの下士が南上した勢力の核心であった。山野辺義観《やまのべよしみ》のような上士の中の上士というような人も混じっていたけれど。テレビ・ドラマの『水戸黄門』で東野英治郎が主役を務めていた頃、「ご老公、旅はなりませぬぞ」という台詞を繰り返しては、いつも空振りに終わって臍を噛む、旅立ちの止め男としての水戸藩家老、山野辺兵庫を、大友柳太朗が演じていたが、その代々家老の山野辺家の跡取り息子が山野辺義観であった。彼は幽谷や正志斎の学に心酔し、国防意識を高潮させていた。

文政一二年の「御親政」を目指した水戸の下士のクーデターとも呼べる南上は、それから三九年後の「御親政」による王政復古を旗印にした明治維新の予告だったのではあるまいか。ついでに言えば、このとき徳川恒之丞の擁立に失敗した上士の人々の流れが水戸藩内での佐幕派として諸生党《しょせいとう》を形成し、この諸生党が、かつて南上に参加した武田耕雲斎も加わった絶対尊皇の天狗党と全面戦争となって、水戸領内が熾烈な戦場と化したのは一八六四（元治元）年である。これは水戸藩内版のプレ戊辰戦争であったと言ってよい。

水戸の歴史はいつも維新史を先取りしていた。

七　高度国防国家

徳川斉昭が水戸藩主の座に就いたのは一八二九（文政一二）年である。翌年に元号は天保に改まる。斉昭は、彼を擁立してくれた水戸藩の下士を中心とする人々の期待に応えるべく、藩政の大胆な改革を欲した。「天保の改革」である。そう言うと一般の日本史では、幕府の老中、水野忠邦の行った幕政改革を指すと相場は決まっているが、水戸では徳川斉昭の藩政改革を「天保の改革」と呼ぶ。そこには斉昭を奉じた水戸学者たちのアイデアが積極的に取り込まれた。

斉昭が真っ先に改革しようとしたのは農政である。その象徴が「三雑穀切返しの法」を廃する宣言であった。

「三雑穀切返しの法」とは、水戸の初代藩主、徳川頼房の時代から続く「水戸の悪法の代表」である。水戸学の雄、藤田幽谷は主著のひとつ『勧農或問《かんのうわくもん》』で、その廃止を主張していた。『勧農或問』は一七九九（寛政一一）年の作。斉昭が藩主になったとき、既に幽谷はこの世の人ではなかったが、斉昭は『勧農或問』の実践を「水戸の天保の改革」の目玉にしたかったようだ。

『勧農或問』は言う。「有司の仕方悪しきにより、大に民心を損ふものは、三雑穀の切返しより甚だしきはなし」。三雑穀とは大豆と稗と荏胡麻《えごま》を指す。荏胡麻からは油を搾った。大豆は水戸だと納豆のイメージがあるだろうが、水戸でよく納豆を食するようになったのは近代以降のことかと思われる。

とにかく三雑穀は畑の作物。農民は藩に米なら年貢として物納するが、畑の三雑穀は値段を米に換算して金納する定めだった。とはいえ、武家でも大豆と稗と荏胡麻は要る。そこで高一〇〇石に付き、大豆は五石、稗は三石、荏胡麻は一石二斗と定めて、その分を藩が安く買い上げ、代金を畑の年貢の金納分から差し引くことになった。それで素直に終わりになれば、別に悪法ということもない。だがもちろん素直な話ではない。ここからがややこしい。

藩は安く買い上げたはずの三雑穀の現物をすぐには受け取らない。農民に預けておく。倉庫代を浮かせているのではない。三雑穀は収穫期にはたくさんあるから市場の相場も安いだろう。それが冬を経て春になる頃には上がってくる。高値になる。水戸藩はそこで何をやるか。農民に預けっ放しにしていた三雑穀をその高値で農民に強制的に買い戻させる。藩は農民から安値で買って高値で買わせる。切り返すと言う。買い戻さなければ厳罰だ。法律なのだから。「三雑穀切返しの法」と呼ばれる所以である。

これはもちろん藩の収入を増やすための工夫だ。「三雑穀切返しの法」はこの種の税法の目立った象徴であって、水戸藩は似たような小手先の工夫をさまざまに重ねて束ねて、農民に苛政を敷き続けていた。非道と言いたくなるほどのやりようである。そして藩主たる「天下の副将軍」は「江戸定府」の決まりだから滅多に藩地に帰ってこない。農民は、「天下の副将軍」がもっときちんと水戸で政治をしてくれれば、こんな悪政にはなるまいと、役人を恨んで藩主を偶像化し神格化しがちになる。そうして出来るのが水戸の気風である。

では、なぜそこまでして水戸藩が増収をはからねばならないかといえば、「天下の副将軍」やら「江戸定府」やらの重圧により、他藩に比して江戸でのかかりが大幅に増え、予算規模が藩の石高に比して際立って大きくならざるを得ないからである。構造的問題という他はない。水戸藩主は江戸から「もっと金を寄越せ」と地元に号令をかけ続け、水戸の役人たちは「三雑穀切返しの法」等を考案し、領民は怒って役人を怨み、なかなか顔の見えない藩主の仁政を待ち望む。不思議な循環である。

それでも増収がはかれていれば、水戸藩の理屈としては完成している。だが、一八世紀から一九世紀へと時が進めば進むほど、苛政は結果と結び付かなくなっていった。しかもその度合いが極端である。藤田幽谷は『勧農或問』の冒頭にこのように記している。八代将軍吉宗の頃の享保一一（一七二六）年、幕府に提出した水戸藩の公式統計によれば、藩の人口は三一万八四七五人で、うち男性は一七万六一三二人であった。ところが寛政一〇（一七九八）年、藩の人口は二二万九二三九人、うち男性は一二万二二四三人だという。階級で言うと全体の九割五分は農民と推定されている。武士も町人も何千人かずつということになる。

これらの統計が正しければ、約七〇年で水戸藩の人口は、農民を中心に三割も減っていることになる。江戸時代は人口の面では停滞期と考えられているが、水戸藩に関していえば停滞どころでなく激しい人口減少が起きている。疫病が流行したり飢饉で大量に餓死したりといった異常事態が、水戸にだけあったというわけでもない。結局、人口が余所に流出しているのであろう。幽谷は、水戸藩の実質農業生産高も、徳川光圀の時代に比すると寛政期にはやはり三割減じていると、『勧農或問』で試算している。苛政ゆえに人々は故郷を捨て、水戸は壊れつつある。そう言っても決して大袈裟ではない。かなりの惨状、もはや末期症状の体である。

藤田幽谷は早急な対策を訴える。「三雑穀切返しの法」の廃止を始めとし、農民の税負担の軽減を主張する。そうすれば短期的には税収は当然ながら減ずるだろうが、人口と労働意欲・生産力の回復をはかるには、民に多少なりとも余裕を持たせる以外に手はあるまい。徳川斉昭は、この幽谷の提言を、遅まきながら実行に移そうとしたのだろう。もっとも実のところは、斉昭は肝心要の「三雑穀切返しの法」をすぐにやめると言いながら、ほんとうに廃止するまでには、藩主就任から一〇年以上もかかったのだが。相変わらず先立つものには苦労をし、公約をなかなか実行できなかった。とはいえ、税制改革には手をつけていったし、農民層に期待を持たせ、やる気を起こさせることには、いちおう成功したのだろう。

農民だけではない。斉昭を藩主に擁立することに尽くしたのは、主に水戸藩の下士たちだった。下層の侍だった。彼らに藩政への参加と責任の意識をより強く持たせたい。斉昭の思想である。下を精神的に上に帰一させ、総力を出させる。農民に対しても武家に対しても考え方としては一貫している。斉昭は、たとえ足軽でも、上輩・上司に遠慮なく、藩政の問題点について藩主に書面で直接意見することを求めた。ソ連末期におけるゴルバチョフのグラスノスチのようなものと少し似ている。風通しをよくして下から盛り上げる。やりようによっては危ないが、斉昭の場合は功を奏し、藩政の活性化に寄与したようである。

こうした改革の試みと一体になったのは、倹約の徹底である。農民の税負担の軽減をはかれば、その分、武家が質素にするしかない。倹約は会沢正志斎の『新論』が説いていたことでもある。藩主斉昭自身が倹しい暮らしに徹した。粗食に耐え、着物は粗悪品も辞さない。宴会も原則禁止。武士だけでなく町人にも課した。三味線音楽もやめさせた。贅沢は敵というだけではない。儒学には礼楽思想がセットになっている。正しい音楽が世に行われれば、世は道徳化するという考え方。正しい音楽とは地味で穏和で感情を鎮静させる退屈なくらいな音楽のことと、しばしば考えられてきた。その立場からすると、三味線は響きが柔弱に過ぎて駄目ということになる。儒学に立脚する水戸学の道理にも適っていた。

また斉昭は、藩外の品物を水戸で買って消費することを歓迎しなかった。食糧も衣料も工業製品も、藩内の生産物で賄うことを理想とした。藩外の品物は商人の手と足が介在して持ち込まれ、価格にはマージンが乗ってくる。国と国だろうが、藩と藩だろうが、江戸と藩だろうが、「輸入」は必ず割高になる理屈で、自藩の富を流出させる。「輸出」も生産力が不十分な「持たざる藩」にとっては藩内で消費すべき必需品の流出につながる恐れと不可分だから、かりに金銭上の利得をもたらしたとしても、安全保障上、良策とは言えない。斉昭が西洋諸国に対して日本の開国を拒絶するのと同じ論理が働いている。

はて、新藩主斉昭がそうした企てを重ねたのは、水戸藩の財政を立て直そうとしてのことだろうか。もちろんそうには違いない。だが平時における単なる財政改善の策というのとは、動機も次元も根本的に違っていた。斉昭にとっては、文政年間も天保年間も非常時もしくは準非常時なのである。藤田幽谷も『勧農或問』を素直に農民の暮らしのためにしたためたのではない。北から迫るロシアの脅威に備えて軍事予算を捻出しなければならない。それで頭が一杯なのが一七九九年の幽谷であった。

何しろ水戸藩は天皇と将軍の国を率先して死守する歴史的使命を課された特別な藩。経済的余裕の有無にかかわらずやるときはやらねばならない。水戸学はそのための実学である。可及的すみやかに富国強兵を図らねば使命を果たせないのならば、農本主義の時代には勧業は勧農に尽きてくる。水戸学者は平時なら『大日本史』の執筆と編纂に励んでおればよいが、非常時には生産力増強理論の案出に努めねばならない。農業振興こそ国防の礎。それで『勧農或問』になる。

藤田幽谷の愛弟子、会沢正志斎の『新論』における倹約の主張も、倹約を美徳とするから出てくるのではない。これもまた実学である。武士が華美を捨て都市生活をやめて倹約し、国防の最前線である本土の海岸地域や蝦夷地にじかに住み、屯田兵になって自給自足生活を送れば、最大効率で実働戦力が保てるという実学的要求に従ってこその、倹約の主張である。

徳川斉昭は彼らの理論に忠実に振る舞おうとした。倹約と財政緊縮を熱烈に実践しだした。水戸藩内の上士を中心とする、水戸学的発想に従えず、そこまでの対外的危機意識をまだ抱けぬ人々の顰蹙を買った。そうした真っ最中の一八三三（天保四）年、斉昭は幕府の許可を得て、定府の決まりの江戸を離れ、水戸にお国入りし、そこでいきなり倹約政策と明らかに背反すると見える鹿狩りを、藩士を大量動員し、水戸近傍の山中で行った。

鹿狩りは普通に考えれば、鷹狩りなどと同じく、将軍や大名の贅沢な娯楽である。質素を重んずるのとは正反対の行動と指弾されても仕方ない。だが斉昭はもちろん違った理屈に基づいて行動していた。鹿狩りとみせかけての言わば陸軍大演習のつもりだった。国防強化と総動員体制作りのために冗費節減と民心の掌握に努める。そうして軍事に大胆に集中して予算を投下する。斉昭が実際にやったことだった。

だが、水戸藩の構造を改革し、「三雑穀切返しの法」をやめると宣言するくらいのことで、斉昭と彼を支える水戸の学者たちの大望が果たされるはずもない。水戸の欲する軍事力は水戸藩領の自衛力にとどまらない。江戸を固め、天皇を守り、皇国全体を護持する。そのためには西洋への大遠征や先制攻撃も可能としなければならない。積極的な国防体制は、対外攻撃能力も可能な水準に達しなければ完成しない。そして究極の目標は世界制覇。会沢正志斎が斉昭の藩主就任前から主張していることである。水戸藩は日本でも核心的武力を保有して、その理想の実現のために寄与せねばならない。

しかるに現実の水戸は貧しすぎる。小さすぎる。藩政改革だけでは如何ともしがたい。斉昭は一八三四（天保五）年の秋、幕閣に対して赤裸々で大胆な運動を始めた。知恵袋は、会沢正志斎、青山延《のぶ》于《ゆき》、藤田東湖らの水戸学者である。

まず斉昭は幕府へ、水戸藩に蝦夷地を開拓させるようにと請願した。水戸学は、立原翠軒や木村謙次以来、ロシアの脅威を研究し、対露情報を蓄積してきた。北方の脅威を意識することで、水戸の学問もたちまち歴史学から非常時対応の実学へと変質し、その思想を実践すべく登場した藩主が徳川斉昭である。今こそ北方警固は水戸藩に任せられるべきだ。だが純粋に警固だけを請け負う財力が水戸藩には無い。だから開拓も併せてさせて貰う。要するに屯田兵である。水戸の屯田兵に蝦夷地を任せよ。そういうことである。

続いてすぐに斉昭は、水戸藩本領の増封運動も始めた。一二万石の加増を求めた。藩財政の破綻を防ぐにはもはや領地拡大しかないと幕府に訴えた。ターゲットは常陸国の水戸藩領から外れた海岸寄りの南側、鹿島と行方《なめがた》である。水戸藩は元が三五万石なので加増が認められれば四七万石。同じ御三家の尾張徳川家は六二万石で、紀州徳川家は五五万石。届かないがだいぶん近付きはする。御三家の格に実態が少し見合ってくる。それに鹿島は海防の要衝。江戸を西洋諸国の海軍から護るために、水戸の学者たちは鹿島に海防要塞を築きたかったのだ。

斉昭は、幕府に矢継ぎ早に出したこの不穏とも言える要求を、けっこう実現可能ではないかと考えていたようである。幕閣首脳にも賄賂を贈るなどして、まじめにアプローチした。しかし、常軌を逸していると警戒されただけで終わったようである。

斉昭は、水戸学的教養に裏付けられた自らの痛切な危機意識と、幕府や、水戸藩内でもまさかすぐに西洋諸国の圧力が顕在化するとは考えない「常識的な勢力」とのあいだに、目まいのするほどの齟齬を感じたらしい。

斉昭は激しく苛立ちながらも、幕府への要求のレベルを取りあえず大幅に下げることにした。水戸藩が成立当初から慢性的な財政危機に陥り続けている主因は、藩主の「江戸定府」という他藩にない事情から生まれる高負担である。だったら「江戸定府」を廃するか緩めてもらえないか。

そこで、藤田幽谷の子の藤田東湖が、斉昭に奇策を授けた。「斉昭の岩戸隠れ」である。天照大神が高天原の治まらなさ加減につむじを曲げて天の岩戸の奥に引きこもってしまう。天照大神は太陽神もしくは太陽そのものであるので、世界は暗黒に包まれる。それで神々は困り、天照大神の気持ちを重んじなければと、改めて思うようになる。これは天照大神の権威を改めて確認するための革命のようなものであったのだろう。この神話の筋に倣って、藤田東湖は主君を水戸藩の江戸屋敷に引きこもらせた。皇国と水戸を重ね合わせて演出するのは水戸学者の得意中の得意である。斉昭の苛立ちはそれほど深い。ここまでやれば、みなも気付くだろう。

斉昭は江戸城に行かなくなった。藩政にも指示を与えなくなった。隠居をほのめかした。この「岩戸隠れ」は成果を得たようである。「江戸定府」をせずともよいとまさかいきなりはならなかったが、水戸藩主の長期帰国は認められやすくなった。藩内でも斉昭の急進的な改革や大胆な発想に異を唱える者が表向きは減った。

斉昭は「岩戸隠れ」によって勢いを得た。『新論』の国防思想の具体化にも本格着手する。蝦夷地も鹿島も水戸藩にくれないのなら、とりあえず領内でやるしかない。一八三六（天保七）年、斉昭は現在の日立市助川《すけがわ》に助川城と呼ばれる海防のための要塞を築いた。一八二四（文政七）年に英国捕鯨船の乗組員が上陸してきて大騒動がまき起こった大津浜からも遠くない。山野辺義観を長とする士卒二〇〇名が助川城勤務を命じられた。

助川には町があったわけではない。僻地の純然たる軍事要塞に、二〇〇人の侍が常駐した。土着化して兵農一体となって、ついには自給自足することが期待された。『新論』の屯田兵構想がついに実践されたのである。天下泰平の江戸時代の長年の常識を破る試みである。むろん助川城一箇所でよいという話ではない。斉昭と水戸の学者たちは日本中の海岸に海防要塞を至急築くべきだと考えていた。特に蝦夷地は要塞だらけにすべきである。その先駆けとしてのとりあえずの助川城ということだ。英清間に阿片戦争の起こる四年前のことである。

ところで、助川城は戦国乱世からのいわゆる日本式の城郭とは違っていた。水戸学の木村謙次や会沢正志斎は、西洋の軍事科学技術の優位を認め、西洋諸国の日本侵攻を食い止めて、さらに逆襲するには、敵の科学技術をそのまままわがものにせねばならないと早くから考えていた。そして、その目的は日本の鎖国的な現状を保ったままでも、長崎経由の西洋知識と日本の旧来の科学技術力を結合させれば可能とも思っていた。天保の頃はまだそうである。

徳川斉昭は、この点でも水戸学思想の忠実な実践者だった。彼は藩主就任三年目の一八三一（天保二）年から、蘭学者の青地《あおち》林宗《りんそう》や幡崎鼎《はたざきかなえ》にオランダの軍事科学書を蒐集・翻訳させ、また西洋式の要塞や砲兵陣地の図面の写しを作らせた。一八三三（天保四）年には鹿狩りをする一方、領内の海岸を自ら検分して、海防要塞建設の適地を早くも探し始めていた。その実りが助川城であり、あるいは助川城に少し先んじて建設された那《な》珂湊《かみなと》の砲台である。助川城の大砲の配置等々には、オランダの兵書から取り入れた知識が反映されている。それは西洋式要塞を模範として作られたと言ってよいだろう。

尊皇攘夷の実現のためには「夷」に学ばなくてはならない。徳川斉昭の目指したのは和魂洋才の道であった。

八　水戸の文明開化

与七という大工が水戸の領内に暮らしていた。一八三三（天保四）年生まれ。徳川斉昭が水戸の藩主になって五年目。初めて江戸からお国入りをした年でもある。

与七の生まれ育ちは那珂湊。太平洋際の海岸からは少し内陸の水戸の町には那珂川が流れていて、川はじきに大海に注ぐ。その海岸沿いが那珂湊である。

父の与衛門も大工。木彫がうまいので、宮大工として名をなした。子の与七も親譲りで、幼少期から部屋に籠っては木を削り込んでいたという。

与七が一六歳の頃というから、天保も終わって弘化を過ぎて嘉永の初めの頃か。水戸徳川家で高禄を食む雑賀《さいか》家の屋敷が火事になった。雑賀氏はもともと鈴木の姓を名乗り、紀州の雑賀の鉄砲衆を纏めて、石山本願寺に与し、織田信長と戦い、勇名を馳せた。その一族が徳川に仕え、水戸徳川家初代の頼房の家臣となり、水戸に住んだ。

雑賀の家の徴《しるし》は三足烏だという。中国でも朝鮮でも日本でも古来、太陽と関連づけられて崇められる。もちろん三本足の鳥とは空想の産物。日本では八咫烏と呼ばれる。神武天皇は八咫烏の導きで、南九州から大和国に至り、橿原《かしはら》で即位して皇国日本が始まったという。神話の伝えるところだ。神武天皇は太陽神の天照大神の直系の子孫だから、神武が八咫烏に導かれるのは、太陽からの連想という点で、理にかなっている。

そして、東海に面して日の立つ国、常陸を治め、天皇中心史観による『大日本史』の編纂を続ける水戸徳川家の重臣の家の徴が八咫烏というのも、深い趣を感じさせるだろう。

とにかく雑賀の屋敷の火事で、屋敷のどこかに彫ってあった御家の重宝の八咫烏も焼けてしまったらしい。雑賀家では、屋敷の新築を与衛門と与七の父子に任せ、新たな八咫烏の木彫も頼んだ。彫ったのは息子の与七。出来栄えが素晴らしかったという。左甚五郎も驚くほどであったと伝わる。

それからしばらく経った一八五一（嘉永四）年。ペリーの黒船が来航するまでついに二年に迫っているが、早くから先鋭な危機意識を持っていた人々以外は、まだまだ天下泰平の世が続き得るのではないかと、最後の夢想に耽っていた頃である。徳川斉昭は周囲とはかって、薩摩藩に国内留学者を一名送ろうとしていた。薩摩でこれから反射炉を作ると、薩摩藩主の島津斉彬《なりあきら》から水戸の斉昭に知らせがあった。そこで様子を逐一見聞させ、学習させて、水戸でも反射炉を作ろうというのが、斉昭の計画だった。その留学生に、見事な八咫烏がきっかけで雑賀家から推薦されて選ばれたのが、優れた才能の持ち主とはいえ、身分制社会では地位の低い一介の大工にすぎない、那珂湊の与七だった。

そもそも反射炉とは何か。製鉄のための炉の一種である。鉄という元素はそのまま純粋に自然に存在してくれてはいない。他の元素とくっついている。特に炭素である。炭素の多い鉄ほど脆い。炭素の含有量が二パーセントから七パーセント弱までの鉄を銑鉄《せんてつ》と呼ぶ。そのくらいの純度の鉄なら、日本で古くから用いられてきたこしき炉でも出来た。鉄の鋳物は銑鉄で作れば十分だった。

ところがもしも大砲を鉄で作るとなれば銑鉄では弱い。砲身の中で火薬を炸裂させて弾丸を打ち出す。銑鉄よりも純度が高く炭素含有量が二パーセントを下回る、いわゆる鋼鉄でなければ、砲身が裂けて大砲ごと爆発する事故がしょっちゅう起きてしまう。同じ鋼鉄でもよほどの純度でなければ、大砲は壊れるリスクからついに免れられはしないのだが、とにかく鋼鉄で鋳造しなければ、鉄製の近代的火砲としては物足りない。

島津斉彬も徳川斉昭も、欲しいのは攘夷実行のための強力な大砲であった。開国後なら、西洋商人からの仕入れも可能になってくるが（といっても最新式・最新鋭の武器は西洋諸国も日本に対する軍事的優位を保つためになかなか売ってはくれないのだけれど）、もちろんまだ鎖国中である。鎖国を保つための自衛の武器として、西洋の武器のコピー品を、向こうから買わずに自藩で鋳造したい。

そのためにはまずは鋼鉄が要る。銑鉄を鍛えて鋼鉄にする炉がなければならない、そこで反射炉。石炭を燃やし、炎を強風で煽り上げて、天井をなす弓なりの煉瓦壁に反射させて、炉内の温度を一二〇〇度くらいまで上げる。原料の銑鉄に熱をしっかり当てて、よく熔かす。しかも銑鉄に当たるのは熱だけで、燃える石炭と銑鉄はよく隔てられて直接触れない仕掛けだから、せっかく熔けて炭素を飛ばしている銑鉄に新たな不純物を加えてしまう心配は少ない。おまけに、なるたけ高い煙突をつけて熱気と煙の流れをスムースにすることも、熔けた銑鉄を掻き混ぜて成分のムラを少なくすることもできる。反射炉の効能である。

反射炉と言えば、伊豆の韮山に、幕府の韮山代官、江川太郎左衛門が建てたものが、後世の修繕・修復を経つつも現存し、「世界遺産」にも登録されて、観光地として人気を博している。だが、それが幕末日本最初の反射炉ではない。最初に建設を始めて、実用化にも成功したのは、鍋島家の佐賀藩だった。薩長土肥の肥（肥前）である。

佐賀藩は、西洋諸国ではオランダにだけ通商を許してきた長崎の地の警固を、幕府から長年命じられていた藩であり、結果、海外事情に精通しておくのも、佐賀藩の常なる仕事になっていった。欧米のアジア進出が急ピッチになっていることを、この藩はよく感じ取っていた。佐賀藩は長崎の沿岸警備のために大砲を自ら製造すべく、一八五〇（嘉永三）年から反射炉の建設をはじめた。最初は、温度も低目で、そのぶん建設も容易な、青銅精錬用の反射炉を作って青銅の大砲を鋳造し、それから鋼鉄の精錬と大砲造りに進んでいった。それに続いたのが、薩摩であり水戸であり韮山であるということになる。当然ながら佐賀も薩摩も西洋の技術者の指導を仰いだわけではない。まだ鎖国中だったのだから。ほとんど唯一の頼りは文献だった。『ゲシットギテレイ』と呼ばれた蘭書が『鉄熕《てっこう》全書』とか『西洋鉄熕鋳造篇』とか『鉄熕鋳鑑』とか蘭学者たちによって何通りにも訳されて、嘉永の前半にはよく流通していた。それだけ関心を呼び需要があった。その『ゲシットギテレイ』の複数の訳やオランダ語の原書を読み合わせながら、各地で反射炉の建設と運用の試行錯誤が続いたのが、嘉永から安政・万延・文久といった元号の時代になる。たとえば水戸藩では、長崎にわざわざ使者を出して、出島のオランダ人をつかまえて質問したりもしていたようだが。

『ゲシットギテレイ』とは砲の鋳造といった意で、原著者はヒュゲーニン。刊行は一八二六年。水戸学の歴史で言うと、会沢正志斎が『新論』を著した翌年にして藤田幽谷の没年になる。オランダでの当時最新の大砲鋳造技術を、工場施設全般の建設法・運用法から金属学の知識に至るまで精確に詳述し、一八五〇年代になっても内容が古びていない。適切なテキストだった。

さて、大工の与七に話を戻す。彼は徳川斉昭に選ばれて薩摩に留学した。そのとき、もう身分は大工ではなかった。藩から藩に人を送る。預かって面倒を見てもらう。士農工商の身分制社会において、士の身分に取り立てられずに水戸藩からの正式な留学生になるということではおかしいだろう。大工の与七は嘉永四年に侍になった。名字帯刀を許され、飛田《とびた》与七と名乗った。薩摩に行って、島津斉彬の主導する反射炉建設の試行錯誤を、現場に加わって詳細に覚えた。一二〇〇度の高熱に耐える煉瓦の作り方も研究した。高層の煙突の建て方も学んだ。薩摩に滞在すること二年。ついに浦賀にペリーの黒船がやってきてしまった。水戸でも反射炉を作らねば。飛田与七は薩摩から呼び戻され、那珂湊での反射炉建設の現場監督のような立場になる。

これが水戸の文明開化のかたちと言ってもよい。西洋流の反射炉建設も文明開化だが、大工が侍になるのも文明開化である。本当に時代が差し迫り、新たな知識や才能が緊急に必要となり、真の適材適所を可及的速やかに実現しなければ間に合わぬというとき、身分への拘泥は邪魔になる。武家に権力や名誉を集中し続ける社会構成を守ろうとすれば、たとえば水戸藩が薩摩に送る留学生も最初から武士の中から選抜すべきだ。それが当たり前だ。農工商から選ぼうとは思わない。士農工商の身分制度がいちばん大切だとすれば。ところが水戸はそうしなかった。能力のある大工を選んで、臨機応変に武士に仕立て、責任ある大業を任せた。

このような筋立ては、小説家、司馬遼太郎の大好きなパターンでもあろう。司馬はなぜ『燃えよ剣』や『新選組血風録』で土方歳三や近藤勇や沖田総司にこだわったか。司馬は別に佐幕派ではない。新選組の政治的立場に思い入れがあるわけではない。農民が自らの剣術の能力によって動乱期ならではの階級移動を成し遂げる。そのあとにやってくる四民平等の予告をなしている。そこに新選組の魅力を見ているのだろう。『花神』で、長州の村医者の村田蔵六が、近代国軍建設の父、大村益次郎に化けてしまうありさまをたっぷりと描いたのも同様である。差し迫って何とかしなければいけないときに、旧秩序にこだわっていては人材が不足する。武士なんて全日本人の数パーセントしか居なかったのだから。司馬遼太郎は水戸にはあまり興味をもたなかったと思うが、司馬好みの世界を、時代的には長州や新選組よりも早く、ペリー来航前後から、いや、もっと早く天保の時代から実現しつつあったのが、水戸藩だったとも言える。水戸はある意味で最先端を行っていた。

藩内で大工を士分に取り立てるばかりではない。ペリー来航に直接的刺激を受け、水戸藩が反射炉建設をついに始めようというとき、徳川斉昭は藤田東湖と語らって、技術的指導者を藩外から得た。他藩に所属する武士を、斉昭がそれぞれの主君の藩主に交渉して水戸に借り受けた。ペリー来航の年やその翌年の話である。これも驚くべきことだ。幕末土壇場までの薩摩と長州の啀《いが》み合いを思い出していただきたい。藩の仕切りはそれほど高く、他藩の藩士が水戸藩のために献身するというのは、幾ら幕末とはいえ、かなり異例の事態であったろう。

きっかけは藤田東湖である。彼は、ペリーについての情報交換のため、東湖のもとを訪ねた福島の三春藩士の蘭学者、熊田嘉門宗弘《むねひろ》に反射炉建設に協力してくれるように頼んだ。熊田はそれを喜んで了承し、ついては南部藩の大島総左衛門高任《たかとう》を仲間に入れてくれるようにと推挙した。大島は長崎で蘭学を学び、製鉄技術に関心が深く、『ゲシットギテレイ』に原書で通じている。南部は鉄の産地で鋳物の先進地でもあり、大島の知識と学問は南部の伝統と実践に裏付けられ、現場での応用性の高いものだった。

この大島がもうひとりを推薦する。薩摩藩士、竹下清右衛門矩方《のりかた》である。彼は大島と席を並べて長崎で蘭学を勉強した仲間で、長崎では出島にたびたび非合法的に出入りし、オランダ人と密接に交際して、西洋最新の火砲の研究に邁進していた。しかも竹下は、薩摩に留学していた水戸の大工の飛田与七と親しかった。

こうして、水戸の那珂湊の反射炉の建設と運用を差配することになったのは、三春藩士と南部藩士と薩摩藩士と水戸の大工ということになった。幕藩体制時代の話とはとても思えない。明治維新にはまだ十何年かある。水戸の早すぎる文明開化である。

この水戸の自由さはいったいどこから来ているのか。少し遡って一八四〇（天保一一）年から翌年にかけて幕閣周辺で起きた論争をみよう。

長崎の町年寄の高島秋帆が、オランダ経由で西洋最新の流儀の砲術や戦闘法を学んで高島流の兵学とでも呼ぶべきものを創案し、そのような行き方で日本の軍制や戦闘法を変革しなければ、日本も近い将来、阿片戦争における清国の二の舞になると、長崎奉行に建言した。その意見は幕府の中枢にまで上がった。はて、どう受け止めたらよいか。老中筆頭の水野忠邦が周囲に意見を求めたとき、忠邦の側近の鳥居忠耀《ただてる》は次のように答えた。

武士は刀や槍で戦うことによって武士である。日本の戦闘法はあくまで接近戦である。士農工商の士としての誇りは、そのような戦闘技術の修得から生まれてきもする。ところが、高島流は鉄砲と大砲が基本である。軍は歩兵と騎兵と砲兵の三種から構成されるというが、どの兵も結局、主たる武器は火砲であって、刀槍が重んじられていない。要するに飛び道具に偏っている。しかも、兵の動きやすさを顧慮するとどうしてもそうなるのだと称して、胡服（洋服）を着用し、指揮官は兵の集団的運用に当たってオランダ語で命令するという。陣形や機能性ばかりを重んじ、個の誇りや気概や精神性を重んじない。これでは日本の伝統、武士の魂が失われてしまう。

こんな具合で、鳥居忠耀は徹底的に西洋を忌避する。その兵術を認めようとしない。思想も哲学も違い過ぎ、ましてや西洋人の恰好や言語を取り入れるとは言語道断と息巻いている。鳥居は、幕府の儒者、林述斎《じゅっさい》の実子。そういった思想背景もよく示されている。

対して、天下の副将軍こと水戸藩主で、尊皇の学としての水戸学者たちをブレーンとする徳川斉昭の意見はどうだったか。鳥居以上に過激な国粋主義を展開したろうか。むろんそうではない。当時既に攘夷実行のために鉄製には劣る青銅製の大砲の量産に努め、もしも財政事情が許し幕府も認めてくれるなら、反射炉を備えた武器工場を佐賀藩や薩摩藩よりも早く天保年間から作りたかったのが斉昭である。彼は水野忠邦にこう書き送った。

「言葉ハ此方の言語に訳し候ヘバ却て人も覚やすく、服の儀も譬ヘバ股引・半てんへたすきをかけ候類にいたし候ハバ何の差支も有之間敷候」

何たるプラグマティズム！　役に立つところは全部頂けばいい。確かに武士が洋服やオランダ語を公然と使用するのは鎖国体制下においては問題だろう。よって、オランダ語は日本語に訳せばよい。洋服は、その方が動きやすいというならば、和服を洋服的に活用することを考えればよい。ももひきや半纏を着用して、たすきがけにするなどすれば、大して手間も掛からず、日本の着物で洋服の機能性を代替できるだろう。それで何の問題もない。

そのようにして、西洋の長所を、みてくれはいちおう日本化しつつ、あくまでテクニックとして取り込めばよいではないか。これが徳川斉昭の見解である。和魂洋才の割り切りと言える。西洋の技を取り込むと日本の武士の体面が崩れるとか、心が侵されるとかいう発想は微塵もない。水戸学も儒学の一種なのだが、水戸学者以外の儒学者が聞いたら卒倒するような話である。このような斉昭の姿勢は、大工を躊躇せず登用し、他藩の藩士に自藩の大事を任せることをさして奇妙と思わない態度へと、まっすぐにつながってゆくように思われる。

使えるものは何でも使って当たり前。西洋に軍事的に張り合える可能性が高まるのだったら、武士の体面なんて二の次。ももひきに半纏で戦っても差し支えなし。刀や槍や羽織袴や兜や鎧といった形式を守るのが真の武士ではない。士農工商の身分的秩序を守るのも第一義ではない。これが、一九世紀に入る前後から西洋の脅威に目覚めて実学化する水戸学の基本姿勢というものであろう。

では、実際的な学としての水戸学が、体面よりも実際性を重視しつつ求めようとする実とはいったいなんなのか。武士の権威を守るとか、藩の自立を保つとかとは関係がない。天皇を至尊とする国柄というか世界観を、将軍を筆頭とする武士が全国民を束ねつつ一丸となって護持する。それが水戸学の実である。国体護持が可能となるなら、如何なる手を使ってもよい。大工の与七だろうが他藩の某だろうがウェルカムである。目標実現のためにはすべてが許される。その意味で何でもあり。

江戸時代の武士は鳥居忠耀の思想に端的に示されているようにかたちから入る。それが武士の思想の基本であろう。身分差の問題から礼儀作法まで。外の形式を細かに守る。ところが、水戸学は天皇への忠義という道徳律が最終的に保たれれば、あとは形式を問わないところまで、徳川斉昭の時代には到達していた。そこには、水戸学がいちはやく国難に目覚め、非常時のモードに突入してしまっていたのと、水戸藩の経済的困窮が激化かつ慢性化して、日常の体裁を保つことなどもう飛び越えてしまったこととが、相俟っているのだろう。「武士は食わねど高楊枝」ではない。「ぼろは着てても心は錦」。それが水戸の魂である。

第五章　尊皇攘夷の本音と建前

一　蝦夷地幻想

『水戸黄門海を渡る』という映画がある。一九六一（昭和三六）年に大映の京都撮影所で作られた。監督は『明治天皇と日露大戦争』の渡辺邦男。水戸黄門こと徳川光圀には、大スター、長谷川一夫が扮し、助さんを市川雷蔵、格さんを勝新太郎が演じている。

海を渡る、といっても行き先はいろいろあるだろうが、この映画で黄門主従が出かけるのは蝦夷地だ。北海道だ。北がざわついている。松前藩で何かが起きている。光圀がそれを嗅ぎ付けて津軽海峡を渡る。松前藩では家老と商人が結託し、殿様の与り知らぬところで、大陰謀が着々と進行していた。アイヌを巻き込みながら、秘密裏に巨大な富を蓄積し、幕府に対抗し得る大勢力の確立をはかっていた。反日的な武闘派アイヌと呼ぶべき人々が彼らの鉄砲玉に利用される。リーダーはシャグシャインという。長谷川一夫が水戸黄門と二役で演じている。

シャグシャインは架空の人物。だが、実在のモデルがいる。シャクシャインの乱の首謀者である。アイヌの指導者のひとり、シャクシャインは、松前藩の搾取的な交易の仕方に怒り、アイヌ全体の結束をはかりつつ武装蜂起。松前藩は単独で鎮圧できず、幕府の助力を求め、諸藩連合軍とアイヌとの正面戦争に発展した。ほぼ二か月の戦闘ののち、和平交渉が行われ、和議は成立するかに見えたが、すべては松前藩の陰謀で、シャクシャインは和睦を祝う宴席で謀殺される。松前藩の強圧的なアイヌ支配の体制がそれで固まった。

この戦乱は一六六九（寛文九）年の出来事。そのとき徳川光圀は四〇代の水戸藩主で、老人になって漫遊する時期ではないが、いちおう時代は合っている。『水戸黄門海を渡る』の原作と脚本は『月光仮面』の川内康範《こうはん》。『笛吹童子』や『紅孔雀』の北村寿夫《ひさお》の流れを継いでというべきか、川内は『月光仮面』でも『アラーの使者』でも『レインボーマン』でも、日本を舞台にしつつも物語に異国性を強くかぶせることに常にこだわった。そんな川内だから水戸黄門にも海を渡らせたくなったのだろう。

むろん『水戸黄門海を渡る』では、長谷川一夫演ずる光圀と二役のシャグシャインが、史実のシャクシャインのように和人の奸計にかかり非業の死を遂げることはない。アイヌを思い蝦夷を思う光圀の熱い義侠心を知り、シャグシャインは改心し、アイヌを搾取しようとする悪家老と悪商人は滅ぼされ、松前藩にも蝦夷地にもアイヌにも平和が戻って、めでたしめでたし。義公、徳川光圀の働きにより、日本本土と蝦夷地、和人とアイヌの親善和睦が果たされる。

この物語を川内康範は、単にシャクシャインと徳川光圀との同時代性のみから着想したのだろうか。恐らくそうではあるまい。川内は徳川光圀の蝦夷地に関わる史実を知っていた。黄門主従が海を渡るなら琉球や伊豆諸島よりも蝦夷地だと、よく心得ていた。

一六八八（貞享五）年のことである。水戸藩領の那珂湊から一隻の船が出航した。快風丸という。当時の日本の船としてはとてつもない巨船であった。全長が三七間と伝わる。六〇メートル以上ということになる。幅は九間、深さは六間、帆柱の高さは一八間とされる。それだけの巨船には当然巨費が投入されていた。藩主直々の意向でなければこんなことは起きない。光圀がこだわって建造させた。快風丸の出帆までには長い紆余曲折があった。光圀は一六七一（寛文一一）年に水戸藩として最初の大型船を建造した。快風丸の半分ほどのサイズであったという。だが有効活用に至らず、続いて一六八五（貞享二）年により大きな船を建造し、伊豆諸島へと試験航海に出した。だが帰らなかった。遭難したようである。

光圀はそれに懲りなかった。そうしてついに誕生したのが快風丸である。櫓は設計上は六〇丁、実際は四〇丁で運用されたらしい。漕ぎ手だけで四〇人も必要だったわけだ。そんな大船で、光圀は貞享五年に何をしたのか。いや、寛文一一年以来、何をしたかったのか。長年、したくてなかなかできなかったことは何だったのか。蝦夷地探検である。光圀が最初に大船を建造した寛文一一年とはシャクシャインの乱の二年後であったことが、ここで注意されてよい。光圀は蝦夷地に深甚なる興味を抱いた。松前藩が海産物等の大きな利権を確立しようとし、先住民とのいさかいを巻き起こすに至った、蝦夷という土地と、そこで生み出される魅力あふれる富に関心を寄せた。そのように想像される。北方の国防について考えていたということも、もちろんあるけれど。

貞享五年、快風丸は蝦夷地に向かった。光圀本人は乗り込まなかった。水戸黄門は海を渡らなかった。だが彼の命を受けた快風丸は無事蝦夷地に至り、石狩平野を探検して、やがて那珂湊へと帰還した。

光圀が蝦夷地に船を差し向けることには、松前藩が抵抗していた。光圀が北方探検を志しながらなかなか果たせず、長い時間を要したのは、松前藩との調整に手間取ったゆえだろう。

まだ一七世紀の後半の話である。もうロシアはシベリアからオホーツク海沿岸に進出し、中国の新たな支配者、満洲族の清朝と国境を巡って対立していたが、ロシアの北方進出が日本にとって脅威と思われるようになるまでは、まだ約一世紀、間があった。とはいえ、明に取って代わった北方民族の征服王朝、清の方は、日本の新たな脅威と認識されていた。清は、やはりかつての北方民族の王朝、元のように日本に攻めてきかねない。そうした危機感が日本の対外情報通には共有されていた。明からの亡命者で清を憎んで呪ってやまない朱舜水を、学問の師にして世界情勢指南の顧問としている徳川光圀には、その思いはひとしおだった。

清が日本に勢力を伸ばしてくるとすれば、南や西の方からかもしれないが、北からの可能性もある。光圀が蝦夷地にこだわる理由のひとつはそこである。国防上の関心である。だが、光圀が蝦夷地に魅惑されたもっと大きな理由は、やはりお金であろう。水戸徳川家は江戸の将軍家、徳川幕藩体制を守る軍事的な主役と徳川家康や秀忠に期待されて、東海に面する常陸の地を与えられた家柄である。仮想敵は徳川に反旗を翻す可能性のある国内の大名でもあるが、差し迫っては外国である。ところが残念なことに、水戸徳川家の所領は国防の核心的軍事力を担うには僅かすぎる。平時の藩の財政すらままならない。じゅうぶんな軍備ができようはずもない。貧しいのである。

そこで蝦夷地が喉から手が出るほどに欲しくなる。松前藩ではなく水戸藩にこそ、北の大地を任せて貰えれば、国防上の要地を直接守護し、殖産興業にもいそしめて、一石二鳥。その願望の先に、巨船快風丸の、大枚をはたいての建造と蝦夷地探検行があったのだろう。光圀はその夢を先に伸ばし育ててゆくことはできなかったけれど。

そのあと、東アジアの情勢はしばし安定した。国内で幕府に対する反乱勢力が大きく育つこともなかった。水戸藩の財布も、いつも逼迫しているとはいえ、国防のための多大な出費が新しく襲いかかることは、幸いにしてなかった。光圀の切迫した危機意識は忘れられた。それはつまり天下泰平である。

が、徳川斉昭が水戸藩主となった文政の終わりには、すっかり事情は変わっていた。ロシアとイギリスが日本の脅威として意識されるようになった。斉昭の世は光圀の世に引き戻された。斉昭は水戸の「軍事大国化」を切望する。そのとき斉昭は光圀の夢を反復せざるを得ない。お金がまったく足りない。そこで光圀のモティーフが蘇る。蝦夷地を水戸藩に賜われないか。海の向こうから来るのを待っているだけでは真の国防は果たせない。巨船の建造、強力な海軍の建設を、水戸藩主導で推し進められないか。

徳川斉昭が幕府に請願し建言することといったら、藩主の座に就いたばかりの天保期から、大老の井伊直弼とことごとく対立してついには幕府から永蟄居を命ぜられる安政の終わりまで、ひたすらにずっと、蝦夷の話と巨大船の話が二本柱だった。斉昭はこの二つのテーマを執拗に繰り返した。斉昭が製鉄のための反射炉建設に強くこだわったのは、とりあえずは沿岸防備用の高性能の大砲を大量に鋳造したいがためだったが、その大砲の究極の活用目的は、沿岸の配備にとどまらず、軍艦に積んで西洋列強と海戦を行い、さらに西洋諸国の沿岸まで軍艦を進めて、火力で彼らを威圧し、畏服させることにあった。

たとえば徳川斉昭は一八三八（天保九）年、幕府に「戊戌封事《ぼじゅつふうじ》」と呼ばれる建言書を提出している。そこでこう述べる。

「神国は四面皆海に候へば海船の製作心を用ゆべき事御座候。むかしは相応の大船も有之、外国迄渡候ものも有之候へ共、邪宗門御制禁に付、大船も御制禁に相成候」

邪宗門とはキリスト教のこと。日本でも鎖国以前は、当時の世界の水準に達する、外洋の航海の可能な大船が建造されていた。しかし、キリスト教の禁止に合わせて、大船建造も禁じられてゆくことになった。そう斉昭は歴史を理解している。なぜ邪宗門と大船の禁令がセットになるのか。斉昭は、大船があって日本人の外国との往来が容易にできる環境が残されれば、渡海してキリスト教にかぶれ、帰国してそれを広める人間が絶えなくなるせいと推測する。それで大船を作ることを日本はやめてゆき、徳川光圀の快風丸のあとは本当に絶えてしまい、技術も失われ、ついに今日では荒天の大海を渡る船の建造が自力では困難な次第に至った。それどころか、日本近海の航路でも頻繁に難破している始末である。

「阿蘭陀人等は数万里の海上を乗切り、年々期月をたかへず長崎に入津致し候。然る処日本人は海国に生れながら、十里二十里の海上さへ日数を定めて乗り候事は出来不申」

このような事態に至り、最近では日本近海にオランダ以外の西洋諸国の船舶の侵入をたやすく許して手をこまねくばかりである。これはひとえに「手薄き船」しか作らせないように誘導してきた幕府の政策が時節に合わなくなったからであり、ただちに「御制禁」を緩めて大船の建造に幕府も乗り出し、水戸を含む諸藩にも同じことを認めるべきである。

幕末に至る斉昭の海軍建設についての幕府への意見具申の、これが始まりであった。けれどなかなか認められない。斉昭が「戊戌封事」から五年後に「堅牢な船艦」を作るべしと再び意見した際の、水野忠邦、堀田正篤（正睦《まさよし》）、土井利位《としつら》、真田幸貫《ゆきつら》の四老中の回答をつまんで意訳すればこうなる。

「幕閣内において、再三相談したけれども、堅牢な軍艦を作ることは、現在のこの国の技術では不可能であるから、西洋の技術を学んで真似て作るということになろう。それは御法度である。斉昭公の主張するように、日本人が外国に自ら出かけてキリスト教徒となって帰ってくることを恐れ、大船の建造を禁止したり、鎖国政策をとっているというのは、ひとつの理由ではあるけれども、キリスト教が入ってこなければいいわけではない。鎖国を続けてきた『深遠之尊慮』とはそれだけではない」

「深遠之尊慮」とは何か。両者の相容れなさはどこに由来するのか。そのへんを解けば、徳川斉昭と彼に知恵を授けている会沢正志斎や藤田東湖ら水戸の学者たちの思想と、大老井伊直弼に至る幕府の基本的態度との長い食い違いの歴史も見えてくるだろう。なぜに水戸の人々が中心となって井伊直弼を桜田門外で討ち果たしてしまうのかまで含めて。

徳川斉昭ら、水戸の立場は、天皇を頂点とする神国日本の唯一無二性を護持したいということに尽きる。そのために西洋の艦船を日本に近付けたくない。上陸させたくない。なぜなら西洋諸国の「国教」でありイデオロギー的核心であるキリスト教のこの世を超越してそれ以外の神を認めない概念が、この世を超越せずに万世一系で現前し続ける現人神としての天皇概念と絶対的に矛盾すると、考えているからである。ひとたびキリスト教が侵入し、布教が進んでしまえば、神国日本の唯一無二性を疑う日本の民が増えて国体が護持されない。だからどうしても大船が要る。西洋を寄せ付けないようにするための海防論は、近海でなく遠洋で、敵の艦船を撃退することを要求する。大砲や砲台や要塞を海岸に用意するのは当座の方便であり、真の海防論ではない。西洋の海軍に対抗出来る自前の海軍を鍛えることしか道はない。

水戸学の求める尊皇攘夷とは、天皇の君臨する日本の国を将軍以下が守る専守防衛の思想ではない。日本が真の中華であり、世界最高位の国家であることを西洋にまで認めさせるのが尊皇思想の極意であり、攘夷とは日本に来た夷を攘って追い払うことにとどまらない。西洋の勢力の日本上陸を阻止するのは攘夷の大構想のほんの手前の一部分に過ぎない。世界中の夷を日本から夷の国にまで撃ちに行って従えるのが、攘夷の最終目的である。この目標の達成のためには手段を選ばない。西洋式の軍艦が必要なら、その建造に必要な科学技術を習得しなければならない。

ところが幕府は全然違う。幕府の常なる目的は、将軍が先頭に立って世界に冠たる皇国日本の価値を四海に認めさせることではない。日本の独立の保全と幕藩体制の維持である。天皇への将軍の服従が当為という考えは、幕府本来のものではない。水戸学が、儒学の持つ主君への忠誠義務の思想を、日本の神話と歴史の中にアレンジして勝手に作り上げたものにすぎない。

少なくとも天保期の幕府が阻止したかったのは、国交を持たない西洋諸国の船の日本近海への接近よりも、国内における蘭学の深化と普及の方であった。大船を作るために蘭学の知識がよりいっそう必要とされ、蘭学者が増え、社会への影響力を拡大すれば、将軍を頂点とする武家の世の崩壊につながりかねない。水野忠邦の腹心、鳥居忠耀は、西洋兵術が鉄砲を持った歩兵こそ戦争の主役との考えを広めれば、馬と刀と槍に支えられた侍の美学が軽視され、武家の日本社会での名誉ある存立が危ぶまれると危惧した。蘭学が広まれば広まるほど、士農工商の身分秩序、封建道徳が疑問視されるようになる。そんな悪夢への本能的恐怖が水野忠邦から井伊直弼までの幕閣にはある。西洋式の大船の建造を推進して武家の優位を崩すきっかけを自ら作るくらいなら、西洋の艦船のために限られたいくつかの港を開放して、そこで商売して幕府も儲けられればその方がずっとよい。井伊直弼の対米交渉とはそういうものだろう。

ところが、徳川斉昭ら、水戸の人々は、西洋人を長崎以外のあちこちに上陸させれば、どんなに防御しようとしても必ず戦国期から徳川初期のようにキリスト教が民衆に入って、日本の精神が毒され、天皇中心の国体が崩壊することを、第一義的に心配する。将軍中心の武家の世よりも天皇中心の日本国家の方が、水戸では上位概念になっている。水戸学は士農工商の身分制度を熱烈に守りたいのであって、決して四民平等を目指してはいないが、皇国を守ることに比べれば、身分制度はやはり二の次だ。究極の忠義の対象としての天皇が日本人にとっての永遠であり、将軍や士農工商の仕掛けはかりそめのものだ。

軍備で西洋に対抗するためには、蘭学・洋学者がこの国で力を持つ状況を認めるしかない。だが、その状況に於いてもキリスト教を認めず、蘭学・洋学の知識を和魂洋才の「才」の域にとどめておけば、武家が朽ちるとも国体は不滅である。それによって西洋人の日本上陸を食い止め、キリスト教思想の侵入を防げれば、日本の民衆が日本の国柄を疑問視して相対化するリスクは低減できる。

徳川斉昭の率いる水戸藩は、そこまで割り切れていたからこそ、他藩の藩士を招き、彼らに水戸の内情をさらけ出しても、武備の充実に努め、士農工商の工に属する大工を士分にとりたてて他藩に留学させることも平気でやれた。この水戸の「先進性」あってこその薩長土肥や越前や宇和島であろう。

けれど、繰り返せば、水戸に決定的に欠けていたのは財力である。薩摩藩が南島の経営で余力を得ていたように、蝦夷地を得て軍事予算を獲得したかった。はやく強力な海軍を創設して東アジアでの制海権を確立したかった。お金が欲しかった。幕府からも多額の経済援助を引き出したかった。

しかし、天皇の国を奉じる水戸藩と、将軍の国を当然とする幕府では、あまりに思想が隔たっていた。徳川斉昭が国を憂えば憂うるほど、水戸の経済は破滅してゆく。幕府は水戸に冷淡であり続ける。そこで水戸の人々の考えたことは何か。邪魔者の幕府機構を一挙に味方に変じさせることである。徳川斉昭の意のままに動く人間が将軍職に就けばよい。水戸徳川家から将軍を出せばいい。だが、同じ御三家といっても尾張や紀伊よりも格下で将軍を出せないのが水戸の宿命。いやいや、起死回生の一手が残されていた。斉昭の実子の慶喜が将軍を出せる御三卿のひとつ、一橋徳川家の養子になっていた。慶喜を将軍に!

二　雄藩協調と公武合体

『新伊勢物語』という書物がある。『伊勢物語』と言えば在原業平をモデルとする主人公の風流な物語。だが『新伊勢物語』は風流譚には程遠い。何しろ水戸の徳川斉昭が老中首座の阿部正弘と交わした書簡集なのである。生々しい政治の話が多い。

阿部正弘は備後の福山の藩主。一八四三（天保一四）年に江戸幕府の老中に任じられ、のち首座となった。老中首座は内閣総理大臣に相当する。「天保の改革」の水野忠邦が失脚したので、その後を受けた。水野忠邦は越前守。阿部正弘はというと伊勢守。伊勢守との往復書簡集だから『伊勢物語』に引っ掛けて『新伊勢物語』。そう徳川斉昭が付けた。書簡集を編纂して後世に遺したのも斉昭本人である。

手紙のやりとりは両方まとまって残るものでは普通はない。片方が片方に書簡を送付してしまうのだから、後で両方から集めなければ往復書簡集は作れない。だが手紙の写しを作って溜め込む人も居た。徳川斉昭もそうである。だから阿部正弘から取り返さずとも、独り手元で往復書簡集をまとめられた。しかも壮年期にけっこう暇な時間があった。失脚、謹慎、隠退。そういう時期が長かった。

幕府の老中首座と意見交換する。もっと赤裸々に言えば水戸学のポリシーで少しでも洗脳しようとする。失脚中の斉昭には最もやりがいのある仕事のひとつであった。

もちろん斉昭がいくら老中首座に影響を与えたくとも、阿部正弘がそれを拒めば手紙のやり取りは続かない。老中の伊勢守は、徳川斉昭の水戸学的な、ということはつまり幕政を預かる立場からすれば異端的とも言える政治思想に深甚な興味を抱いた。恐らく相当に感化された。それが阿部の政治姿勢に反映した。明治維新は薩長土肥という雄藩が連合して幕府を倒した出来事と思われがちである。だが、将軍の世から天皇の世に戻ったのが明治維新とすれば、天皇が政治に前面化する不可逆的なきっかけを作って、維新への流れを動かしがたいものにしたのは、徳川斉昭に感化された阿部正弘で、その不可逆を可逆と思って引き戻そうとし、失敗したのが井伊直弼で、不可逆的な流れを最終到達点まで導いたのは、これもまた斉昭が徹底教育した息子の徳川慶喜だった。そう考えることもできる。先取りして言ってしまえば、阿部正弘は、幕府の正統的政治思想に反し、天下の大事については幕府の上位に居る天皇の声に耳を傾け、その意向に従うべきだと、思ってしまった。そして、慶喜は幕府の日本国家に対する統治権は天皇から仮に下されているものだから返すのが道にかなっていると信じてしまった。慶喜は統治権を将軍が天皇に返上するという、恐らく先祖の徳川家康が聞いたら卒倒するような不思議な選択をした。

阿部正弘のやり方も徳川慶喜の行動も水戸学を抜きにしては到底理解できるものではない。井伊直弼の反動性とは、阿部正弘の前衛的な政治の態度と、次期将軍に斉昭の分身と見られていた徳川慶喜を担ごうとする勢力のこれまた尖鋭な価値観に対する反動性であり、直弼の幕政強化路線へのそのまた反動が、最後の将軍、徳川慶喜の幕府を投げ出すラディカリズムである。

伝統的な水戸学は天皇中心の日本政治を守護するのが将軍と副将軍の使命と考え、徳川将軍と水戸の副将軍が居なくては国体は成り立たないと思いたがってきたのだが、慶喜になると天皇中心の国体を貫いてより純粋化できるなら将軍家や水戸家が解体しても可という境地に至る。これはもう「水戸学左派」である。水戸学左派の将軍でなければ、薩長土肥の雄藩連合による幕府打倒は、あそこまで容易であるはずはなかった。戊辰戦争はあの程度では済まず、内乱は徹底化して、アメリカの南北戦争並みになっていたのかもしれない。付け加えれば、徳川慶喜が戊辰戦争を激化させる道を取らなかったのは、井伊直弼の後をすぐに追ったかのような斉昭の急死後に起きた、水戸の内乱のあまりの悲惨さを熟知し、水戸の惨状が全国規模で再現されることを極度に恐れたからであろう。

とにかく、阿部正弘→井伊直弼→徳川慶喜で幕末維新史を見ようとするとき、起動因として重視されてよいのが『新伊勢物語』とそこからうかがわれる水戸学思想の幕閣中枢への流入である。

そもそも徳川斉昭がなぜ阿部正弘と頻繁に書簡を交換するようになったのか。先に触れた通り、失脚したからである。徳川光圀が義公なら徳川斉昭は烈公。何事も激しかった。彼の政治姿勢は周囲を烈々たる戦場にした。水戸藩主を一八二九（文政一二）年に継いでから初めのうちはかなり慎重だったのだが、次第に地が出た。斉昭は、西洋列強に軍事的に対抗しうる高度国防国家体制作りを志向し、そのために藩政を改革し、日本の変革につなげようとした。ペリー来航前にしては発想が大胆すぎた。しかも斉昭の新政策は主に水戸藩の下層の武士たちに支えられた。上層との不和を招きがちだった。水戸藩内で大勢力を成した反斉昭派は、藩外で斉昭の異常としか見えぬ諸々の仕方を嫌悪する勢力と手を結び、藩主交替運動を推し進めた。斉昭は事態を甘く見ていた。いったんの失脚に追い込まれた。

一八四四（天保一五）年、徳川斉昭は幕府から致仕謹慎を命じられた。藩主の座を追われた。水戸藩の第一〇代の当主には徳川慶篤《よしあつ》が就いた。斉昭はまだ四〇代半ば、まさに壮年。慶篤は斉昭の長男で、その年には一二歳の少年である。斉昭を取り巻き擁護していた、藤田東湖、会沢正志斎、豊田天《てん》功《こう》らの水戸の学者も次々と罰を受け、活動を封じられた。

そのときに列挙された斉昭の咎めの理由は一種壮観である。幕末維新期につながる尖鋭な問題意識が詰まっている。

第一の罪は水戸藩内で鉄砲を打ちまくっていること。斉昭は高島秋帆が長崎から広めた西洋式兵術に影響されつつ軍事技術の近代化をはかろうとしていた。天下泰平の江戸時代からの常識からすれば、対外的軍備増強を名目にした反乱準備にも見えた。

第二の罪は、水戸が財政逼迫をやたらと幕府に訴えてくるのは実情と乖離しているのではないか、つまり誇張や捏造があるのではないかということ。水戸藩が一七世紀以来、困窮し続けているのは事実である。だがやりくりしようとすればできてきた。斉昭の代には、検地をやり直し、倹約を徹底するなど、財政再建の努力も推し進められている。好転してしかるべき。ところがそうなっていないという。軍事費を膨らませ続け、お金がないから貸せ寄越せと幕府に要求する。理由は国防の模範を率先して示すための一点張りである。ロシアやイギリスの動向に幕府もまた危機感を抱いてはいるが、水戸の対応は過剰である。別の企みを疑われても仕方ない。

第三は、御三家のひとつとはいえ、結局は一藩の分際で、蝦夷地に領土的野心を抱き続けていること。まことに不穏である。第四に武士を増やしていること。つまり浪人を新たに抱えていること。水戸の言い分は、対外防衛力強化のために武士の数が足りないというのだが、藩の経済が困窮していると叫びながら、藩士を増やすのは自己矛盾も甚だしい。

そして第五と第六は宗教政策である。徳川斉昭は水戸藩領で仏教を広く抑圧している。幕府の立場とずいぶん違う。特には水戸の東照宮の問題だ。東照宮は日光だけではない。徳川家康を東照神君なる神として祭る。神だから神社。神道といえば神道。でも遠く王朝時代から日本では神仏が混淆して久しい。水戸の東照宮も神式と仏式が混ざっていった。そのように祭祠、行事、儀式が行われていた。ところが斉昭は水戸の東照宮から仏教を分離し僧侶を追放した。神式のみ、神官のみにした。つまり廃仏毀釈である。水戸藩内の寺院も多くを取りつぶした。

水戸学は徳川光圀や朱舜水の頃から仏教に冷たい。仏教は厭世思想や来世での救済の観念と結び付きがちである。侍は、主君に、将軍に、天皇に尽くして、ついには七生報国の境地に至るべきなのに、仏教は概してその気勢を殺ぐ。天皇の国、日本の独自宗教として天皇につながる神々を多く祭る神社は大切にされ、高度国防国家体制の精神的基点として武家から民衆にまで広く慕われるべきなのは当然だが、それは仏教徒と結び付いては宜しくない。神仏ではなく神儒が合同するのが正しい。儒教的な忠義の規範と日本を崇敬する念とが合体したところに七生報国の楠公精神が貫徹可能になる。寺は壊すのがいちばん。全部を壊せないならなるたけ減らす。国防はナショナリズムで束ねられたひとりでも多くの日本人の参加によって行われねばならず、必要な精神規範の醸成には神道の慣習に儒教の精神を注入するのがよい。斉昭はそれを積極的に実践した。明治維新の廃仏毀釈を先取りした。というか、斉昭の先例に倣って、維新後の廃仏毀釈は起きた。

他にも幕府の挙げた咎めの理由はある。斉昭のやることなすことがすべて不穏。日本に新たな戦乱を起こそうとしているようにしか観察されない。だが、斉昭としては、一連の水戸の「天保の改革」はあくまで時代が必要とする国防力の向上に努めているにすぎない。幕藩体制の世の中である。将軍家も天領で成り立つ大大名。大名連合の国家が日本。中央集権ではない。軍備も将軍家と各大名家がそれぞれで日頃から強化し、必要に応じて幕府がそれらを束ねて運用するしかない。日本全体の統一的陸海軍は幕藩体制では作れない。

特に水戸藩は、いざというときには率先して、天皇の国を守る徳川将軍の兵の核心たらねばならぬ宿命を課されている。徳川家康や秀忠の遺訓と水戸学のイデオロギーを合成すると、どうしてもそうなる。水戸藩は持つべき軍備を持とうとしているにすぎない。西洋では科学技術が進歩し、これまでの日本の兵力の常識では追いつかない。お金が必要だ。ゆえに蝦夷地も要るし、新たに浪人を召し抱えることも必須だし、国民精神ならぬ領民精神の涵養のためには水戸の東照宮も神道に純粋化し、さらに儒学の教育を強化しなければ時代に遅れる。

斉昭と彼を支える水戸の学者たちからすれば、水戸の「天保の改革」は当然の理を追求しているにすぎず、しかもとても物足りない水準のものである。蝦夷地を開発して巨大な利益を上げるくらいでなくては、理想の軍隊は作れない。ところが、ほんの手前のことをしているだけで、藩論は分裂し、反斉昭派が策動し、幕府も本気で怒ってしまった。

そこでの決定的要因は、水戸の東照宮のことだったようである。東照宮の僧侶は上野の東叡山寛永寺に管轄されていた。寛永寺は幕府の寺院。皇室ともつながりが深い。烈公斉昭は虎の尾を踏み、せっかくの水戸の「天保の改革」のかなりをふいにしてしまった。幕閣中枢から水野忠邦が追われるのと連続するように失脚してしまった。軍艦を作らせろといった、斉昭の建言や要求にあまり耳を貸さなかった忠邦だが、実は斉昭を退隠に追い込むような圧力に対しては盾になっていたのかもしれない。時系列で言えば、斉昭の神仏分離策が強力に推し進められて寛永寺等を動転させたのが天保一四年の夏、水野忠邦から阿部正弘に「政権交代」の起きたのが同年秋、斉昭が隠居させられたのが翌年春である。

徳川斉昭の憤懣はやるかたなかった。だが、そのうちぶつける相手を見つけた。阿部伊勢守正弘である。「政権交代」期の混乱に乗じて、藩内の反斉昭派と寛永寺などが結んで、幕府にあること・ないことを中傷し、斉昭の国を憂える真意もよく伝わらぬうち、好き勝手にやられてしまった。むろん御三家の当主を替えるという強い決定をなした幕閣の中枢には阿部正弘が居たのだが、彼は斉昭を退かせたことを気にしている。この男を手懐けて、判断の間違いに気付かせ、水戸の守旧派の愚かさをよく教えて、斉昭自身の復権に協力させる。これぞ『新伊勢物語』のプロジェクトであった。往復書簡は一八四五（弘化二）年から始まる。弘化三年の斉昭から阿部正弘への手紙には幕府の意思決定システムの非常時における不適切性を指摘するものが見つかる。

斉昭は言う。国家を揺るがすような重大事が生じたときには、従来のやり方ではいけない。御三家はもちろんのこと、多くの有力な大名から意見を徴し、事に当たるべきである。

ここで言う重大事とは西洋の強国の日本への政治的・軍事的圧力を指す。そのときはすぐに戦争になるかもしれない。全国の有力な大名が国家のために一丸となっても現在の日本の兵力では足りないくらいだ。総力を挙げねばならない。やる気を出して積極的になってもらわねばならない。そのとき幕府が一方的に命令して有力な大名たちが言うことを聞くか。弘化三年の段階で頼りになるといったら水戸の徳川斉昭と薩摩の島津斉彬くらいしか居らぬだろう。今後は名を挙げたくなる大名も増えてくるかもしれない。問題は彼らが老中の命令で素直に動くかだ。外交の策、軍事の策。参加して主体的に相談に与からなくてはやる気はでない。

そもそも天下泰平の江戸幕府の意思決定システムは永遠の平時を想定している。国家緊急事態に伴う短期間での総動員体制の確立や指揮運用の仕掛けはない。老中と若年寄。政治は限られた年寄に任せればいい。徳川秀忠や家光の頃にできたしきたりを続けている。年寄といっても実年齢ではない。経験豊富だったり判断力に富んだりする人材を年寄という。弘化三年の斉昭が阿部に書簡を認めた頃だと、福山藩の阿部伊勢守、長岡藩の牧野備前守、篠山藩の青山下野守、宇都宮藩の戸田山城守の四人が老中だろう。常に出入りがあるが四、五人でやっているのが老中だ。しかも大藩ではなく中藩や小藩から老中や若年寄は出てくる。力のある大名が幕政の中心にいつも居ては、将軍権力を脅かしかねない。政治力の大きい老中は、バランスへの配慮から経済力・軍事力のそれほどでない藩の主から選ばれる。出る杭を打つのではなく、そもそも出る杭を出さない。平時の長続きが第一義なら素晴らしいシステムである。

そんな彼ら老中が、各々の所管する事項についてはある程度まで勝手に決め、大事については合議で決める。しかも概して時間をかける。長年の老中政治のやり方である。それで幕府が回ってきたのは、やはり緊急事態が少なかったからだ。鎖国を破ってロシアが来る。イギリスが来る。それでもなるべくゆっくりと慎重に、老中が首を寄せ合って江戸城内のブラック・ボックスで決めて対応してきた。

だがそのやり方ではこれからはもう通じないだろう。強国の軍艦がいきなり長崎でないところに入り込んでくる。国交や貿易を要求してくる。侵略につながる足掛かりを作ろうとする。老中の秘密談合政治で済む事案にはなるまい。力ある大名がみなで相談し、約束し、責任意識を高めなければならない。それはつまり雄藩複数の政治参加である。幕府の定法を根底から覆すアイデアだ。議会システムの構想に行き着くものだ。非常時には必ずそうせよ。斉昭の老中首座への入れ知恵である。

さらに斉昭は阿部正弘にもっと肝心な水戸学的フィクションを吹き込んだようである。日本は将軍の国ではなく天皇の国だということ。平時の慣例で済むことは将軍や老中で決めてもよい。だが、国の根幹に関わる新事態なら将軍の上位にある天皇の意向を確かめるべし。

斉昭は嘉永年間まで阿部正弘とのやりとりを続けた。阿部はずっと老中だった。そしてついにやってくる。ペリーの黒船が。斉昭がささやき続けてきた必ず近々起こるはずのこの国の非常時が、ロシアやイギリスではなく、アメリカによって引き起こされた。阿部正弘は、長年、斉昭に教えられてきた通りの対応をした。幕政の基本方針を改めた。雄藩の政治参加の道を開き、雄藩連合の政治力と軍事力に期待した。越前の松平慶永《よしなが》や薩摩の島津斉彬に発言させた。幕府に海防掛参与という特別職を設け、徳川斉昭を起用した。老中の秘密政治は一挙に崩れた。

だが、阿部はもっと革新的なことをした。天皇にお伺いを立てた。徳川将軍は天皇に任じられるが、それはあくまで形式にとどまり、政治の大権は将軍の専権であって、天皇が乗り出すことなどありえない。この武家の常識を破って、天皇→将軍という図式で思考した。『新伊勢物語』なくして、水戸の感化を受けずして、阿部伊勢守がそんなアイデアを自然と思って実行するとは考えられない。ここに孝明天皇の意向が国政を導く力になるという、これはもう南北朝時代以来といってよい新時代が急激に開かれる。武家政治は公武合体を考えずには回らなくなる。徳川斉昭にかつて水戸の守旧派が反発したように、斉昭に操られるかのような阿部の革新的な意思決定システムの変更に全国規模で守旧派が反発する。守旧派の切り札が井伊直弼である。直弼は水戸派を根絶やしにしようとする。大獄がありテロが応じる。血で血を洗う本当の幕末が始まる。阿部正弘は水戸学に導かれてパンドラの箱を開け、天皇制国家を創出する歯車が回りだして止まらなくなる。

三　彦根と水戸の最終戦争

「五箇条の御誓文」は明治天皇が天地神明に誓った文である。誓いの儀式は一八六八（慶応四）年三月一四日、京の都で行われた。朝廷軍による江戸総攻めの予定日の前日である。明治維新の大原則を公に示したものと言ってよい。わざわざ幕府を潰すのだから、潰すに足る大義名分を前日までに明らかにしておいたほうがよいのではないか。新時代の目標を先に宣言しておくに越したことはない。「五箇条の御誓文」は急場を凌ぐ俄か繕いであった。

その第一条は「広ク会議ヲ興シ、万機公論ニ決スベシ」。明治憲法による議会開設や大正デモクラシー期からの政党政治や普通選挙運動の根拠とされてゆく条文だが、元の文章は少し違った。土佐藩の福岡孝弟《たかちか》の原案では「列侯会議ヲ興シ、万機公論ニ決スベシ」だった。「広ク会議ヲ興シ」では誰が会議に参加できるかは無規定的だけれど、列侯会議となると、この場合の侯とは封建領主の大小名のことであろうから、会議への参加資格も自ずと見えてくる。具体的には有力な諸大名が天皇のもとに集い、国策を決定するということであろう。

「御誓文」の文言をただの会議ではなく列侯会議としたかった福岡孝弟は、やはり幕末史の記憶を反芻していたに違いない。一八五三（嘉永六）年のペリー来航以来、この国の政治史は、新しい国家意思の決定組織としての列侯会議的なものを認め、諸大名を国政に参画させるか、幕府の旧来の政治の仕方を続けるかで、まず争われた。新派の代表は徳川御三家で三番目の家格である水戸の徳川斉昭であり、旧派の代表は徳川家譜代の大名の筆頭格である彦根の井伊直弼であった。

しかも水戸の考える列侯会議とは、徳川将軍を囲む会議の域にとどまらない。何しろ水戸学の水戸藩である。天皇を奉り、朝廷の意向を踏まえることが大前提だ。「御誓文」の第一条原案の天皇のもとでの列侯会議のイメージは、元を辿れば水戸の理想であったと言ってもよい。

対して、幕府政治の常道は政治に天皇の意思介入を認めないのだから、もう水と油。水戸と彦根の血戦はやはり避けがたかったのだろう。ちなみに、位からすれば水戸は彦根の上だが、経済的・政治的実力や歴史的存在感を加味すれば彦根は水戸に優るところもある。

はて、なぜに徳川斉昭は列侯会議にこだわったのか。国家の非常時に国の総力を挙げて無茶をする合意を、無茶をやらせ総力を挙げさせる諸大名に、積極的に認めさせたかったからだろう。

たとえば西南戦争も済んだ一八八〇（明治一三）年、福澤諭吉は、相州小田原の人、松本福昌の国会開設建白書を代筆してこう記している。維新政府の肝要な施策は西洋列強に対抗するための軍備にあるのに「今我国の常備兵僅に五万、海軍も実用に適する軍艦は十艘に過ぎず」。まったく足りない。なぜそうなのか。「国に人物なきにあらず、又財なきにあらず。唯其人物を政府に集むること能はず、其財を国庫に積むこと能はざるの罪のみ」。日本には人材はあるのに、彼らを雇って有能な軍人に育てるお金がない。軍艦も買えない。国家財政の規模が足りない。増税や国債発行により国庫を豊かにしなければいけないのに、それができない。人民の中には余剰な蓄えを有している者も多いというのに、民富を国が利用しきれていない。どうしてか。

「日本は政府の日本にして未だ人民の日本にあらず、故に日本の艱難も唯政府の艱難にして人民の艱難にあらず。人民若し国の艱難を身に引受け国難を身難とするの日に至れば、何ぞ国財の不足を憂るに足らん」。日本人は日本国家のことを相変わらず他人事だと思っている。維新から十幾年を経ても国民意識が形成されていない。お上はお上で勝手にやってくれ。江戸時代までの農工商の気持ちが大幅に残っている。四民平等の実があがっていない。そこで対応策は、この文章は国会開設の建議なのだから当然こうなる。「(人民に) 参政の権を付与して国会を開設するの一策あるのみ」

要は参加原理の発動である。国会開設を請願する自由民権運動というと、国家が強権的に勝手をしないように人民が国会で監視し、自由主義と民主主義を守り育てる議論のように思われがちかもしれないが、この建白書で福澤は、参加させ責任意識をもたせて国難を我が身の難と感じさせれば、たちまち人民の総力を国家が結集可能になり、富民は国債を買うことを国民の義務と思って、軍備の飛躍的な増強もたちまち可能になるだろうと述べている。

福澤の説の通りであろう。誰かに大胆な負担を強いながら国家が冒険しようとするとき、その誰かに冒険に加わることを心底から納得させる最良のプロセスは、冒険の内容を勝手によそで決定してから無理無理納得させ命令するのではなく、冒険の内容を決める会議にその誰かを入れてしまうことである。参加即責任の原理を刷り込む。そうすればもしも後で渋られても「あなたもそのときそれでよいと言ったではないか」で済むだろう。

容易に実現出来ないと思われることをたちまち可能にするための、魔法としての参加原理。その原理を福澤が四民平等時代に展開すれば自由民権の国会開設請願となり、その目的は近代西洋式軍備の大増強であったのだが、水戸の徳川斉昭は同じ参加原理を士農工商の封建時代に応用し、列侯会議的なものを思いついた。そこで積極的意見をとりまとめてこそ、冒険ができる。無茶ができる。

斉昭のやりたかった無茶とは何か。むろん攘夷である。天皇の意向を踏まえての列侯会議で取り決めて攘夷の全国運動を展開するのが理想であるから、ただの攘夷でなく尊皇攘夷である。水戸学の思想においては、天皇は世界に冠たる天皇であって、日本は世界の最上位にある中華であり中国であるから、外夷に媚びへつらったり、その言いなりになったりすることはありえない。むしろ夷は日本に従わねばならず、従わぬ夷は攘うべきである。

とはいえ、実際の天皇の意思が、水戸学の望むところと違うこともありうる。その場合、諌めるのか従うのかは、天皇の大義とは何かを考えるときの大きな分かれ道だが、水戸にとっては幸いに、ときの孝明天皇は攘夷主義者であった。尊皇と攘夷は一致できた。すると次は攘夷の方法である。

第一の方法は攘夷の本義に徹することだ。世界中の従わぬ夷を攘う。図々しく皇国の領土に無許可で侵入してくる外国軍艦の本国まで行って服属させる。尊皇攘夷運動の聖典、水戸の会沢正志斎の『新論』にもそう書いてある。それを究極の目的としているからこそ、徳川斉昭も水戸藩主就任以来、海軍建設を願ってきた。だが一八五〇年代の日本に残念ながらその力はない。斉昭も天保年間からの試行錯誤によって、それをよく心得ていた。

すると第二は？　日本の領土・領海に夷を力ずくで入れないことである。水際防衛だ。もしも上陸させてしまったら、斬り捨て御免。幕末の過激な攘夷運動というと、当の攘夷論者も含めて、このような意味で理解していた人が多いだろう。斉昭もそのために水際に並べる大砲の質と量の両面を充実させようと努力を重ねていた。しかし、この専守防衛策すら、ペリーの黒船を目の当たりにしてはもはや困難と言わざるを得ない。

斉昭は、アメリカの艦隊による脅しを含んだ開国要求に対して、老中首座の阿部正弘と組んで外交交渉を何年も引き延ばしながら、第一ないし第二の攘夷を可能とする武備の充実を夢見た。だが、それも間に合わなそうだとなると、第三の攘夷策を提案せざるを得なくなった。

第一と第二の攘夷を引っ込め、アメリカと貿易も行う。洋式兵器の国産化に時間がかかるとすれば、親善国・友好国を装って軍艦や大砲も西洋から買った方が手っ取り早いだろう。しかしそのどこが攘夷か。日本の港を開き、西洋人多数の居住や彼らの日本人との交際を認めてしまえば、もちろん攘夷とは言えない。しかも、水戸学の伝統的思考には、町人や農民を信用しない愚民思想がある。戦国時代から徳川初期の歴史経験に照らしても、もしも西洋人が改めて開港地を介して日本のあちこちに入り込めば、町人や農民の多くは、容易にキリスト教を受け入れ、日本の天皇よりも異国の天主を拝むようになるだろう。これは水戸学的に言えば国体の崩壊である。はて、貿易するのにそうならず、攘夷もできていると言い張れる手立てがあるのか。斉昭の言い分を聞こう。

一八五七(安政四)年一一月、斉昭は内々の建言書を幕府に出した。阿部正弘の早逝を受けて幕閣の首座に就き、アメリカのハリス駐日総領事と開国交渉に当たっていた堀田正睦宛である。その内容はこうだ。

アメリカと国交を結ぶ。ただし友誼の形態を特殊にする必要がある。公使館や商館をわが国に設けさせるのも好ましくない。アメリカ人を日本の国土に住まわせるべきではない。貿易は内貿易でなく外貿易とする。日本の港を開くのではなく、日本の船がアメリカの港と行き来するようにし、アメリカ船の日本への出入りについては、従来の鎖国の制に倣って抑え続けるべきである。西洋人の居留地を日本に設けるのではなく、日本人の居留地を西洋に設ければよいのだ。長崎の出島の逆ヴァージョンのようなものである。

さらにこう続く。この日米貿易の総責任者には徳川斉昭自らがなり、斉昭がアメリカに行く。ついては、外貿易に携わる膨大な要員を日本からアメリカに移住させ、あるいは船員としなければならない。そのために動員されるべきは浪々の武士、町人や農民の次男以下、つまり跡取りではなく村や町で余されている者、さらに流人等の犯罪者である。総勢三〇〇万から四〇〇万人は連れてゆきたい。以上である。水戸の贔屓にも、この建言の評判は概ね悪い。ふざけているのではないか。三〇〇万から四〇〇万人とは三〇〇から四〇〇人の書き違えであろう。そんなところである。

確かに非現実的としか思われない。もしも実際に堀田老中がハリスに提案したら、ただ呆然とされたに違いない。だが、水戸の理屈からすると、これしかなかったとも言える。日本はアメリカともはや貿易せざるを得ないし、それは特に科学技術的・軍事的に日本の大きな利益にもなりうるが、かといって西洋人には日本の土を踏ませたくない。キリスト教の影響を日本本土に及ばせたくない。とすれば外貿易しかないだろう。

けれど、そこで問題になるのは、外貿易に携わり、欧米に暮らし、母国といつも船で行き来する日本人の処遇である。彼ら日本人の中からは、西洋の手先となって、キリスト教をはじめとする西洋の価値観を祖国に浸透させようとする輩がたくさん出てくることが予想される。だとしたら、外貿易に携わる日本人は国に戻してはならない。せいぜい港までである。祖国との交際を強く制限せねばならない。斉昭はそう考えているのだろう。だから、浪人や農工商の次男三男や犯罪者がリスト・アップされている。彼らが居なくとも日本の社会はさして困るまい。日本から消えても構わない。三、四〇〇万人とは、白髪三千丈に類する誇張表現かもしれないが、かといって三、四〇〇人のはずもあるまい。大規模な外貿易を続けるとしたら、三、四万や、三、四〇万人くらいでもよさそうだ。

極論だが、水戸学の発想に立てば正論である。この正論はやはり荒唐無稽にしても、この類いの大胆な発想を短期日で検討し実現する綱渡りの中にしか、西洋列強の風浪にさらされた日本の将来はないだろう。武力による攘夷にせよ、そのための戦備を整えるにせよ、外貿易をするにせよ、幕府だけ、一部の藩だけで行うのは無理だろう。雄藩連合を主体とする、国内の人的・物的資源の速度ある大動員が欠かせない。長い歳月もかかるだろう。その実現のためには、諸実力者を参加させ議論させ合意させ、かつ責任意識も醸成できる、列侯会議的な一種の議会政治が日本に必要とされる。「広ク会議ヲ興シ、万機公論ニ決スベシ」なのである。嘉永期から安政期の水戸派の政治的主張であろう。

そこに折り重なったのが将軍継嗣問題であった。黒船来航時の将軍は一二代徳川家慶。彼はそのときもう余命が幾許もなかった。直後に家慶は逝く。一三代は家慶の子の家定。病弱だった。おまけに子もない。鎖国か開国か、和親か攘夷かの時代は、将軍の跡目争いの季節でもあった。有力な候補は二人いた。徳川御三卿の一橋家の慶喜と徳川御三家の紀伊家の慶福《よしとみ》である。慶喜推しは実父の水戸の斉昭や越前の松平慶永や薩摩の島津斉彬ら。慶福推しは彦根の井伊直弼ら。この争いは単に次の将軍が誰かということではなかった。幕府の政体を巡る戦いであった。

慶喜擁立派はつまり列侯会議派である。この路線は徳川斉昭に言わば洗脳されていた老中阿部正弘によってペリー来航以来の幕府政治に既に入り込んでいた。老中堀田正睦に押し返されるところもあったけれど、まだまだ逆襲可能だった。実父斉昭に比較的忠実な慶喜を将軍とし、斉昭が実権を握れば彼の長年のヴィジョンはたちどころに実現されるだろう。国家の外交上の非常時の理屈を盾に、長年の老中政治を無効化し、列侯会議的な意思決定機構を軸として、朝廷から諸大名までの総力を結集する。水戸藩の蝦夷地支配による経済力強化や、外貿易による軍事力の充実をはかる。尊皇攘夷国家としての日本を樹立すべく、急進的な改革を行う。水戸藩のみならず、幕政から蚊帳の外にされつづけてきた有力な外様大名たちにも魅力ある政治の方向だった。この頃の慶喜人気の所以である。

一方の紀州慶福擁立派はつまり保守派である。幕府のありようをなるべく変えたくない。ペリーの件も尊皇攘夷思想が絡まなければそれほどややこしくはない。鎖国といってもオランダとは長崎で貿易してきた。仮にアメリカその他と和親条約や通商条約を結んでも、交際国と開港地が増えるだけで、枠組みの基本は変わらないと解せもする。キリスト教についても禁教を続ければよいだけで、尊皇攘夷派による、西洋人に日本の地を踏ませると邪教も乗り移ってくるといった考え方は、危機意識の過剰すぎる極論である。幕府の憲法は武家諸法度と禁中並公家諸法度であって、原則からすれば天皇が具体的意向を示し、政治に関与するなどありえない。すべては阿部正弘が水戸の思想に影響されてすきをみせたのが原因である。幕府が本来の筋を踏み外し、孝明天皇が攘夷と言い出すことに耳を傾けたのが大きな誤りである。おかげで堀田老中も上洛して日米交渉の経過を説明し、進路について朝廷の同意を得なければ先に進めぬ始末になっている。異常事態である。幕政を正常に復さしめねばならない。

そもそも、非常時で国家が総力を挙げるためには老中政治では無理だから列侯会議という、水戸の斉昭の発想は、江戸幕府として前例もなければ、飛躍しすぎている。幕政においては国家緊急時の対応法は歴史的に定まっている。列侯会議ではない。ましてや天皇や公家にお伺いをたてることでもない。大老職設置である。広く有力者を政治に参加させるのではなく、古代ローマで言えば臨時緊急の独裁官のように、一時的に幕政を独裁的に仕切れる大老に任せる。水戸の斉昭は大老という非常の役職のあることをわざと忘れ（なぜなら大老は御三家や外様大名に無縁な、大身の譜代大名に与えられる役職だから）、強引に列侯会議的路線へと幕府を誘導し、政治の伝統を破壊しようとしている。

慶福擁立派がこのロジックに気付けば、あとは簡単である。大老は六代将軍以降だと、一七一〇年代と八〇年代に三年間ずつ、それから一八三五（天保六）年から四一年にかけて、合わせて三人しか置かれていなかった。大老の居た期間は約一五〇年間のうちの一〇年強。しかもそのあいだの三人の大老は譜代大名筆頭格の彦根の井伊家から揃って出ている。非常時の幕政を担うのは、天下の副将軍の水戸家ではなく井伊大老と相場は決まっていた。

かくして慶福擁立派の井伊直弼が憲政の常道ならぬ幕政の常道に従い、大老に就任した。一八五八（安政五）年四月のこと。斉昭が自らの渡米を堀田老中に提案してから半年も経っていない。慶喜擁立派は出し抜かれた。

大老井伊直弼の使命は、慶喜擁立派とそれに類する者の短期的・電撃的一掃だった。慶喜擁立派は、天皇の政治的意向の尊重・水戸家や外様大名を含む列侯による幕政支配・攘夷実行へのこだわりを三点セットにし、幕府の中長期的大変革と、とてつもない軍事的出費を強いてくるだろう。彼らを一刻も早く中央政界から駆逐せねばならない。非常時独裁官だからできることだ。そして、老中を軸とした平時の幕府政治に、諸外国との交際を加えて含み込むかたちで、可及的速やかに戻さねばならない。外務省や貿易省に相当する役所を幕府機構に付け加えれば、天下泰平は続けられるのではないか。ここに彦根と水戸の最終戦争が始まり、結果は両者の共倒れに終わる。

四　臨時独裁官・井伊直弼

マキャヴェリは『ティトゥス・リウィウス政略論』で、古代ローマとマキャヴェリの時代のヴェネツィア共和国の政治制度を踏まえながら、独裁について説明している。マキャヴェリによれば、ヨーロッパが伝統的に許してきた独裁は、暴君が長いこと好き勝手をするような典型的独裁イメージとはかなり違う。独裁政治は、共和政を保持するためのいっときの方便として発明され、運用されてきた。共和国の政治制度とは、時間をかけ合議して合意を形成し、政治意思を決定するためにある。「共」とか「合」とかの意味に実を持たせるには、即断即決はなじまない。大切なのは対話と熟成だ。しかし、熟成させるだけの時間的余裕を与えられず解決をひたすら迫られる緊急な政治課題が生じることもあろう。そのとき定法の意思決定の仕組みは現実に対して役に立たなくなる。

だったら意思決定の仕組みをその場に応じて変えてしまえばよい。そうとも考えられる。だが、国家にはそれぞれ憲法や定まった作法があり、それで長いことうまく行っていたなら、緊急事態が起きたからといって、政治の仕掛けをいきなり不可逆的に新しくしてしまうのは短慮ではないか。よかれと思って先走り、かえって後世に禍根を残すのが、しばしば大胆な改革と呼ばれるものの正体である。

非常時とか緊急事態とかは、対応を致命的に誤らなければ、大抵の場合、すぐ常時や平時に復してゆく。そのあと、それまでうまく行っていた旧来の仕組みをまた作動させればよい。元通りの方が新しい工夫も要らないし、新しいコストもかからない。経済的で合理的である。そこで餅は餅屋、非常時には非常時屋を作っておく。平時のシステムを止めて非常時屋にいっとき委任する。

元の平時の制度が非常時を乗り越えたあとにまた円滑に機能すると仮定したならば、平時の意思決定システムと万が一のときの非常時屋ひとりのセットで済む政治体制と、意思決定システムそのものを現在進行形の非常時に対応しながら質も規模も作り替えてゆくのと、どちらが手間いらずでリスクも低いかは、明明白白であろう。

非常時屋は臨時独裁官などと呼ばれる。彼は物事を相談して決めずともよい。自らの意思で指令し、自らの意思で執行する。共和政下で強い決定を執行しようとすれば、どうしたって合議と議決がいる。臨時独裁官はそのプロセスを省略できる。非常時特権である。

ただし独裁官は超法規的措置を下すことはできない。あくまで今ある法や法律を守らねばならない。勝手に新たに憲法を作ったり法律を改正したり新組織を立ち上げたりすることはできない。今あるものを最大限使い、今許されることを最大限やる。合法性を最大限に追求する。非常時だといって法から逸脱した行為が行われていたとしたら、力ずくで元に戻す。議決なしの独裁による即断即決で、厳しく措置する。平時に復することを邪魔する物事は暴力的に排除してしまう。一刻も早く平時の意思決定システムを再起動する。そうして平時に復帰させられたら、臨時独裁官は、すみやかに退場する。時間を掛けられる政治に、なるたけ時間を掛けずに戻す。大胆に実力を行使する。独裁官の使命である。

江戸幕府の大老は、マキャヴェリの説明する臨時独裁官と似ていなくもない。幕府政治は共和政ではなく、ローマやヴェネツィアの市民の代表が集うように江戸城に代議員が集まるわけではない。集まるのは譜代大名から選ばれた数人の老中である。だが時間を掛けた合議制を原則とすることでは同じだ。それでは間に合わないとき、たとえば日本を簡単にひねりつぶせるほどの軍事大国アメリカが開国と貿易の交渉について武力で威嚇しながら日限を切ってきたとき、どうするか。

そこで、非常時を平時に戻すための緊急避難的な大老職の設置ではなく、幕府のふだんからの意思決定のシステムを根本的に変更すべきと主張したのが、水戸の徳川斉昭だった。国力を最大限結集して列強との戦争も覚悟するには、天皇を最上位とし、次の順位に将軍を置き、天皇と将軍の連絡を密接にしたうえ、天皇と将軍を列侯会議が補弼し、政治を進めてゆけばよい。とにかく国の大事については、天皇にいちいちうかがいをたてて、許しを得てから進めるのが、皇国日本の正しい政治ではないか。呑気な老中政治はもう終わりだ。これからは長い国難の時代。西洋との対決期に入る。一時凌ぎの大老を置けばよい話でもないだろう。

この水戸学的政治思想の要諦に、ペリー来航以来の幕府政治は乗せられていた。老中首座の阿部正弘は開国と攘夷のどちらをとるかを天皇に相談してしまったし、次の老中首座で斉昭とは仲の悪かった堀田正睦も、阿部正弘の仕方をなぞり、幕府がアメリカの外交官、ハリスとのあいだで纏めた日米修好通商条約案を、それを調印するためには是非とも天皇の許し、すなわち勅許が必要だと、京の都に出向いて公家たちとの交渉に奔走した。ところが失敗する。

もはや、さしたる権限も決定力も与えられていない老中首座くらいでは、天皇と将軍をつないで危機の時代の政治を担えはしないようだ。堀田正睦本人がへこたれた。徳川斉昭は喜ぶ。列侯会議の出番だ。そこで指導力を発揮するのは、徳川御三家のひとつでありながら、一七世紀の徳川光圀以来、尊皇思想を育て、天皇最上位の国体観念を育ててきた水戸藩の前藩主にして、まだまだ元気な斉昭であろう。さきの副将軍、水戸斉昭公が、将軍のみならず天皇のそばで腕を振るい、国難を救うときがついにやってくる。先の短かそうな一三代将軍家定の後継者問題が、紀州慶福でなく、斉昭の実子の一橋慶喜に決まれば、大勢は決する。水戸学が日本を律する時代になる。朝廷との駆け引きに失敗した堀田正睦も、斉昭と慶喜の父子に政治を託さねばもはや収めようがあるまいと実感して上方から江戸に戻ってきた。江戸幕府の歴史の中でも最大級の政治機構の変化がもたらされるだろう寸前になった。一八五八（安政五）年四月のことである。

ところが四月二三日、日本政治の流れは唐突に逆転した。彦根藩主、井伊直弼が大老に任じられた。大老職は老中が相談して置くとは限らない。将軍が、普通でない時局だから大老が必要と思って任命すれば、それでよい。将軍の一言で、他には何の手続きも合意形成も要らず、大老は現れる。井伊直弼は紀州慶福擁立派である。とりたてて開国派でもないだろうが、幕府政治のこれまでのかたちを守りたい譜代大名の筆頭である。今後も老中政治でうまく行かせるのが徳川の屋台骨を守るのに最良と心得ている。水戸の斉昭の構想が実現して、外様大名も国家の意思形成に加われば、徳川の権威は地に墜ちる。そのために非常時大権を振るう。ただし徹底的に合法主義でやる。マキャヴェリが定義した臨時独裁官のやり方のように。

安政五年は激しい年になった。六月一九日に幕府は日米修好通商条約に調印した。井伊直弼の意思である。大老は将軍よりも強いとも言われる。直弼の独断で事は進んだ。

　堀田正睦が条約調印の勅許を得られずに京都でおろおろした日々はいったい何だったのか。直弼からすれば、堀田老中の行動は無意味であった。国家の大事を決めるときには勅許を得なければならないと、どの法度が定めているのか。不成文の慣習法としてさえ聞いたことがない。それどころか禁中並公家諸法度では幕府政治に朝廷が口を挟むことを禁じているはずだ。その法度は幕府の大法であり、もちろん安政年間にも生きている。にもかかわらず、阿部老中や堀田老中がいちいち朝廷におうかがいをたてねば事を決められないと思い、その通りにしていたのは、ペリー来航以来の非常時意識と水戸をはじめとする尊皇攘夷思想の結合によって生み出された超法規的な気分と勢いの政治に巻き込まれたからにすぎない。合法主義に従えば、勅許を得なければならぬ根拠はどこにもないだろう。外国との条約は幕閣の決定で結んで良い。他の誰の許可も要らない。井伊大老の政治とは、気分と勢いから脱却し、幕府の筋を改めて素直に通すために、気分と勢いから生まれていた朝廷や水戸家等々との合意形成の手続きを、合法主義に基づいて無視する政治であった。

　徳川斉昭の時勢論からすれば、ありえぬ展開である。天皇と幕府と諸大名が尊皇攘夷のコンセンサスのもと一体と成って新時代に対応していこうとする構想は梯子を外され、アメリカとの内国貿易の約束が国際的な厳然たる取り決めとして既成事実化した。条約調印の五日後の六月二四日、徳川斉昭は、子で当代水戸藩主の徳川慶篤、それから尾張藩主の徳川慶恕《よしくみ》らと一緒に、江戸城に登城日でないのに無断で上がり、井伊大老と膝詰め談判して、条約調印を抗議するが受け付けられない。

　翌二五日には井伊大老の鶴の一声で将軍継嗣は紀州慶福に決定する。これで水戸の勢力は幕政から大きく遠ざけられたことになる。井伊直弼の大老としてのミッションは、水戸の勢力によってなし崩しにされてきた幕政の常道を回復することであったから、直弼の大老就任時に紀州慶福の一四代将軍は決定事項に等しかったが、斉昭と直弼の直接対決の翌日にこの決定がなされたことには、やはり彦根から水戸への強烈な当てつけがあると言わざるを得まい。

このあと、井伊大老は水戸の勢力を短期間で弱めて健常な老中政治を早急に回復すべく、臨時独裁官的な合法主義を徹底しての苛烈な施策を、徳川斉昭に対し打ち出す。七月五日、徳川斉昭は謹慎を命ぜられる。罪状は何か。六月二四日の無断登城である。これは明らかに科である。だが斉昭ほどの高位の人がその一事で謹慎させられるとは、確かに合法主義に基づいているが、まさに独裁官的強権の発動に違いない。

彦根藩では水戸の勢力が井伊大老に反撃してくると予想していた。すると翌六日、一三代将軍家定がついに逝った。病の末の死のはずだが、彦根藩は斉昭の差し金による暗殺ではないかと疑った。水戸の息のかかった医師が病気療養中の家定に毒を盛ったのではないか。奥医師、岡櫟仙院《れきせんいん》は井伊大老に疑われたようである。周囲はかなり調べられたらしく、櫟仙院の弟子が春に自殺したとされているがそこに何か毒殺にからむ秘密が隠されていないかと疑う諜報関係の文書も、井伊家には残る。だが何の証拠も挙がらなかったようだ。

続いては翌月の八月七日の夜更けか八日に入ってからか、とにかく深夜、ついに決定的な事態が生ずる。いわゆる「戊午《ぼご》の密勅」が下された。幕府が天皇の許しを得ずに日米修好通商条約を結んだことを責め、日本政治における幕府の「独断専行」を戒めて、今後は天皇と将軍の関係を密にして国政に当たるようにと、天皇が宣っている。

その勅書が正規のルートで幕府に下されたのなら、それはそれでよい。ところが、密勅と呼ばれるくらいで、手続きはおかしかった。正式な勅書なら関白が中身に目を通してから、正々堂々と出されねばならない。時の関白は九条尚忠《ひさただ》。親幕府派だった。だからだろう。関白を通さずに出された。しかも幕府よりも先に水戸藩に届いた。攘夷派の公家が水戸藩の京都屋敷に届けた。夜中に密かに。おまけに水戸藩から全国諸藩に回覧させるようにとの但し書きまで付く。同じ勅書が幕府の側に届いたのは水戸よりも二、三日あとだった。

つまり天皇の幕政への怒りを、将軍や大老を中抜きして、天皇から直接水戸藩や他藩に広く伝えようというのだ。幕府の法にまったくかなっていない。天皇が大名に直接幕政批判の文書を渙発するようになっては、これはもう一種の放伐論にまでつながりかねない。天皇の言う事をきかない、悪しき徳川将軍なら、勅命によって討伐すべし。次にはそんな密勅が出てきかねない。

いったい誰がこの密勅を出させたのか。孝明天皇自身か、攘夷派の公家か、それとも誰か勤皇の志士か。そもそも本物の勅書なのか。誰かの捏造ではないのか。真相はミステリーである。だが、井伊大老は、水戸の関与が絶対あると思った。大老政治と内国貿易路線を批判し、幕府のありようを根底から覆したくて堪らない。天皇と朝廷とを味方に付け、幕府に揺さぶりをかけ、諸大名の統率を乱そうとしている。天皇は幕府よりも水戸藩を信頼していると、アピールしたかったがゆえの密勅ではないか。斉昭の謹慎ではもはや済まない。「安政の大獄」の引き金が引かれるのにはじゅうぶんすぎる材料だった。

だが密勅を貰った当の水戸藩は大混乱に陥っていた。水戸の藩論は伝統的に分裂している。このときも、斉昭を奉じる尊皇攘夷派と、反斉昭で幕府を支持するグループに分かれていた。後者は当然、密勅の返納を主張。前者はというと、このときばかりは一枚岩では居られず、ついに分裂する。

水戸学者の会沢正志斎や豊田天功は、勅書を水戸に留め置いて諸大名に回覧することはしばし待てと主張した。対して高橋多一郎や金子孫二郎らは承詔必謹《しょうしょうひっきん》を唱えた。最上位の天皇の命には絶対服従すべきであり、それこそが真の徳川光圀精神。天皇の下位の将軍の立場を忖度して、将軍家に不利になることを避けようとするのは姑息だという。

ここに水戸学のひとつの難関が露呈する。水戸学は尊皇攘夷を掲げてきた。しかし将軍を中抜きして天皇と副将軍がじかに結び付く論理は鍛えていない。天皇に任命された徳川将軍は必ず天皇に忠節を尽くすというフィクションを掲げてきたのだ。天皇と将軍と副将軍の三者の上意下達関係に捩じれの生じることを想定していない。徳川光圀以来、水戸家が将軍家を守ることが将軍家を忠実な臣とする天皇を守ることにつながるという前提で、話を作り上げている。

そのフィクションが壊れぬように、徳川斉昭はペリー来航以来、幕政に参画し、天皇と将軍、朝廷と幕府の意見の対立を引き起こさぬよう努めてきた。だが、井伊直弼による幕府政治の大則の原理主義的な運用姿勢によって、策は破れた。徳川慶喜を一四代将軍にできなかったところで斉昭は負けた。なら副将軍家が将軍家に弓を引いてよいのか。そうではなく天皇と将軍と副将軍の途中の捩じれを解消する試みが第一義的になされるべき。会沢正志斎や豊田天功の意見だろう。だが、彼ら長老格の了見のある物言いも、若手過激派から見れば卑怯な日和見主義にすぎない。

水戸は藩論が混迷して処置なし。そこに井伊大老が最後の鉄槌を下す。九月から「安政の大獄」が開始される。幕政の常道の回復を目指す非常時独裁官、井伊直弼の面目躍如。暴力によるドラスティックな解決をはかる。幕府政治の秩序は、朝廷を政治にダイレクトにつなげ、ついには幕府の中抜き、朝廷と諸大名の直接連合を画策する勢力によって乱されている。その中核には水戸の勢力がある。これをたたきつぶす。そのような危険なグループを粉砕するのはむろんまったく合法的。

「安政の大獄」といえば長州の吉田松陰や越前の橋本左内、あるいは梅田雲浜《うんぴん》や頼三樹《みき》三郎《さぶろう》の刑死や獄死を真っ先に思い出される向きも多かろう。だが、彼らは決して大獄の主役ではない。水戸のシンパと判断されたから捕まったのである。徳川斉昭が終身蟄居。水戸藩執政の安島帯刀《あじまたてわき》、小姓頭取の茅《ちの》根《ね》伊予之介、京都留守居役の鵜飼吉左衛門とその子の幸吉が死罪。その他、捕まり罰せられた者には水戸藩士が多い。密勅にかかわったと目された公家たちも罰せられた。「安政の大獄」の目的は水戸派の一掃に他ならなかった。刑が執行されたのは安政六年の夏以降である。

井伊大老はそれでもなお手を緩めない。今度は水戸に、密勅を京都に返納するよう命ずる。しかも幕命でなく勅命として。大老が朝廷に手を回し、新しい勅書を出させた。それはつまり、天皇が水戸に密勅を下したのは誤りと認め、天皇と水戸家の関係が遠ざかることを強くアピールする結果をもたらす。尊皇攘夷の総本山にして幕政改革の火元であり続けてきた水戸家の最後のプライドを潰しきる、言わば仕上げの事業であった。

そうはさせじ。このとき水戸の若手の過激尊皇攘夷派は新しい理屈を考えつく。天皇―将軍―副将軍のラインに捩じれを生じさせているのは、将軍と副将軍のあいだにはさまって、非常時大権の名において正当性を主張しつつ、実は将軍権力を簒奪して居座っている井伊大老である。彼は「君側の奸」に他ならない。ここでの君は天皇ではなく、大君と呼ばれた将軍のことだけれど。「君側の奸」は片付けて当然。「桜田門外の変」が起きる。昭和の右翼テロまでつながる「君側の奸殺し」の一大原点である。

五　宜しきときに攘夷すべし

妙恵という人が居た。出羽の庄内の港町、酒田にある、真言宗の龍門寺の僧侶と伝えられる。一八五九（安政六）年の暮れのこと。彼が四国八十八か所の巡礼へと旅立った。一二月一三日には奥州白河まで上ってき、白河の本町の旅籠、柳屋に投宿した。

妙恵が部屋で寛いでいると、隣の座敷の話し声が聞こえてくる。ついつい耳を澄ました。座敷に居るのは三人連れの浪人者のようだ。水戸の脱藩者らしい。「安政の大獄」は苛烈を極め、徳川斉昭は半年前の八月に水戸での永蟄居を命ぜられている。長州の吉田松陰が江戸で刑を執行されたのは一〇月である。大老井伊直弼は、幕府権力の本来のありよう、つまり幕閣を構成する者たちのみで、国政を完遂する道の徹底回復に努めていた。京都の朝廷と結んで幕政に口を挟み続けていた水戸藩は、井伊大老のいちばんの標的。水戸には井伊の彦根藩への憎悪が渦巻いていた。

座敷の三人組は井伊家のことを禍々しく話している。このままではおかないという。同志は合わせて九五人。彼らは下野の大田原で年末に落ち合い、来年の三月には井伊家を襲うべく計画しているという。決行予定日は三月二日。

妙恵は恐ろしいことを耳に入れてしまった。黙ってはいられなかった。井伊家に訴え出た。この僧がいつそうしたかまでは記録が残っていない。が、年明けであることは確かだ。井伊家に残る文書には一二月の白河での件が「昨年」と記されているから。

だが、でき過ぎた話ではある。実際には三月二日は何事もなかった。が、翌日の一八六〇(安政七)年三月三日、江戸に雪の降る中、事件は起きた。桜田門外の変である。井伊直弼は登城の途中で駕籠を襲われ、首をとられた。襲撃した一八人のうち、一七人までは水戸の浪士や神官。あとのひとりは薩摩の有村次左衛門。妙恵のもたらした情報は一日しか違っていなかった。

とはいえ、一二月半ばに相談していたというのは幾らなんでも早すぎる。妙恵なる僧侶は本当に、前年の師走に白河でそんな談合を聞いたのだろうか。一二月や、白河の旅籠や、総勢九五人や、隣座敷に三人といった箇所は、みんな嘘で、三月二日前後だけが真実だったのかもしれない。妙恵と名乗る人物は、水戸と薩摩の過激派の秘密計画を知りながら、ソースを明かしたくないので、ぼやかして井伊家に知らせたのかもしれず、彦根の探索方はそれを書類にはしたものの、特に高い確度の情報とは思わなかったのかもしれない。

とにかく、せっかくの知らせはどうやら活かされなかった。警固はそれなりに厚かったのだが、結果論としては足らず、大老政治という幕府の緊急独裁体制は暗殺とともに終わった。彦根藩は、まだ直弼の世継ぎを幕府に届けていなかったがゆえに、存続の危機にまで立たされた。名誉と伝統ある井伊家はさすがに取り潰されることは免れたのだけれど。

大老暗殺のインパクトは大きかった。このあと幕府は最期のときを迎えるまで、二度と京の都を軽んじることはできなくなった。将軍権力は天皇に承認されていてこそ。公武合体が幕府政治の基調になった。

たとえば、公儀隠密とは幕府の隠密であり、御公儀と言えば幕府権力以外であろうはずもなかったのであって、公という権威ある文字は、長いこと幕府のほとんど専売特許であった。ところが、幕府は公の字を朝廷に奪い返されるかたちになっていった。幕府は公武の武の方になり、朝廷の下部にはっきり組み込まれていった。幕府権力の相対化が促進された。となると、武家の代表がいつまでも徳川家でなければならぬ理屈も弱くなる。薩摩でも長州でもよいではないか。大老暗殺は、幕府の終わりの始まりであった。

「神風をなに疑はむ桜田の花咲くころの雪を見るにも」。桜田門外の変の第一報を聞いた尊皇の志士のひとり、平野国臣はこう歌った。井伊直弼の死とは、天誅であり、神風であり、天皇の意向の表れである。国臣は事件をそう解した。将軍や副将軍のことなどもはやどこにもない。吹っ飛んでいる。

水戸の浪士も薩摩の浪士も平野国臣も尊皇の志士である。志士とは何か。自らの志を立ててそれを実現させようとする士が志士なのだろうが、尊皇の志士とはあくまで無私であって、天皇の大義を生きる者であるから、自らの志とは我の志でなく、とどのつまりは天皇の志である。天意を徹見して実現するのが尊皇の志士。構造としては「天皇→志士」の二段階で間髪入れずに完結する。「天皇→将軍→大老→志士」とか「天皇→将軍→副将軍→志士」とか、途中が入ることに、志士は値打ちを認めない。

何しろ大老を浪人が誅することができたのだ。大老を誅する大義は、大老が天皇を軽んじたことから生まれる。天皇の許しを得ずに外国と条約を結べば、大老が殺されるのは当たり前。それを武勇の誉れ高き彦根藩の侍たちは押しとどめられなかった。なぜなら主君が不義者だったからである。志士に神風が吹いたのだ。天皇を軽んじれば、これからは将軍だろうと副将軍だろうと討たれて当然。桜田門外の変はたちまち日本全土に、天皇への大義を名分とするテロルの思想を蔓延させた。

天皇は絶対正義である。天皇に忠を尽くすのが正しい日本人の生き方である。それが義を貫くということだ。水戸学の教えであろう。桜田門外の変に参加した水戸浪士を背後で操った高橋多一郎は、水戸学の徒であり、会沢正志斎や藤田東湖に学び、正志斎の『新論』に傾倒していた。彦根藩は大老暗殺を水戸藩の上から下までの組織ぐるみの犯行と考えた。陰の指令者は徳川斉昭その人ではないか。

彦根にかかれば、一三代将軍家定の死も水戸による毒殺になってしまう。朝廷の意に反した外交交渉を進めるべく臨時職の大老に井伊直弼を任命したのが家定だからである。天皇をないがしろにする者は将軍だろうと大老だろうと殺しにかかる。井伊家の思い描く水戸とは、そこまで血気さかんで乱暴な代物であった。副将軍や前副将軍が志士の先頭に立って、天皇と志士を隔てるものを屠ってゆく。血塗られた幕末のすべては水戸が生み出す。彦根が水戸に持った強迫観念である。

だが、現実の水戸は、桜田門外の変の直前にはますます混乱し分裂していた。大老暗殺に一枚岩になれる集団からはいよいよ程遠かった。桜田門外の変の起こる四か月ほど前から、水戸を騒がせていたのは、井伊大老の差し金によって水戸に下された新たな勅命である。

孝明天皇が井伊大老の開国政策を叱り、大老政治以後、急速にぎくしゃくするようになった朝廷と幕府の関係を速やかに立て直すようにと、特に水戸藩の力に期待して下された、安政五年の「戊午の密勅」。水戸藩が賜ったその勅書は「安政の大獄」が始まったあとも水戸に大切にしまわれていた。それを京都に返納する新たな勅書が出た。

井伊直弼が朝廷に圧力をかけたゆえの勅書とは誰でも分かる。だが、背景はどうあれ、天皇の命令は命令である。しかも「戊午の密勅」と異なり、手続きとしてはまっとうだ。天皇から関白の手を経て将軍家に下されている。もはや水戸の古老の位置を占める会沢正志斎も「戊午の密勅」の返納を主張した。永蟄居の身の徳川斉昭も同意見だった。

斉昭も正志斎も怖くなっていたのである。水戸藩が取り潰されずとも減封や国替えになるかもしれない。初代頼房以来の水戸徳川家に終わりが来るかもしれない。何しろ「安政の大獄」下だ。天保年間から「天下の副将軍」として日本をリードしてきた徳川斉昭が、御三家のひとつの前当主だというのに、あっさり蟄居させられている。井伊大老は何をしでかすか分からないし、大老の命は将軍の命だから副将軍家として従わぬわけにはゆかない。

そう、水戸学は天皇を絶対化してやまない思想ではあるが、おおもとにはあくまで朱子学がある。朱子学は結局、現状維持の学問である。中国の王朝なり、江戸の幕藩体制なり、既に存在する秩序の道理を探求し、正当な道理が備わっているから今の秩序を保つことが大切と言うための学問と呼んでも構わないだろう。水戸学も水戸徳川家の存在意義を明らかにする欲求から始まっていた。

天皇あってこその将軍。天皇と将軍あってこその副将軍。この線を守らなくては、水戸学は水戸学でなくなる。「戊午の密勅」に会沢正志斎らがひるんだのも、将軍を飛び越えて勅書が直接に水戸にざというとき、肝心の水戸藩がなくなっていては元も子もない。

水戸藩とは徳川御三家のひとつであり、徳川宗家なくして御三家はない。徳川宗家こと将軍家は征夷大将軍を任命する天皇なくしてない。水戸家大切の論理を根底とする水戸学は「天皇家→徳川宗家→徳川御三家」もしくは「天皇家→将軍家→副将軍家」の三段階を護持する以外に水戸家の正統性を主張できない。水戸家は形式的には朝廷から権中納言という位を貰うものの、実質的には将軍家に付き従っている。天皇直参というような自意識は持てないのが正統な水戸学の思想である。中抜きはできないのだ。

その一方で、むろん水戸学は天皇を絶対正義と仰ぐ「天皇教」思想でもある。正統な水戸学は二本足で立っている。片足は天皇絶対であり、片足は「天皇→将軍→水戸」の三段階説の墨守である。この二本足で揺らぎなく立ち続けるには、繰り返し述べてきたように、天皇と将軍（あるいは将軍に成り代わる大老）と水戸家のそれぞれの意思が、順接でなければならない。そうでないと、天皇絶対の立場と将軍を助ける副将軍の立場とが矛盾して、水戸学は思想として機能不全に陥る。実際、そうなったのが井伊大老の時代である。

だが、思想として論理的に機能不全に陥ったから大胆に振る舞えないので、いったんおとなしくし、二本足がまた均衡するまで待とう、「戊午の密勅」も言われた通り返そうというのでは、あまりに情けないと思う勢力も現れる。水戸学は、天皇絶対の皇国日本の世界に冠絶する価値を外国に対して守り抜く国防実践哲学としての面を有している。二本足が不均衡になったからといって、実践が止まっては、水戸学も水戸藩も存在理由がなくなるだろう。国防に休息も停止も遅滞も許されない。

仮に天皇絶対を左足とし、将軍への服従を右足とすれば、この二本足は対等の重みを持つだろうか。

水戸学的には天皇は絶対だが、将軍は相対だろう。絶対の天皇に、将軍や大老や老中や幕閣が違背した場合、徳川光圀以来、天皇尊崇の道を歩むと宣言してきた水戸の人士の進むべき道は明確ではないか。左足一本で飛び跳ねてもゆくという選択肢はありうる。二本足にこだわるのが正統の水戸学なら、左足で行くのは異端の水戸学。「水戸学左派」である。絶対の天皇に付き従う者だけが自らもまた絶対にすることができ、それに比べれば幕府とか将軍家とか水戸藩とかの意味は軽い。藩主以下、藩など捨てて、志士となればよい。ひたすら天皇絶対の道に生きればよい。倒幕もできる水戸学の誕生である。

たとえば、天皇に逆らい、朝廷を力で威圧して天皇の本意にあらざる勅書をださせる大老の言いなりになるなど、足利尊氏に従った北朝方の武将のような逆賊にも劣るのではないか。逆臣になってはならない。そのような態度を水戸の人士に刷り込んできたのは『大日本史』であり、藤田幽谷と東湖の父子であり、会沢正志斎であり、烈公徳川斉昭ではないのか。幽谷と東湖は既に亡い。が、なおも元気な斉昭と正志斎は「密勅」を返せという。何たることか。

「水戸学左派」の志士の怒りは井伊大老にばかり向いていたのではない。斉昭や正志斎も批判の対象にされた。斉昭や正志斎は暗殺こそされなかったけれど、似たことはあった。安政七年二月二四日だから三月三日の桜田門外の変が目前の頃。水戸城内で「水戸学左派」の青年武士、斎藤留次郎が切腹して果てた。誰かに強いられたのではない。自らの思想の示威行動である。懐中には血で塗れることになる諫言の書状を入れていた。

誰に対してか。なんと徳川斉昭を諫める書である。留次郎は斉昭を情けないという。安政六年の暮れから江戸と水戸の街道筋の宿場町、長岡に、「水戸学左派」の人々は勝手に屯所を作り、それを事実上の関所として、水戸藩領から江戸に向かう者の荷物改めをしていた。「密勅」を江戸や京都に運ぶ「密使」を摑まえたかったのである。彼らは長岡に楠公社を建てて楠木正成を祭った。形勢がどんなに不利でも「七生報国」の意気で、楠公の軍が湊川で孤立無援の戦いの末に全滅したひそみに倣って、あくまで天皇とともに攘夷をやり抜く覚悟を示した。斉昭も正志斎も、彼らを水戸の家を危うくする連中とみなしていた。斉昭は長岡に集う「水戸学左派」の鎮撫に兵を差し向けた。「水戸学左派」の一員であり長岡に多くの仲間を持つ斎藤留次郎は、斉昭の行いを激しい堕落と見た。なぜ、尊皇心に素直に従って大老と一戦交えないのか。留次郎は斉昭を斬る代わりに、自らの腹を切り、「七生報国」の心意気を示した。斉昭の心は井伊大老の首が斬られる数日前に、斎藤留次郎によって同じく斬られていた。

桜田門外で井伊大老を襲った主力は、長岡の屯所に集まった「水戸学左派」の脱藩者の有志である。彼らは斉昭を諫め、直弼を屠った。斉昭はしかし「左派」の人々をついに認めなかった。桜田門外の変には憤った。水戸藩が幕府を潰しにかかっているのか。幕府が朝廷に従う路線を再興したい斉昭からすれば、「水戸学左派」の「中抜き・藩抜き・幕府抜き」を辞さない志士のラディカリズムは悪夢以外の何ものでもなかった。

大老が斃れても、もはや永蟄居の徳川斉昭に次の出番は回ってこなかった。桜田門外の変からおよそ五か月後の八月一五日、斉昭は斎藤留次郎の切腹した日も浅い水戸城内で急逝した。

会沢正志斎の寿命も尽きようとしていた。彼は一八六二（文久二）年、『時務策』と呼ばれる短い文章を書いた。身近な弟子たちに与えたものとも、徳川慶喜への遺言とも言われる。

書き出しはこうである。「国家厳制アリテ外国ノ往来ヲ拒絶シ給フハ、守国ノ要務ナルコト勿論ナレドモ、今日ニ至テハ、マタ古今時勢ノ変ヲ達観セザルコトヲ得ザルモノアリ」

昭和天皇の「終戦ノ詔書」の「世界ノ大勢ト帝国ノ現状トニ鑑ミ」を幾分思い出させもするだろう。

勝ちたくても勝てないとき、鎖国を守り攘夷を断行しようとしてもできないときがある。なぜなら「時勢」や「大勢」は道理や正義とは別物だからである。正義が勝つなら、水戸学の史観に於いては楠木正成がいつも勝たねばならない。ところがそうならない。勝てぬと分かっても正義を貫く。散華の美学である。それもよい。だが南朝には北朝方の深追いしきれぬ吉野の山があった。ところが今の皇国日本に吉野なし。「水戸学左派」の楠公精神は単なる亡国の道である。西洋列強との科学技術力と経済力の差は如何ともしがたい。負けると分かった戦をして、今はたまたま勢いではかなわないが真の正義の道理を宿す皇国を滅ぼしてしまうとは、愚の骨頂である。

ではどうするか。正志斎は言う。井伊大老亡き後の幕府は、今や朝廷と協調しながら「富国強兵ノ政」を行い「天下ノ耳目一新ス」。「富強ノ国トナリテ、神州ノ武威海外ニ輝」かせることができる日もいずれは来る。それまでは「天皇↓将軍↓副将軍」のシステムをひたすらに守り、時を待てばよい。「万国ノ形勢ヲ審察シテ、拒絶シテ宜シキニ当ル時アラバ拒絶スベシ」。諸外国を拒絶する。つまり攘夷だ。それが「万国ノ形勢」の中で可能になったときに改めてやればよい。世界に冠たる皇国の実力を発揮すればよい。未来の攘夷のためには開国と文明開化と富国強兵の路線でよい。宜しき時を選んで攘夷すべし。いつのことになるかは分からないけれど。これが正統水戸学、もしくは「水戸学右派」の結論であろう。会沢正志斎は『時務策』を書いた翌年の文久三年夏、八一歳で世を去った。

だが、「水戸学左派」は正志斎の理屈ではもはやまったく統制不能であった。彼らは美学へとひたすら振れた。戊辰戦争に先駆ける水戸の大乱は、もう目前に迫っていた。

第六章　天狗大乱

一　水戸の「二・二六」

永井なつという女性が居た。一八七六（明治九）年の生まれである。樋口一葉より四つ若い。本と芝居が大好きで、能と歌舞伎と泉鏡花に夢中だった。明治二六年、内務官僚の平岡定太郎と結婚し、平岡なつになり、翌年、一人息子の梓を生む。梓は東京帝国大学法学部から農商務省に進み、一九二四（大正一三）年に結婚。定太郎となつは、息子夫婦と同居し、大正一四年、孫の公威《きみたけ》が生まれると、なつはこの孫を溺愛した。嫁から取り上げ、傍に置いた。

なつの可愛がった孫。のちの作家、三島由紀夫である。能に歌舞伎に泉鏡花。三島の小説や演劇に対する趣味の大本は、祖母の影響のもとで形作られたと言ってよい。いや、もっと深いところにまで、祖母の影、祖母の引き摺る血がしみ込んだのかもしれない。

なつの父は永井岩之丞という。彼は元は三好氏だったが、永井玄蕃頭《げんばのかみ》尚志《なおゆき》の養子になった。

永井尚志は旗本。末期の幕府政治を担った能吏。長崎海軍伝習所の総監理から軍艦奉行へ。日本近代海軍の生みの親のひとりになった。その間、勘定奉行、外国奉行を歴任。一三代将軍家定の跡目争いでは、水戸の徳川斉昭らの側に付いて一橋家の徳川慶喜を推し、紀伊の徳川慶福改め家茂を支持した大老、井伊直弼に失脚させられる。が、桜田門外の変のあと、要職に返り咲く。一八六四（元治元）年の江戸幕府による第一次長州征伐時には大目付。一八六六（慶応二）年の第二次長州征伐の頃には再び外国奉行に長州御用掛。いよいよ幕末も幕末の慶応三年には、閣僚級の若年寄に任じられ、一五代将軍慶喜の乾坤一擲の大博打、大政奉還の実務にも携わる。

だが、大勢は徳川将軍家を見捨てる。永井尚志はそこでなお諦めない。養子の岩之丞を連れ、幕府海軍副総裁、榎本武揚に従って、蝦夷地に逃れる。通称、蝦夷共和国の政権幹部となり、箱館奉行を務める。けれど、じきに箱館戦争となり、永井父子は榎本らと共に、ついに明治新政府に降伏。父子で罪に服し、やがて赦され、父も子も新政府に出仕。息子は司法省に勤め、判事の道を歩む。

岩之丞が結婚したのは明治五年である。相手は大名の娘。常陸宍戸藩という小さな藩の最後の藩主、松平頼位《よりたか》の三女。高という。高姫である。宍戸藩の藩祖は松平頼雄《よりお》。徳川家康の子で水戸藩を開いた徳川頼房の七男であり、義公徳川光圀の弟になる。頼雄は兄の光圀のはからいで、水戸藩の領地を分与され、水戸の支藩として宍戸藩を開いた。その第八代と第一〇代の藩主が松平頼位。永井岩之丞は水戸徳川家の一門の姫と結ばれ、ふたりはたくさんの子に恵まれた。永井なつも生まれ、彼女は三島由紀夫の作家像を方向づけた。三島と水戸には縁がある。

ところで、なつの母方の祖父、松平頼位はなぜ、宍戸藩の藩主を二度も務めたのか。頼位は嫡子の頼徳《よりのり》に、一度家督を譲って隠居した。頼徳は高姫の兄だから、永井なつと平岡なつの伯父になる。この頼徳の代に悲劇があった。頼徳は死に、藩も取りつぶされた。再興を許されたのは慶応四年二月。鳥羽伏見の戦いの後。江戸開城の前。徳川の最終瓦解期から明治四年の廃藩置県まで、宍戸藩は復活した。そのときの藩主には、頼徳や高姫の父、頼位が再び就いた。

はて、松平頼徳と常陸宍戸藩にいったい何が起こったのか。物語は一八六二、六三（文久二、三）

年に遡る。

政治の大舞台には、そのとき、孝明天皇が君臨している。朝廷には決して国政に口を挟ませない。徳川家康が豊臣家滅亡後、将軍中心の天下泰平の世を開くために為した大きな仕掛けのひとつであった。しかし、徳川将軍家が日本に勢威をふるえる大義名分は天皇を奉って天皇に尽くすことから生じるという水戸学思想を、徳川斉昭からの書簡で教育されて、それにかぶれてしまった、黒船到来時の幕府老中首座、阿部正弘が、朝廷に外交方針について伺いを立ててしまったところから、流れは変わった。

孝明天皇の政治意思は攘夷を基調とした。攘夷をする気のあるものが尊皇である。尊皇の熱意は攘夷の熱意からはかられる。「攘夷します」と言うと、いつどのようにするのかはともかく、孝明天皇は喜ぶ。とはいえ、天皇は武力を持たないし、幕府のような官僚集団を抱えているわけでもない。公卿はたくさんいるが、彼らは国政に与り実務をこなすことを永年していないから、ただただ百家争鳴状態を作り出す、ノイズの多い無秩序な集合体を成すばかりである。

けれど、天皇も朝廷もしたたかである。孝明天皇ほど辞めたがった天皇は珍しいだろう。しばしば譲位の意向を漏らす。気に入るように、外交が動かなければ、辞めると言う。臣下がだらしなくて耐えられない。具体的な意思表明をせずとも、そういうメッセージを最大級に示すことになる。尊皇の志士たちは黙っていられなくなるだろう。譲位され、退かれては大変。いちいち大騒ぎになり、それを機に政治が動く。

それから、幕府の許可が必要とは言え、天皇が改元を望んで、政治の気分を変える戦略もとりうる。実際、幕末の改元は普通でない。一八五四年に嘉永七年が安政元年に改まり、一八六八年に慶応四年が明治元年に改まる。その途中に、万延、文久、元治が挟まる。一四年で六つという計算になる。改元政治の時代と呼んでもいいくらいである。

明治政府が、特には長州の伊藤博文の意向で、天皇は崩御するまで終身在位、元号も一世一元で、天皇の代替わりのとき以外には変えないことにしたのには、この幕末の記憶が反映しているに違いない。明治天皇が、藩閥政府への不快感を秘めながら譲位したいと言い出したら、そのお気持ちが少し漏れるだけでも、明治新政府が倒壊することさえありうる。天皇を立てることと、天皇の意思を封じておくことがセットにならないと、尊皇の政治は混乱のリスクを高める。維新の元勲たちは孝明天皇に大いに学んだのであろう。

閑話休題。孝明天皇のペースに巻き込まれてはいけない。大老井伊直弼が登場し、朝廷を引っ込ませて幕政の常道を回復しようとし、水戸藩を本拠とする過激思想を一掃すべく安政の大獄を引き起こした。が、怒った水戸の人々に逆襲され、雪の桜田門外で討ち果たされて、再び京都の意向が政治を動かすようになった。幕府や長州や薩摩や越前や土佐や会津などが、朝廷に近しいポジションを得ようと、京都での暴力を伴う政治ゲームに熱中するようになった。安政から万延にかけて、井伊の彦根と相撃ち状態になり、大いに力を殺がれた水戸も、尊皇攘夷思想の本家本元として、なおこのゲームに加わろうと奮闘していた。

文久二年、朝廷には長州が食い込んでいた。孝明天皇は攘夷の実行を強く望み、幕府は文久三年五月一〇日の攘夷実行を約束した。開いた港をまた閉じる。幕府も本気でないわけではなかった。だが、国家間の正規の条約を結んで開港している。外交での解決は容易ではない。武力で港を閉ざそうとしたら戦争だ。幕府は鎖港の道を探ってはみるものの、現実的には手詰まりのまま、五月は過ぎていった。自滅的急進主義を避ければ、そうならざるを得まい。

そのとき、しかし本当に攘夷武力断行を実践し、西洋列強と戦端を開いたものが居た。長州である。

も、五月一〇日、馬関海峡で、アメリカの商船を砲撃した。藩全体の堅固な意思統一の結果と言うよりも、水戸学に感化されたところの大きかった吉田松陰に教えを受け、松陰の妹を妻とした久坂玄瑞《くさかげんずい》が現場に居て、彼のやる気が他を圧し、撃ち始めてしまったというべきだろう。ついで、フランスとオランダの艦艇も標的となり、フランス側やオランダ側には死者が出た。六月に入ると、アメリカとフランスは軍艦によって長州に報復。長州は軍船を失い、砲台を破壊された。そして七月には、前年に薩摩藩の実質的最高指導者、島津久光の行列がイギリス人を殺傷した生麦事件からエスカレートして、イギリス艦隊が鹿児島を攻撃する。いわゆる薩英戦争である。

孝明天皇の意向を、ラディカルに、かつスピード感をもって実現しようとする長州に日本全体が引き摺られれば、必敗の大戦争が招来され、幕府も朝廷も危くなるかもしれない。過激な勢力は排除するに限る。孝明天皇も妥協した。かくして文久三年八月に政変が起きる。京都から長州が排除され、幕府や薩摩や会津や越前が幅を利かせるようになる。

とはいえ、孝明天皇の可及的速やかな攘夷への願いが封印されたのではない。スピーディには出来ないから少し日延べするということ。建前は維持され続ける。

尊皇攘夷の本家本元の水戸藩は何をしていたか。大勢は幕府の論理をなぞっていた。できる範囲で攘夷を行う。理想を追求して、できないことをしようとして、日本滅亡を招いてはならない。会沢正志斎の遺書とも言える、文久二年の『時務策』も、そうした内容であった。正志斎が逝ったのは、文久三年の七月。攘夷実行の五月から京都政変の八月のあいだである。

だが、水戸は相変わらず一枚岩ではなかった。藤田東湖も徳川斉昭も会沢正志斎ももう居ない。桜田門外の変を指導した高橋多一郎も、井伊直弼の死の二〇日後には大坂で自刃している。幕末の水戸の尊皇攘夷の本筋を、過激にせよ穏健にせよ、指導力を持って支えた人々は、安政の大地震や大獄の犠牲となり、あるいはテロリストとなって斃れ、古参兵たちの寿命も尽きて、かなりが居なくなっていた。尊皇攘夷を過激に貫くか、穏健に行うか。孝明天皇が幕府を差し置いて、いきなり水戸に攘夷の実行を命令したということになる、安政五年夏の「戊午の密勅」以来、水戸学の人々も割れていた。

それから、特に斉昭の時代からの藩の丈に合わない軍事の出費や天下国家への介入にこりごりし、斉昭の路線を呪い、水戸学的な発想と行動を否定したい勢力も、水戸にはとても多かった。そちらが多数派というべきだろう。表向きは取り繕っているが、もはやカリスマも、みなを纏める存在も居らず、四分五裂の状態が、かえってエスカレートしている。水戸の実態であった。

そんな情勢の中、ついに突出した行動に走る者があらわれる。藤田小四郎である。藤田東湖の四男だ。

水戸学は元来、水戸藩の存在根拠を問い詰める思想だ。「天下の副将軍」と言われる水戸の藩主は、江戸の将軍のために身命を賭す存在であり、なぜ命を捨てられるかと言えば、それは徳川の分家にとって本家が大事というような家の理屈では弱すぎるのであって、もっと公の理屈が通らねばならない。大義名分である。将軍の権力は徳川の強さにだけ由来するものではない。徳川に天皇が征夷大将軍の位を与えているから、幕府は公儀となれるのであり、天皇は地上に正義を体現する唯一無二の存在であるから、天皇を上、将軍を下とし、しかも天皇と将軍の政治意思の一致を前提としてこそ、その体制を守護するために身命を賭する公的論理が貫徹する。

水戸学の徒、藤田小四郎もまた、この論理を奉じようとする。しかし、幕末にはこの論理と現実の矛盾が顕在化する。孝明天皇の態度には、攘夷の実現を求めることにおいて一貫性がある。水戸学の教えるところも、尊皇とは天皇の世界における唯一無二性を信じる思想なので、キリスト教の神を絶対とする観念と結びついた西洋と併存は不可能であり、尊皇と攘夷は不可分になる。その意味で孝明天皇のものの考え方はまったく正しい。まさに天意である。それに添うことだけが日本人の道だ。

ところが、文久三年には、孝明天皇は五月一〇日の攘夷を指示したのに、それを即日実行する気概を示したのは長州だけで、幕府の態度はずっと優柔不断である。幕府は井伊直弼時代のように天皇に反逆しているわけではないが、天意の実現を躊躇し、誤魔化しているのだから、天皇と将軍が一体の実をあげているとは言いがたい。ならば、水戸藩は何をすべきか。幕府の姿勢に追随していてはいけない。幕府が一刻も早く攘夷を完遂できるように背中を押さねばならない。水戸学の影響を受けたればこその長州の行動に、本家の水戸が後れを取っているのも情けない。藤田小四郎は、文久三年の春、上洛して、全国の尊皇攘夷の志士たちと交流するが、その際、長州の桂小五郎（木戸孝允）らとも接触したようである。筋を通して理想通りに物事をやり抜こうとする、ときには大いに非現実主義的な長州の行き方に憧れを抱いたようだ。藤田小四郎は水戸の久坂玄瑞になりたかった。向こうが吉田松陰の義弟なら、こちらは藤田東湖の息子なのだ。

すると、藤田小四郎はいかに攘夷の実を挙げようとするのか。彼があくまでも水戸藩士であることにこだわるなら、水戸藩主を説得し、藩論を攘夷の速やかな実行へと統一させるように努めるのかもしれない。が、小四郎はそうしない。藩主や将軍といった天皇と自分の間に挟まる途中を抜いて、天皇に直結する。これぞ志士の論理。天意は明明白白なのだから、直接にそれに従えばいい。そうできる者が一刻も早くそうすることによって、水戸藩主や他の諸藩の藩主や将軍を覚醒させなくてはいけない。天皇と将軍以下の思想と行動が食い違ったら、天皇を優先する。他の選択肢はない。もしも水戸藩がそうした意見に従わなければ、水戸藩も賊。それが天皇絶対の水戸学思想のひとつの帰結である。天皇への忠義によってしか水戸藩の存在の究極の証明はなせないというのが水戸学だから、水戸藩が天皇と将軍の間で日和見するほどにまで堕落したら、そんな水戸藩はなくてよいという理屈に発展する。水戸学が水戸学を超えてくる。

かくて藤田小四郎は蹶起する。後期水戸学の過激派、言わば左派の論理の典型だ。元治元年三月、小四郎は、水戸の町奉行、田丸稲之衛門《いなのえもん》らと語らって、筑波山に同志を集める。義挙と呼ばれた。もちろん水戸藩にも幕府にも何の許可も得ていない。

凄惨な騒動の始まりである。世に天狗党の乱と言われる。天狗党とは、藤田小四郎らの自称ではないし、そもそも言葉に侮蔑的な意味が込められてもいる。徳川斉昭が水戸藩主になってから取り立てられ、よい思いをし、権力を握り、えばっていた人々に、反斉昭派の与えた名辞が由来だというのだから。尊皇攘夷を叫び、国家の大事を優先し、誇大妄想的に悲憤慷慨して、水戸藩の現実、足元を忘れ、舞い上がった人たち。鼻を伸ばして天狗になった人たち。そのグランド・フィナーレとなる天狗党の乱がハッピー・エンドになるわけもない。

だが、筑波山の挙兵に加わった人々の範囲は、斉昭時代に優遇された水戸藩士のグループをはるかに超えている。そもそも水戸藩士に限られていない。士分にもとどまっていない。地域も階層も幅広い。尊皇攘夷を合言葉に、武士も神官も博徒も農民も集まってくる。藩の仕切りを超えて、あちこちから合わさってくる。彼らを天狗党と呼んでよいものか。とにかく烏合の衆。が、単なる群衆ではなく、軍隊として編成されている。調練奉行もいる。つまり歩兵隊や騎兵隊としての訓練をされていたのだろう。

文久三年に長州の仕掛けた攘夷戦争に際し、武士だけでは十分な兵数を賄えないがゆえに、高杉晋作が奇兵隊を組織したことが被ってくる。会沢正志斎が既に一八二〇年代に『新論』で問題化した、攘夷実行のための十分な軍事力は武士の人数で賄えないという議論への答えが、奇兵隊や天狗党にあるだろう。

さて、筑波山に集まり、周囲の諸藩の領地にも出没するようになる、この天狗党は、天皇の意に従い、水戸藩や幕府に攘夷実行を迫る正当な資格を認められるべき義軍なのか。それとも単なる反逆の徒なのか。幕閣でも水戸藩でも意見は割れる。二・二六事件の蹶起軍をどう扱うのか。あのときの混乱に似てくる。そして、常陸宍戸藩主、松平頼徳はというと、一時にせよ天狗党と共闘し、幕府軍と対決する。どちらに正義があるのか。戊辰戦争に先駆ける、幕末の水戸のクライマックスである。

二　天狗党の「ぼくらの時代」

『万葉集』は、高橋虫麻呂の「筑波嶺に登りて嬥歌《かがい》会をする日に作る歌一首」を載せている。

「鷲の住む　筑波の山の　裳羽服津《もはきつ》の　その津の上に　率《あども》ひて　をとめをとこの　行き集ひ　かがふ
嬥歌《かがい》に　人妻に　吾も交はらむ　吾が妻に　他《ひと》も言問へ　この山を　うしはく神の　昔より　禁《いさ》めぬ
わざぞ　今日のみは　めぐしもな見そ　事も咎むな」

大鳥・猛鳥も棲む深山である筑波の山の、男神と女神がからだから滴るもろもろの液体のしみた衣や裳や羽や服を脱ぎ捨てて交わったというその場所に、男たちと女たちが誘い合い、行き集い、歌垣という歌合戦をし、言葉を投げ合い、押し合い、へしあい、言葉の力で好きな相手を手なずけようと競い合っているところに、私も加わって、人の妻を言霊で押しつぶしてしまおう、私の妻に誰かが言い寄っても、この山を力尽くで強引に治めてきた筑波の荒ぶる神々が、昔から禁じてこなかったのが、何しろこの筑波の歌垣というものなのだ、神々の戯れを人も為さむとするのだ、おかしな目で見るなかれ、やる事を咎めるなかれ。

意訳と注釈が過ぎるようだが、そして想像をたくましくし過ぎているようだけれど、しかし、かみ砕けば、およそはやはりそんな意味ではあるまいか。

筑波山には歌垣の行われる伝統があった。男たちと女たちが集まって、歌のやりとりをして、言霊のなすがままに自ずとカップルができ、結ばれ、それが豊作への祈りとなる。男と女がつながってこそ、いのちが生まれ、豊かに実る。そこに言葉と歌が伴う。声と言葉の引力がつながりを作り出す。歓びを育てる。

男と女。陽と陰。筑波山は二つの峰がペアでひとつの山を成し、二つの峰は男体山と女体山と呼ばれてきた。山自体が歌垣なのである。二つの峰にはそれぞれの神が居る。もちろん男神と女神。そのまぐわいが山の領分のみならず、筑波山からよく見渡される関東の平野に五穀の豊穣を齎《もたら》す。そういう信仰を持つ人々が山に集って、神々の行いを反復する。筑波の歌垣の神話的起源であろう。

そんな筑波山には筑波山神社がある。というか、何しろそういう山だから、山の全部がご神体である。そして男体山の男の神を伊弉諾尊、女体山の女の神を伊弉冉尊とする。筑波の歌垣の伝統が記紀神話と結合したのだろう。だから男の神はイザナギに、女の神がイザナミに見立てられた。記紀神話は、この男女の神が日本の国土を産んだと伝える。産んだ国土に降りてみる。降臨したところが筑波の男体山と女体山。筑波山神社の由緒である。

筑波山が日本を支配する中央と結びつけられたとき、筑波の神の物語はそのように変容し、筑波の歌の伝統は天皇の歌の支配力と重ね合わされたのだろう。筑波山に神社が立てられたのは神武天皇元年だという。橿原で神武天皇が即位したと同時に筑波山は伊弉諾尊と伊弉冉尊に重ね合わされた。そういう立て付けになっている。

筑波山には、景行天皇の皇子の日本武尊も東征のおりに訪れて登ったという。醍醐天皇の勅命により撰せられた『古今和歌集』の「仮名序」を読めばこう書いてある。「今すべらぎの天の下しろしめすこと、四つの時九《ここ》のかへりになむなりぬる。あまねき御うつくしみの波、八洲《やしま》のほかまで流れ、ひろき御恵みの蔭、筑波山の麓よりも繁くおはしまして」。北畠親房が筑波山のすぐそばの小田城にこもり、山を近しく眺めながら『神皇正統記』をしたためたことも思い出されなければなるまい。筑波山は天皇ときってもきれない山として日本文化に屹立している。

一八六四（元治元）年三月、藤田東湖の四男、藤田小四郎が水戸の町奉行、田丸稲之衛門を総帥に担いで、筑波山に立てこもったのは、筑波山が戦略上の要衝であるとか、実際的に選ばれたわけではない。本気で戦うことを考えていたとすれば、筑波山は不便である。違う価値基準が働いている。美的な、象徴的な、それだからこその政治的意味を求めての選択なのである。まず筑波山に集まること。それが尊皇攘夷の旗印を全国に対して力強く立てることを意味した。天狗党が鼻を伸ばす勢いは筑波山という文化的象徴を得て、極大化しえた。

天狗党は、しかし、ただ筑波にこもり続け、尊皇攘夷の実をただちに上げよとアピールするわけではなかった。もともと、まとまりのある集団が組織的、計画的に筑波山に集結したのではない。藤田小四郎や田丸稲之衛門の熱情に感服した人々が、どこからともなく日に日に集まって増えて行く。そこには、徳川斉昭時代から天狗党とあだ名された尊皇攘夷論者の水戸の侍もいるけれど、もっと新しい人たちが多くいる。何かをしでかさねばならない。革命的なやむにやまれぬ心情にとらわれ、居ても立っても居られぬさまざまな階層の人々が集まり、天狗党の乱というときの新しい天狗党をなしてゆく。

おとなしくこもってはいられない集団なのだ。そもそも筑波山に彼らを養う兵糧が用意されていたわけでもない。藤田小四郎が蹶起して長期にわたってどこかに籠城できる莫大な軍資金の持ち主だったわけでもない。義挙に共鳴してくれる者たちからの資金や食糧の提供を受けなければ、突然に勢いであちこちから集まった俄か仕立てのグループが存続できようはずもない。動かねばいけない。動きながら共鳴者から人と金と食べ物を与えてもらい、そうなると集団の人数はますます膨らみ、もっともっと金と食べ物が入り用になる。そういう漂泊性を本質としたのが、元治元年に誕生した、藤田小四郎を実質的指導者とする天狗党というものであった。

天狗たちは、筑波山から次なる象徴的かつ政治的な意味を持った場所へと旅を始める。四月三日のことだ。三〇〇名ほどだったという。この行列が奉っていたのは烈公の木主《ぼくしゅ》であった。つまり徳川斉昭の位牌である。藤田小四郎が「贈従二位大納言源烈公」と墨書した位牌が行列の中心だった。

お祭りの御神輿と変わらないのである。尊皇攘夷運動の中心人物であった、かつての天下の副将軍を守り本尊として、行列して街道を行けば、賽銭も降ってくる。宿を与えようという篤志家も現れる。そのようにして一行は筑波山から宇都宮を経由して目的地に向かう。行き着く先はまた山。日光である。徳川家康が東照神君として祀られている。将軍の権威と権力の象徴空間として巧みに誂えられたのが日光山。その地に、天皇の山、筑波山から向かう。意味するところは明白だろう。京都から江戸へと旅する勅使の行列の見立てなのだ。徳川斉昭の霊が天意を徳川家康の霊に伝えに行く。尊皇攘夷の大号令を江戸幕府に改めて伝達する。その演劇的な見立てが筑波山から日光山への天狗党の行列である。天皇が将軍に命令する。筑波山が日光山に命令する。むろん将軍に最後まで言うことをきかせる。天皇から将軍への命令のパイプを通す力が天狗党である。そのような自己認識であろう。だからこそ筑波に集まってから日光に行く。天狗党の行列は四月一〇日、日光東照宮に参拝し、そのまま居座ろうとする。

水戸藩も幕府も、天狗党の成り行きを既にとても心配している。幕府は孝明天皇の攘夷断行への強い意志を尊重して、開港済みの港の鎖港をなそうと努力している。天狗党に言われずとも分かっている。関東で武力闘争を始められては厄介だ。日光山を下り、自主的に解散してくれることが最も望ましい。

天狗党にその気はないが、幕府軍に武力で排除されては堪らないので、日光をいったん去って、関東で遊行を続けることにし、そのとき檄文を発し、全国にばらまこうとする。「尊王攘夷は神州の大典なる事、今更申す迄も無之候」。「神州開闢以来皇統綿々御一姓天日嗣を受嗣せられ四海に君臨ましまして威稜の盛なる実に万国に卓絶」。そのことを深く理解し、鎖国体制に導いてゆく基礎を固め、神と祀られるのが徳川家康公である。「徳川家の大典尊王攘夷より重きは無之様相成候」。徳川将軍は、天皇の世界的冠絶性を深く思い知り、その威光を世界にしらしめ、外国の言いなりになるのではなく、逆に外国を言いなりにすることを自ら任務としなければならない。そのために天皇から征夷大将軍に任じられているのだ。水戸学の典型的な将軍論である。

「然るに方今夷狄の害は一日一日に甚だし」。「内憂外患日増に切迫致し叡慮御貫徹の程も覚束なく祖宗の大訓振張の期も無之実に神州汚辱の危急今日より甚だしきは無之假初にも神州の地に生れ神州の恩に浴する者豈おめおめと傍観坐視するに忍んや」。「僕等幸に神州の地に生れ又幸に危難の際に処し候上は不及乍らも一死を以て国家を裨補《ひほ》し鴻恩の万分に報じ可申と覚悟仕候」

天狗党は自分たちのことを「僕等」と呼ぶ。僕とはしもべである。下々の人間だ。普段なら目立ったまねをする必要もない。出過ぎないのがぼくらだ。でもぼくらにも出番があるときはある。神州の日本で叡慮が実現しないということがあってよいものだろうか。天皇の意思は世界に冠絶しているはずではないのか。その意思が示されているというのに、徳川将軍が「祖宗の大訓」、すなわち水戸学の信ずる幻想の徳川家康の、ひたすらな尊皇の信念を実現できないとすれば、将軍も幕府も、ということは水戸の副将軍も、正しく機能していない。ならば、普段は出過ぎないぼくらが、いくらしもべに過ぎずとも、叡慮を解する者なら立たねばならない。義挙である。ぼくらの時代なのだ。これが志士の論理だ。将軍、副将軍の中抜きを厭わず、天皇と直結することをのみ冀《こいねが》う、水戸学徒の自己破壊の論理だ。

「又誰か夷狄の鼻息を仰ぎ彼が正朔を奉ずるに忍んや既に報効の志を抱き又夷狄の狡謀を憤りながらおめおめとして因循姑息に日を送り徒に神風を待候儀実に神州男子の恥ならずや冀くは諸国忠憤の士早く進退去就を決し同心戮力《りくりょく》して上は天朝に報じ奉り下は幕府を輔翼し神州の威稜万国に輝き候様致し度我徒の素願全く此事に在り」

水戸学的な漢語の語彙に何やら国学的・歌学的な言葉遣いも入り混じり、近代右翼の文章にも通じて行く、ひとつの模範的文例がここにある。

さて、この天狗党には、どのような者たちが含み込まれていたのか。藤田小四郎に次ぐ指導者格には、たとえば竹内百太郎《ひゃくたろう》という人が居た。彼の家は新治《にいはり》郡安食《あんじき》村の豪農であった。それが文政年間、水戸藩領にイギリスの捕鯨船員が上陸して大騒動を起こした頃に、郷士に取り立てられた。豪農として水戸藩に献金し、郷士の身分を与えられたのである。郷士は立派な藩士である。侍身分だ。だが城下に在住せず、藩の役職にも原則として付かない。地侍の幕藩体制下における存在形態である。

郷士は藩によっては城下で家臣団を形成する「正式な」藩士よりも低く扱われることがあった。そういう例も多かった。だが、水戸藩の郷士はそうでもない部類の郷士であった。

水戸藩は最初からずっと貧しかった。石高に比して「天下の副将軍」としての任務は過重だった。万事がコスト高にならざるを得ず、藩史の初期から慢性的に窮乏していた。文政年間に外国船が出現したりし、そのあと徳川斉昭が藩主となって、所詮一藩でしかないにもかかわらず国防の最前線に乗り出すと、藩士の生活はますます貧しくさせられるのに、軍事費が増大するので、藩財政は一段と逼迫するという、悲惨な状況が招来された。長く禄を食み、貧しいなりにもそれなりの暮らしをしてきた中位以上の藩士からは、徳川斉昭を恨む者が多く出た。それが天狗党の乱で、ついには派手派手しく顕在化した。水戸を破滅させた。天狗党の蜂起は、ごくはじめは平和的だったが、すぐに天狗党と幕府軍の戦闘に発展するのだけれど、それよりも藩内での戦争という性格が強かった。水戸藩士にそれ以外の志士たちも多く加わった天狗党と、それを憎む水戸藩士に幕府軍が加わっての戦争だった。しかも内容が激烈であった。一藩の内戦なのに戦闘の真摯さと執拗さと残虐性と破壊度は、すぐのちの戊辰戦争全体をしのぐほどだったと言ってもよいだろう。藩が事実上、そこで潰れてしまう阿鼻叫喚の内戦となった。そこで反天狗党の熱烈なエートスの核心をなしたものは、遡れば直接的にはけっきょく徳川斉昭への恨みつらみに尽きてくる。

それはともかく、郷士の竹内百太郎である。幕末に向かって軍事費が増大し、藩財政が壊れて行くにしたがって、その取り繕いのために重視されたのは豪農の献金である。そこに水戸藩の献金郷士が生まれる。彼らは、水戸藩の水戸学的な世界観に基づく国防の使命達成を現実的に助けようという人々だから、待遇はよくなる。徳川斉昭時代の希望の星である。藩士よりも水戸学等をよく学んでいたりもする。渋沢栄一を生んだ武蔵国の渋沢家のように、豪農は子弟をよく勉学させる。余裕があるのと、郷士になるとか、地位を高めたい欲求が強いからである。竹内百太郎はそうした階層から出た人物であった。意識が高く侍の身分を持った、けれど心は農民という人である。徳川斉昭時代に良い思いをし、天狗になった連中と反斉昭派から反感を買う範疇に属している。

それから、岩谷敬一郎という人も居た。彼は水戸の藩士でも郷士でもない。水戸藩領内の、新治郡宍倉村の神官というか修験者である。水戸学を学んで尊皇攘夷思想に凝り固まった。一八五八（安政五）年、孝明天皇から、一刻も早く攘夷を断行すべしとの密勅が幕府を飛び越えて水戸に下され、

「天皇→将軍→副将軍」という「絶対の秩序」をついに破壊する衝撃であると、水戸を大混乱させ、徳川斉昭も会沢正志斎も返納論を支持すると、岩谷敬一郎は怒り心頭に発し、敢然として立って、水戸城から密勅を返納に向かう密使が出れば捕まえて取り返そうと、街道筋で番をする「過激尊攘派」に加わった。以来、政治化し、天狗党の乱のときには、修験として人を指導する経験を活かして、武士よりも貫禄のある軍指揮官としての能力を発揮する。

また、田中愿蔵《げんぞう》という人も居た。元の名は猿田愿蔵。猿田氏は水戸徳川家の前に、常陸国を治めていた佐竹氏の家臣だった。佐竹の殿様が秋田に移封され、水戸徳川の時代になると、猿田氏は主君に付き従わず、久慈郡東連地《とうれんじ》村に土着して、村医者を家業にするようになったという。愿蔵の父は猿田玄碩《げんせき》と言った。家業を継いで、村医者をやっていた。そうしたら水戸藩に御典医として召し抱えられた。これもまた斉昭時代の話であろう。斉昭時代に厚遇された新参者の家。その意味で猿田家も典型的な天狗党であった。医業によって幕末の混乱期に社会で目立って登用される。これはもう司馬遼太郎好みの人物であろう。だが息子の愿蔵は田中家に養子に行き、儒学者、水戸学者になった。藤田東湖の従弟で徳川慶喜の側近となる原市之進に手ほどきを受け、斉昭の建てた水戸の学問所、弘道館に学び、さらに江戸の昌平坂学問所に入って、安井息軒の門下となった。息軒は藤田東湖と親しく交際した人でもある。そして水戸に戻り、那珂郡野口村の水戸藩の郷校《ごうこう》、時雍《じよう》館《かん》の館長になった。主に郷士の教育の場として設けられた藩の地方学校のひとつであり、実は藤田小四郎も竹内百太郎も同様の地方学校の館長であった。彼らは草の根を組織する学者たちであった。

それから、もうひとり、亀山勇右衛門。彼は豪農の家の出。しかも水戸藩内ではない。下野の佐野の人である。平田篤胤の養子の銕胤《かねたね》に平田国学を学び、神国思想の虜となり、さらに水戸で徳川斉昭の創始した水府流剣術を修行した。夷狄を斬り倒すための剣術のつもりで励んだのだ。学問もあり、剣に優れ、経済力も十分の豪農。土地や道場が違えば、新選組とかに入っていたかもしれない。彼は藤田小四郎の呼びかけに共鳴し、筑波山に駆け付け、財力と弁舌と武勇の人として天狗党で活躍する。

天狗党を構成した典型的な人々は、このように郷士であり、農民であり、神官であり、儒学者であり、国学者であった。明治維新の力の源泉の全員集合といった観がある。しかも水戸の枠を超えている。封建的な士俵はすっかり食い破られている。天皇直々で天皇と志を同じくし、将軍も副将軍ももののともしない志士なのである。

天狗党とは早すぎた「ぼくらの時代」であった。早すぎるがゆえにすべてが過激であった。

三　「狂暴の士民」対「異論の良臣」

令和ではない。令徳という元号候補があった。

一八六三（文久三）年の暮れ、朝廷は、薩摩の島津久光の提言に従い、参預会議を作ることを定めた。孝明天皇には政治的な大まかな方向性はある。攘夷だ。だが、どうすれば、どの程度の攘夷が可能となり、攘夷についてのどのような選択が非現実的でリスキーということになるのか。個人としてはよく判断できない。そこに混乱が生ずる。天皇の判断を惑わす、言わば君側の奸も現れる。文久三年の夏には「八月一八日の政変」があったばかりだった。過激な攘夷策を押し通そうとしてきた長州の勢力と長州に共鳴する公卿たちが中央政治から武力で排除された。

そのあとをどうするか。天皇の攘夷への政治意思は、よりオープンな審議を経て、具体化されなければなるまい。そのための会議体が設けられることになった。参預会議という。参預は諸大名家の有力者から選ばれる。水戸の徳川斉昭が、ペリー来航の以前から、親藩、譜代、外様を問わず、雄藩の藩主に幕政への参加を求めるべきだと、老中に提言していたことを思い出させもする。しかし、参預会議の参預は、将軍の参預ではなく、天皇の参預である。参預会議の決定が、天皇の意思の詳細をかたちづくる。持っていきようによっては国家の最高意思決定機関に相当するものになるだろう。

この参預会議が実力を持って機能することに、朝廷は大いに期待した。そのことにも関係があるだろう。朝廷は、明けて文久四年、幕府に新元号候補を示しつつ、改元を求めた。その年の干支は、改元を恒例とする甲子であったから、朝廷にとって改元はその年の義務のようなものであった。

問題は、朝廷の示した元号案の中身である。令徳と元治。朝廷の第一希望は令徳であったとされる。参預会議の時代に相応しいと言えば相応しい。参預会議が諮問した政策を、天皇がオーソライズし、将軍に降ろして、幕府にその通りにさせる。有無を言わせない。議会制民主主義で、国会の決めた法律を、政府が執行しなければいけなくなるのと、似たイメージかもしれない。国会が参預会議で、政府が幕府というわけだ。そのようにして、朝廷が幕府に命令する体制を作っていこうとするのが、文久四年改め、新元号の元年だ。参預会議には幕府の意思も入って良いのだが、かといって、参預は幕府の代表者ばかりで構成されるわけではない。有力外様大名家の代表者も、参預に選任されれば、幕府の代表者と対等に口を利くことができるだろう。天皇の参預として、みんな横並びの身分なのだから。とにかく、参預会議を受けて、天皇が徳川に令するというのが、参預会議に期待される新しい政治システムだった。ならば新しい元号は令徳でよいではないか。天皇が徳川に命令できる時代へ。実に分かりやすい。

だが、字面があまりに露骨すぎるとも言えるだろう。徳川が天皇と心を一体にして政局に当たろうとしているとき、「力尽くで言うことを聞かせるぞ」と言わんばかりの高圧的元号は不穏当のように思える。参預のひとりに任ぜられた、一橋徳川家の当主で将軍後見職の地位にあった徳川慶喜が反対した。慶喜は斉昭の七男で、水戸家を継いでいる慶篤の弟である。元号は、令徳でなく、元治になった。二月二〇日からそうなった。字に含みはいろいろあるだろうが、時代状況に即して理解しようとすれば、天皇という国の大元が、きちんと元から国を治めるということになろう。

けれど、大きな期待を受けた参預会議は、元号が元治に改まったときには、早くもほとんど空中分解していた。参預に任じられたのは、徳川慶喜と島津久光、それから越前の松平春嶽（慶永）と土佐の山内容堂と宇和島の伊達宗城《むねなり》と会津の松平容保《かたもり》だった。主たる議題には、むろん、攘夷実行の方法があった。

攘夷は孝明天皇の強い意思である。だが、武力による攘夷はやはり難しい。そのことは天皇自身も弁えている。そこで、外交による横浜鎖港が、幕府によって、既に模索されてきていた。外国勢力が日本の国土に足を踏み入れる具体的な場所は、合法的には開港地以外にない。当時、開いていた港は、箱館と横浜と長崎である。箱館は蝦夷地というフロントにあって、長崎は「鎖国時代」からの開港地だ。日本の両端に位置するとも言える。この二箇所はとりあえず開けておくしかないだろう。でも、江戸の隣の横浜となると話は別だ。日本のど真ん中を開いておきながら、攘夷もへちまもあったものではあるまい。開いた横浜を改めて閉じる。平和裏に外交で閉じる。無理なら実力も辞さない。攘夷の当面の目標は、横浜鎖港の一本道である。横浜鎖港論とはそのようなものであった。

しかし、参預会議の流れは、過激攘夷派から見ればぬるい横浜鎖港だけという目標さえ、無理とする結論に向かっていた。そもそも、島津久光が参預会議の制度を提案したのも、過激攘夷路線の理性的な修正をもくろんでのものに違いなかった。文久三年夏の政変で京を追われた長州同様、薩摩も過激に攘夷を唱えていた時期もあった。だが、薩摩はもう薩英戦争を経験した。無茶なものは無茶。無理なことは無理。孝明天皇にも、もう少し丸くなってもらおう。現実主義にこの国の政治を転換しよう。攘夷の看板をすべて引っ込められなくとも、当面不可能という含みで事実上棚上げにしてしまい、リアルにできることの話をしよう。島津久光の意図はそのへんにあったろう。

ところが、本心では開国容認派とみなされていた徳川慶喜が、強く反対に回った。外交を主とし、軍事を従として、横浜鎖港の方針を、時間をかけても貫くという。幕府として譲れない意思だという。将軍後見職がそう言うのだ。薩摩の島津久光は、鎖港論を葬り、現実主義の牽引役の地位を占め、朝廷や幕府に対して長州に代わる強力な発言力を獲得しようとしたつもりだったろうが、その意図は挫かれた。参預会議は崩壊に向かった。

改元翌日の二月二一日、孝明天皇は慶喜の意向を諒とし、幕府に横浜鎖港の確実な実行を促す勅を発した。慶喜は列侯たちと意見を異にしても、あくまで孝明天皇の攘夷の志に忠実であろうとしている。尊皇の人である。さすが徳川斉昭の子。そう思わせるふるまいだった。

この時期の徳川慶喜は、天皇と将軍を将軍後見職が媒介して日本の政治を回す道を模索していたのかもしれない。参預会議のような船頭の多い形態ではない。京都の御所に居る孝明天皇→将軍後見職なのになぜか江戸城をずっと留守にして京都の二条城に居続けて天皇の側近のように振る舞う徳川慶喜→江戸城に居る将軍徳川家茂。そういう一本道である。水戸学の理想状態は、天皇と将軍の意思を一体に保って、いかなる矛盾も作り出さないことだ。そうでなくては水戸学の考える日本の政治空間は安定しない。その政治空間とは尊皇の空間であり、将軍や副将軍のスタンスはいかなるときも天皇に合っていなければならない。父の斉昭が模索しながら、井伊直弼に阻まれて実現できなかったそんな政治空間を確立する理想を、慶喜は、父のように副将軍や前副将軍ではなく、将軍後見職として作りだそうとしていたのだろう。

天皇が攘夷なら、将軍も攘夷だ。他の選択はない。横浜鎖港にこだわること。それは首の皮一枚のところで、なお攘夷の建前を崩さぬということだ。実際に攘夷できるか否かは、恐らくどうでもいい。「攘夷をいつか必ずします」と言い続けてこそ、天皇への忠義が保たれる。天皇への忠義が保たれていれば、将軍権力の正統性も保たれる。大義名分が維持される。島津久光の考えるようにリアリズムに転換し、孝明天皇の言うことを事実上無視することになっては、井伊直弼の二の舞である。天皇の言葉に、より忠実なフリをする、新しい別の将軍、非徳川の将軍の出現する余地を与える。そこが島津久光の狙い目だったのだろう。

参預会議は将軍や将軍後見職をワン・オヴ・ゼムにする危険な仕掛けだった。徳川が孝明天皇に為した鎖港の約束をリセットすることは、天皇との信頼関係についての徳川のアドヴァンテージを失くすことである。島津久光の仕掛けに乗らず、水戸学の理想の政治空間を実現し維持しようと企てることに於いては、このときの徳川慶喜は冴えわたっていた。

田丸稲之衛門、藤田小四郎らが筑波山で挙兵し、水戸藩士に限らず、農民や学者や神官や修験者等を広く集めたのは、横浜鎖港の国家的方針が、孝明天皇と徳川慶喜、朝廷と幕府のあいだで確認された、その翌月のことであった。天狗党の蹶起は、攘夷を果たさず、長年、のらりくらりと振る舞うばかりの幕府政治への不満の爆発でもあったが、と同時に、徳川慶喜の示した横浜鎖港への情熱、天皇の意向にできる限り忠実であろうとする態度への、過激な応援の意味も含まれていた。

江戸の幕閣の一部が、蹶起当初の天狗党に好意的になった理由も、そこにあるだろう。天狗党は横浜鎖港を助ける。幕府にとっても応援勢力と理解できる。幕府は諸外国に対して、横浜を鎖港しなければ、天狗党のような危険な勢力が次々と現れて日本国内が治まらなくなるから、いっときでも鎖港させてくれと、交渉できるかもしれない。かなり情けない泣き言ではあるけれど、それでも一種の外交カードとして、天狗党出現の国内情勢を利用しうる。泣き言でもかかりそめの攘夷はできるのだ。また、もしも幕府が武力で横浜を鎖《とざ》さねばならなくなるときには、天狗党は有力な実動部隊にもなるだろう。

そのように考えたのは、松平春嶽の後を継いで幕府の政事総裁職を務めていた、川越藩主の松平直《なお》克《かつ》だった。京都で朝廷と参預会議をつなぐ役目を果たし、孝明天皇の攘夷への情熱、鎖港の約束の重要性をよく知っている。徳川慶喜にも近い。直克はもともと有馬氏で、慶喜の弟の養子になって川越藩主を継いだ。元治元年というと、新選組も既に活躍している。正規軍だけでは足りない時代なのだ。直克は新しい状況を体感していた。天狗党のような情熱的なグループはなるたけ活かして役立てるのがいい。

とはいえ、老中の過半は、天狗党を義軍ではなく反乱軍とみなしていた。幕命も藩命も、もちろん朝廷の命令も受けたわけではないのに、勝手に武装蜂起し、水戸藩領から飛び出して、下野国の各所に出没し、日光東照宮を占拠さえする。攘夷の即刻断行を叫んで、政治に容喙しようとする。公儀に歯向かう危険分子以外の何ものでもあるまい。

だが、政事総裁職という、重職なのだろうけれど、一八六二（文久二）年に新設されたばかりの、大老でも老中でもない、要するになぜ江戸城で偉そうにしているのか、伝統的役職に就いている者からするとどうもよくは分からない、松平直克が、京都に居る将軍後見職の徳川慶喜の影をちらつかせながら反対するので、幕府として討伐の決定が下せない。松平直克は、天皇の攘夷の意思を奉じ、横浜鎖港を勝手に応援してくれている義軍を下手に弾圧すれば、せっかく孝明天皇と徳川慶喜のあいだに作られつつある信頼関係がゆらぎかねないと、天狗党の扱いについては譲らない。天狗党を反乱軍とはどうしても呼びたくないのである。

孝明天皇→将軍後見職なのか天皇の側近なのかよくわからない徳川慶喜→その意を江戸に伝える政

事総裁職の松平直克→ロボットにされる将軍家茂。そして老中や若年寄はもう出る幕がない。反松平直克派の老中たちはそんな政治の構図に恐怖していた。反松平直克派とは、要するにフリーハンドな幕府の力を回復したいと願う人々だ。京都を忖度し続けるのには、いいかげんうんざりだ。江戸城の政治は、天皇を巡って、しばし固まってしまった。

では、水戸藩の天狗党への対応はどうなっていたか。当時の藩政は、言わば水戸学右派の人々が握っていた。尊皇の志を保ちつつ、幕府権力を守る。将軍と副将軍を守る。それが水戸の道たる人々である。徳川慶喜にも近いだろう。蹶起した天狗党グループという、言わば水戸学左派の思考に貫かれ、尊皇攘夷のためには将軍や副将軍に関係なく、天皇の志に忠実にふるまう志士として、たとえ天皇から直接の命令はなくとも、その意思を徹見できると信じ行動することを是とする人々に対して、水戸学右派はあくまで批判的だ。が、同じ尊皇の心を持つ人間として幾分かの共感はできる。だから穏便に収めようとする。天狗党に撤退や解散を促す。そのための交渉に行く。

いや、それでは生ぬるい。反水戸学的な水戸藩士の派閥が声を上げだす。その頃は藩政から追われ気味ではあったが、水戸藩内の大グループである。藩士は藩のことを考えればよい。御三家は幕府のことを考えればよい。特に徳川斉昭が問題だ。異国の迫りくる危機の時代に、一所詮は一藩の身でありながら、身分不相応に軍事費を使いまくり、国防を水戸藩が一手に担うかのような幻想を振りまき、藩財政を崩壊させ、斉昭を信奉して鼻を伸ばす天狗たちばかりを厚遇した。挙句の果てには、藩も幕府もすっ飛ばして、朝廷直参のつもりになる水戸学左派の若者たちが生み出された。彼らが蹶起したとは、かえって好都合ではないか。水戸藩の中から生まれた反幕藩体制的危険思想の持ち主をまとめて殲滅するよい機会だ。水戸藩は御三家の一員として普通に佐幕であるべきなのだ。

反水戸学系水戸藩士を糾合しようと、水戸で檄文が飛ぶ。中心的指導者は大身の市川三左衛門である。五月初旬にばらまかれた市川派の檄文の書きだしはこうである。

「恐れ乍ら、先君烈公、告志篇を著して、広く士民に諭し賜ふ。其第一条に忠孝の本意を述べさせ賜ふ。次に人々天祖東照宮の御恩を報んとて悪しく心得違ひ、眼前の君父をも指し置き、ただちに天朝公辺へ忠を尽さんと思はば、却て僭乱の罪遁る間敷」

「先君烈公」とは徳川斉昭のこと。市川派にとっては辛かった主君であるが、水戸学の右派も左派も尊崇してやまない斉昭の思想の言葉を、敵から奪還すべく、頭に持ってくる。斉昭公は言ったではないか。まず眼の前に存在する親や主人への忠孝がすべての第一歩だと。中抜きして、いきなり天祖だ、天朝だと、思いこみで暴走することが、どれだけ危険か。斉昭公の戒めるところであったのではないか。「我藩の臣子」たるものは現実の位階秩序に厳格に基いて行動せねばならない。

ところが「近来狂暴の士民」が水戸藩中から現れて、「尊王攘夷の名を借り」、「其身の分限を忘れ」、かといって天皇の徳に素直に従うのでもなく、勝手に聖慮への妄想を膨らませて、畏れ多い真似を平気でなし、「他国浮浪の悪徒」と手を結び、「徳川家御親藩の臣下」でありながら、「妄りに将軍家を軽侮」し、「無体の暴論を以てしばしば君上に逼り」、「種々の流言を作りて多く異論の良臣を退け」、「私党を張り」、「祖宗の法度を破り」、「士民の礼分を廃し」、「東西に奔走して公武の御中」、つまり朝廷と幕府の関係を「妨げ奉り」、「君臣の通路を断」つ。その悪逆不逞の業は枚挙にいとまがない。その不逞を「先君烈公の御遺志」と称するとはまた赦し難い。「我水国」すなわち水戸藩の真の武勇を歪め、水戸を「虎狼の国」となし、「貪乱無礼の盗民を集め、忠孝篤実の世臣を用ひず」、「終には一国の君臣、上下悉く、反乱の賊に陥」るであろう。もうこれ以上は許せないのだ。今こそ「異論の良臣」、「忠孝篤実の世臣」がこぞって立たなくてはならない。

この檄文は、国許の反水戸学的水戸藩士の心をひとつにした。結集させた。異常者の粛清のときは来た。しかも、その過程では、蹶起軍に参加していない水戸学左派の人々から、決定的燃料が提供された。尊皇攘夷のためには、天狗党は倒幕も辞さない。長州と組んで、幕府を滅ぼしてやる。そう読める文言が、元治元年五月の水戸市中の高札に掲げられ、市川三左衛門らの勢力を激しく挑発した。もちろん江戸の幕府も刺激した。「近来狂暴の士民」の本領を発揮した言説の真打の登場である。藤田小四郎らの蹶起軍本体は、攘夷に対して優柔不断な幕府を叱咤激励して導くとの檄は飛ばしていたけれど、それ以上は踏み込んでいない。倒幕なんて言っていない。けしかけるのは、いつも外野である。これで収まりがつかなくなった。

四　銷魂橋

高札場というものがあった。時代劇にもよく出てくる。幕府や藩の御触れを周知させるために、街道筋の目立つところを高札場と定め、札を立てて、皆に読ませる。背の高い札に墨書されている文字を、民衆が見上げている。おなじみの光景であろう。江戸なら日本橋、京の都なら三条大橋。橋のたもとが高札場になることが多かった。そこに新しい札が立てば、すぐ町中が話題にする。江戸時代の生活の習慣であった。

水戸の高札場と言えば、銷魂橋である。「たまげばし」と呼ぶ。備前堀という水路の上に掛かる。江戸に向かう街道の起点とされた橋だ。町名で言うと水戸の七軒町にある橋だから、七軒町橋と呼ばれていた。それを水戸藩主自らが命名し直した。

その水戸藩主とは、誰あろう徳川光圀である。水戸学の祖だ。ときは元禄。光圀は七軒町橋を悲しい別れの橋だと言った。水戸の者が江戸に行く。そのまま帰らぬ者もあるだろう。人が離ればなれになるのが街道だ。要するに光圀は人の動くことを本源的には好ましいとは思っていないのだろう。土地に根付いて動かぬのが人の本来の姿。動かねばいけないときは悲しい。つらい。別れたくない。だから街道の起点となる橋は悲しみの場所である。別れを惜しむ。人と人との間がどんどん裂かれて遠くなる。そんな思いにうちひしがれる。悲しくてたまらない。悲しいときや辛いときには心が弱る。すりへる。それだから銷魂橋。

銷とは、すりへるとか衰えるとかいう意の字だ。金属を研げば減る。その現象を指し示すのが銷だ。水が減れば消だろう。が、硬い魂が減るのは銷である。結局、銷魂橋とは涙橋や泪橋と同義であろう。民衆が泪橋と名づけたくなるところを、漢文の素養と武家の硬い魂が合わされば、銷魂橋になる。それにしても、水戸にとっての江戸日本橋や三条大橋が銷魂橋とは！　これは武士一般の情念とはやはり言い難い。どうしようもなく水戸的な情動である。いつも心は泣いている。常にストレスに苛まれている。徳川将軍家を永遠に守る使命の重さに唇を嚙みしめている。荷物が重すぎるのである。そして、水戸藩の幕末に於ける大崩壊のきっかけをかなり直截的に作ったのは、この銷魂橋の高札場だった。そう言えるのではなかろうか。

一八六四（元治元）年の五月一四日のことであったらしい。銷魂橋に一枚の高札が立った。水戸藩士で藤田東湖の四男である藤田小四郎らが、尊皇攘夷の実を挙げようと、水戸の侍に限らず、儒者も医者も神官も商人も農民も、同じ志を持つ者を広く集め、筑波山に拠って兵を挙げたのが三月二七日だから、およそひと月半後。水戸では、藤田小四郎らの軍を天狗党と呼び、水戸学思想の過激な暴走にいよいよ歯止めを掛けるときが来たと、反水戸学、反尊皇攘夷、佐幕一念の水戸藩士が結集し始めた頃である。

その五月一四日に銷魂橋に立った札は、高さのある立て札という即物的な意味では高札に違いない。が、高札なる言葉は幕命や藩命を伝えるオフィシャルな札ということに意味が転じているのだから、正しい意味では五月一四日の札は高札とは呼べない。水戸藩の公的な意思とは関係なく、どこかの誰かが、日の出前の暗いうちに、勝手に立てていたのである。朝が来て、皆が読み、戦慄し、そこで名指しされた者たちは、まさにたまげて魂が銷《き》えてしまい、このような札を立てる輩を不倶戴天の絶対の敵と思い定め、殺すか殺されるか以外の関係が無いことを確信する。そうした決定的局面を作り出す札であった。

札の文面はこう始まる。

「先公ニおゐてハ、聖哲叡明ニ渡らセ給ひて、彼の幕府の夷敵を近け兄弟の交りを結びて勅命を奉ぜず、剰《あまつさ》え天子を迫怖し奉り、大ニ政道を取失たるを憤怒し給ひ、実に大軍を発し幕府を討伐して、以て王室を尊び夷敵を払わんと欲す」

「先公」とは前の水戸藩主、徳川斉昭のことである。斉昭公は儒学の言う聖人の道に従う優れた政治家であって、幕府が畏れ多くも朝廷の意向に反して西洋諸国と和親条約や通商条約を結んだことに憤激し、軍を起こして「幕府を討伐し」、天皇の意思を貫徹する正しい政権を樹立したあと、攘夷戦争を断行しようとしていたと、断言している。

これはもちろん事実に反する。確かに徳川斉昭は尊皇攘夷の志を果たすべく、あくまで京都の意向に沿って井伊直弼と争った。が、「幕府を討伐」しようとしていたわけではなかった。朝廷と幕府を直結させ、孝明天皇の意思である「攘夷」を幕政に反映させようとしていた。斉昭は幕府あってこその朝廷だと思っている。そうでなければ、そもそもなぜ天皇が征夷大将軍を任命し、この国の大政を将軍に委任しているのか、その意味が分からなくなる。斉昭の思想の方向は、尊皇攘夷と佐幕に矛盾が生じないようにすることにあって、その路線は元治元年五月の段階では、斉昭の子で、禁裏御守衛総督を務める徳川慶喜に受け継がれている。

ところが、五月一四日の鎖魂橋の立て札は、徳川斉昭が、幕府を討って倒す、討幕・倒幕運動の事実上の元祖であったと決めつけ、「今所謂天下の尊王攘夷を唱るものハ先公の御志より出るもの」と宣言する。

立て札は続く。しかし。この斉昭の理想はさえぎられた。「姦曲の人、交を阻みて、其の御志を遂げ賜わず」、斉昭は「鬱勃として薨じ」た。倒幕の夢を叶えることができず、無念の思いで世を去ったというのである。すると、斉昭の思いを継承したのは誰か。既に十分に不穏すぎる立て札の文面は、ますます過激になってゆく。

「其後姦人の為に誠義の志を遂げる事能はず、甚だ痛憤する折がら、赫赫《かくかく》たる長州、かつて先公の御英志を欽慕し奉り、自ら京師へ出張し、大ニ周旋して尽くし、鳳輦を長州江迎へ奉り、大軍を発し、幕府を征せんと欲し給ふ」

徳川斉昭の「御英志」をひたすらに恋い慕い、後を継いで尊皇攘夷運動を本格化させたのは「赫赫たる長州」であるという。吉田松陰も水戸まで来て会沢正志斎から水戸学の洗礼を受け、桂小五郎も久坂玄瑞も高杉晋作も水戸学の影響を蒙っているのだから、正しいと言えば正しい。けれど、元治元年の段階にあっては、長州は幕府にとっても水戸藩にとっても孝明天皇にとっても、宜しからぬ存在である。その長州を五月一四日の立て札は徳川斉昭の正統な後継者と位置づけ、水戸の人々に「長州と共にあれ」と訴えている。

長州は何をしようとしていたか。立て札の文面は、前年の一八六三（文久三）年の政治と軍事の経過を踏まえている。長州は京の都で尊皇攘夷の実践のための「周旋」を見事に仕上げつつあった。三條実美《さねとみ》ら、長州派の公卿を糾合して、朝廷を動かし、天皇自らを攘夷戦争の先頭に立たせようとしていた。朝廷が幕府に攘夷の実行を委任するのではなく、朝廷が攘夷の主体となる。天皇親政によって、全国の諸藩を錦旗のもとに直接に結集させ、将軍と幕府の存在を中抜きし、無化し、邪魔すれば即座に打倒し、邪魔しなければ、将軍と幕府の権力は解体して、徳川をたとえば長州の毛利と同じく、錦旗に傅《かしず》く一大名として同列化してしまう。こうして天皇親政による国家総動員の攘夷戦争を断行する。親政による攘夷戦争は親征と呼ばれた。長州は攘夷委任から攘夷親征へと国家の方向を一挙に転換しようとし、攘夷親征には幕府の解体、すなわち倒幕のヴィジョンが含まれていた。五月一四日の立て札は、この攘夷親征構想を徳川斉昭の道の当然にたどり着くところとし、幕府を討伐するのが長州と水戸の共通の使命だと語るのである。

では、長州による文久三年の仕掛けはどうなったか。実現寸前まで行った。八月一三日に孝明天皇の大和行幸の詔が渙発された。親長州の公卿たちが段取った。天皇は橿原の神武天皇陵と奈良の春日大社に行幸する。さらに伊勢神宮に向かう。だが、天皇の本当に旅ゆく先は大和でも伊勢でもなく、水戸の五月一四日の立て札に従えば「鳳輦を長州江迎へ奉」るということになる。「鳳輦」とは天皇の駕籠だ。天皇は長州を仮の都とし、そこから全国に号令して「大軍を発し」、「幕府を征」し、攘夷戦争を貫徹する。

だが、大和行幸は土壇場で阻止された。反長州派、攘夷委任派が武力を用いて巻き返した。「八月一八日の政変」と呼ばれる。会津と薩摩が同盟し、京の都から長州と長州派の公卿を追い落とした。孝明天皇も、攘夷は、自らが先頭に立つのではなく、幕府に任せて行わせるのをよしとした。水戸の元治元年五月一四日の立て札は、この九か月前の出来事を無念の思いを込めて振り返る。「たまたま会薩の為に其功を遂げず、甚だ不堪切歯」。「之に依りて、昨年来、好義之勇士招集して、山の如く雲の如く会合せり」

五月一四日の立て札によれば、三月からの水戸の天狗党の蹶起の目標は、「八月一八日の政変」でいったん挫折した、倒幕込みの天皇親征ということが、明らかになる。「好義之勇士」は切歯扼腕して再起の機会を狙って、陰に謀議を重ねてきて、ついに天狗党が立った。そういう物語になっている。そして、天狗党の行動は、今のところ目論見通りに推移しているという。

「既に別隊発して野州に阿り。戸田氏の助力に依りて、嗚呼愉快なる哉」

戸田氏とは、下野国の宇都宮藩主、戸田忠恕《ただゆき》のことであろう。彼は領内での天狗党の活動に比較的寛容であった。ここで立て札の調子はいっそう高くなり、しかも品位を失ってくる。赤裸々で暴力的になる。他藩の宇都宮藩でさえ、この立て札の論理によれば、天狗党の理想に共鳴し、倒幕と天皇親征こそがこの国の急務であると理解しているというのに（確かに戸田忠恕は尊皇家ではあったが、まさか元治元年に幕府をもはや不要などとは考えておるまい。このくだりも立て札の暴走である。全部のくだりが暴走しているのだが）、肝腎の水戸藩はどうなっているのか。罵倒と呪いの言葉が吐き出される。

「況哉《いわんや》我国人たらんもの別而心を合わせ助力すべき道理なるに、測らずも腰抜けの諸生姦道を計らんと欲して岩舟山ニ出張す。而して大姦の重役共、数多之に同心せり」

「諸生」という言葉が現れた。言葉の原義としては、徳川斉昭が水戸に設けた藩校、弘道館に学ぶ水戸藩士たちを、諸々の生徒だから諸生と呼んだのだが、その諸生の中には、天狗党への参加者も共鳴者も居る。水戸学の思想に染め上げられ、その中で天皇の攘夷の意向に即座に反応して将軍や副将軍（水戸藩主）の命がなくとも直接行動してもよいと考える者から、天皇の意向は大切だがそれを受ける将軍や副将軍の命があってこそ初めて行動できる者まで、グラデーションの豊かな幅がある。前者は水戸学左派であり激派と呼ばれ、後者は水戸学右派であり鎮派と呼ばれる。その人たちが弘道館の生徒なら、やはり諸生であろう。

だが、諸生はそういうニュートラルな意味では使われない。天狗党同様に、軽蔑語なのである。徳川斉昭時代に尊皇攘夷を声高に唱え、身の程も弁えずに天狗になった人々が天狗党と呼ばれて反対派から軽蔑された。同じ斉昭時代に、斉昭の姿勢に反発し、安穏を第一と考え、幕府と藩の秩序の波風少ない永続を願い、国事や国防や外交に力を尽くすことなど所詮は一藩の身の程を弁えず、出費を増やして藩財政を破綻させるばかりの出過ぎた真似と考えたがる人々が、実際に弘道館の生徒であるか否かに関係なく、諸生党と呼ばれて反対派(天狗党)から軽蔑された。なぜそんな人々が諸生党と呼ばれるかと言えば、水戸の城下に代々暮らし、古くから水戸の禄を食むそれなりの家柄の侍には、大胆な発想を嫌悪する保守派がどうしても多くなり、そういう侍は、せっかく斉昭公が建てた水戸の弘道館でもつまらない生徒になっているから諸生なのであろう。

彼ら「腰抜けの諸生」が「岩舟山ニ出張」したというのは何のことか。天狗党の蜂起をきっかけに水戸学に染まった人々を藩から一掃できないかと考えた人々が、水戸近郊の海沿いの大洗の古刹で、徳川斉昭が「霞光爛漫岩船夕」と漢詩にも詠んだ岩船山願入寺《がんにゅうじ》に集まり、『平家物語』の鹿ケ谷の陰謀よろしく天狗打倒の密議を凝らしたことを指す。それが五月三日。銷魂橋の立て札の一一日前になる。つまり立て札は岩船山の陰謀への反撃であった。陰謀を水戸の民衆に晒して弾劾し、彼らに天誅を加えようというのである。

「是皆先公之御志だも知らず、天下の大義をも弁ぜず、ことごとく是畜生同然糞尿にも劣る奴等にて、我等人間の部ニは有るべからず」

とてつもない挑発である。諸生党は人間の部類に入らず、糞尿にも劣ると言う。彼らは水戸の民衆を惑わし、天狗党を悪者に仕立てようとしている。彼らの言うことに耳を貸してはならない。滅ぼされるべきは彼らなのだ。

「上は鈴石州以下諸生に至る迄、右血類残らず鏖戮《おうりく》して、快然として幕府を征誅し、夷敵を掃攘して王室を復古せしめんと欲す」

「鏖戮」とは皆殺しということ。「鈴石州」は鈴木石見守重棟《しげむね》。水戸藩の家老職にあり、岩船山の謀議の出席者の中では最も大身であった。以下、名指しされているのは、朝比奈弥太郎、佐藤図書《ずしょ》信近、市川三左衛門である。

「就而《ついて》は、国中之士民共、愚夫愚婦に至るまで、右畜生等の姦説に迷わず、専ら我等存意ニ対し、伏して成功之程仰ぎ待ち奉るべきもの也」

水戸の者はこぞって天狗党を支持せよ。倒幕と天皇親征による攘夷戦争に協力せよ。立て札はそう結ぶ。この立て札は水戸学の歴史についに現れた爆弾だろう。確かに水戸学は、大老井伊直弼の登場をきっかけに左派を生み出した。天皇と将軍、朝廷と幕府の意思が常に一致してこそ、日本の正義は保たれるという、副将軍家らしい尊皇思想として紆余曲折を経てきた水戸学は、将軍権力を一身に集中する非常時独裁者としての大老が天皇を無視して日米交渉を進める現実の前に、予定調和の幻想を打ち砕かれ、混迷した。かくして現れざるを得なかった水戸学左派は、天皇と将軍に矛盾が生じたときは上位の天皇の意向を立てて、幕府に歯向かうという論理を選択し、大老暗殺を実行した。だが、その歯向かいの意図するところは、あくまで倒幕ではなかった。目的は、幕府権力を再び天皇の意向に従わせるための是正・匡正にあった。幕府を潰せば、副将軍も居なくなる。副将軍家のやせ我慢の思想としての水戸学も無意味になる。そんな選択はありえないのである。

藤田小四郎もそこはよく弁えていた。ゆえに天狗党本体が発した檄文は「上は天朝に報じ奉り下は幕府を輔翼し神州の稜威万国に輝き候様致し度」いのだと、天狗党の目的を明確にしていた。孝明天皇が幕府に求める横浜鎖港をただちに実行すべく、幕府にも水戸藩にも命じられても頼まれてもいないのに勝手に応援する、現代風に言えば、草の根市民運動の勝手連のようなものとして、天狗党が解釈される余地を、きちんと作って大義名分を保つことに、天狗党なりの腐心があった。倒幕などという発想は微塵もないと言いたいのだ。

ところが、五月一四日に現れた水戸城下の立て札は、完全に一線を踏み越えた。反水戸学の諸生党には、もはや水戸学系の人々が、左派も右派も激派も鎮派も、天皇の親政と親征と倒幕を込みにし、長州に革命の論理を提供した最危険思想としか思われなくなった。諸生党は激派も鎮派も皆殺しにしようとする。だって、立て札に諸生党を皆殺しにすると書いてあるのだから。

だが、そもそも銷魂橋の立て札は、いったい誰によって書かれたのか。水戸学は長州の革命思想に影響を与えたが、庇を貸して母屋を乗っ取られているということはどの世界にもある。藤田小四郎率いる天狗党は水戸以外の人々を巻き込んで勢力を拡大したが、水戸以外の人々が天狗党を巻き込むということもある。端的に言えば、立て札は水戸の天狗党の立て札に見えて、中身は「赫赫たる長州」の立て札と化している。

銷魂橋の立て札は、立てた者によって「正義札」と名付けられた。立てて三日間はそのままにしておくこと、もしも立て札に触って片付けようとする者にはただちに天誅を加える、といった但し書きが付いた。実際は翌日には藩によって引き抜かれ、処分されたようだが。にもかかわらず、「正義札」の文章が今に伝わるのは、恐らく水戸の町役人が書き写していたからである。写しには役人の立場からの註がついている。「右の張札」は「小川館の者の仕業」という風説が水戸の市中には流れていると。

小川館とは何か。

五　庇を貸して母屋を取られる

坂本龍馬は土佐藩を二度脱藩した。一八六二（文久二）年に最初の脱藩をし、その後、赦されるが、藩からの国許への召喚命令を拒んで、一八六四（元治元）年に再度脱藩した。脱藩とは藩士の身分を離れることだ。脱藩前の正統な身分と居場所を失う。主君への忠義がひたすら強調される武士道の時代だから、ポジティヴに、あるいはニュートラルに、自由の身となると言ってしまうと、どうも感じが出ない。当時の常識的感覚からすれば、やはりネガティヴである。浪々の身には陰が付き物なのだ。経済的に不安定になるのみならず、道徳的にも悪いことをしているイメージがある。しかも、浪人は、まさか波間や雨中を漂って何となく自ずと生きていられるわけではない。人であるかぎり、どこかに転がり込まなければならない。龍馬だと、長州に行ったり、大坂や江戸や京都や長崎で日を送ったりした。勝海舟に庇護されたり、女性に面倒を見てもらったりした。暗殺されかかった寺田屋は薩摩藩が定宿にしていた伏見の旅館であり、ついに暗殺された近江屋は、京の都の河原町通蛸薬師下ルにあった土佐藩御用達の醬油屋である。浪人はそういうところによく居るものだ。

とはいえ、尊皇攘夷に目覚め、宮仕えを続けるよりも自由行動の可能になる浪人になりたくて脱藩した、全国の大勢の志士たちが、みんな、江戸や京都に転がり込み、そのあともそれなりに日が送れたわけではない。龍馬のような、人気者で、幕府や他藩のためにお節介を焼き、いつも引く手あまたで、商才もあるのでお金も付いてくる志士なんて、例外中の例外だ。圧倒的多数の浪人志士は、事をうまく進められず、居残れる先もなかなか見つからなくなる。時には、ひもじくなって、暴力でお金を巻き上げることもせざるを得ない。そんなことをしながら、次第に窮してゆく。

彼らは避難所を求め、各地をさまよう。京都や江戸のような大都市は潜行にうってつけのようだが、要地であるから取り締まりもきつい。人口稠密ということは密告者も多い。新選組の物語の生まれるのは田園ではない。都会だ。危険地帯を離れたくなれば、地方に潜り込むのがいい。流れ流れて何とやら。目立たぬ場所で、しっかり食べさせてもらえる、確実な庇護の先を探せれば、それに越したことはない。さらに言うと、そこで国を憂えて悲憤慷慨する。志士に大切なのは、この人は本当に国を憂えているとスポンサーに信じ込ませるほどの、上手なパフォーマンスである。詩歌でも剣術でも弁舌でもよい。それでこそスポンサーがつく。

幕末に、生活に困った尊皇攘夷の志士を受け入れて面倒を見てくれる地方があっただろうか。一時の長州がそうだろう。坂本龍馬も最初の脱藩では土佐からとりあえず長州を目指した。京都で事の破れた者が逃げ込む場所も、時期によっては長州と、相場は決まっていた。京都や大坂からだと、陸路も海路も何通りもあって、落ちのびやすい。

だが、避難所は西国ばかりではない。東国にもあった。たとえば水戸藩の領地である。尊皇攘夷の思想と運動の聖地として長州に先んじていたのは、むろん水戸だ。思想に限って言えば、水戸あっての長州であろう。水戸に行けばなんとかなるのではないか。尊皇攘夷の志士に呼び覚まされる情である。そして、それは妄想ではなかった。現実に水戸藩領内には志士の「駆け込み寺」となるところがあった。郷校である。

郷校とは何か。水戸藩だけの制度ではない。諸藩にあった。が、水戸は郷校づくりに熱心な藩の代表格のひとつだった。郷校は、文字通り、郷土の学校とも言えるし、学校の意味に限らず、もっと広い行政のためのサーヴィス機関であったとも言える。藩が建て、その後も原則として藩が面倒を見続けて成り立つ学校ではあるから、一種の藩校だが、城下町での藩士の子弟の教育を担うメインの藩校とは、性質がかなり違う。藩の城下以外の領内、概して田舎に建てられ、その地域で必要とされる知識を教え、ひろめる。学校の教師や生徒となり、運営の手足になるのは誰かと言えば、郷士である。城下に住むことを課せられない、地侍的な藩士が郷士だ。

水戸藩の郷校は、一八〇四（文化元）年、小川村に稽医館《けいいかん》が、続いてその三年後、延方《のぶかた》村に延方学校が建てられたのを始まりとする。小川村とは、後の小川町である。霞ヶ浦の北側の奥の方だ。納豆の産地として知られ、自衛隊の百里基地があり、二〇〇六（平成一八）年に美野里町、玉里村と合併し、小美玉《おみたま》市になった。延方村は今日の潮来《いたこ》市の一部である。霞ヶ浦でも北浦の方の地域で、利根川からすぐ外海に出られる。

内陸の小川村も、海に近い延方村も、水戸藩領としては、どちらも南部の農村地帯になる。延方村の方は水戸藩領としては飛地だ。水戸藩の領地は、常陸国の土地でも決して肥沃ではない北部と中部に集中していた。それに比べると、南部の霞ヶ浦沿いは格段に豊かな穀倉地帯と呼べる。水運の便も発達し、花のお江戸の経済圏とつながりやすく、利益も得やすい。小川村や延方村の含まれる地域は、水戸藩の財政に格別の意味を持っていた。

しかし、豊年満作が続いていたわけではない。一七八〇年代には、アイスランドの火山噴火による世界的寒冷化に、日本の浅間山と岩木山の噴火も重なり、東国を中心に、いわゆる天明の大飢饉が発生した。一七九〇年代にも異常気象が続く。この時期、日本では総人口が減少した。

この天明期からの長い混乱に、水戸藩の慢性的な窮乏の歴史が重なる。藩財政の行き詰まりは過酷な年貢の取り立てを呼び、農村はますます疲弊し、農民は逃散し、子は間引かれ、藩内の農村人口はおよそ三分の二まで激減した。三分の一が逃げたり、早く死んでしまったりした、ということなのであろう。そこまで酷いと、所によっては村が崩壊する。農村対策こそ藩政の急務。大飢饉の天明から、改革の寛政、さらに享和、文化へと元号の移ろう時期は、まさにそういう時代であった。藩の領内では最も経済面で恵まれていたはずの霞ヶ浦周辺でさえ、すっかり荒廃した。

だから、郷校。小川村の稽医館や延方村の延方学校は、医療や農法やその他の殖産興業に関連した学校として、初めは設けられた。農民の健康回復や体位向上、農村の生産性回復のための運動の拠点を、だいたいが言わば高額納税の功績によって侍身分に取りたてられた、その土地の元は商人や富農である郷士層を核にして、作ろうとする。小川村と延方村に郷校の建った所以だろう。

その後、水戸藩の郷校は増えていった。水戸藩主、徳川斉昭が幕政に参与し、積極的な尊皇攘夷論を唱えた安政期には、新規開校が相次いだ。一八五七（安政四）年までに合わせて一五校になった。霞ヶ浦のエリアには、小川村近傍の玉造《たまつくり》村に玉造郷校、延方村近傍の潮来村に潮来郷校が増えたが、あとの一一の郷校は、水戸藩領の北にも西にも東にも満遍なく置かれた。しかし、井伊直弼が大老職に就き、斉昭らが力をうしなうと、新たな郷校は作られなくなる。維新までひとつも増えない。それどころか、天狗党の乱が終わった後、すべての郷校は閉鎖されてしまう。

いったい、どういうことか。斉昭の時代に郷校の性格が変えられたのであろう。斉昭が海防に努めはじめてからの水戸藩の財政は、軍事予算の増大でますます逼迫していた。藩地からの増産・増収をはかるため、本来の役割を果そうとする郷校が領内各所に新設されても不思議ではない。

が、どうやらそうではなかった。斉昭時代の郷校増設とは、斉昭を補佐した会沢正志斎や藤田東湖らの施策に基づくものであり、それは医事や農事よりも、郷士から農民にまで水戸学の思想を教育し、さらに軍事訓練を行う場として機能した。稽医館や延方学校も、その方向で性質を改められ、稽医館は小川郷校、延方学校は延方郷校と改称された。会沢正志斎が『新論』で提案した、攘夷のために戦う武士の絶対数の不足を解決するための農兵教育が、藩の政策として推進された。また、それら郷校は、学校や行政拠点のためだけなら、往来のたやすい街道筋に設けられてしかるべきだが、実際はそうではなく、しばしば山や丘や崖の上に建てられた。守りやすく攻めにくい場所が選ばれた。学校はいざというとき要塞とされることが想定されていた。攘夷戦争の際、異国が侵攻してきたときに、そこで迎え撃とうというのである。

住民に尊皇攘夷思想を鼓吹し、軍事教練を行ない、地域の武器庫、さらに城砦になることを予定された郷校。しかも、農村地帯にあるのだから食べ物は手に入りやすい。その学校がどうなるか。水戸藩領内や関東近傍だけではない。全国から水戸の気風を慕う、他に行きどころのない勤皇の志士たちが集まってくるに決まっている。儒学者や国学者や修験者や豪農層出身の者も居る。そして脱藩浪人も居る。水戸の城下や水戸藩の江戸屋敷にでも彼らが現れて、居つくようなことがあれば問題になるだろう。だが、地元民の目しかほとんどないような水戸藩領内の各地の郷校となると話は別だ。いつの間にか、梁山泊と化してしまう。

そうした傾向は、一八六〇（安政七）年、即ち万延元年の桜田門外の変の直後から表れ始めたようである。だが、最初のうちはさすがに遠国からの浪人が住み着くことはあまりなかったようだ。けれど、水戸脱藩の志士や、農業を放棄して尊皇攘夷運動に専従しようとする豪農の子弟らが、特には霞ヶ浦沿いの郷校にたむろするようにはなりはじめた。小川、玉造、延方、潮来である。いずれも水の便がある。捕まりかけたら舟で逃げられる。いよいよ攘夷の挙兵となったら、これまた便利だ。水戸街道の筋にも出易ければ、海路で江戸湾を目指すこともできる。

しかも、繰り返しになるが、水戸の藩領の中では、糧食も得やすく、蓄財のある豪農や商家も多い。元は武士であろうが農民であろうが町人であろうが神官や博徒であろうが、食い扶持をなくし、収入を失った浮浪人が集い、水戸藩の郷士と一緒になって、しばしば一〇〇人近くの規模で、郷校を根城とする。お金がかかる。坂本龍馬のような知恵者であれば水運業でも始めるかもしれない。だが凡百の志士はそんなことはしない。尊皇攘夷の大義のためだと言って、近郷近在からお金を取り立てる。恐喝まがいのことが日常茶飯事になる。

万延から文久へ。水戸藩の郷校はどこも、多かれ少なかれ梁山泊になっていった。時間が経てば経つほど、朋輩は近傍ばかりからではなくなる。遠方よりも来る。文久三年八月一七日には、土佐脱藩の吉村虎太郎（寅太郎）、岡山脱藩の藤本鉄石《てっせき》、刈谷脱藩の松本奎堂《けいどう》らが天誅組を名乗って大和で幕府に対して軍事闘争を始め、自らを天皇親征の先駆けとなす。翌一八日には京都で政変が起き、孝明天皇の直接指揮による攘夷断行を策する長州の勢力とそのシンパが、幕府と会津と薩摩に先手を打たれ、都を追われる。天誅組は、当てにしていた天皇親征が空手形に終わり、ごく短期間で潰滅。一〇月には、長州や天誅組の残党を力と頼み、福岡脱藩の平野国臣や、但馬の生野《いくの》の豪農、北垣晋太郎らが、生野で挙兵するが、失敗に終わる。

この一連の経過で、行き先のなくなった勤皇の志士が急増。彼らの中には、落ちのびる先に、霞ヶ浦沿いの水戸藩の郷校を目指した者もあった。天狗党が筑波山で兵を挙げるのは元治元年の春だから、天誅組の挙兵から約半年後。その間に、霞ヶ浦沿いには遠国からの客分の志士がひたすら増えていた。小川郷校や潮来郷校などに集まった。

水戸藩の領内だから幕府の官吏も容易には手を出せない。水戸藩内には水戸学の徒が多く、郷校はほぼ全部が過激な尊皇攘夷派の天下であり、既に水戸脱藩の志士たちのアジールと化している。天誅組の変や生野の変の生き残り、あるいはその仲間と見られ、身辺の危なくなった志士が、水戸藩内に逃げ込み、水戸の藩庁の目の届きにくい霞ヶ浦に隠れるようになる。水戸に近いが、外海にすぐ舟で逃げられる、那珂湊の湊郷校も同様だ。

そうした郷校には、他藩の脱藩者が常時数十人ずつ滞在していたというのが、天狗党挙兵の直前期のありさまであった。たとえば小川郷校には、姫路藩や島原藩や久留米藩の脱藩者が居ついていた。長州の大物の志士で、久坂玄瑞や高杉晋作と親しい大楽《だいらく》源太郎も居た。宇都宮藩の儒者で、当時もう脱藩し、元治元年夏の禁門の変に長州軍の一員として参加して、久坂玄瑞らとともに死ぬことになる広田執中《もりなか》も居た。水戸の領地の田舎の郷校とは思えない。天狗党の蹶起は、共に長州が過激尊皇攘夷派の主役として登場して敗れる、文久三年の「八月一八日の政変」と元治元年の禁門の変に、やはり深くリンクしていると考えたくなる。

そして、水戸学の歴史を考える上で大切なのは、桜田門外の変から天狗党の挙兵に至る期間、殊には文久三年の夏からの半年間に入り込んできた客分の志士たちは、水戸の諸々の郷校を拠点にして、水戸学左派の系統の人々と深く相互的な影響を与え合ったと推察されるのだが、外から水戸に来た志士たちは、会沢正志斎の『新論』をかじったり、桜田門外の変をはじめとする水戸脱藩の志士の仕事に感銘を受けたりしていたものの、本気で水戸の学問に励んだ者となると、決して多くはなかったということである。将軍と副将軍を立ててこそ、水戸徳川家の存在の正義を説く倫理学になるという、水戸学のひとつの真髄は、水戸学の左派にも右派にも共通して保たれていたのに、外来の志士たちはそこに留意することはなかった。尊皇攘夷なら手っ取り早く倒幕。副将軍家も要らない。吉田松陰以来の長州流を当然とする外来の志士の尊皇攘夷思想に、郷校は、文久のうちにかなり乗っ取られてしまったと考えてもよい。

元治元年五月一四日に水戸城下の銷魂橋の高札場に立った、天狗党の義挙は倒幕と天皇親征による攘夷を目指すものであり、その意味で「赫赫たる長州」の道と軌を一にし、長州の企ての後に続くものであると宣言した、どこの誰が立てたのかは歴史の謎に属する、いわゆる「正義札」。それが「小川館の者の仕業」に違いないと、水戸の町で噂になったのはなぜか。その謎解きは以上のようなことである。副将軍家の存在の正統性を弁証しようとする水戸学の正義論は、「正義札」によって跡形もなく破砕された。副将軍家の存在価値を込みにしていたはずの天狗党の思想は、長州流の倒幕論に取って代わられ、徳川斉昭も実は倒幕を目標としていたというあまりに無茶な水戸学即倒幕論にすり替えられてしまった。

その立て札の犯人が小川郷校の連中と目されたのは、つまり、もはや天狗党は水戸学から離れてよそ者の思想に支配されるようになったと、天狗党に共鳴できない部類の水戸の人たちが強く思ったということではないか。実際、「正義札」の文面を考え、それに示唆を与えたのは、大楽源太郎や広田執中、その他、小川郷校に潜んでいた長州勢だったのかもしれないとも思う。天狗党は水戸であって水戸に非ず。外の勢力の傀儡。水戸学は地に墜ち、道理の最後までを失ってしまった。彼らが同じ水戸の仲間という理屈はもう通じない。兄弟に見えて異物なのだ。偽の水戸だ。下等な妖怪変化に堕した。だって副将軍家を意味なしとする札まで立ててしまうのだから。天狗党に対する反天狗党、即ち諸生党のあまりに猛烈な天狗党への憎しみのエスカレーションのひとつの根源はここにあるのではないか。

水戸学の優れた思想家と行動家たちは、桜田門外の変の頃までで、かなりが斃れ、逝ってしまった。水戸学の人々に限らず、水戸藩全体で考えても、安政の大地震と安政の大獄によって、有為な人材を多く失った穴埋めができきらず、水戸の政治力も経済力も軍事力も大きく減退した。しかも、残された水戸学の人々の力は、斉昭時代を恨む反水戸学系の水戸藩士たちとぶつかって、互いがすくんでしまった。

藩内のたくさんの郷校群が水戸学左派に牛耳られていた事実だけに目を向けると、過激な革新派に、近い将来、藩政を席巻する勢いがつき始めていたように見えなくもない。が、それは恐らく間違いである。たとえば、過激派の学生があちこちの大学キャンパスを片っ端から占拠して、中央政府の警察力はそれを奪い返せないくらいに低下し、しかも中央政府がまた過激派に同情する者とそうでない者に二分されているのだが、かといって、過激派にも中央政府をくつがえすまでの実力はない。文久期の水戸藩の状況とはそんなものであったろう。

そこに、外から過激派の拠点に逃げ込んできたり、過激派を応援するつもりで飛び込んできたりする者が多数あらわれ、よかれと思ってかきまわす。古今東西、繰り返されてきた、大組織の末路のパターンである。滅亡のフラグが立つ。そしてそこには必ず優柔不断なトップが居る。徳川斉昭の嗣子で、徳川慶喜の兄になる水戸藩の第一〇代藩主、徳川慶篤である。

六　よかろう様

徳川慶篤は、第九代水戸藩主、徳川斉昭の長男として、一八三二（天保三）年、江戸で生まれた。父の後を継いだのは早い。天保一五年、すなわち弘化元年である。まだ少年であった。

天保年間に父は、いよいよ西洋列強の日本侵略の日は近づいていると、既に深く信じていた。水戸学者たちの影響のせいである。斉昭は天下の副将軍として万事急進的に振る舞った。軍備の刷新をはかり、皇国の民を一心に団結させるためには神道と儒教を融和させて厭世的な思想に繋がりやすい仏教を退けるべきであるとして廃仏毀釈にはしり、水戸藩が率先して国防力の充実を図るためには藩財政の立て直しが不可避で、そのためには蝦夷地か他のどこかが新たな藩領として必要であると幕府に領地を無心した。まだペリーの黒船は来ていない。幕府も世界情勢に不安を感じてはいたが、斉昭の致し方はあまりに素っ頓狂に見えた。対外危機を理由に戦争準備した挙句の果てに、将軍家に歯向かうのではないか。疑心暗鬼に駆られ、早めの処置をした。斉昭は隠居させられ、満一二歳の年の慶篤が、第一〇代水戸藩主となった。

少年の眼から見ても、父のやり方は藩主として失敗であった。尊皇攘夷を説く水戸学者たちの声に耳を傾けすぎ、それと意見を異にする藩中の者をときに懐柔することはあっても決して心を許さず、結局、藩政を一方に偏らせ、藩内に多くの恨みを残した。ついには公儀たる幕府の不信を招き、危険人物とされた。副将軍たる水戸藩主にとって、これほどの屈辱があろうか。少年の得た教訓は、藩主は、自分の信ずる道を、特にそれがリスクをはらむ道なら、貫くべきではない、ということであったろう。新藩主、慶篤に付いた綽名は「よかろう様」。誰が何を言っても、ついつい「よかろう」と答えてしまう。失敗したと思ったら、すぐ手のひらを返して、別の者にまた「よかろう」という。

この場合の「よかろう」とは、言上された意見内容に強く同意するのではなく、「よきにはからえ」とほぼ同義の「よかろう」であろう。古代からの天皇政治の核心をなす言葉は「よさし」であると言う。「よさし」には漢字だと「寄」や「任」を充てる。人に委託したり委任したりするのが「よさし」である。相手に寄せきってしまう。中身については具体的な好悪や良否の判断をとりあえず消極的にしか示さず、積極的に認めるのは相手に任せるということである。それが「よさし」であり、「よろしく」や「よかろう」に通ずる。「よかろう様」の「よかろう」とは、「おまえの提案の中身がよいから、提案を貫徹することに全面的な支持を与え、最後まで責任を持つとともに、提案の実行についてはおまえに任せよう」ではなく、「おまえの提案の中身についてはそうとも思うけれども、そうではないかもしれず、しかし、とりあえずはおまえのやりたいようになるべく任せてみるが、ダメなときはおまえが腹を切るように。こちらも他の提案がくれれば、途中で乗り換えるかもしれないが、悪く思わぬように」というくらいのことなのであろう。

とすれば「よかろう」はやはり一種の責任回避を第一義とする論理である。そんな「よかろう」に徹すれば、父親の轍を踏まずに済むかもしれない。尊皇攘夷にかたくなにこだわりすぎ、思想の道理が通れば現実の無理も引っ込むと信じたがった徳川斉昭を襲った、蟄居謹慎の運命を、免れられるかもしれない。その意味で徳川慶篤は、どこまで行っても父親のさかさまであり、父を反面教師にして日本的指導者の最典型へと育った殿様であった。天皇や将軍や大名や公卿とは、かなりの率でそういう人種に育つものなのだろう。が、慶篤は、反面教師の反面の度合いが長い江戸時代でも最も激烈な水準であったから、並大抵ではない「よかろう様」になった。

その徳川慶篤は、一八六四（元治元）年、江戸城で横浜鎖港執扱の役を務めていた。慶篤の弟で、幕府の代表格として京都で朝廷との政治に明け暮れていた徳川慶喜は、尊皇攘夷論者として自らさかんに意見を言ってしまう、孝明天皇という、「よさし」の伝統から著しく外れた恐るべき天皇を相手に、攘夷実行の第一段階として、もう開港済みの横浜の速やかな鎖港を約束していた。幕府として実行せねばならない政策になった。元治元年三月に筑波山で挙兵した天狗党も、幕府の横浜鎖港を勝手に応援する水戸藩士や浪士や農民や神官や修験者の連合体という性格を持っていた。水戸藩主が率先してやるべき朝廷と幕府の合意事項を、天狗党が応援する。よって、天狗党の武装蜂起という事態だけをとれば穏当ならざるものだが、目的は適切であるので、天狗党を悪とは決めつけられない。尊皇攘夷の旗を掲げているのだから朝廷の味方には違いなく、横浜鎖港を応援するのならば、幕府の味方とも考えられる。幕府の政事総裁職の松平直克からして、そんな立場であった。

徳川慶篤も、自藩の出来事である天狗党の蹶起については、玉虫色の態度を取っていた。穏やかに藩への帰順を求める。そのために説得役を差し向ける。その程度で済ませたかった。

ところが、五月の半ばから、事態は動く。いちばんの引き金は、やはり五月一四日に、水戸城下の銷魂橋の高札場に立ち、天狗党の公式のステートメントだと反天狗党の人士に確信された、挑発的な札ではないか。そこには、天狗党が尊皇のみならず討幕を意図しており、長州と志を同じくすると、記されていた。

水戸藩における、反天狗党、反尊皇攘夷、反水戸学の人々の結集体で、徳川斉昭時代に斉昭の思想と行動にあきれ果て付いてゆけなかった人々を中核とする、いわゆる諸生党は、この札こそが「敵」の本音であると考えた。この札の出るときまでは、諸生党の中には、水戸学右派と呼べる人たちと連携できるつもりの者も多かった。水戸藩は尊皇攘夷のために藩主である副将軍が将軍を助けて天皇に殉ずる覚悟で行動することを使命とはするものの、その水戸藩の行動は将軍や副将軍の君命に基づかねばならず、天皇の意思を忖度して一部藩士が独断専行した筑波山挙兵は認めがたいというのが、水戸学右派の立場であろう。とにかく天狗党の暴走を止めねばならない。その点で、諸生党と水戸学右派は政治的に手を組めるはずであった。

だが、五月一四日のステートメントは、諸生党の人々の考えを変えさせるのに十分であった。水戸学右派も決して信用ならず。たとえば水戸学右派の中心人物、武田耕雲斎の動きを観よ。彼は水戸藩の江戸執政として、三月から国許の執政となったやはり水戸学右派の榊原新左衛門らとともに、当時、藩政を仕切る立場にあった。江戸も国許も水戸藩の政治は、水戸学右派が支配していたということになる。

武田耕雲斎は、天狗党蹶起の前に、後に蹶起することになる水戸学左派の過激分子の拠点となっていた、霞ヶ浦周辺の水戸藩の郷校などを訪れている。郷校に浪人等が入り込み、地元の村に金銭を無心したり、食糧の提供を求めたりして、領内の治安が悪化している。その対応が耕雲斎に求められた。諸生党からすれば、藩の秩序を守るべく、強権の発動もなされてしかるべきだった。しかし、そこで耕雲斎のしたことはとても生ぬるかった。藩のお金を配って、慰撫してまわった。耕雲斎はそのとき、水戸学左派の中に長州等の諸国の浪人や学者が入り込み、郷校の思想世界が水戸藩として許容不能な位相へと変質していることを知っていただろう。ところが何もしなかった。とすれば、実は水戸藩江戸執政の耕雲斎が天狗党蹶起の黒幕で、それを承知しているシンパが藩内に大勢いて、まずは天狗党を暴れさせてから、よきタイミングを見計らって、藩全体を動かし、尊皇攘夷の挙兵を計ろうとしているのではないか。水戸の長州化がいつの間にか進んでいる？

陰謀史観のようなものであろう。天狗党の藤田小四郎にも、江戸執政の武田耕雲斎にも、尊皇攘夷の志はあっても、それを倒幕とつなげては水戸学を裏切ってしまう。水戸学の根本は尊皇攘夷の主体を幕府と水戸藩に置くところにあるのだから。しかし、そこを無視する外部の論理が天狗党に入り込んでいたからこそ、五月一四日の札も出るのであろうし、諸生党から見れば、水戸学左派の藤田小四郎も、右派の武田耕雲斎も、長州流の倒幕思想も、もはや同じ穴の狢と化した。諸生党が緊急になすべきことは、江戸にいる藩主、慶篤の傍らにあって、慶篤を操り人形にしようとしているに違いない耕雲斎を、排除することだ。

諸生党はそこで幕閣の重鎮を使った。太田資始《すけもと》である。掛川藩の藩主だった。若くして能吏ぶりを認められ、一一代将軍、徳川家斉に重用された。水野忠邦の「天保の改革」の時代には老中を務めていたが、老中首座の忠邦と政策が合わず、やはり忠邦と対立しがちだった水戸の徳川斉昭を味方にして忠邦を追い落とそうとし、失敗して隠居させられた。太田家は太田道灌に繋がっている。資始も道醇と号した。普通ならそこからは余生だが、太田道醇は、隠居済みの先代藩主であるにもかかわらず、井伊直弼の時代に再び老中になった。国難の対応に必要なタレントとして、特例を認められた。でも、やはり道醇は、水野忠邦に対してと同様に、井伊大老にも厳しく意見した。特には安政の大獄のときである。水戸藩の人々への処罰がきつすぎるのではないか。それで、大老の逆鱗に触れ、またも御役御免になった。二度の御役御免のどちらにも徳川斉昭が絡む。良くも悪くも水戸と縁が深く、またパイプを持つ人だった。

この大物が、諸生党の願いを聞き入れ、因縁浅からぬ斉昭の子供に、ちょくせつ諭した。天狗党が横浜鎖港を叫んで危険な行動に及んでいるが、彼らには倒幕の意思もあるという噂を伝え聞く。そんなときに水戸藩主である慶篤が幕閣に於いて横浜鎖港の責任者をしていて大丈夫なのか。父の斉昭が幕府への逆心を疑われて蟄居謹慎させられたのと同じ運命を辿らないか。慶篤がいちばん嫌う、親の二の舞になる可能性が差し迫っているのかもしれない。「よかろう様」は鎖港の仕事に身を入れず、実は開港が正しいとか、意味不明な態度をとり、鎖港の決行をはかる政事総裁職の松平直克と対立し、江戸城に行かずに藩邸に籠るようになった。鎖港実行派にとどまらず討幕派でさえあるのかもしれない天狗党との関わりを疑われないようにするための選択であったろう。

もうひとつ、慶篤が太田道醇に言われたらしいのは、天狗党との関わりを、水戸学右派の大物の中でいちばん強く疑われる武田耕雲斎を、藩政から退かせるのが身のためということである。元治元年五月二八日、慶篤は耕雲斎の江戸執政の任を解いた。幕府と角を立てないために、道醇の忠告に従ったわけだろう。

このあと、下に任せて何でも「よかろう」と言う慶篤の本領が、いよいよ発揮される。耕雲斎の解任された翌日の五月二九日には、諸生党に水戸学右派の人々も混じった五〇〇人以上が、水戸から江戸に着いた。太田道醇に頼んだ工作も成功し、彼らが乗り込む段階で、江戸の水戸藩邸の天狗党に同情的な勢力は弱められている。そのことは百も承知の上で、諸生党の幹部、市川三左衛門や朝比奈弥太郎らは、天狗党の非を慶篤に訴えた。もはや水戸学の右派も左派も、倒幕思想に汚染され、道を踏み外している。ここで一気に藩政を改革し、幕府の水戸への信頼を取り戻さなくてはならない。そのためにまずは斉昭時代に登用された人材を要職から外さねばならない。尊皇攘夷の色の付いた者を藩政から排除しなければならない。武田耕雲斎は死罪でもよい。

慶篤はあまりに強硬な諸生党の意見に驚いたに違いない。水戸学右派の人々は国許にも江戸藩邸にも大勢いるし、まさか耕雲斎の極刑までは認められない。水戸学右派と諸生党の間で内紛が起きるだろう。とはいえ、天狗党の反逆性の度合いへの嫌疑が幕府でも深まりつつある今、藩の要職から水戸学系の人々を外すのは、太田道醇に示唆されたことからも理にかなっているだろう。慶篤は新たな人事については「よかろう」と言った。まずは、諸生党を率いる市川三左衛門や朝比奈弥太郎を江戸の執政とし、水戸の江戸屋敷でなお、水戸学右派に属して要職にとどまっていた者たちを、武田耕雲斎に続いて解任した。六月一日の水戸藩の政変である。

この政変のタイミングは、水戸藩にとってはとりあえずとても都合が良かった。六月六日、天狗党の、田中愿蔵の指揮する一隊が下野の栃木の町で大事件を起こす。栃木は日光街道の宿場町。小藩である足利藩の領地で、当時の藩主は戸田忠行。宇都宮藩の戸田家の分家になる。宇都宮藩は天狗党にやや好意的であったから、足利藩も天狗党に警戒心を強く持つというわけではなかったようだ。そのへんに天狗党の過激な行動を誘発する種もあったかもしれない。栃木は宿場町だけではなく、水運の町でもあった。利根川につながる巴波川《うずま》が流れ、ゆえに栃木は近隣の物資の集散地となり、富裕な商人が多かった。

この時期の天狗党の目標は、天狗党自らによる横浜鎖港の実行であろう。兵士を募り、兵器を増やし、横浜へ押し出し、西洋人を追い払う。だが、水戸学左派の過激思想を代表するひとり、田中愿蔵は、軍師に土田衡平《こうへい》という人物を得て、より大きな戦略構想を思い描いていた。幕府のおひざ元、江戸周辺をいきなり突破して横浜に進撃するのは無理がある。江戸や横浜を迂回し包囲するように進めば、幕府の防備もかわせるうえに、広く志士たちの参加を得て、軍勢も増しつつ、江戸や横浜に圧力を掛けられ、西国の志士とも連携しやすくなるだろう。具体的な目標は甲府や駿府の占領である。

田中愿蔵に作戦を伝授していた土田衡平とは、そもそも水戸とは関係がない。秋田の矢島藩を脱藩した尊皇攘夷の志士で、一八六三(文久三)年の天誅組の蹶起に加わって敗れ、生き残って北関東に潜伏し、田中の求めに応じ、天狗党に加わった。水戸藩の立場や水戸学の思想をあまり意識する人ではない。しかも地元意識もない。こういう人物が増えてくると、やり方が乱暴になってくる。天狗党蹶起前の霞ヶ浦周辺の郷校でも既にみられたことだ。軍資金や食糧を農家や商家から尊皇攘夷の大義の名のもとに供出させようとし、従わなければ暴力を使う。文久三年の天誅組もそういう真似をやっていた。

しかし、天狗党は三月の蹶起以来、そう派手なことをしていなかった。それが六月六日、ついに破れてしまった。栃木の町が犠牲になった。田中愿蔵の率いる天狗党の一隊は、栃木の商人たちに大戦略実行のための軍資金三万両を要求し、非協力的に見るや、放火の暴挙に及び、燃え広がって町ごと焼けてしまった。天狗党は、水戸の名を騙る、実態は諸国浮浪の徒の野合集団。諸生党の妄想してきた天狗党のイメージがついに本物になってきた。

幕閣では、天狗党を横浜鎖港の助けとなる味方として取り込むか、幕命も藩命も無視した非合法武装集団として鎮圧するか、ずっと意見が割れていた。が、栃木の焼き打ち事件で天狗党の犯罪性は動かしがたくなった。彼らが幕府に協力して攘夷をしようとしているのか、それとも長州と結んで倒幕を企てているのかの事実認定は、もうどうでもよい。放火する無法者の大群を関東に周遊させておいてよいはずはない。六月九日、討伐と決まり、軍勢が動員された。

火元の水戸藩も、幕府の討伐軍に加わらなければならない。江戸執政となっていた諸生党の市川三左衛門は、数百人の藩兵を率い、出陣した。ついに水戸学の生み出した暴徒を、幕府の名のもとに成敗できる日がやってきた。三左衛門は勇躍した。六月一七日のことである。

だが、市川三左衛門が居なくなったところで、水戸学右派が江戸藩邸で逆襲した。諸生党は右派も左派も十把一絡げに非難するが、右派の立場は、朝廷と幕府と藩を三位一体と考えて、守るべき一線を決して踏み越えず、攘夷の道を探るというもので、蹶起している天狗党とは全く立場が違う。そこで水戸学右派の榊原新左衛門、渡辺半介、あるいは藤田小四郎の兄の藤田健次郎らが切り札としたのは、本物か偽物か、とにかく徳川斉昭が慶篤に宛てたという遺書である。「奸人ハ一切御用ひ不被遊候様ニ」と書かれている。奸人とは要するに斉昭の尊皇攘夷策を快く思わず妨げようとした藩内の勢力を指す。諸生党に連なる人々ということになる。

それを差し出された慶篤は何と言ったか。市川三左衛門も居らず、今の江戸藩邸の勢いは水戸学右派にある。素直に担がれるのがよい。父の遺書には従わねばなるまい。水戸学右派は天狗党とは違うというのもそうなのだろう。幕府もそのくらいのことは理解するだろう。慶篤の答えは例によって「よかろう」。七月一日にまた水戸藩では政変が起き、諸生党一同は、藩政の要職から退けられ、失脚した。水戸学右派が藩政に返り咲く。

そのとき、市川三左衛門は水戸藩の代表者として幕府軍に参加し、天狗党と戦っていた。彼は、慶篤の新たな「よかろう」に納得しなかった。倒幕を計る天狗党の味方に違いない水戸学右派の捏造したニセの前藩主の言葉に動かされて手のひらを返す藩主に従う必要があるか。幕府を守ってこそ藩も守れる。かくして、水戸学左派に続いて、諸生党までが藩の統率を離れ、勝手な軍事行動をとるようになった。こんな大藩は、江戸時代の長い歴史を戊辰戦争まで見渡しても、水戸藩だけだろう。天皇か、将軍か、副将軍か。とりあえずの忠誠対象が三分されたのである。

七　天狗党義軍化工作

三島由紀夫の祖母で、孫の美意識の形成に、歌舞伎趣味などによって大きな影響を与えたのは、平岡なつ。平岡なつの母で三島の曾祖母は永井高。彼女は水戸藩の支藩の小藩、宍戸藩の御姫様だった。その兄で、幕末に宍戸藩主の座に就いていたのが松平頼徳だ。三島から観ると、曾祖母の兄だから曾祖伯父。彼は水戸藩国許の鎮撫の命を、水戸藩主、徳川慶篤から受け、一八六四（元治元）年八月四日、江戸を出発した。頼徳の立場は、「天下の副将軍」たる慶篤の名代である。

当時、松平頼徳は三〇代半ば。彼が水戸藩主の名代として鎮撫せねばならなかった相手は、ひとつではなかった。二つあった。

頼徳の鎮撫の対象のその一は、藤田小四郎を中心人物とはするものの、決して一枚岩ではない天狗党である。水戸学左派と呼ばれるべき過激勢力を母体とし、そこに全国各地の尊皇攘夷の志士が合わさって、尊皇攘夷思想の百貨店のようになった集団だ。同年三月に筑波山で、水戸藩主からも徳川将軍からも命令されたわけでも、天皇から密勅を賜ったわけでもないのに、尊皇攘夷の旗印を掲げて勝手に挙兵して以来、関東を彷徨している。天狗党への対処を巡る幕閣の議論はなかなか定まらず、ようやく六月、討伐と決するが、出撃した幕軍は七月上旬、天狗党に押され、局地戦で敗れて、撤退。そのあとも幕府は討伐の姿勢を保っているけれど、情勢次第では、今後の取り扱いが変わるようにも、七月から八月のあたまの段階では見えていた。

この天狗党は、思想的には二つの極のあいだを揺れ動いていたと考えてよいだろう。両極とも同じ尊皇攘夷には違いない。片方の極は、攘夷の近々の実行を唱えながら現実にはなかなかできないでいる天皇と将軍と副将軍を、前のめりの行動によって率先しようとする。過激な前衛的発想ではあるが、天皇あっての幕府、幕府あっての水戸藩、水戸藩あっての水戸学という、古典的な水戸学の範疇を守った磁力圏が利いている。水戸学左派的磁力圏と言い換えてもよい。もう片方の極は、幕府や水戸藩にはもはやとらわれず、むしろさっさと倒幕して日本の仕組みを単純にし、天皇の錦の御旗にすべての政治力を一元化して、軍事力を集中し、尊皇攘夷の運動を効率よく貫徹しようとする。水戸学の影響も受けながら、軍事的なプラグマティズムの徹底によって、水戸学を地球の裏側にまで突き抜けて、対極に行ってしまった、吉田松陰流の革命思想が、この二番目の極の原理原則だろう。既存の日本を守るために尊皇攘夷運動を果たすよりも、尊皇攘夷運動を果たすために既存の日本を壊すというふうに転倒したその極は、もう水戸の思想とは呼べない。水戸学的実践集団の最終形態として登場した天狗党は、もう半面では水戸の歴史や精神と関係が無くなっていると思うべきなのだろう。

この二つの極は、天狗党の中できれいに割れてでもいてくれれば分かりやすいのだが、そうなってはいない。二極は互いに互いを強く引きあって、両極の間には歪んだ地球のような不規則な球面というか曲面が現れて、しかもその面はどんどんひびわれ、砕け、もちろん面には厚みがあってその層が両極から互いに延びてはじけて貫入し合い、複雑なグラデーションをなしながら癒着してしまっている。天狗党の正体はとても分かりにくい。もともと正体がないのである。だから天狗党は、見る立場によって、倒幕派にも佐幕派にも受け取られる（天狗党が佐幕であるというときには、幕府が天皇の意を体して攘夷を毅然として行うならば佐幕になるという、一定の留保が付くが）。要するに、幕府が攘夷をやってくれれば熱烈に賛同して、幕府のために命を懸けるし、そうしなければ熱烈に怒って言うことを聞かないということであろう。幕府を水戸藩にかえても同じである。いずれにせよどちらの極も、攘夷という理想に身を捧げている。

頼徳の鎮撫の対象のその二は、市川三左衛門を実質的指導者とする諸生党である。水戸藩における反水戸学派、反尊皇攘夷派だ。思想や法について自ら思考し、上位の命令をものともせずおのれの信じる道を独断専行しようとする水戸学左派も嫌い。将軍と副将軍の上に天皇を置き、その序列を貫くことに腐心する水戸学右派も嫌い。幕府や藩の命令がどう転ぶにせよ、天皇抜きの武士の世界で、常に上の言う通りに振る舞うのがあくまで正しい。真の武士道とはそういうものだ。江戸時代の侍としての、より常識的な価値観に、基本は立脚している。偉いのは、将軍であり、大名であり、武士階級であって、天皇の発言にいちいち振り回されるのはおかしい。とはいえ、元治元年の七月から八月の段階では、主君の命令には常に従うのが当然という諸生党の原理原則を自ら破って、藩の統制を離れている。

なぜそうなったのか。水戸藩の六月の政変で諸生党はいったん政権を握り、藩論を天狗党討伐に統一し、市川三左衛門は兵を率いて幕府の討伐軍に加わった。水戸の者同士が相打つ事態になった。そうしたら幕軍が負け、水戸藩内でも七月に次の政変が起きた。天狗党に同情して彼らの思想的立場にも共感するが、幕命も藩命もなき直接行動には与せないとする水戸学右派勢力が、政権をとった。諸生党から見れば、水戸学の右派と左派は、攘夷への行動を独断でとるか、将軍や副将軍がそうするようにと言うまでは決して独断でやろうとしないかの違いはあっても、天皇がいちばん偉いと信じている点では、むろん同じ穴の狢である。同じ穴の狢たちがはびこって、天皇イデオロギーを引きずり、幕府と藩と武士の正しいありようを歪めているのなら、それを補正するために、同じ狢の穴に引き込まれてしまったらしい主君の態度を無視することも、筋として許される。せっかく諸生党の天下という正しい武家支配の一見本に水戸藩を引き戻せたと思ったら、それをたった一か月で壊し、水戸学右派に政権を戻してしまった優柔不断な「よかろう様」の徳川慶篤は、もはや絶対の忠誠を誓うべき対象ではない。積極的に諫めてしかるべき存在である。とりかえてしまってもよいくらいだ。

それだから諸生党は藩の言うことを聞かなくなった。天狗党以上に過激な独立愚連隊のようなものと化した。幕軍の一部隊として天狗党討伐にしくじった市川三左衛門率いる諸生党の人々は、政変が起きた水戸の江戸藩邸に戻れば、水戸学右派政権によっていかなる咎めだてをくうかもしれないと、藩主慶篤も居る江戸を避け、まだ政変の影響が十分に及んでおらぬ国許に入って水戸城を占拠し、城下の天狗党シンパの粛清を始めた。天狗党に加わっている者の家族親族が水戸の町に残っていれば、捕え、獄に繋ぎ、殺した。天狗党と諸生党は倶に天を戴けない間柄に、もはやなっていた。天狗党から見れば、皇国のありがたみの分からぬ者は日本人でなく、諸生党から見れば、幕府や水戸藩のおりなす武家の国という現実秩序を超えた、虚構の皇国を信じる者は、人の皮をかぶった別の生き物としか思われない。

とにかく、諸生党は、水戸城下で天狗の眷属と見れば女子供まで手にかけるようになる。天狗党は横浜鎖港を武力で断行しようと、関東各所で遊撃隊を気取りつつ、様子を窺っていたのだが、諸生党の国許での鬼のような振る舞いを聞いて、水戸に家族を残す者を中心に大いに動揺する。天狗党の旗のもとに集まってきた他国の志士の多くは、水戸の情勢を無視して、横浜での計画に集中すべしと主張するけれど、天狗党でも水戸の者は、攘夷の前に、獅子身中の虫の諸生党を皆殺しにすべしといきりたつ。結局、血縁の安全が心配なのだ。大義よりも人情が先立つ。義がすべてのはずの水戸学の過激派でもそんなものだ。やはりそれが世の常であろうか。

七月二五日、藤田小四郎の率いる天狗党の一隊は水戸に達し、水戸領内での戦争が本格的に始まった。

八月四日に、水戸藩主慶篤の名代として、松平頼徳が水戸学右派の人々を中核とする手勢を率いて国許鎮撫に向かったのは、そういうわけがあってのことだ。幕府の天狗党討伐にいったん間のできているうちに、水戸の内戦を収束させる。共に暴走している天狗党と諸生党を藩の統率下に引き戻し、処罰するなら処罰する。幕府が討伐軍を再編する前に幕を引きたいということだ。頼徳の使命は大きかった。

が、この仕方には無理があったかもしれない。慶篤自ら水戸に行くのが最善であったと思われるのだが、彼はそれを避けた。内外の問題の山積するおり、江戸定府を義務とする「天下の副将軍」が、たとえ国許が内乱に立ち至っていたとしても、江戸の将軍の傍を離れるのは穏当ならずと、水戸行きの伺いを将軍に立ててみることさえしなかった。確かに、もしも慶篤が出馬しながら、藤田小四郎と市川三左衛門の両名に並べて頭を垂れさせられず、騒乱が収まらなかったら、かつて父の斉昭に襲いかかった蟄居謹慎の水準では済まぬほどの咎めが、幕府より下されかねない。藩の取り潰しさえ視野に入ってくるだろう。しかもそれは現実的にかなりありうると予想できる。天狗党にも諸生党にも藩主の命を聞こうとしないラディカリズムが根付いている。「よかろう様」は逃げ道を作らねばならない。一門の大名より名代を立て、「よきにはからってこい」と頼む。最悪の事態になっても、責任は一枚軽くなるだろう。

しかもその名代が松平頼徳であった。頼徳が選ばれたことには一応の筋は通っていた。宍戸藩主には水戸藩主と同じく代々江戸定府の決まりがあった。「天下の副将軍」を常に江戸に居て助ける補佐役の大名が宍戸藩主ということだ。が、石高は幾つかの水戸の支藩の中でもとびきり低い。大名の扱いになる最低の一万石にすぎない。存在感が小さい。なめられやすい。それから、天狗党と諸生党の争いをつとめてニュートラルな立場から仕切り、両方を藩主名代の権威によってなるたけ平和的に畏服させることが鎮撫役のミッションであったとすれば、頼徳が適任かという問題もある。頼徳は「よかろう様」ではなかった。どうやら思想があった。彼は、天狗党のシンパの尊皇攘夷大名として、それなりに旗幟を鮮明にしていた。一方に偏していたのである。

縣六石《あがたりくせき》という武士が居た。天狗党の顚末を語るとき、欠かせない人物のひとりである。一八二三（文政六）年だから、水戸藩領の大津浜にイギリスの捕鯨船員が白昼堂々上陸してきて、その後の水戸学の尊皇攘夷論の展開に決定的影響を及ぼす事件の起きた文政七年のひとつ前の年に、宇都宮藩の家老の子として生まれた。しかし、天保年間に二〇代で脱藩。尊皇攘夷論者の大橋訥庵《とつあん》に儒学を、千葉周作に剣術を学び、水戸学にも通じた。黒船が来航すると、時局の求める人物とされて、一八五六（安政三）年、宇都宮藩に帰参。以後、藩の要職を担った。思想的にはむろん熱烈な尊皇攘夷派。天狗党が三月に蜂起して直後の四月あたま、筑波山から日光東照宮を目指したときには、宇都宮の領内への立ち入りや滞在を許し、以後、天狗党の多くが宇都宮の周辺に蝟集するようになった。宇都宮藩全体が天狗党に好意的であったわけでは決してない。縣六石が天狗党を許容するようにと命がけで藩論を導いていたせいである。

その六石が、五月一三日、宇都宮から江戸に向かった。目的は、天狗党を幕府の味方と認めさせ、討伐させないようにするための、政治工作であろう。天狗党に好意的な宇都宮藩が何らかの咎めを受けぬように予防線を張るということもある。その頃、天狗党の主力は栃木の太平山《おおひらさん》に居た。道中では、旅宿に天狗党の幹部、斎藤佐次右衛門を招いて深夜に密談している。

江戸に着いた六石が頼りにした相手は誰だろうか。松平頼徳だった。五月二〇日と二九日には、頼徳のもとをちょくせつ訪問している。そのときの六石のものの考え方は、著書『愁思録』に従えば、以下の如くになろう。

天狗党は決して倒幕運動の徒ではない。朝廷のために立ち、幕府を助けようとしているにすぎない。宇都宮藩では浮浪の徒を迎えることに反対論もあるが、天狗党には天皇の意向たる攘夷を積極的に実現しようとする大義があり、攘夷が実行される暁には彼らは救国の英雄である。将来の救国の英雄を蛮党扱いして、人の道が立とうか。仮に天狗党を宇都宮の領内から追い出せば、彼らは他藩の領内に移動するだけだ。そこで騒動が起きるかもしれない。宇都宮藩はそうした事態を抑止してもいるのだ。幕府に対する忠でなくて何であろうか。そもそも、尊皇の志士がいちいち幕府に衝突するかのように見えてしまうのは、幕府が尊皇家の意見を積極的に酌まないからである。幕政が衰え、国を思う者が江戸よりも天皇の都の京へと、今日、集まっているのは、幕府のこの態度のせいだ。江戸の傍で蹶起した天狗党の思想と行動に一定の理解を幕府が示せば、幕府は再び人心を収攬でき、徳を高め、京に対する江戸の地位の回復にもつながるだろう。宇都宮藩は、天狗党の無断武装蹶起という小罪を赦し、尊皇攘夷という大忠大義を認めて、行動している。幕府と水戸藩は、天狗党を義軍とすべきである。それこそが国難突破の早道だ。

天狗党の水戸学左派的なイメージが確かにかたどられている。幕府の現状への批判もある。この六石の見解に、松平頼徳は心を動かされていたに違いない。六石は水戸系の大名、頼徳から、水戸の血筋の徳川慶喜に近しい幕府政事総裁職の松平直克へと、工作を広げていったようだ。そして、六月三日、松平直克は、江戸城で第一四代将軍、徳川家茂に次のように上申した。

幕府政治の現今の根本はただ攘夷の実行であり、常陸や下野での天狗党の騒動は枝葉のことで、根本を進めれば枝葉は自ずと収まる。幕府が攘夷に前向きになれば、天狗党はただ幕府の命に従うのみで、すべては解決する。ところが、逆に根本を進めずして枝葉を刈りに行けば、枝葉はますます乱れるだろう。幕府が横浜を鎖港せず、天狗党の鎮圧に乗り出すなら、天狗党は幕府に攘夷の意思なしと思って、頑なに幕府を拒み、事は収めにくくなるであろう。諸外国にも、関東での内乱の惹起は幕府の統治能力の弱体化の表れと受け取られ、何もよいことはない。天狗党を味方につけるのが上策である。

この松平直克の説には、松平頼徳を通じて幕府の中枢に到達した縣六石の見解が反映しているかと思われる。というのも、直克が家茂に意見した翌日の六月四日には、六石は直克と面会しており、そのあと六石は政事総裁職の意向と称して北関東諸藩に天狗党の通行を邪魔せぬようにと触れ回ろうとするし、さらにこの頃、江戸には天狗党の一員、立原朴二郎《ぼくじろう》があらわれて、六石らと連絡を取り合っている。朴二郎は、対露脅威時代の水戸学を指導した、あの立原翠軒の孫である。六石の政治工作は、六石自身の発案と行動によるところも大きいだろうが、それだけでなく六石を利用した天狗党自らの工作であった面もあるだろう。そうでないと、斎藤佐次右衛門や立原朴二郎が六石に寄り添ってくるわけが見えてこない。蹶起した天狗党の、少なくともある部分は、幕府に、反乱軍でなく、幕府と協力可能な尊皇攘夷の義軍と認定されることに、ギリギリのところまで賭けていたのだ。まるで二・二六事件のときの青年将校のように。そして、その政治工作の上で期待されていたのが、三島由紀夫の曾祖伯父の宍戸藩主、松平頼徳と、徳川慶喜に近しかった政事総裁職の松平直克であり、直克は将軍家茂に天狗党の義軍的性格を説くところまで行った。このふたりの役回りは、二・二六事件のときの皇道派の将軍だ。

ところが、この工作は、天狗党自らの寄り合い所帯的、無統制的性格の悪しき面が出て潰えてしまう。天狗党の一部が引き起こした略奪・放火・暴力行為によって、天狗党は義軍でなく反乱軍と認定され、六月七月と、天狗党対幕府軍、天狗党対諸生党のいくさが続いてゆく。そして八月四日、松平頼徳が国許鎮撫へと江戸を出発するに至る。

「よかろう様」は頼徳の成功を期待していたろうか。水戸藩の生き残りのために、内紛の解決は必要だ。藩主として名代に期待しないはずはない。でも、徳川慶篤と頼徳に信頼関係が十分にあったかとなると疑問に思う。松平頼徳と松平直克と縣六石が天狗党義軍化工作を行っていたと思しき、五月下旬から六月はじめ。その時期は、諸生党が、幕閣の重鎮、太田道醇に頼んで、慶篤に、水戸学左派の天狗党と、藩政を預かる武田耕雲斎らの水戸学右派とは裏でつながっているのだから、水戸学左右両派を纏めて粛清し、諸生党に藩政を任せなくては、水戸藩に未来はないと、吹き込み、慶篤もそこに「よかろう」と乗った時期と、完全に重なる。ゆえに六月一日の水戸の政変も起きた。少なくともその時期、慶篤は反水戸学、反天狗党であり、幕政の渦中にあっては、天狗党討伐不要論を説く松平直克と犬猿の仲になっていた。そのあと、天狗党は幕府にテロ集団と認定され、松平直克も六月のうちに失脚する。水戸家周辺で天狗党を擁護し、慶篤の嫌う直克の側に付いていたらしい松平頼徳も、慶篤には面倒な存在だったに違いない。そこまで擁護したいなら自分で解決せよ。慶篤は頼徳に火中の栗を拾いに行かせ、厄介払いしたのかとも思う。もう帰ってこられない運命も予想できていたのかもしれない。水戸藩はもう誰が収めようとしても収まる状態ではなくなっていた。

第七章　「最後の将軍」とともに滅びぬ

一　プレ戊辰戦争としての水戸大戦争

小は大を模倣する。徳川将軍家に対して「天下の副将軍」の家、水戸徳川家があったように、水戸徳川家に対しても、副将軍家と呼ばれるに相応しい家が存在した。水戸藩の支藩の中に、役割や立場としては、幕府にとっての水戸藩と、とても似た境遇の支藩があった。宍戸藩である。

水戸の支藩と呼べる藩はいろいろあった。が、幕末維新の頃まで長く続いた、水戸近傍の御連枝の支藩となると、磐城の守山藩と、石岡の常陸府中藩と、笠間の近所の宍戸藩の三つになるだろう。藩祖は、いずれも水戸家初代の徳川頼房の子供たちにして、二代目藩主、徳川光圀の弟たちである。守山藩の前身の額田藩は四男の松平頼元、常陸府中藩は五男の松平頼隆、宍戸藩は七男の松平頼雄が初代となる。石高は、四男に始まる藩と五男に始まる藩は二万石なのに、七男に始まる藩だけは一万石に抑えられている。

そこには言うまでもなく、将軍家に対する御三家と同様の構図が認められる。徳川家康の九男の義直が尾張徳川家を、一〇男の頼宣が紀州徳川家を、一一男の頼房が水戸徳川家を始める。三つの家は江戸の将軍を支える鼎《かなえ》を成すことが期待される。ところが水戸家の石高が格段に低い。それなのに、末の弟分として、いつもいちばんの面倒事を押し付けられる。水戸家の場合は、原則としては常に当主が江戸に居て、将軍家を江戸城で補佐していなければならない。石高が抑えられているのに、お金はとてもかかる仕組みになっている。財政は常に火の車。藩内に軋轢や不満が絶えない。それを少しでも解消しようと、水戸藩とはこの国の中で特殊かつ崇高な役割を担っているのだ、将軍を守るとは天皇を守り国体を守ることだ、という学問が発達する。水戸学である。

御三家を水戸の三つの御連枝の支藩の家にあてはめれば、尾張と紀伊が守山と府中に、水戸が宍戸に相当するであろう。もっとも、「水戸の御三家」の場合だと、徳川御三家のうち水戸藩主だけがいつも江戸に居なければならないしきたりとは違って、守山も府中も宍戸も、藩主は三人とも江戸定府がならわしになっている。そこは違うだろう。三藩とも国許と江戸の両方で常時活動せねばならないから、参勤交代の制度によって隔年で江戸での大名の本格的社交を休めてしまえる一般諸藩よりも、お金がかかる。だからといって、石高の低い宍戸藩だけ、守山藩と府中藩よりも倹しく貧しくしながら、江戸で水戸藩主に寄り添ってよいことには、なかなかなるまい。それなりの格式を保って、なるべく対等に振る舞わねば、恰好がつかない。

そのうえ、言わば末の弟の藩であるから、水戸の本家や兄とも言える二つの藩から、何かと面倒事、厄介事を押し付けられてしまう。何から何まで、江戸の将軍家に対する水戸の副将軍家と重なってくる。水戸藩の財政が慢性的な崩壊状況にあったように、宍戸藩もいつも破綻していた。それでも水戸藩主を助けるのが使命だと気負っている。宍戸藩主の役回りである。なぜ無理をしてでも頑張らなければならないか。この国は、天皇が居て、将軍が居て、副将軍が居て、はじめて成り立つからだ。そのために尽くす役を振られた、誇り高き藩なのだ。日々の艱難辛苦の中での自問自答。その中でこそ使命の自覚は日々に新たになる。宍戸藩主は水戸の思想にはまりやすい。副将軍の役割の自覚が下位の支藩にコピーされてしまう。副将軍のそのまた副将軍なのだ。宍戸藩主の自意識は、熱烈な義務感と痩せ我慢の態度によって、特徴づけられるであろう。

宍戸藩の第九代藩主、松平頼徳が、天狗党にそれなりの理解を示そうとし、シンパ的な振る舞い方をしがちで、宇都宮藩の縣六石による、天狗党を義軍化しようとする幕閣への政治工作にも関係したらしい人であったのも、そういう背景から、ひとつ説明できる。

その松平頼徳が、水戸藩主徳川慶篤の名代として、諸生党と天狗党の争う水戸藩領の鎮撫のため、江戸を出発したのは、先に触れたように、一八六四（元治元）年八月四日である。部隊の総勢は八〇〇人とも言う。恐らくそのくらいであろうが、何千人としている書もある。とにかく、水戸の副将軍的立場の頼徳が、本家の統領の「天下の副将軍」の分身となって、水戸の危機を、まるで講談や映画の水戸黄門の物語のように旅して解決しようとする。頼徳についに訪れた晴れ舞台とも言えた。

八月五日は取手に泊まり、六日は、牛久を経て土浦へ。そこで頼徳は、土浦藩主の土屋寅直《ともなお》と会見する。寅直は大坂城代等を務めて幕政や国際情勢に精通したひとかどの人物。会見の大きな目的は、水戸から土浦へのお詫びだ。天狗党によって土浦の領内はだいぶん荒されている。寅直は水戸藩主の名代に強い不満を述べる。尊皇攘夷の大義名分を幾ら掲げても、行為そのものだけをみれば、放火や略奪に明け暮れる、単なる賊徒にすぎないではないか。土浦の被害は甚大である。天狗党の構成員は水戸の者ばかりではないとは言え、首魁や主力は水戸の人々ではないか。水戸藩の責任は極めて重い。頼徳は平身低頭であったろう。だからこそ鎮撫に行くのだと説明しただろう。

だが、寅直の意見はやまない。鎮撫と言うが、土浦領内を通過中の頼徳一行は中途半端に武装している。鎮撫の撫の字を重んじて平和的に事を進めようとするなら、丸腰でも良いくらいだ。ところが戦う気があるように見える。鎮撫風ではなく鎮圧風である。頼徳が向かう先はとりあえず水戸だ。水戸城に立て籠る諸生党を帰順させるのが主要なミッションになっている。それなら、慶篤の名代として、わずかな供のみを連れて乗り込んで、藩主の命令を伝えるだけでよいではないか。

でも、明らかにそうではない。しかも頼徳が鎮圧隊のように従えているのは、七月のクーデターで水戸藩の政権を諸生党から奪還したばかりの、水戸学右派の系統の人々が中心であろう。幕命も藩命もなく攘夷のために蹶起してしまった天狗党のやり方には反対だが、尊皇攘夷派である点では同じだ。政治的、実際的には保守穏健で、鎮派と呼ばれてもいるけれど、志では天狗党と違わないと、周囲からは思われている。諸生党から見れば、水戸学左派の天狗党も、頼徳の連れている水戸学右派も、はっきりと敵なのだ。どうも生々しすぎる。

だいたい、七月のクーデターとはどのようにして成功したか。水戸学右派の人々が、先君徳川斉昭の本物かどうかもよくわからない遺書を持ちだし、諸生党のいいなりになっていた慶篤を心変わりさせたからだろう。斉昭の遺書は、斉昭の尊皇攘夷策に反対していた反水戸学的な藩士たち、ということは今、水戸城を占拠している市川三左衛門ら、諸生党の幹部たちを、決して藩の要職に登用してはならぬと説いているというではないか。諸生党はそれを百も承知だからこそ、現状では藩の中に生き場所なし、それでも生き残るためにはどうすればよいかと、君命に背いてでも実力を行使して水戸城に籠っているのだ。もはや無法状態である。天狗党も反乱軍なら、諸生党も反乱軍である。反乱軍同士が仁義なき戦いを繰り広げている地に、藩の正規軍と言えば言えるが、心情的には天狗党に共鳴していると誰もが思っている水戸学右派の部隊を連れていっても、どうなるものでもあるまい。

もはや事態は水戸だけで解決できる水準を超えている。天狗党は水戸にあって水戸に非ず、ということも、もちろんある。北関東の志士や無法者を幅広く集めて、土浦藩領まで含めて蹂躙している。天狗党の組織構成は複雑であり、分派もできている。天狗党に水戸の志士というコンセンサスは既にないのではないか。それと戦う諸生党も、水戸藩内で通用するつもりの理屈で、おとなしく言うことを聞かせられる代物ではない。この期に及んで、もはやガバナンスを失っているとしか思えない藩主の通用しなさそうな意向を引っ提げた、藩主の所詮は名代が、不十分な実力しか有しておらず、集団の性質としても政治的中立性を保てず、火に油を注ぐだけに違いない、数百人程度の手勢を率いて飛び込んできて、いざとなったら鎮圧するという喧嘩腰の姿勢を見せながら交渉しようものなら、どうなるか。特に水戸学右派を左派と十把一絡げに憎悪する諸生党と、あるいは天狗党とさえ、うまく行くはずはあるまい。武力衝突の公算が大であろう。鎮撫に来たつもりがかえって戦乱を拡大する結果になりかねない。

しかも、国内情勢全般はまたも大変動を迎えている。新たな大事が起きている。いったん江戸に引き返して、慶篤と相談して出直した方がよい。

およそそういう含みのある意見を、土屋寅直は、松平頼徳にしたようである。結論は、江戸に帰るのが頼徳の身のためということだった。が、頼徳はそこでひるまなかった。自らへの過信があった。問題はもっと単純なはずだ。天狗党も諸生党も元をただせば同じ水戸であり、天下の副将軍の名代である水戸藩の副将軍格の宍戸藩主が行けば、即座に帰順するのが当然である。確かに自分の手勢は党派性を有しているが、党派云々でなく君命の有無の問題であり、頼徳の配下に入っている水戸学右派の人々は紛れもなく君命を奉じ、藩主の名代に従っている。そこが天狗党とも諸生党とも決定的に違う。

仮に頼徳本人が個人としては天狗党に理解を示しているとしても、別に天狗党の味方に行くのではない。水戸藩主の意思が水戸領内での争いをやめるようにと決せられたのだから、尊皇か、佐幕か、あるいは尊皇かつ佐幕かに関係なく、誰もが帰順し、そのあとの沙汰を待つ。それが秩序の回復というものだ。そのための副将軍だ。理不尽とも言える境遇を耐え忍び、その無理が水戸藩を支え、さらに幕府を、朝廷を、日本を支えているというつもりの、一万石の小藩主の、水戸学右派的な矜持であった。

ところで、土屋寅直の情勢認識に重大な影響を与えていただろう新たな大事とは何か。天狗党の話ではない。禁門の変である。

それは七月一九日の出来事だった。松平頼徳が江戸を出立する半月前だ。前年（文久三年）の「八月一八日の政変」で京の都を追われた長州勢が、巻き返しをはかって京に上った。「八月一八日の政変」は、長州の尊皇攘夷派とそのシンパの過激な計画を、孝明天皇や徳川慶喜や会津や薩摩が抑止するために起きたと言ってよい。何しろ天皇自らの出馬を仰ぎ、幕府を介在させず、その権力を無化し、天皇の陣頭指揮による外国討ち払いの攘夷戦争をただちに実行しようという、ラディカリズムの極致をゆき、日本全国に天皇親征の軍に靡くか靡かないかの踏み絵を踏ませようとしたのだ。長州が都から一掃される十分な理由になった。だが、長州を追い払った朝廷と幕府の方針は依然として攘夷だ。けれど生ぬるい。攘夷の大方針が揺らがないなら、攘夷の実行に相変わらず及び腰の幕府よりも、遮二無二それをやり抜こうとする長州の浮かぶ瀬があるはずだ。天皇を掌中に収め直す時期だ。すっかり長州嫌いになっている孝明天皇に改心してもらわなくてはならない。そうして禁門の変が起き、長州勢は一日で敗北した。

徳川慶篤が松平頼徳に領国鎮撫の名代をさせたのは、藩主でも収めきれない可能性に恐怖して矢面に立ちたくなかったからだろうが、大義名分は禁門の変にあった。長州勢は京から敗走したが、まだ予断を許さぬ状態だ。京の町には戦争に伴う大火で焼け野原が広がる。そういう際に、江戸城に詰めるため、副将軍の役柄は徳川初期から設定されている。今がついにそのときなのだ。たとえ自藩の存亡がかかろうとも、江戸を離れてはならぬ定めである。

藩内への通達書の文面はこうだ。「当節容易ならざる形勢に付ては中納言様御取敢へず御帰国遊ばさるべきの所京師に於て長州人ども乱暴に及び候始末容易ならざる次第に有之」。それゆえ、中納言慶篤は帰れない。「諸事大炊頭《おおいのかみ》様に御直に仰せ談ぜられ御名代として今般御同所様下向相成り候条此段承知奉り申す迄も無之候へども子弟ら万一心得違ひ重役へ対し不敬の所業無之様心懸けらる可く候」。

封建の世の頑強なる頃であれば、これで十分。大炊頭頼徳の言葉に逆らう水戸の者は居なくなるはずであった。ところが実際は土屋寅直の予想通りにたちまちなった。頼徳一行が水戸の藩領に入ると、諸生党の手先になった農民兵がゲリラ戦で、行く先の妨害を始めた。街道に木を倒して障害物にする。橋を落とす。そうやって水戸への到着を遅らせにかかる。農民になぜ頼徳一行を敵視する者が居たかといえば、諸方をうろつく自称を含む天狗党の徴発にあって迷惑している農村が増えていたからだろう。天狗党討伐を唱える諸生党に正義があると感じる農民は多くなる一方だった。兵糧なき軍隊が徘徊すれば人民に嫌われるのは、歴史の鉄則。諸生党が、藩主の名代を名乗る頼徳一行とは実は天狗党の同類と吹き込めば、頼徳一行を害そうとする農民はいくらでも居た。逆に、水戸学の尊皇攘夷思想を教育され、天狗党の世直し思想に共鳴する富農・豪農や、彼らに付和雷同する貧農も大勢居た。元治元年の水戸藩領の実相である。封建の世はかくも壊れていた。

一方、天狗党は、頼徳一行の中の天狗党に共感している人々に接触をはかってくる。土浦藩領を過ぎ、石岡の常陸府中藩領に入るあたりから、そうなった。石岡近辺は天狗党の影響力が強かった。頼徳はおのれの部隊を政治的にニュートラルに保つべく、天狗党がいつの間にか行列に加わって同行せぬよう、気を配ってはいるのだが、数百人も居る行列のあの者この者が、道中で天狗党と「おお、久しぶり、生きていたのか」などとやりあっても、制しきれない。水戸学左派と右派は同じ穴の狢という諸生党の認識が、端的にあっさりと証明されたとも言える。宍戸藩士がもしもたくさん居れば統御のしようもあるけれど、水戸の支藩の中でも貧乏な小藩の侍は少ない。八〇〇人とも称される総勢の中に、宍戸藩士は数十人であったと伝えられる。もちろん、そのありさまは諸生党の密偵によって水戸城に報告される。頼徳一行は天狗党の仲間と認定するに足る状況証拠が揃っていってしまう。

妨害の排除にいささか手間取った頼徳の行列が水戸に辿り着いたのは、ようやく八月一〇日である。直ちに水戸城からの使者として、徒目付、大橋彦左衛門がやってきた。水戸城を不法占拠する諸生党の主導者、市川三左衛門に従っている藩士だから、頼徳からすると、反乱軍の一員である。使者の徒目付は言う。頼徳公だけなら城中にお迎えできるが、帯同している水戸藩の者たちは一人たりとも一歩たりとも入れられない。なぜなら彼らこそクーデターを起こし、天狗党を裏で支持する反乱軍だからである。藩主の慶篤も名代の頼徳も、反乱軍の傀儡に成り果てている。諸生党は慶篤や頼徳をお救いする立場なのだ。

頼徳は道中での抵抗から状況を感じとってはいるが、水戸藩主名代の威光で最後は済むとなお考えている。名代とその軍勢は、堂々と入城し、反乱軍を畏服させねばならない。平和的な水戸開城のためにはさらなる交渉が必要だ。城下の吉田山薬王院に入る。薬王院と言っても、神仏混淆の時代であるから、薬師如来の信仰と神道が結びつき、当時は吉田神社でもある。

まだ一〇日のうちの夕刻。薬王院に、水戸城からの正使、天野伊内らがやってきた。天野は執政を名乗る市川三左衛門のもとで参政を務める。諸生党の幹部だ。頼徳は天野らを薬王院本堂で引見する。彼らの述べることは先の徒目付の台詞をなぞるばかり。埒があきそうにない。頼徳は眼前の暗雲から目を背けることをいよいよ許されなくなった。

そのときである。どこからともなく鉄砲の音がし、間もなく撃ち合いが始まった。天野伊内らは蜘蛛の子を散らすように薬王院から逃げ出す。水戸城からは使者だけが出張ってきていたのではなかった。諸生党の軍勢が町内に出て、薬王院方面の際まで展開し、頼徳の手勢に圧力をかけていた。城どころか城下町の中心部にも入れまいとする。市川三左衛門の強い意思の表れであった。

そこで謎の一発が放たれた。藩主名代側と水戸城側。どちらの誰が何をきっかけに撃ったのか。盧溝橋の最初の一発などと同じく歴史の謎である。互いが相手の責任にしている。世の常だ。とは言え、比較的信頼のおけそうな、水戸藩矢倉奉行、武藤善吉の証言が記録されていて、それによると城方が最初に発砲し、そのあと、薬王院の方から射撃が始まったという。

頼徳一行の道中を街道沿いで妨げようとする遊撃戦から始まり、仕掛けてくるのはだいたい諸生党の方であった。その積極性には理由がある。市川三左衛門らは諸生党の勝利を絶対的に確信していた。簡単に言えば、彼らは天下の副将軍もその代理も中抜きして、直接に幕閣と結んでいたのだ。元治元年にはまだまだ幕府は強い。負けるわけがない。水戸の戦争は、象徴的に整理すれば、明らかに幕府の代理の市川三左衛門派と、本人たちは天皇の代理のつもりの天狗党、および天狗党シンパと認定されてしまう松平頼徳率いる藩主名代グループとの戦いであった。プレ戊辰戦争とも言える水戸大戦争は、謎の一発で火が付いた。

三島由紀夫の曾祖伯父、松平頼徳の運命や如何に？

二　貞芳院様御人質

登美宮吉子《とみのみやよしこ》という皇族が居た。有栖川宮家六代目当主、織仁《おりひと》親王の一二女である。有栖川宮家の始まりは、三代将軍徳川家光の時代の寛永年間。後陽成天皇の第七皇子、好仁《よしひと》親王が高松宮家として創設した。後陽成天皇の後を継ぎ、幕府と揉めがちだった後水尾天皇は、好仁親王の兄になる。好仁親王の正室は、徳川家康の孫、松平忠直の娘。彼女が二代将軍秀忠の養女になって、高松宮家に入った。恰好としては将軍の娘を貰ったのである。以来、高松宮家は幕府と朝廷をつなぐことを期待される宮家のひとつになった。名が有栖川宮家と改まったのは、二代目当主で、後西《ごさい》天皇として皇位につくことになった良仁《ながひと》親王の皇子で、三代目、幸仁《ゆきひと》親王のときである。

有栖川宮家の旧名が高松宮家と聞けば、昭和天皇の弟の高松宮宣仁《のぶひと》親王を思い出す方もあろう。宣仁親王がなぜ高松宮家を再興する具合になったかと言えば、大正時代に絶えた有栖川宮家の財産を継承したからである。

有栖川宮家の最後の当主、一〇代目の威仁《たけひと》親王は肺を長く患い、一九一三（大正二）年に五〇代前半で逝った。男子はひとりだけあったのだが、威仁親王よりも五年早く、海軍兵学校の生徒であった二〇歳のとき、盲腸炎の手術の後の経過が芳しからず、江田島で亡くなった。こうして歴史ある宮家は絶えたのだけれど、威仁親王には育った女子がこれまたひとりだけあった。實枝子女王という。彼女が嫁に行ったのは、徳川慶喜家、つまり旧将軍家だった。水戸徳川家の徳川斉昭の七男で、一橋徳川家の当主を経て、最後の将軍となった徳川慶喜の、これまた七男で、家の跡を継いだ徳川慶久の、妻になった。

世が世なら将軍になったかもしれず、徳川斉昭の孫として水戸徳川家の血統にも立派に連なる徳川慶久と、有栖川宮家の姫から旧将軍家に降嫁した實枝子女王。そのあいだに生まれた次女が喜久子。斉昭の曾孫、慶喜の孫になる彼女は、高松宮宣仁親王と結婚する。昭和天皇の弟が有栖川宮家の財産を継ぐことの正統性は、そうやって担保された。ちなみに高松宮喜久子は有栖川宮家の伝えてきた有栖川流の書の継承者でもあり、その筆法を伝授されているのは秋篠宮文仁親王である。

すると、水戸徳川の血と有栖川宮の血は明治維新後につながったのだろうか。そうではない。両家は徳川時代のうちに深くつながり、その縁があったからこそ、徳川慶久公爵の妻に有栖川宮實枝子女王が迎えられた。縁は登美宮吉子の結んだものである。彼女の夫は誰であったか。

登美宮吉子女王は、有栖川宮織仁親王の末娘。既にふれた。生まれたのは一八〇四（文化元）年。北辺へのロシアの脅威が海防論を盛り上げていた頃である。その文化元年は、吉子女王の九歳上の姉、楽宮《さざのみや》喬子《たかこ》女王が、江戸城西ノ丸に居を移した年でもあった。まだ幼い喬子女王の婿は、前年に既に決まっていた。将軍後嗣に定まり、いずれ一二代将軍となる少年、徳川家慶である。喬子女王よりも二つ年上。実際に婚儀が行われ、喬子女王が徳川喬子になったのは文化六年のことだが、その五年前から、喬子女王は江戸城に住まわされ、未来の将軍の妻の見習いをさせられていた。まこと徳川の威勢というものであろう。

徳川家慶の父、一一代将軍家斉は、一〇代半ばから半世紀にわたって将軍の座にあった。鎌倉幕府以来、これほどの長期政権は他にない。家慶が父からようやく将軍職を譲られたとき、時代はもう天保で、彼は四〇代半ばになっていた。喬子との結婚生活もおよそ四半世紀。有栖川宮家の女王がついに将軍の正室となった。宮家から徳川将軍の正妻が出ることは既にあったが、伏見宮家と閑院宮家に限られ、有栖川宮家からは初めてだった。

それよりも話は少し遡る。次期将軍の正室、徳川喬子は気を揉んでいた。末の妹、登美宮吉子女王が良縁に恵まれない。吉子女王が生まれたときには、姉の喬子は徳川家慶の正室となることを取り決められていた。嫁入り先は然るべきところでないとうまくない。然るべきところは限られる。候補のないまま、吉子女王は二〇代後半を迎えようとしていた。

ところが、その年齢まで待てばこその、うってつけの相手が現れた。水戸徳川家の第八代当主、斉脩が病に臥せり、一八二九（文政一二）年、三三歳で亡くなった。男子がない。内部抗争の絶えない水戸藩である。斉脩逝去の前から、世継ぎのことで揉めた。将軍家斉の子で家慶の弟を斉脩の養子にしたい一派と、斉脩の弟の斉昭を立てる一派が争った。だが、斉脩の死後、斉脩の遺書が出てきて、故人の遺志により、斉昭が後継と決まった。斉昭は一八〇〇（寛政一二）年生まれ。藩主継承のとき、三〇歳になろうとしている。しかも後を継ぐとは土壇場に決まったことで、後嗣としての待遇を受けてきていなかった。藩主の単なる弟として、部屋住みの身分しか与えられず、持てあまされていた。天下の副将軍になる人が正室すら迎えていない。

徳川喬子は閃いた。自分は将軍の妻にじきになる。なら、行き遅れた妹は副将軍の妻がいい。将軍と副将軍の正室が宮家の姉妹。素晴らしい。徳川斉昭と吉子女王の年の差は四つだ。これまたちょうどよい。喬子が吉子の縁談を強力に進めた。水戸家としてもよい話だ。将軍家とも朝廷とも、つながりを深められる。一八三一（天保二）年、二人は結婚した。仲睦まじい夫婦になった。

斉昭は側室たちとのあいだにも大勢の子をなした。でも肝心要の子づくりは正室の吉子とした。男の子が三人できた。ひとりは夭折したけれど、二人は大きく育った。斉昭の後を継いで水戸藩主となった長男の慶篤と、最後の将軍になる七男の慶喜である。二人の母は有栖川宮家の女王だった。では、慶喜の子の慶久の妻になった有栖川宮實枝子女王は、慶喜の母、登美宮吉子女王と、いかなる関係になるのか。吉子女王の兄が有栖川宮七代目の韶仁《つなひと》親王。その子が八代目の幟仁《たかひと》親王。そのまた子が熾《たる》仁《ひと》親王と威仁親王の兄弟で、威仁親王の娘が實枝子女王である。慶喜の母は、慶喜の息子の嫁の曾祖父の妹というわけだ。さらにもうひとつ。慶喜の兄の水戸藩主、慶篤の正室は、有栖川宮幟仁親王の長女、幟子《たかこ》女王であった。徳川慶篤は母の兄の孫娘と結婚した。幟子女王の姪が實枝子女王になる。

甚だややこしいが、要するに徳川斉昭も慶篤も、慶喜の子の慶久も、妻はみんな有栖川宮家。水戸徳川と皇族の血縁はかくも深い。

徳川斉昭が逝ったのは、一八六〇（万延元）年。妻の吉子は髪をおろして貞芳院《ていほういん》と名乗った。水戸藩主としてどうも頼りない慶篤と、一橋徳川家の当主となって幕末の政争の渦中できわどく活躍する慶喜という、二人の息子を見守って暮らした。

そして、時は巡り、一八六四（元治元）年。攘夷の武力による即座の実行を主張する水戸学左派の人々が水戸の枠を越えて同志を結集し筑波山で挙兵したのが三月。天狗党と呼ばれて、水戸のみならず広く関東を大混乱に陥れてゆく。そのとき貞芳院はどこに居たか。水戸城内で隠棲していた。市川三左衛門の率いる、いわゆる諸生党の人々が、水戸藩内でクーデターを起こし、水戸学左派も、左派よりも一歩引いているが諸生党から見れば同じ穴の狢に見える水戸学右派も退けて、藩政の実権を握るのが五月から六月にかけて。意気揚々となった諸生党の主力が幕府の天狗党討伐軍に加わったのは六月半ば。ところが、天狗党に押されていったん敗走してしまうのが七月のあたま。その間の七月一日、江戸の水戸藩邸では水戸学右派が徳川斉昭の遺書と称するものを切り札に逆クーデターを試み、藩主慶篤も水戸学右派に乗り換え直して、逆クーデターは成功。市川三左衛門らは、幕府の天狗党討伐軍がちりぢりになったあと、再び水戸学右派の連中の支配するところになった江戸の水戸藩邸に戻れず、水戸領内に入って、水戸城と水戸の町を占拠するに至ったのが七月二三日。貞芳院はというと、そのとき脱出できなかった。諸生党によって城内に留め置かれることになった。諸生党は、先君斉昭の妻にして慶篤と慶喜の兄弟の母を人質に取った。そういう言い方をして構うまい。

貞芳院様御人質。水戸の戦争の経過を考えるとき、このことがとても大きい。水戸の支藩、宍戸藩の藩主、松平頼徳が徳川慶篤の名代となって、水戸領内の鎮撫にやってきた軍勢は、八月一〇日に水戸の城下に入り、諸生党の降伏を平和的に実現しようと交渉を始めた途端、諸生党からの銃撃を受けた。そこからはもうずっと戦争だが、八月一〇日の段階では、慶篤のお墨付きを与えられた松平頼徳軍の方が、君命に背いて水戸城に立てこもっている諸生党よりも、水戸藩という土俵上の理屈で言えば正統性を有することはもちろん、武力においても明らかに優勢だった。ただちに帰順を求める慶篤の命に従わないのであれば、すぐ水戸城を攻撃して、陥落させ、一気にケリを付けてしまう選択肢がありえた。ところが、頼徳はそうしなかった。そのあとも頼徳は水戸城攻撃の機会を持つのだが、遠慮してしまう。城下町に惨禍を及ぼしたくないなど、理由はあるだろう。だが、いちばんの原因は、藩主の生母、貞芳院への慮りだろう。貞芳院に何かが起きれば、藩主名代としての頼徳の立場はない。

その点は市川三左衛門の方が一枚上手であった。貞芳院が水戸城に居れば、頼徳の軍は城に本気で寄せられない。籠城しているだけでも、時は稼げる。時が経てば経つほど、諸生党の勝ち目が増す。三左衛門にはそんな計算が出来ていた。

念のため確認すれば、松平頼徳は、藩主の命に背く、藩内の二つの勢力を鎮撫するため水戸にやって来た。天狗党と諸生党である。天狗党は、藩主に断りなく攘夷を武力で実行しようと蹶起した。藩主からの承認めいたメッセージを、天狗党は蹶起以来、一度も与えられないまま、八月に至っている。一方の諸生党は、天狗党と、それを事実上容認するかのような藩内の勢力（水戸学右派）をまとめて一掃することに、藩のための正義が存すると信じ、その行いは、諸生党のクーデターが成功した六月一日から、水戸学右派による逆クーデターで諸生党が藩政から退けられる一か月のあいだは、藩主の承認を得ていた。でも、天狗党のシンパとも言える水戸学右派の支配に藩政はまたもひっくりかえったのだから、八月の段階では、諸生党の水戸での行動を水戸藩として認める理屈はどこからも出てきようがない。元治元年八月の天狗党も諸生党も、水戸藩から見れば、その行動に何の正統性もない反乱軍である。諸生党の人々の信ずるように、水戸学右派が天狗党を許容できるのだとすれば、七月一日以来、水戸学右派が藩政を取り仕切って藩主の信任を得ているのだから、同じ反乱軍でも、天狗党の方が諸生党よりも、正統なところに近く、反乱軍から正規軍に鞍替えできる可能性を強く持つと、考えることもできる。

だとすれば、八月一〇日の時点で、天狗党の方が諸生党よりも正統な場所に近く、その分、意気軒昂でないとおかしい。だが実際はどうか。水戸の城下を押さえて、反転してきた天狗党を退け、藩主名代に刃を向けて、有栖川宮家の姫であった藩主の母親を人質にとっても平気の平左という元気ぶりを発揮しているのは、諸生党の方である。

どうしたことか。天狗党にとっては蹶起の当初から、諸生党にとっては七月一日に逆クーデターで痛い目に遭ってから、藩は忠誠の対象ではもはやなく、いや、それが言い過ぎなら第二義的か第三義的な水準に格下げされており、そのことを日和見に長けた徳川慶篤は恐らく直感しているので、怖くて江戸から水戸に出て行けない。が、名代の松平頼徳はそこまで悟れていない。二つの反乱軍が藩に帰順するか否か、名代である自分に従うか否かがすべてだと考えている。名代の言うことを聞くとは、藩主に対して同様であり、藩主が将軍を補佐する副将軍であるからには、将軍の意思にもそぐうことになり、将軍は天皇を支えるのだから、天皇に対しても素直についてゆくことになる。そういう古典的な水戸学の論理、水戸学右派の思考階梯を松平頼徳は信じている。頼徳の周囲を取り巻く水戸学右派の人々も信じている。この齟齬が埋められないまま、情況はひたすら破局へと、地獄の機械が回るように動いてゆく。

反乱軍はなぜ反乱を起こせるのだろうか。いつまでもただの反乱軍ではなく、反が正に逆転するとの希望があるからであろう。天狗党にとってのその希望は、蹶起の最初から、藩主慶篤による承認にあるのではなかった。たとえば、二・二六事件の反乱軍と同じである。「蹶起の趣旨に就いては天聴に達せられあり」。天皇が反乱の意味を了解して承認し、反乱軍を正規軍にする。これが唯一無二の希望だ。宇都宮藩の縣六石による「蹶起の趣旨に就いては将軍に達せられあり」という状態を作り出し、幕閣に承認させようとする工作もあった。だが、それは中途の一段階だ。天狗党が天皇親征軍の主力となって攘夷を実行する。それが最終目的だ。

この希望の夢は八月にはだいぶん儚くなっている。七月一九日の禁門の変が、天狗党の自信を鈍らせている。長州は、京の都の政治状況を逆転させ、天皇を幕府から取り返し、武力による攘夷を即座に断行して、幕府がそれを邪魔するなら壊してよしとする、ひたすら直情で過激な方向に国家を導こうとし、失敗した。このとき長州派の皇族として、孝明天皇の頼る先を、いつ攘夷を実行するか知れたものではない幕府から知行合一の大胆な長州に引き戻そうと、説得に当たろうとしてしくじり、事実上いったん失脚したのが、有栖川宮幟仁と熾仁の父子である。幟仁は貞芳院の甥だ。禁門の変によって長州は朝敵となり、八月五日、長州による関門海峡の封鎖を解こうとする英米仏蘭の四カ国の艦隊に下関を砲撃され、踏んだり蹴ったりの状況へと追い詰められてゆく。

天狗党にどこまで長州との打ち合わせがあり、また無かったかはともかくとして、幕府を討ち壊してよいとする政治主張の深浅濃淡をとりあえず別とすれば、天狗党と長州は目標とするところにおいて極めて近いと言わざるを得ない。その長州が孝明天皇のますますの不興を買い、朝敵とされたのに、天狗党だけ「蹶起の趣旨に就いては天聴に達せられあり」となるとは、よほどの楽観主義者でなければ思わないだろう。天狗党に弱気の虫が取り憑いてくる所以である。

対して諸生党には強気の虫が付いてくる。天狗党は、禁門の変のひと月前の六月の段階で、関東各地での略奪や放火によって、幕府から賊徒と認定され、討伐の対象になって、それはその後もずっと変わっていない。だが、六月の段階では、思想的には朝廷と幕府に共に尽くして攘夷の尖兵たらんとしているという理屈も有効であった。幕府も、長州のように過激で全面的ではないにせよ、実行可能な攘夷を段階的に行って、孝明天皇の期待に応えて行くと、徳川慶喜が中心となってきちんと約束している。その意味で攘夷の実動部隊の役を買って出ると言っている天狗党は、幕府の敵とは言えない。松平直克や松平頼徳や縣六石の態度として観てきたところである。食糧や軍資金の獲得のために乱暴な行動に出れば、犯罪集団と認定せざるを得ないが、思想的には見どころがあるから大事にしよう。天狗党擁護の理屈だ。

それが禁門の変で揺らいだ。時期が合い過ぎているではないか。天狗党と長州は風説通り、最初から倒幕含みで連携していたのだ。松平頼徳や水戸学右派もそんなことは百も承知で、天狗党を擁護していたに違いない。諸生党は、幕閣でも反天狗党一辺倒の老中、諏訪忠誠《ただまさ》や牧野忠恭《ただゆき》に、そういう情報を流し続けたようである。そう、天狗党が水戸藩主ではなく天皇の承認を欲求していたとすれば、諸生党は将軍の承認を欲求していた。諸生党は藩主を裏切っても幕府に付いてゆき、水戸藩から反乱軍扱いされても、反天狗党を貫いて幕府から正規軍として認められれば、幕府が水戸藩を動かすので、藩の正規軍にも戻れるというシナリオを書いていた。有栖川宮家も長州の一味だとは禁門の変で明らかである。貞芳院を人質にして籠城するのも幕府への忠義の証だ。何の遠慮があろうか。藩主名代の松平頼徳も、既に失脚した幕府の政事総裁職、松平直克と結んで、天狗党擁護の政治工作をしていた獅子身中の虫と言える。何を恐れることがあろうか。貞芳院を人質にし、粘り強く戦っていれば、幕府の援軍が必ず来る。

幕府の天狗党に対する第一次討伐軍のやる気が薄く、天狗党にあっさり負けてしまったのは、天狗党が実は親幕勢力ではないかという懐疑があって本気で戦えなかったからだろう。しかし、事情は変わった。禁門の変と符節を合わせていた様子から、天狗党が倒幕勢力なのはもはや明らかだろう。幕府の第二次討伐軍は、第一次とはやる気が違う。その軍勢が来れば必ず勝つ。諸生党は幕府に褒めたたえられ、「よかろう様」こと藩主慶篤は諸生党にまたも藩政を委ね直すだろう。天狗党の筋書きよりも諸生党の筋書きが、八月には現実味を得ていた。

実際、幕府も第二次天狗党討伐軍を編成し直していた。率いるは若年寄の田沼意尊《おきたか》。あの田沼意次の曾孫である。この軍隊の本気度は、市川三左衛門の予想通り、先とはまるで違っていた。

三　血も涙も義も忠もなし

那珂湊。那珂川の河口にある港町である。江戸時代の水戸藩領の中でいちばん賑わったところと言ってよい。もともとはただの湊と呼ばれていた。那珂川の湊だから那珂湊とも言った。湊町が正式に呼称を変え、那珂湊町へ、さらに那珂湊市になったのは、昭和に入ってからのことである。那珂湊市は、平成になって隣の勝田市と合併し、今はひたちなか市の一部となっている。

水戸の町は太平洋に近いけれど、海沿いではない。やや内陸に引っ込んでいる。流れる川は那珂川だ。川を海へ下ると那珂湊。つまり、東京にとっての横浜、大阪にとっての神戸が、水戸にとっての那珂湊であろう。東京や大阪には海もあるけれど、水戸は東の大洗や磯浜や那珂湊まで行かないと海がない。水戸は街道で江戸とつながるが、水戸藩領の物を動かすのは那珂湊の船だった。海路は全国に延びる。富裕な問屋の町である。

一八六四（元治元）年八月一二日、宍戸藩主、松平頼徳は、自らの率いる全部隊を、水戸から那珂湊に、いったん転進させることにした。徳川将軍家にとっての水戸徳川家が家禄や位の点で御三家の第三位にあるのと重なるように、水戸徳川家を傍で支える三つの分家のうち家禄や位の点でやはり第三位に甘んじる、この宍戸松平家の当主は、水戸藩主、徳川慶篤の名代として、水戸領内にあって共に藩命に背いている、言わば天皇絶対派の天狗党と幕府絶対派の諸生党の両方を鎮撫すべく、思想や感情においては天狗党に近いが、とりあえずは藩命絶対派の立場を取る水戸学右派の人々を主とする部隊を率い、江戸から水戸に陸路で入った。ところが、水戸城を占拠する諸生党の市川三左衛門らは、徳川斉昭未亡人、貞芳院を人質に取り、籠城の構えである。頼徳としては貞芳院の身を危うくしてはいけない。平和的な水戸開城を目指さねばならない。そのためには少し時間がかかるだろう。

松平頼徳軍は、水戸の町にとどまりつづけ、城を包囲していてもよかった。ところが、諸生党が強硬と見るや、すぐに水戸からの立ち退きを決めた。頼徳の軍勢が水戸の町に到達したのは八月一〇日。わずか二日でとりあえず退却ということだ。

なぜだろうか。諸生党の戦意が強固で陣立ても巧みなので、ややひるんで、距離を置きたくなったということもあるだろう。だが、もっと差し迫った事情があった。松平頼徳は、御三家第三位、天下の副将軍、徳川慶篤の名代である、水戸徳川の三支藩の第三位、言わば水戸の副将軍の威光を信じていた。江戸から水戸に着けば、鎮撫もすぐ済み、ただちに水戸に入城できると踏んでいた。そのつもりなので兵糧がない。兵站が確保されていない。後方支援がない。お金も食べ物もない。敵地と化している水戸での在陣は不能だ。持たざる軍隊であった。筑波山から降りて下野や常陸を流浪した天狗党が兵站に窮して乱暴狼藉を働き、盗賊と認定されたのと、同じ運命を辿りかねない。水戸から近く、藩主名代の威光が利き、陣を張れる場所と言えば、物資も現金も豊富な那珂湊しかあるまい。

このタイミングで松平頼徳軍に合流してくる勢力がある。藤田小四郎の率いる天狗党の本隊、その他、天狗党系の諸集団である。これをもって、頼徳軍の性格が一変したと解釈することもできなくはない。松平頼徳は、敵対し合う諸生党と天狗党の両方を鎮めるために派遣されたのに、那珂湊に移動しようとするところから統制が取れなくなり、頼徳軍と天狗党全体が野合してしまい、頼徳も一方に偏して天狗党に肩入れする恰好となって、ついには天狗党に飲み込まれてしまったのだと。

だが、別の解釈もありうる。頼徳に課された、諸生党と天狗党を鎮めるミッションとは、必ずしも武力鎮圧ではない。鎮撫し、帰順させられればよい。だから頼徳の軍勢は、大部隊で重武装で兵糧十分で、というわけではなかった。藩主名代の示す意思と威光によって短期的に事は済むと考えていた。しかし、諸生党は全く言うことを聞かない。鎮撫軍の思惑は外れた。諸生党は想定外の人々であった。でも天狗党の方は想定内の行動をとってくれた。いちおう鎮撫できたのだ。頼徳は、水戸から那珂湊への移動を企てるにあたり、天狗党の拠点のひとつと目されていた小川郷校に武器や食糧の支援を要請し、小川郷校はそれに従っている。藤田小四郎の軍勢も頼徳の部隊に合流した。それはつまり、天狗党の勢力が藩主名代の軍を巻き込んだのではなく、天狗党が藩主名代の命に従ったと解釈する方が自然だろう。頼徳は諸生党の鎮撫には失敗したが、天狗党の鎮撫には成功した。そう言えるだろう。

もちろん、小四郎が頼徳に従ったからといって、ということは藩主慶篤にも従ったことになるからといって、筑波山での挙兵以来の藩命なき蹶起の科《とが》が消えるわけではない。天狗党の面々は、帰順したらそれで赦されるような次元を遥かに超えた振る舞いに、既にじゅうぶん及んでいるのであり、何らかの罰を受けねばならない。平時なら、ただちに獄に繋がれるか蟄居謹慎だろう。ところが、そのときの水戸は非常時である。頼徳は、帰順をあくまで拒んで武力抗戦の意思を示す諸生党に対し、鎮撫から鎮圧へと方針を変えねばならない。しかも貞芳院の問題がデリケートにのしかかる。鎮圧と言っても、むやみに攻めかかるべきでなく、水戸城を武力で威圧して降伏させられるのがいちばんよい。そのために帰順した天狗党を一時的に自軍に編入し、戦力として用いる。頼徳からすると、とても理に適っている。

　では、天狗党の側とすればどうか。七月一九日、長州が禁門の変で敗れたところで、長州との連携も視野に入れつつ天皇とちょくせつ結びつき、天皇から将軍、副将軍へと命を下して、武力による即座の攘夷を実現するという、天狗党の大構想は、いったん萎んでいる。それどころか、孝明天皇は長州をはっきり退け、幕府は、長州と天狗党とは仲間であるとの認識を深めているのだから、天下を尊皇攘夷にまとめるべく率先しているつもりだった天狗党は、ついに天下を敵に回して終わりそうな崖っぷちへと追い込まれている。首の皮一枚で存在している状態だ。

　そこを逆転するには、目前の松平頼徳に頼るほかない。頼徳は水戸藩主の名代であり、水戸藩は八月の時点では水戸学右派が政権を握っている。天狗党の過激さには眉を顰めているにせよ、尊皇攘夷の大義をあくまで遵奉するのが水戸学右派のはずだ。彼らが政権をとっているのは藩主慶篤が承認を与えているからで、ということは、慶篤は天狗党の行動そのものを認めているかどうかはともかくとしても、天皇を奉りつつ攘夷の早い実現を目指そうとする志を依然として有しているとは思われ、そうだとすれば、慶篤は諸生党よりも天狗党に近い。「よかろう様」の慶篤だから、いつまた立場を豹変させるか分かったものではないが、少なくとも今のところは、生母の貞芳院を平気で人質に使うような、血も涙も義も忠もない無法集団の諸生党を、支持する姿勢は打ち出していないだろう。前衛過激集団として蹶起により天皇と一挙に一体化しようとする夢を掲げ、それにほぼ破れた天狗党としては、水戸藩の副将軍の役目を果たす宍戸藩主で、もともと天狗党シンパでもある松平頼徳を味方にし、武力で諸生党を屠って、藩論を尊皇攘夷に統一し直し、天下の副将軍、徳川慶篤から、天下の将軍、徳川家茂へと働きかけ、幕閣の意向を翻させて、改めて孝明天皇に攘夷の果断なる実行の意思を固めてもらうくらいしか、前向きな道を思いつけないだろう。天狗党によって尊皇攘夷の意思に満たされた水戸の副将軍が、江戸の将軍を動かし、京の天皇を攘夷即時実行の初心に帰らせる。この順番で下から盛り上げ直す以外に、手は残されていないだろう。

かくして、鎮撫役の藩主名代、松平頼徳と、尊皇攘夷の大義を貫徹したい天狗党との共同戦線が、理屈としては可能になる。頼徳軍は天狗党方の小川郷校から兵糧弾薬の支援を受けつつ、那珂湊に進軍し、その地を押さえ、水戸領内から藩主の威光に従う者を糾合し、兵備を充実させ、水戸城の諸生党を威服させようとする。

ところがすんなりとはいかない。那珂湊には、水戸藩の郷校、敬業館が置かれ、そこは尊皇攘夷運動のひとつの拠点と化していた。港町の利点を活かして、各地の志士も海路で集う場所だった。勤皇の志の厚い町と言える。でも、まさか町ぐるみで天狗党ではない。商人たちには佐幕も天狗も日和見も居る。諸生党も那珂湊が要地中の要地とは百も承知だ。水戸城に入れなければ、そちらに行くだろう。諸生党はすっかり先を読んでいた。那珂湊の防備を固めていた。天狗党を加えた頼徳軍は、足止めを食らう。水戸から行くと、那珂湊の町は那珂川の対岸である。渡河せねばゆけない。しかし、渡ろうとすると大砲の弾が飛んでくる。那珂湊には武器弾薬が豊富にあり、諸生党はそれらを押さえていた。那珂湊は港町だが、この頃は関東を代表する工業都市でもあった。軍需産業を発達させていた。

そもそも諸生党と天狗党はなぜ不倶戴天の敵なのか。将軍を最上位に置いて幕藩体制を護持しようとする諸生党イデオロギーと、天皇を最上位に置いて幕藩体制を突き崩しかねない水戸学イデオロギーとの思想対立ということはむろんある。だが、もっと生々しい理由にはお金と暮らしの問題があるだろう。

尊皇攘夷を貫くためには、幾ら思想を堅固にしても、それだけでは仕方ない。戦争は現物で決まる。兵器の優劣や多寡である。近代戦の常識だ。徳川慶篤の父、斉昭はそのことをよく分かっていた。西洋を武力で退けるには、何よりもまず軍艦と大砲だ。それを作るには鉄を熔かして鍛えて成形しなければならない。製鉄技術を進展させねばならない。斉昭が鉄を熔かす反射炉の建設を始めたのは、ペリー来航の翌年の一八五四（安政元）年である。幕府からも大枚の借金をした。斉昭の理解者たる老中の阿部正弘の支援があった。

反射炉と、それに併設される武器工場の建設場所には、どこが選ばれたか。那珂湊であった。作られる武器は、水戸藩にもだが、幕府にも納められる。国防全般のため、特には江戸の防備のための兵器工廠を水戸が運営する。決して一藩のためではない。斉昭はそのつもりだった。那珂湊だと、できた武器を、外海を使わず、那珂川→涸沼《ひぬま》→北浦→利根川→江戸川というルートで、江戸に運べる。原材料の雲州鉄や南部鉄は海路で那珂湊へ。煉瓦の素材になる土は那須や水戸領内から那珂川を用いて運ぶ。燃料の石炭も水戸領内の助川あたりなどで採掘でき、那珂湊だと運んで来易い。石炭は反射炉で燃やすだけでなく、石炭ガスも作って、ガス灯を点した。夜間でも作業できるように。国防のための操業は昼夜を問わず目いっぱい行われなくてはいけないときもある。幕末の那珂湊の反射炉や武器工場には、ガス灯の光が輝いていた。幕末の総力戦体制のなせる風景である。幕末モダンであろうか。

安政元年に反射炉を作り始めるとき、斉昭を補佐していた水戸学者、藤田東湖は感極まって七言絶句をものした。「同人報国心如丹　須識墨夷肝胆寒　似助新炉鎔鉄勢　殷雷快雨送征鞍」。那珂湊から生まれる水戸製の近代兵器が必ずや西洋を退けるだろう。期待に満ちている。ところが、安政二年の江戸の大地震で、水戸藩は災害復興に大予算を投ぜねばならなくなる。反射炉の建設は中断する。反射炉建設を仕切っていた東湖も、地震に遭って、江戸の水戸藩邸で圧死した。

そんな苦難を乗り越え、反射炉は完成し、安政三年三月にさっそく武器の鋳造が始まる。でも、反射炉ひとつでは、大型の大砲を作るには熔鉄の量が足りない。もうひとつ建てなくては兵器生産の本格化は図れない。しかしお金がますますない。斉昭は「鋳造向の儀は肝要の事」だから藩財政の破綻を恐れずに建設すべきだと、無茶な用立てを続ける。ところが同年夏には大台風が襲来し、既に稼働していた方の反射炉の煙突が暴風の直撃で折れる。風水害で領内も荒れる。反射炉の修理や、もうひとつの反射炉の建設継続や、災害復興で、水戸藩はさらなる大散財をする。そしてようやく安政五年。那珂湊の軍需産業は軌道に乗ってくるのだが、同年には井伊直弼が権力を握り、安政の大獄が始まる。水戸の勢力は激しく弾圧され、反射炉の操業も止まる。復活するのは桜田門外の変のあとだ。文久年間から天狗党蜂起の年の元治元年まで、那珂湊の反射炉と工場は稼働し続けていた。攘夷実行の切り札となる大砲と鉄砲を作るために。採算を度外視して。水戸藩の財政を完全に破綻させながら。

諸生党の面々は、那珂湊の反射炉に象徴される、斉昭の現実無視に我慢がならなかった。尊皇攘夷の実行を唱えて倦まず、西洋最新の兵器に比べれば旧弊で性能も劣る国産兵器を、役に立つかどうかも分からぬのに量産して、藩財政を壊滅させて行く。そんな破滅的路線を擁護し推進してきたのが、藤田東湖であり、会沢正志斎であり、今は松平頼徳のもとにはせ参じている武田耕雲斎や東湖四男の藤田小四郎である。水戸学の右派と左派であり、左派から出た天狗党だ。彼らは尊皇攘夷の大義名分のもとに水戸の何もかもを破壊してきた。そこに我慢ならず、天狗党の過激な蹶起行動と共に、そのカウンターとして過激化したのが市川三左衛門らの諸生党であった。彼らが血も涙も義も忠もないのは当然である。あまりの過酷さや滅茶苦茶さに耐えかねて、そういうものを忘れてしまったのだ。身の丈を超えた防衛出費に伴う財政破綻に怒り狂った勢力によるクーデターという側面を、諸生党の水戸城占拠は有している。第一次世界大戦の軍事負担に国家も社会も耐えられず、ロシア革命が起きたようなものだ。尊皇攘夷の過激な天狗党よりも、諸生党の戦いぶりの方がファナティックに思えるのももっともなのかもしれない。天狗党は死んでも理想を追っているが、諸生党は自分の生きられる現実を守ろうとしている。死にたい天狗党と生きたい諸生党の違いと言えばよいか。

そうして迎えた元治元年八月。那珂湊で作られ、水戸藩領内の防衛拠点に蓄えられた大砲や鉄砲や弾薬は、藤田東湖が願ったような「墨夷」の「肝胆」を寒からしめるためではなく、水戸の内戦のために一、二か月のあいだで、一挙に蕩尽されることになった。諸生党も松平頼徳軍も天狗党も、大砲鉄砲を集めてきて、那珂川の両岸から互いに撃ちまくる。斉昭の命で、水戸藩の身代をいよいよ極限まで削って作られた攘夷戦争時の決戦兵器は、水戸の者同士の殺し合いの道具になった。結局、それ以外にはろくに使われることがないまま、維新に至る。八月一二日に始まった那珂川をはさんでの戦いは、一六日には那珂湊での市街戦に突入。町は炎上する。頼徳の論理に従えば「帰順」したことになる天狗党の勢力を一翼とした頼徳軍が、激戦の後、なんとか諸生党を退却させ、那珂湊を占領したのは、その日のうちのことだ。一日で那珂湊のかなりが焼けた。

頼徳はこの勝利を大いに誇った。藤田小四郎ら、天狗党勢はいったん小川郷校に引っ込む。補給と休養のためでもあろうし、水戸の完全鎮定後、頼徳からの追っての沙汰を待つということでもあろう。八月二〇日、頼徳軍は再び水戸へ進む。那珂川沿いの神勢館に陣を張る。徳川斉昭が作った砲兵学校である。演習地が付属している。何百メートルか先の的を狙って撃てるようになっている。彼の軍勢はここで一挙に水戸を攻略すべきだったろう。が、頼徳はそうしなかった。水戸藩領内に味方を増やす工作へと力を注ぎ、攻撃に出なかった。圧力と交渉で水戸を開城させようとした。貞芳院への慮りがそうさせたのだろう。那珂湊での勝利が諸生党の気勢を殺ぎ、彼らの降伏につながるはず。そう思っていたようだ。

しかし、それはかなり甘かった。市川三左衛門らは、天狗党のみならず、松平頼徳軍も朝敵ならぬ「幕敵」とする政治工作に明け暮れていた。幕閣や江戸の水戸藩邸に、那珂湊での頼徳軍の「暴虐」

を触れ回った。関東各地を荒らした天狗党に、なぜか藩主名代の軍勢が仲間入りし、水戸を支える港町、那珂湊に放火した。禁門の変で京都が焼け野原になったばかりである。長州に続いて天狗党の悪役のイメージはますます高まり、そこに松平頼徳の名もセットにされる。江戸の水戸藩邸の水戸学右派政権も腰砕けになってくる。藩主名代だというのに、松平頼徳の行動に積極的支持を与えようとしなくなる。藩主慶篤の意向もあるだろうし、幕府への気がねもあるだろう。幕府は明らかに諸生党支持のようであり、頼徳の行動を、水戸の勝手な振る舞いとして快く思っていないようなのだ。いざというとき、慶篤へのとがめが少しでも軽くなるように、藩としてこの先は頼徳をなるべく無視しておくしかない。ちょうど、下野や筑波の方面の天狗党を掃討し平定していた幕府の天狗党討伐軍は、若年寄、田沼意尊に率いられ、水戸に迫ってきている。

市川三左衛門らはこの討伐軍を待っていた。頼徳軍を那珂湊に簡単に退かせず、本格的な戦を仕掛けたのも一種の時間稼ぎだったのだろう。水戸の諸生党が討伐軍の先遣隊と合流できる目途の立った八月二二日、諸生党は神勢館の頼徳軍に攻撃を開始した。水戸の町はその日から本格的な戦場になった。

四　三島由紀夫の曾祖母の兄の切腹

モーリッツ・ベニョフスキーというハンガリー人が居た。一七四六年に生まれ、ロシアの属国化の道を歩んでいたポーランドの反ロシア運動に関わってロシアの捕虜となり、遠くカムチャツカ半島に流された。普通ならそこで人生の終わりだが、ベニョフスキーは勇猛果敢だった。流刑者たちと語らって反乱を起こし、船を奪って南に逃げた。一七七一（明和八）年五月のことである。この船は七月、阿波徳島に現れた。上陸は拒否されるも、食べ物や水は供与された。続いて開港地と聞く長崎を目指した。が、それてしまう。奄美大島にたどり着いた。この島で長崎のオランダ商館長に、北方事情を告げる書簡をしたためた。ロシア帝国はカムチャツカ半島から千島列島に進出し、蝦夷地を侵略する企図を有する。衝撃的な内容を含んでいた。ベニョフスキーは、その後、台湾、マカオを経て、欧州に戻り、フランスやイギリスに取り入って、マダガスカルの植民地化を試みたが、失敗して死んだ。

幕閣は、奄美大島から発せられた、カムチャツカからの逃亡者、ベニョフスキーの書簡に驚倒した。時は田沼時代のはじめである。田沼意次が、一〇代将軍、徳川家治の側用人として権勢をふるいはじめた頃だ。北は大丈夫か。そもそもロシアとはいかなる国で、日本の傍のどこまで領土を広げてきているのか。ロシアが蝦夷地を欲しがる理由とは何なのか。意次が幕政を思いのままにし、田沼時代の絶頂期に入る、西暦一七八〇年前後、幕府の北方への関心はいよいよ高まる。田沼意次は、ロシアの来る前に、幕府によって蝦夷地を大規模に開拓してしまう夢に憑かれはじめる。意次の派遣した蝦夷調査団は、蝦夷の開拓に成功すれば、毎年五〇〇万石相当の富が生み出されると報告した。幕府直轄の天領は約四〇〇万石であったから、幕府の財政規模は一挙に倍増することになる。富国強兵が可能になり、ロシアの軍事圧力にも対抗しうるであろう。

だが、田沼時代は蝦夷開拓に乗り出す前に終わった。田沼意次は失脚し、松平定信に取って代わられた。定信の国防策は、意次の領土拡大、新産業・商業振興、富国強兵の積極策ではなく、倹約とスリム化、商業軽視、専守防衛の消極策である。蝦夷をたとえば昭和の満洲のように、積極的な国防のフロントかつ経済成長の拠点にしようとする田沼ヴィジョンも退けられた。田沼家はというと、遠江相良《さがら》の六万石近くの大名から、陸奥の福島あたりの下村藩一万石へと格下げされた。

けれど松平定信政権が短期で終わり、その影響力も次第に陰ってくると、田沼は蘇ってくる。一八〇六（文化三）年、意次の四男、田沼意正《おきまさ》は、幕府の重職、大番頭《おおばんがしら》に登用され、一八一九（文政二）年には西丸詰の若年寄に出世し、さらに文政六年には遠江相良の旧領を回復し、文政八年には西丸詰の側用人となる。意次の子供が、一一代将軍、家斉の側近政治家として権勢を得て行く。この意正は、父のような大胆な思想を持ち合わせてはいなかったが、長命かつ元気であり、七〇代になってもなお江戸城で側用人を務め、一八三六（天保七）年、八〇歳近くになって亡くなった。長生きの親を持つと、子供の出番のなくなることがある。意正の子、意留《おきとめ》は、相良藩を相続して四年で隠居し、嫡男の意尊に代替わりした。

田沼意次を曾祖父とする意尊は、祖父の経歴をなぞるように、幕府で出世していった。一八六一（文久元）年には若年寄になった。意次から定信にかけての時代に、日本は西洋の荒波にもっと呑まれていてもおかしくなかったのだが、フランス大革命やナポレオン戦争の御蔭で、ロシアも極東まで手が回らなくなり、うまくやりすごせた。が、ついに完全なる国難が襲う。そんなとき意尊は、天狗党の第二次討伐軍の総督に任じられた。第一次討伐軍は失敗している。もしも幕府が攘夷を果断に実行するとすれば味方になりうる天狗党を、なぜに積極的に討たねばならないのか。第一次討伐軍には戦闘意欲が薄かった。

だが、情勢は変化している。田沼意尊が天狗党討伐の最高指揮官に任ぜられたのは、一八六四（元治元）年七月一〇日。それから九日後に禁門の変が起き、長州は京都で敗れ、七月二三日、孝明天皇は長州を朝敵と認めて、幕府に長州征伐を命じている。長州が推進した、幕府を中抜きし、志士がちょくせつ天皇を奉じ、即座に武力で攘夷を、幕府がそれを邪魔するなら倒幕してでも行う方針は、天皇自らによって退けられる恰好になった。幕府の望む、無理なく出来る範囲で、なるたけ早く攘夷を行うとの曖昧な路線が、改めて主流になった。そして、もはや朝敵となった長州の同盟者が天狗党で、筑波での蹶起が禁門の変と呼応していたのは明らかとも見えた。その最たるものは、天狗党シンパが水戸に掲げた天狗党と長州勢の一体性を強調する高札であろう。天狗党の核心的理屈からすれば、自分たちはあくまで幕府と水戸藩の攘夷行動の先駆けのつもりで立ったのであり、長州と連絡があるにしても、倒幕の志を全体として共有してはおらず、天皇を究極的に奉じているにしても、将軍と副将軍への忠義を無くしたのではない。それが、藤田小四郎ら、天皇―将軍―副将軍―水戸藩士という四階梯を尊重する水戸学のパラダイムの土俵のふちに、いくら過激化してもなお足をのせている、水戸学左派の思想であろう。将軍や副将軍が天皇の意に従わないのなら、つまり攘夷をきちんと行えないのなら、臣として諫めてそうさせるということである。しかし、その理屈を、禁門の変と時期が合い、しかも長州が敗れて朝敵となったという事実が、吹き飛ばしてしまった。諫めるのではなく、最初から弓を引いている。そう見えるようになった。

田沼意尊の天狗党観も完全にそうであった。長州が朝敵なら、それと同じ穴の狢としか思われない天狗党も朝敵同様であろう。文久三年夏に起きた長州勢力の京都からの追放劇と一年後の長州復権の失敗によって、幕府の政治権力は大きく回復しつつある。幕府は朝廷を掌握し、薩摩を味方につけ、ゆるやかな攘夷の実行と称しながら、開国を既成事実化してゆく戦略に改めて取り組める環境を確保しつつある。江戸城の老中と若年寄たちの情況理解であった。長州が征伐され、日本地図から消えるのも、時間の問題だ。朝廷と幕府が一体となって日本を現実主義に導き直そうとしている今、関東の天狗党も一刻も早く取り除かれねばならない。それを徹底鎮圧する使命を帯びた田沼意尊は、祖父を超え、曾祖父並みの出世を幕閣で果たせる機会を得たとうずうずしたことであろう。

かくてここに、水戸藩主、徳川慶篤の名代、宍戸一万石の小大名、松平頼徳率いる天狗党・諸生党鎮撫軍の情況認識および論理と、一四代将軍、徳川家茂の名のもとに、幕府の若年寄で、相良一万石の小大名、田沼意尊が、幕府や関東諸藩の軍勢を糾合した天狗党討伐軍の情況認識および論理とは、まったく断絶する。

水戸藩主名代、松平頼徳からすると、鎮撫の目的は、むろん水戸の統一の回復であり、そのために藩命に抗して身勝手な振る舞いを続ける天狗党と諸生党の両方が鎮まらなくてはならない。今、天狗党は反抗をやめて鎮撫軍にとりあえず協力している。一方、諸生党は鎮撫軍への対決の度合いをひたすら上げている。したがって諸生党こそが真に凶悪な反乱軍であり、天狗党の協力を得ても討伐されるべきである。天狗党への罰は混乱が解決してから与えられるであろう。ひとつの筋は通っている。情況認識も幕府とは違っている。松平頼徳は、内心では天狗党に同情する者であり、彼らの蹶起とは尊皇攘夷という水戸学の大義から出る、やむにやまれぬ行動と認めていたであろう。藩主名代の自分を助けているから、決して将軍や副将軍に弓を引いているのでもない。長州の倒幕派とはやはり考えの違う者たちが主流である。長州が朝敵だからといって、長州と一心同体とはいえない天狗党が朝敵同然とは言えない。そのことを将軍や天皇にとりなして、天皇と将軍と副将軍の一体の実を確保しつつ、水戸学の考える皇国存在の第一義的目標、尊皇攘夷の理想を達成するのは、水戸藩主である副将軍の大きな役目であろう。水戸藩が自らの力で天狗党の直接行動を制止したうえで、長州と天狗党が同じ穴の狢でないということを、副将軍が幕閣や将軍や朝廷によく知らしめれば、それで一段落だ。とすれば、松平頼徳のミッションは、天狗党が自分に従っている今、あとは諸生党を降伏させればよいだけであった。そうして鎮撫を終了し、藩主慶篤や将軍家茂の沙汰を待つということである。

ところが、田沼意尊率いる幕府軍の認識は、改めて言うまでもなく、まるで違う。天狗党は表向き何と言い繕おうとも、倒幕の含みのある反乱軍である。反乱軍に結果として協力する者は、水戸藩主だろうがその名代だろうが、尊皇攘夷の志を水戸学左派と共にしながらも幕命や藩命なき武装蹶起に同調しなかった水戸学右派だろうが、反乱軍の仲間だ。倒幕意思を持った集団とみなせる天狗党を帰順させ、藩内の鎮撫に当たらせるという理屈は通らない。対して、天狗党との徹底抗戦を叫び、天狗党とつながる藩主名代や水戸学右派の人々とも争い続ける諸生党は、水戸藩から見れば反乱軍かもしれないが、幕府にとっては天狗党討伐の使命を力強く共有する在野の友軍である。

元治元年八月一七日、那珂湊にいったん陣を構えた松平頼徳は、水戸城の諸生党に帰順を求め、むろん諸生党にそれを聞く耳はなく、二二日から水戸の城下での戦いが始まった。このときはまだ幕府の天狗党討伐軍は、諸生党と本格的に合流してはいない。とはいえ、北関東各地で天狗党掃討戦を展開し、成果を上げている。諸生党は討伐軍と連絡を緊密にとっている。勝利を確信し、戦意はますます旺盛だ。鎮撫軍もそれなりの規模を有するのだが、万事消極的になりがちである。水戸の町を戦場とすることに抵抗のある者も多い。水戸城内の斉昭未亡人のことを思って、城に対し飛び道具も使えない。おまけに鎮撫軍の側は、諸隊の共同作戦をやろうと思っても、うまく行かない。最初から頼徳の連れてきた軍勢や水戸で藩主名代に帰順して加わった軍勢は、天狗党と合同することに抵抗があった。天狗党の方でもそうだ。いちおう味方同士ではあるが、片方は罰せられるべき反乱軍である。仲良くしにくかった。結局、烏合の衆だ。それでは勝てない。市街戦は一週間続き、水戸の町は荒廃し、頼徳軍は形勢不利のまま、八月二九日、那珂湊に退く。

そのあとは幕府の討伐軍が戦争の前面に加わってくる。天狗党のみならず、もとからの頼徳の軍勢も、諸生党と一体の行動をとってくる討伐軍であるから、ついつい戦ってしまう。各地で戦闘が激化する。天狗党やそのシンパには、侍のみならず、修験、博徒、町人、農民なども多く、討伐軍からすると、日中戦争やベトナム戦争と同じく、ゲリラ戦争のように思われ、誰が敵で誰がそうでないかの区別がつけにくい。そこで田沼意尊の発した命令は、疑わしきは殺せ。本来無関係な者たちを大勢含む、言わば水戸大虐殺が起きた。犠牲者は数百とも数千とも言う。諸生党の市川三左衛門はというと、反諸生党の水戸藩士の家族を片っ端から牢に繋いだ。婦女子を含めてである。彼らの多くは長く囚われたまま、幕末の内に獄死した。

水戸の戦争の特色は、侍同士の戦いでもなければ、武士と他の階級との戦いでもなく、武士も町人も農民も宗教者もやくざも、天狗党と反天狗党、諸生党と松平頼徳支持派など、複雑な割れ方をしながら殺し合ったところにある。戊辰戦争の死者は日本全体で約八〇〇〇名とも言われているが、水戸の戦争に天狗党の最期まで、さらにその後の刑死者、獄死者、私闘の犠牲者まで合わせると、戊辰戦争にかなり近い数字を推測できる。恐るべきことである。

九月下旬、天狗党を含む松平頼徳の軍勢は、那珂湊周辺に追い詰められた。頼徳からすれば、まことにもって解せない。藩内の反乱を藩主名代として鎮めようとし、どうしても従わぬ諸生党に手を焼いているうち、幕府軍が諸生党に加勢して、戦火が拡大した。諸生党は水戸にとって君命に背く賊であり、たとえ幕府が諸生党の反天狗党という姿勢に価値を見いだしたとしても、それに加勢するのは理不尽である。水戸藩としては諸生党と天狗党の両方を自力でいったん黙らせ、天狗党が長州とは非なるものであることを朝廷と幕府に対して明らかにし、寛大な裁きを乞い、そのうえで天下の副将軍家として、朝廷と幕府と一体になって尊皇攘夷に邁進してゆく体制を改めて整えたい。諸生党を屈服させようとしながら、斉昭未亡人を水戸城に人質に取られていたせいもあってうまく運ばず、幕府の討伐軍の介入を招き、そこで戦争を止められなかったのは、頼徳の責任も大きい。だが、水戸徳川家が自力で解決可能な内訌に幕軍が入り込んで、賊の応援をするのが奇怪至極だ。副将軍慶篤が経緯を説明すれば、解決できる。そのための交渉プロセスとしては、松平頼徳と田沼意尊が直接対話するか、頼徳が江戸に戻って慶篤に報告説明し、幕府と水戸藩の談判に持ち込むか、その二筋しかあるまい。

水戸の戦争にもついに悲惨を極めるグランド・フィナーレが近づきつつあった。九月二二日、硝煙漂う那珂湊の松平頼徳の陣を密使が訪れた。幕府目付、戸田五助に遣わされた田中銈之助なる者だという。和議のすすめだ。方策としては、まずは江戸小石川の水戸藩邸に頼徳と近侍の一行を送り届け、頼徳が藩主慶篤に事態を説明し、慶篤に幕閣との交渉をしてもらう。そういう段取りが良いという。頼徳としては渡りに船である。これでやっと水戸の筋を通し、禁門の変で破局的事態に立ち至っている長州の轍を踏まず、天狗党や水戸学右派の人々を救いだし、天皇と将軍と副将軍と水戸藩士が一体となった尊皇攘夷の大道を歩み直せるのではないか。話を聞いた水戸学右派の武田耕雲斎や山国兵部は罠と思った。だが頼徳はそんなはずはないと信じた。一万石とはいえ、天下の副将軍家、水戸徳川の副将軍格の家柄である宍戸藩主の自分である。尊皇攘夷と将軍家への思いを両立させる水戸の思想を伝え、また頼徳にしたがってきた水戸学右派の忠義の心ある侍たちを救うのは自分の務めではないか。

でも、武田耕雲斎らの疑念は当たっていた。どうやら罠であった。戸田五助が田沼意尊や諸生党とどこまで事前に相談していたかは歴史の謎であろう。とにかく、那珂湊を密かに抜け出し、戸田五助に導かれて江戸に向かうと見えた、松平頼徳一行は、田沼意尊の命で水戸に行き先を変えられた。そのまま一門の松平頼遵の水戸の屋敷に幽閉された。交渉もへちまもない。賊徒の扱いである。近侍たち七人はすぐ切腹して果て、松平頼徳は何の取り調べもされぬまま、一〇月一日に宍戸松平家はお取り潰しとなり、五日、討伐軍に同行していた幕府大目付、黒川盛泰から切腹の沙汰を申しつけられた。「野州辺屯集浮浪之徒暴行及水戸殿御領分動揺致し候付、鎮静の為、水戸殿名代として、被指遣候処、卻《かえつ》て賊徒幷に水戸殿脱藩之士に加り、公儀御人数へ敵対に及び、不届之所業に付、切腹被仰付者也」

藩主の名代でありながら、反乱軍に身を投じた大悪人ということだ。長州と天狗党とが同一視されているとに、頼徳は無念であったろう。煙草を三服し、南方を三拝して、座につき、切腹した。頭を垂れて長く苦しんだというから、まともな介錯を伴わなかったのであろう。その様は、討伐軍と諸生党の幹部によって見物され、周囲には諸生党の侍が槍や刀を手にして取り巻いていたというから、厳かな雰囲気とは程遠く、野蛮で残酷で、たとえば石井輝男監督の東映残酷時代劇映画の一コマのような眺めであったのだろう。

大名が死罪とされたのは、長い江戸時代を通じても、島原の乱の松倉勝家や赤穂事件の浅野内匠頭など、ほんの何人しかおるまい。その最後の人が、松平頼徳であった。

もちろん、大名の切腹が、現場責任者の若年寄や大目付だけで決められるとは思われない。幕閣での出世を目指す田沼意尊がそんな独断専行をするわけもない。そこには高度な政治的取引があったとみるべきであろう。水戸藩でこれだけの大騒動があったのに、父の斉昭を反面教師にして、隠居や謹慎させられることを恐れていた、水戸藩主徳川慶篤には、さしたる咎めもなかった。〝水戸藩の副将軍〟は〝天下の副将軍〟の身代わりにされ、頼徳が同情した、尊皇攘夷の熱い志に満ちる天狗党の反乱軍認定も揺らがなかった。天下の副将軍の尊皇心が、幕府に尊皇精神を滾《たぎ》らせ、皇国日本を護持し、水戸藩士はそんな悠久の大義を生きる。徳川光圀のデザインした水戸の精神は、天下の副将軍自らによって裏切られたのかもしれない。頼徳の屈辱に満ちた切腹によって、水戸学はひとつの死を迎えたと言ってよい。彼が三島由紀夫の曾祖母の兄だということは、以前にも触れた。頼徳の辞世の歌を引く。

「思ひきや野田の案山子の竹の弓引きも放たで朽果てむとは」

五　禁裏御守衛総督、徳川慶喜

三島由紀夫の曾祖伯父で、天下の副将軍たる水戸藩主の一族であり、水戸藩の支藩、宍戸藩の藩主、松平頼徳が、幕命で水戸において切腹させられたのは、一八六四（元治元）年一〇月五日のことである。

水戸藩主、徳川慶篤の命を受け、その名代として、藩命を無視し領内で争い続ける天狗党と諸生党を鎮撫すべく水戸に入った頼徳が、諸生党の立てこもる水戸城に総攻撃を掛けられず、事態を長引かせて、ついに幕府の介入を招いた最大の理由は、やはりおそらく、水戸城内に、徳川斉昭未亡人で慶篤とその弟の徳川慶喜の生母である貞芳院が居たからであろう。水戸の者でありながら、藩命をないがしろにし、江戸の幕閣とちょくせつ結んで城を占拠してしまう諸生党の政治思想はまさに破壊的であって、尊皇攘夷という過激な看板を立てながらも、藩主や藩主名代を諫めることはあっても彼らに弓を引くことなどおよそ考えられない、藤田小四郎や田丸稲之衛門らの率いる天狗党に比べ、ずっと強烈であったとみなすこともできる。そんな諸生党は貞芳院にさえ何をしでかすか分からない不気味な凶暴さを示していた。藩の現実の身の丈をリアルに認識しようとせず、いたずらに攘夷戦争の理想を掲げて、過大な軍事費により藩財政も破壊してきた水戸学の人々から受けた長年のストレスが、怪物的非道性を帯びた諸生党の幹部たちを作り上げたのであろう。反動とはまことに恐ろしいものである。

一〇月五日、貞芳院は相変わらず諸生党の監視下に置かれ水戸城内に幽閉されていた。そこに、諸生党の幹部、佐藤図書が訪れた。松平頼徳がこれから即刻死罪になると、教えに来た。むろん、好意でなく悪意ゆえだろう。諸生党が憎んでやまないのは、水戸藩を幕末の尊皇攘夷運動の本山にして、諸生党の価値観からすればひたすら危機的・破滅的情況を極限化していった、既に死せる前藩主の斉昭と、その側近たち、会沢正志斎や藤田東湖や戸田忠太夫や武田耕雲斎である。このうち、耕雲斎はなお元気で、松平頼徳の軍勢に加わり、諸生党からすれば最悪凶暴な天狗党と一緒になっている。正体をいよいよ現している。そんな中、敵の大将に祭り上げられた頼徳を、反乱に加担した不届きな大名として、幕命を得、ついに死罪にできる。これこそ徳川光圀以来の水戸学の末路であり、斉昭時代の完全なる終焉を意味するものでなくて何であろうか。諸生党の面々は狂喜していた。だから頼徳の切腹の場に、諸生党が集って、切腹を見物し、長年の溜飲を下げた。

その切腹の直前に、佐藤図書は、斉昭未亡人に、「ざまあみろ」と言わんばかりに、知らせに来たわけだ。貞芳院は驚愕した。水戸徳川家の一族の大名で、しかも水戸藩主の名代として務めを果たそうとしていた身分ある人が、一方的に罪人扱いされ、ろくな取り調べも受けず、即決裁判的に、腹を切らされてよいものであろうか。江戸に居る息子の慶篤がそれを飲み込んでいるのか。頼徳のことは貞芳院も当然ながらよく知っている。彼女が自ら乗り出し、頼徳を救いたい。まず五日間の猶予を与えよ。天狗党討伐軍を率いる、幕府の若年寄、田沼意尊に伝えよ。貞芳院は藩主の生母として佐藤図書に命じたつもりだった。しかし、佐藤は、婦女子が政治に口を出すべきでないと言い捨て、前の副将軍、水戸斉昭公の正室、貞芳院の願いにまったく耳を貸そうとせず、立ち去った。佐藤図書はさぞ楽しい思いをしたに違いない。江戸時代もいよいよ終わりに近く、秩序も礼儀も壊れ、残酷さばかりが前に出るようになったときの、いかにも三文時代劇風な、ひとつの修羅場である。皇国日本の正義を過剰なまでに追求してきた水戸だからこそ、真っ先に矛盾が顕在化し、怨念や邪念もまた極大化し、カタストロフが訪れたのであろう。

その頃、那珂湊周辺では激戦が続いていた。休戦と和睦の交渉のために陣を去った松平頼徳が、江戸に行けずに水戸で幽閉され、命まで絶たれることになろうとは、藤田小四郎らの天狗党も、武田耕雲斎や榊原新左衛門ら、頼徳に率いられて水戸に入った者たちも知らなかった。頼徳が出立すれば局面が変わって一時休戦くらいのことがあってもよいのに、なぜか諸生党と幕府軍は相変わらず攻撃一辺倒である。頼徳方は戦っているしかない。

頼徳の切腹した一〇月五日から連日、激戦が続いた。その戦闘の形態は、もはやチャンバラばかりではない。那珂湊の戦争は、元治元年にして、慶応や明治を先取りしていたところがあった。たとえば、水戸藩の言わば砲兵学校、水戸の城下の神勢館の砲術師範で、水戸に至った頼徳勢に加わり、那珂湊方面に転戦していた福地政次郎は、一〇月一七日の朝の戦闘のさまを、およそ次のように書き残している。那珂川は、その朝、霧が深かった。

「敵(諸生党、幕府軍)は、柳澤大門、福の平の砲台と、小泉、川股、芝田が原の砲場より、反射炉指して大砲を打ち掛ける。霧間に打ちし事なれば、霧と煙とむらがりて、野山も川も雲の内かと思はるるばかりなり。是までも日々の砲戦ありけれど、此時の発砲は、いつもに替りて大砲の一調子にて、先ず柳澤大門より大砲数挺を一調子にて打てば、次には小泉より大砲数挺を一調子に打ち出し、次には福の平より大砲数挺を一調子に発砲すれば、次には川股より大砲数挺を一調子に発砲すること少しも絶え間なく、砲声も恰も迅雷の如く、霧と煙とが立ち籠れば、発砲の火も見えて雷光の如くなれば、おそろしきこと、言計りなし。その勢に乗じて霧間より敵突き入るかと思ひしが、進み寄する敵もなく、只々砲台より打ち掛かるのみなれども、余りに烈しければ、味方も烈しく打ち出し、敵味方互に発砲せば、おそろしさも又勝りけり」

つまり、那珂湊の反射炉周辺に布陣する、もはや大将不在の松平頼徳軍に対し、この日は諸生党主体の相手方が、那珂川周辺に築かれた各砲台から一調子の射撃を、砲台同士で連携しつつ、切れ目なく繰り返したというのである。一調子とは一斉射撃であろう。頼徳軍も負けずと砲撃して、その時間には歩兵や騎兵は出てこない。お互いが敵の陣地を壊し、敵兵を散り散りにしようと、大砲に頼っている。純然たる砲撃戦がしばらく展開し、そのあと突撃が始まる。まさに近代の戦争の仕方であろう。しかも、福地政次郎の記述を信じるならば、この日はじめて、諸生党方の砲兵部隊は、一斉砲撃を複数の砲台から連鎖させる新戦術を採用し、松平頼徳軍の砲兵隊を大いに驚かせた。とにかく、大砲対大砲の戦場が元治元年一〇月の那珂湊周辺に現出し、しかもそれなりの命中率を示して、建物を次々と壊し、炎上させ、双方の名のある者までが砲撃で続々と死傷している。決してこけおどしではない、実質的な砲戦が行われていたのだった。

この那珂湊の戦争は陸と川だけではない。海も加わる。田沼意尊は幕府海軍の出動を要請し、幕府軍艦、蒸気船の黒龍丸が、那珂湊沖で海上封鎖の任に当たり、日によっては陸に寄って、那珂湊の台場を砲撃した。幕府軍の一員として、那珂湊と那珂川をはさんで向き合う祝町《いわいまち》の高台に進出していた、佐倉藩のある武士は、幕府海軍の戦いぶりを次のように記録している。

「幕府軍艦の那珂港に進攻せし時、余は祝町の陣にありければ、彼の軍艦の運動は眼下にありて、恰も桟敷の上より芝居を観るが如くなりき。されば我が陣にては彼艦の動作如何と片唾を呑んで凝視しに思ひきや、彼軍艦より発する大砲は甚だ微弱にて効力なく、僅かに那珂港の砲台に著弾ありしや否や殆ど覚束なき位なり。然るにやがて那珂港の和田の台場より打ち出したる大砲は轟然として凄まじく、余が所見にては軍艦の前五六間の所に落ちたる様に見受けたり」

松平頼徳軍の大砲の射撃は、かなり精確なうえ、砲弾の破壊力も旺盛で、黒龍丸に命中寸前まで行ったわけであろう。かの艦はどうしたか。「さて又軍艦は台場を目掛けて回転しつつ発砲し、さらに一回運転し、又も一方の側より発砲すべく思はれしが、此の時再び台場より発したる一弾は狙ひ違はず恰も軍艦の位置に向ひ艦上を越して海中に落ちたり。此の勢にや恐れけん。幕府の軍艦は此により速力を加へ、南方さして退却せり」

このように那珂湊の戦いは、大砲が大活躍し、軍艦も加わる、規模の大きな戦争であった。プレ戊辰戦争と呼びたくなる所以の一つである。尊皇攘夷軍と佐幕派の正面衝突とも言えるから、その意味でもプレ戊辰戦争であろう。過激な尊皇攘夷派が居るのは水戸学の御膝元ゆえ当然であり、火力が豊富なのもまた当然である。一〇月一七日の砲撃戦でも、諸生党側の砲台が恰好の目標としたのは、高い煙突を持つ、那珂湊の反射炉であった。既に触れたように、鉄を熔かして鍛える反射炉を中心に大砲と砲弾を製造する軍需工場が那珂湊にはあった。徳川斉昭が藩財政を傾け、幕府からも借金して、まさに精魂傾けた武器製造所だった。そこで作られる国産の大砲で、西洋列強を撃退しようとした。水戸藩は大砲を増やし、砲弾を備蓄し、幕府にも納入した。その大砲と砲弾を、諸生党と、天狗党を含む松平頼徳軍が奪い合った。砲術師範たちや砲兵たちもどちらかについて争った。水戸藩の膨大な火力は二分されて、一〇月一七日の日本戦争史で初めてと思われる延々たる大砲の打ち合いにもなった。対外戦争のための長年の蓄えが内戦で蕩尽された。アイロニカルである。破壊の程度も凄まじかった。一〇月上旬から中旬までの戦いで、那珂湊の軍需工場は廃墟と化し、町は焼け野原になった。

それでもなお、主なき松平頼徳軍は、天狗党を含め、戦力を保持していた。互いの豊富な火力は、戦争になかなか決着を付けさせなかった。幕府と諸生党は、松平頼徳にしたのと同じ計略を用いることにした。天狗党は、幕府の天狗党討伐軍および、天狗党にとっての不倶戴天の敵、諸生党と戦っているのだから、究極的にはやるかやられるかであり、容易に戦意はくじけないだろう。だが、天狗党と共闘する関係に取り敢えずなっている、松平頼徳が連れてきた、水戸学右派を軸とする勢力はどうか。藩命を奉じることが幕命を奉じ、ひいては勅命を奉じることだという論理を、矛盾なく追求したい彼らは、水戸藩主名代の頼徳にしたがうのをまずは当然としたのだが、そうしたら藩命を無視する諸生党に与力する幕軍との戦いに追い込まれ、それは幕府が間違っているせいだと思い、どこかの段階で幕府と水戸藩の意思が調整され統一されるはずだから、それまでは戦いをやめられないと思い、そうしたらついに調整のために松平頼徳が江戸に向かったから、もう解決段階に入っていると信じている。頼徳が反乱者の汚名を着せられて既に切腹させられていることは、上手に伏せられ、水戸の目と鼻の先の那珂湊にも確たる情報としては届いていない。

江戸で頼徳が藩主慶篤に事の次第を報告し、諸生党が悪の根源だと慶篤が幕閣の議論をまとめてくれつつあるのだろう。経過が聞こえてこないが、きっとそうに違いない。幕軍の態度も変わり、戦いは終わる。頼徳に従っていた自分たちが正しく、諸生党の言いなりになった幕府の天狗党討伐軍に落ち度があったと分かるだろう。それまでの辛抱。従軍している水戸学右派の人々のつもりであった。

そういう段階まで来ていると信じてしまえば、水戸学右派の人々は、そろそろ天狗党との共闘をやめたくなってくる。天皇の攘夷の意思に付き従うことを至高の目標とし、その具体化は武力による攘夷の即座実行に他ならず、天皇がもしも怯めば背中を押してでも攘夷を実行させ、将軍や副将軍が後ずさりすればそこを諫めて攘夷を実行させるというのが、天狗党の究極の論理だろう。力ずくでも上を動かそうとする。主君への忠を軽んじていることは否めない。水戸藩主名代の松平頼徳と行動を途中から共にしたからといって、帳消しになる罪ではない。どう転んでも天狗党には咎めがある。対して、頼徳と最初から行動を共にしてきた人々は、一貫して藩命に忠実ということになる。幕軍と戦ってしまったのは不覚とも呼べるが、そうならざるを得なかった齟齬があり、齟齬が修正されれば、幕命とも一致し、勅命とも調和できるだろう。天狗党の行為には身勝手な強引さがあるが、水戸学右派の人々は主命を奉ずる筋を貫いてきている。天狗党と一蓮托生で居てよい時期はもう過ぎつつある。そろそろ離れないと、言い訳が難しくなるかもしれない。

そこに再び、幕府目付、戸田五助が登場する。松平頼徳を言いくるめ、切腹に追い込んだ立役者である。彼が、松平頼徳の水戸鎮撫軍を最初からまとめてきた水戸藩の家老のひとり、榊原新左衛門に言い寄る。幕府はあなたがたの複雑な立場を、最初は勘違いしたかもしれないが、今は理解している。やむを得ない事情があったのだ。悪いようにはしない。停戦しようではないか。身柄を幕府に委ねよ。

榊原は帰順を決意する。頼徳の運命を知り、幕府と諸生党の結びつきがもはやいかんともしがたいほど固いものだと分かっていれば、結論は違ったろう。頼徳が反乱者なら、榊原らも同様に扱われて当然。誰でも分かる。でも知らなかったのだから仕様がない。対して、水戸学右派の大物、武田耕雲斎は、やはり頼徳のその後をまだ知らなかったはずだが、榊原とは別の道を行く。戸田五助の話はどこか奇妙だ。松平頼徳のその後の消息が伝わらないのも怪しい。計略ではないか。頼徳→慶篤→幕閣の回路は期待できない。水戸藩の重役を長年務めてきた耕雲斎は「よかろう様」こと慶篤の手のひら返しの妙技をいやというほど知っている。現在の幕閣にも、水戸に好意を寄せてくれた松平直克のような政治家はもはやいない。水戸学右派の論理からすれば、藩に従い、幕府に従い、朝廷に従う。下からの順序をしっかり守ることが大切なのだが、現実においてその階梯に愚直にこだわる意味を、水戸学右派の武田耕雲斎は見失ってしまった。水戸藩や幕府には何が正しいかを判断しそれを押し通す力がもはや備わっていない。そうなると、上に立つ者を絶対とし、あくまで立てようとする儒教的な律儀なエートスも弱まらざるを得ない。武田耕雲斎は、那珂湊の土壇場で水戸学右派から左派へと転向したのであろう。ではそのあと、どうするか。最後の希望は京の都。那珂湊から長征し、天皇のもとに馳せ参じよう。京には、徳川斉昭が尊皇攘夷政治のリーダーとして期待をかけた徳川慶喜が、禁裏御守衛総督として居る。貞芳院の子で、徳川慶篤の弟。水戸家を離れ、一橋徳川家を継いではいるが、水戸の思想を最もよく解する水戸徳川の血筋であろう。那珂湊で降伏するくらいなら、究極においては尊皇攘夷の志を共にする天狗党と行動を共にし、京にちょくせつ、水戸学を奉ずる者の志を伝えたい。慶喜が肩入れしてくれれば、天狗党の一発大逆転はなおありうる。かくして那珂湊の松平頼徳軍は分裂する。武田耕雲斎らは天狗党と合流して幕軍の囲みを突破し、いったん北へ行き、そこから西を目指す。一方、榊原新左衛門ら数百人とも一千人とも伝えられる人々は、一〇月二三日、那珂湊で、幕軍に投降した。

だが、榊原新左衛門らが期待した筋書きにはならなかった。申し開きをし、行動の正当性が検証されることはなかった。佐倉藩や忍《おし》藩や川越藩など、主に関東の諸藩に分けて預けられ、幹部格の者の多くは、下総古河八万石の土井利則のもとで獄につながれた。そして、古河に預けられた者のうち、榊原や、那珂湊の砲戦を記録した福地政次郎ら、二九人が、元治二年から改元され慶応元年となる二日前の四月五日、ということは那珂湊で降伏して約半年後、死罪を賜った。

申し渡し状にはこうある。「其方共儀、水戸殿領内不穏ニ付、捨て置かれ難く、御人数並に諸家人数指向られ候処、常州那珂湊へ引退き賊徒共一同同所へ楯籠り、度々戦争に及」んだことは許しがたい。幕軍と敵対する気は毛頭なかったとの弁解もあるようだが、「公辺御印は勿論諸家旗指物ニても心付かず」ということはありえない。幕軍と百も承知で弓を引いたことになり、そこにどんな理由があろうと、情状酌量の余地はない。

このあと、驚くべきことが書いてある。「不届に付、厳科ニも処させらるべき所、追々田沼玄蕃頭申諭の趣ニ随」って「出格の御沙汰も之あるべきの所」とある。榊原らの行動にはやむを得ない部分がやはりあったという意見書が、天狗党討伐軍の責任者、田沼意尊から出たので、格別の処置も考えたのだけれど、ということであろう。それなのに、なぜ、結局、死罪なのか。「水戸殿より申し立ても之あり候間切腹申付ものなり」。徳川慶篤から彼らの切腹願いがあったというのだ。さすが「よかろう様」である。

では、そのとき武田耕雲斎と天狗党はどうなっていたか。前々月の二月に、耕雲斎や藤田小四郎や田丸稲之衛門らを含む長征に懸けた三五二人は、越前敦賀で露と散っていた。慶喜が彼らを捕え、特に同情を示さず、追ってきた田沼意尊に引き渡し、大量処刑に至った。はて、禁裏御守衛総督、徳川慶喜は何を考えていたのか。

六　大政奉還

安倍晋三内閣の官房長官を長く務めた後、首相になった菅義偉は、梶山静六を政治の師と仰ぎ、官房長官就任時も真っ先に梶山の墓前に報告したという。梶山静六と言えば、茨城県出身で、陸軍航空士官学校の二年目で終戦を迎え、戦後は茨城県議会議員となり、やがて田中角栄に国政進出を勧められ、一九六九（昭和四四）年に衆議院で初当選。以後、田中派の代議士として頭角を現し、竹下登派の七奉行のひとりと言われもする。金丸信は「無事の橋本（龍太郎）、平時の羽田（孜）、乱世の小沢（一郎）、大乱世の梶山」と呼び、また、梶山が一九九八（平成一〇）年の自民党総裁選に出馬して小渕恵三、小泉純一郎と争った際には、田中眞紀子が「凡人、軍人、変人」と言った。凡人が小渕で、変人が小泉で、軍人が梶山である。本物の陸軍軍人として敗戦を経験し、しかも押しが強かったのだからいかにもな形容だが、敗者の哀しみ、政治の虚しさをよく知り、三兄の戦死で母が如何に悲しんだかを繰り返し語り、戦後憲法の平和主義に共感を隠さない政治家でもあった。

その理由となれば、敗戦や落選が身に染みたからとも言えるが、昭和初期の幼少年時代からの刷り込みもある。梶山は著書に記す。「少年時代、祖父静から水戸天狗党の話を聞かされ、又お盆になると毎年婦人会の方々が、靖国神社に祀られてある梶山敬介命の墓標に線香を手向けて下さるのをみて、心ひそかに誇りを感じ、発奮する心を覚えたことを今でも鮮烈に思い出します」

梶山敬介とは誰か。静六は一〇人きょうだいの末子で、父は金松と言った。そのまた父が、幼い静六に天狗党について教えた静で、静の父は藤衛門で、その弟だから静六の曾祖叔父に当たるのが梶山敬介である。彼が天狗党だった。

静六はさらに綴る。「若い命を尊攘の大義にかけて散った敬介命の御霊安かれと、私達兄弟が建碑を思い立ってから、三十数年が過ぎてしまいました。即ち、藤太長兄は、大戦中既に久我《こが》侯爵に依頼して墓標の銘を書いて頂き、また直治次兄と私は、幾たびか碑の石材を物色したことがありましたが、機熟せずと言いましょうか、建碑の機会を得ないまま、両兄は他界してしまいました」

ここで「三十数年」前というのは昭和一〇年代。水戸学は愛国思想の鑑として大流行していた。梶山兄弟も何かしたくて堪らなかったのだろう。梶山家は石材店を営んでいたので、石碑は得意中の得意だった。久我侯爵は女優の久我美子の祖父の常通か父の通顕か。結局、戦争の最中に計画が頓挫した梶山敬介の記念碑建立は、一九七八（昭和五三）年に果たされた。

静六は書く。「少しく余暇を得た今日、兄姉と計らって祖先代々の慰霊祭と、敬介命の墓碑の建立を致すこととし」たと。何故、働き盛りの与党政治家に暇ができたのか。落選していた。田中角栄が逮捕され、自民党の混乱する中で行われた、昭和五一年暮れの衆議院選挙では、梶山静六にも逆風が吹き、三期連続当選は成らなかった。そのとき静六に、非業の最期を遂げた先祖を顕彰するミッションが甦り、選挙区に「梶山敬介君留魂之碑」を建てた。鎮魂ではなく留魂。事ならずしてこの世に悔いを残す曾祖叔父の魂が故郷にとどまって静六の選挙を応援するということなのか。静六は『梶山敬介と水戸天狗党』を自らの著作とし、建碑に合わせて支持者に配布した。そのかいもあったのか、翌年の総選挙で返り咲いた。とにかく、天狗党の怨念をアピールし、政治家としてのイメージチェンジをはかったのが、落選期の梶山静六であった。実際、この頃、静六の政治家としての気質は豹変したらしい。旧軍人らしい武張ったところを見せない、穏和な人柄だったのに、急に威圧的な武闘派になったという。石碑を魂の依代とした梶山敬介が、まさかさらに静六に憑いてしまったのか。三島由紀夫が、天狗党の騒乱の渦中で切腹させられるに至った水戸徳川家の分家、宍戸松平家の当主にして、やはり天狗党のシンパと呼べ、尊皇攘夷思想の共鳴者であった松平頼徳を曾祖伯父に持つことといい、天狗党の怨念の系譜は日本の近現代の深層に深く脈打っているのであろう。

ところで、梶山敬介とはいかなる人物であったか。梶山氏はもともと常陸の佐竹氏に仕える武士だったけれど、関ケ原の合戦後、佐竹氏が徳川に秋田へと移封させられると、常陸に残り、久慈郡稲木村に土着して農民になったという。梶山敬介は天保年間か弘化の頭に生まれた。稲木村の隣は新宿村《あらじゅく》で、徳川光圀の隠居所だった西山荘がある。そういう場所のせいで、水戸領内でも水戸学の精神がよく行き渡る土地柄であった。天保年間には、稲木村のやはり隣の太田村に益習館という、尊皇精神を鼓吹する郷校ができた。稲木村も新宿村も太田村も、今日の常陸太田市である。梶山家はこの郷校の運営にかかわりがあったという。敬介がそこで学んだかどうか、梶山静六も証拠を見つけられていないが、天狗党に身を投じた事実を考慮すれば、太田の郷校の人脈との結びつきから、水戸学に目覚め、尊皇攘夷運動に没入していった、水戸藩領内の富裕な農民の子弟としての梶山敬介の姿が、想像されてくるだろう。

そんな梶山敬介は、那珂湊の大戦争のあとの天狗党西上にも付いていった。武田耕雲斎を総大将とし、山国兵部、田丸稲之衛門、藤田小四郎らを幹部とする、「攘夷」や「奉勅」や「誠」や「日本魂」の文字を旗印に掲げる一団が、下野、上野、武蔵、信濃、美濃、越前と進んでゆく。目的地は京の都。天狗党の核を成すのはむろん、水戸学の徒である。天皇→将軍→副将軍（水戸藩主）→水戸藩士の階梯を絶対に守る。これが水戸学の基本前提である。上から命令された通りに振る舞うべきで、天皇と将軍と副将軍の命令が揃わなくては勝手をできぬと思うのが水戸学右派であり、頂点の天皇の命が最高絶対であって、将軍と副将軍が勅命に対して素直に行動できぬときは諫めるのも務めと考えるのが水戸学左派である。西上する段階の天狗党の中身は、水戸学左右両派が野合してしまっているのだが、それはやむを得ない。何しろ将軍家茂は天狗党討伐を命じ、副将軍慶篤もそれを追認して名代の松平頼徳まで見捨ててしまった状態である。もはや諫めるとか、天皇から副将軍までの三段階の平仄が合うときまで待つとか、呑気なことを考えているわけにはゆかない。水戸学の左右両派に共通の根幹は尊皇攘夷であり、尊皇の具体的対象である孝明天皇は攘夷を念願しているはずだ。最後の頼みの綱は孝明天皇である。しかも、禁裏御守衛総督という、幕府ではなく朝廷の役職に就いているのは、水戸家出身で、徳川斉昭の子で、徳川慶篤の弟の徳川慶喜だ。武田耕雲斎などは慶喜本人と繫がりを持つ。天皇→将軍→副将軍→天狗党をいったん放棄し、天皇→禁裏御守衛総督の下に天狗党が組み込まれ、新たな勅命により天皇→将軍→副将軍→天狗党の矛盾なき秩序を改めて確立できれば、水戸学の右派にも左派にも理想の解決となる。孝明天皇は尊皇攘夷という四文字熟語に矛盾を生じさせない天皇、つまり自らが本気で攘夷を唱えている天皇であり、徳川慶喜はその命に従い横浜鎖港を具体的に推進しようとした人であり、横浜鎖港の尖兵となるべく将軍や副将軍の命令のまだないうちに筑波で蹶起したのが天狗党の最初なのだから、天狗党の理想の解決案は決してひとりよがりとも思われない。武田耕雲斎も藤田小四郎も最後の希望をそこに求めていただろう。

ところが、天狗党には悪夢の展開が待ち受けていた。幕府のみならず天皇からも天狗党追討の命が発せられ、禁裏御守衛総督が水戸藩まで含む諸藩の兵によって追討軍を編成し、近江へと出陣した。長州の吉田松陰門下の人々なら敢えて一戦を交えて風向きを変え、玉としての天皇を奪い返しに行くところだろうが、水戸学的な人々は左派でさえ承詔必謹、すなわち天皇の言われたことには何でも従うとの純情な次元を超克できない。優柔不断な天皇に決断を強いる程度ならまだしも、勅命により朝敵とされてしまったら、自分らにもはや何が出来ようか。天狗党は、禁裏御守衛総督とは戦えないと、京を目指さず、越前に引き、自分らの存在根拠に何の正統性を見いだすこともできなくなって、降伏する。禁裏御守衛総督は投降した天狗党を幕府に引き渡す。越前の敦賀で、一八六五（元治二・慶応元）年二月四日、武田耕雲斎や藤田小四郎ら二四人が、一五日には梶山敬介を含む一三五人が処刑された。そのあと二三日まで、さらに二〇〇人近くの処刑が続いた。

徳川慶喜はなぜ天狗党を救わなかったのか。慶喜は天狗党の筑波での蹶起からしばらく、彼が孝明天皇の攘夷の願いをかたちにすべく推進しようとしていた横浜鎖港に天狗党は有用であるとの見解を保持していたはずである。慶喜に近しいと目されていた幕府政事総裁職の松平直克が、松平頼徳や縣六石を含むネットワークの中で、天狗党を幕府軍に組み込もうと工作していた事実もある。しかし、やはり元治元年七月の禁門の変が局面を変化させたのであろう。失敗に終わった長州の京都武力奪還作戦である禁門の変は、水戸の天狗党と長州とが東西呼応して、全面的武力行使による過激な攘夷を、孝明天皇を無理やりでも担いで推し進めようとしていると、真相はともあれ、多くの者に判断させてしまう情況を作り上げた。長州の過激派と天狗党は同じ穴の狢と考えられた。しかも、孝明天皇は究極的には攘夷を望んでいるが、そのために自らや日本が破局しかねないほどのハイ・リスクを背負うことには反対だった。水戸学者、会沢正志斎が晩年、慶喜か慶篤かのために最後に遺した建白書『時務策』に書かれているのとまさに同じである。攘夷はせねばならないが、現実には無理なときが国力、軍事力の問題としてありえ、それでも攘夷をしようとするのは亡国しか招かない。いつの日かよろしき時を選んで攘夷をすればよい。できないときは方便として一時開国してもやむを得ない。孝明天皇が望むのはその次元の攘夷であって、勝ち目のない攘夷実行玉砕戦争ではない。一九四五（昭和二〇）年のこの国では、国体護持のために一億玉砕しては意味がないとの議論が行われたが、それと同じである。したがって、孝明天皇が求めるのは、いつの日かの攘夷を信じつつ、無理なく、実際には開国してしまうという方便さえ用いて、この国難においても朝廷と国体を滅ぼさぬようにマネージしてくれる、現実主義的攘夷論者の政治家とその勢力である。直情径行な過激攘夷論者は朝敵ということになる。

そこで孝明天皇に実際に期待された政治家は、いちばんには徳川慶喜であろう。慶喜は、徳川斉昭の七男として、水戸の思想をよく刷り込まれた人間ではあるけれど、水戸徳川家から一橋徳川家に養子に出て、水戸の副将軍家の看板をもう背負っていない。水戸学は、無理多き役割を幕府から課されすぎた、御三家中の異端、水戸藩が自らの境遇に耐えるために拵えた幻想物語というところがあり、しかも幕藩体制の秩序の構造に規定された幻想譚であるので、天皇→将軍→副将軍の三段階が順接調和していないと安心立命できない。といっても、三段階の調和は、さしたる重大問題もない天下泰平の平時であれば、いとも簡単に実現されうる。ところが、国際関係とそれに伴う国内体制の根本的考え直しを迫られる黒船以降になると、朝廷も幕府も水戸藩も百家争鳴状態となり、順接調和はたやすく崩れてしまう。そもそも徳川家康以来の江戸幕府の正統的政治観は、水戸学のそれとは相いれないもので、国全体の水準での政治的意思決定とは、あくまで将軍の専権事項である。将軍が本当に自分で決めるか、老中の合議に任せるか、そうしたやり方で裁ききれない非常の時であれば将軍が大老に独裁権を委任するかであって、天皇や副将軍は政治主体として認められていない。水戸学が幻想という所以である。ところが、黒船来航時の老中の阿部正弘が徳川斉昭の思想に洗脳されたとしか思えぬ行動に出、攘夷か開国かの伺いを孝明天皇に立ててしまったところから様子が狂いだし、水戸のファンタジーが幕府のリアリズムを凌駕するようになった。それを従来の幕府政治の常道に戻そうとし、朝廷を改めて無視することにし、朝廷に意見を聞くのが大事と説く者を片っ端から謹慎させたり捕縛させたりした、大老、井伊直弼は、水戸の浪士に殺されて、あとは幻想が現実にひたすら転化する時代に突入した。その幻想とは天皇が現実政治の頂点という幻想である。

一般に、井伊直弼時代を除く幕末の政治史は、幕府や諸藩や朝廷など、もろもろの多元的駆け引きとして叙述されることが多いであろう。でも、水戸学の幻想の現実化の歴史として考えた場合、幕末史のかなりの主役は孝明天皇であったと観るべきではないか。どこまで天皇本人の意思意向が反映しているかいないかはともかく、開国するのでも攘夷するのでも、勅許や勅命を得ずに独断専行することがかなわない時代が、桜田門外の変のあと、訪れた。その政治力学をいちばんよく知るひとりが、むろん徳川慶喜であった。第一四代将軍の座を巡って紀州家の徳川家茂と争い、井伊直弼に父の斉昭ともども酷い目に遭わされ、直弼の死に幕府の実質的な終焉を感じることができ、今後、仮に将軍職に就いたとしても朝廷の意向にかなわねば政治が出来ず、ということはこれからの政治は朝廷と幕府というような距離があって互いの優劣関係に軋みを生ずる二元構造では立ち行くはずもなく、そこで水戸学の教えに従えば、最後に残るのは将軍でなく天皇に決まっている。だったら、天皇のいちばんそばで、天皇の信任を得、天皇の心に努めて忠実な宰相として振る舞う者こそ、国難を乗り切るための政治の主導者になるであろう。

その役目は将軍では無理だ。なぜならば、水戸学が徳川光圀以来、どんなに天皇↓将軍↓副将軍の階梯を重んじてきたつもりでも、それは水戸の幻想であって、現実の幕府の巨大な官僚機構とそこに沈殿し堆積してきた行政の思想は、幕府が朝廷の上に立つというリアリズムの歴史そのものであるからである。その歴史の重みを吹き飛ばすことは、もはや不可能だ。

慶喜は、そんな新しい状況に嵌るのにもっともふさわしい立場に居た。もはや水戸家の人間ではないし副将軍でもない。将軍には幸いにもなり損ねている。天皇を奉る水戸学の信仰を叩き込まれ、天皇にも近づいていける高位の人間でありながら、幕藩体制にあまり縛られていない。徳川吉宗が徳川家にも公卿風のスリムで自由な分家を作ろうとデザインした御三卿の家のひとつの当主にされていて、偉いのに動きが軽い。もちろん大の尊皇家である。

一八六四（元治元）年の春、慶喜は将軍後見職を退き、禁裏御守衛総督になった。徳川家の者なのに、朝廷に新しく設けられた軍事総裁的な位置に就いた。このとき、慶喜は朝廷の臣になったと言えるであろう。天皇→禁裏御守衛総督。じかに結び付いてしまった。天皇を思いながら、副将軍との間にどうしても将軍が一枚入るので苦しみ抜いた水戸のジレンマをあっさり超克した。ひたすら孝明天皇との相互的信頼関係作りに励み、現実に可能な攘夷を追求した。禁門の変では、過激攘夷派の代表で孝明天皇の心胆を何かと寒からしめてきた物騒な長州を、自ら先頭に立って京の都から撃退し、孝明天皇から深い信任を勝ち得た。

その直後に天狗党の西上である。幾ら水戸の者たちと言っても、長州の仲間と思われている者を、孝明天皇に忠義を尽くす慶喜が、寛大に処置するはずはない。長州のように征伐しなければならない。身内を犠牲にしても、孝明天皇の穏和な攘夷路線を尊重する。泣いて馬謖を斬るではないが、天狗党への憐憫を固く抑えたことによって、慶喜は孝明天皇との絆をひとつ完成させたと言えるであろうし、孝明天皇にしてみれば貸しを作られた気持ちになったかもしれない。天狗党は、慶喜の新しい尊皇政治実現のための生贄だった。

ところが、一八六六（慶応二）年、慶喜の新しい政治は破綻してゆく。きっかけは二つの死だ。第一の死は七月二〇日である。将軍家茂が逝った。後継に慶喜以外の適任者がいない。天皇↓禁裏御守衛総督から天皇↓将軍へ。途中に隔てがなく直臣と言える立場なのは同じだが、将軍には、朝廷と根本的に融和しがたい機構と歴史を持つ幕府がもれなく付いてくる。朝廷の臣として孝明天皇と完全無欠な信頼関係を築き、勅命によって幕府を操縦するという慶喜の離れわざが使えなくなる。そこを慶喜は新しい将軍のスタイルで切り抜けようとした。将軍になっても江戸城に入らない。京の都にとどまり、天皇との人格的信頼関係の保持を第一義とする。しかも幕政改革に着手する。幕府を朝廷の下部に付く行政組織へと作り替えようとする。仕事の場所も江戸城から京に移転できるものは移転させる。もしも慶喜将軍時代がもう何年か続いていたとしたら、つまり明治がなかなか来なかったら、最後の将軍は幕府を江戸から京に移しただろう。現実の歴史は天皇が江戸に行き、将軍の代わりをせねば収まらない国になったのだが、孝明天皇と徳川慶喜の蜜月関係が続いていれば、将軍が京に常駐し、しかも天皇に絶対服従する、特異な時代がしばらくできていたろう。

けれども、そうはならなかった。第二の死である。一二月二五日、孝明天皇が崩御した。これによって、慶喜の積み上げてきたものが瓦解しだす。彼は天皇という機関と禁裏御守衛総督や征夷大将軍という機関を制度的に接合させて国を回す仕掛けを作ろうとしていたわけではなかった。すべては孝明天皇と徳川慶喜という個人間の信頼関係であった。それは君臣関係であり、儒学的な忠義の枠内を出なかった。孝明天皇は自らの意思を持つ大人であり、その意向を最大限に汲むことで、慶喜の忠義の政治は果たされていた。天皇の意向通りの政治を最大の忠誠心において行う水戸学的な政治の理想を、水戸の者の人柱の上に、慶喜は非常時だというのに実現していた。

ところが天皇は少年に代わった。政治的意思を自ら示そうとしない、暖簾に腕押しの明治天皇。空虚なる天皇、傀儡の天皇、抽象的機関としての天皇が、生身ではあるが少年の天皇によって実現してしまった。

水戸学は、将軍が天皇の絶対正義の意思を汲み、政治を行ない、副将軍以下が身命を賭してそれを助けることを、理想の政治とした。いや、江戸幕府は家康以来、そうしているとの幻想に賭けた。が、それは幕末の激動の中で現実と虚構の矛盾を露呈し、水戸藩は自壊していった。水戸の理想を一政治家として継承した徳川慶喜は、水戸藩から解放された立場で、慶喜流の水戸の理想を達成したかに見えた。しかし意思なき装置としての天皇を自由自在に操って、やりたいようにやってみようという人ではなかった。天皇が子供になって、方向を見失った。承詔必謹の忠臣以外の振る舞いようを知らなかった。水戸学というよりも古風な儒学の限界と言える。手をこまねいているうちに、玉としての天皇を倒幕勢力に取られてしまった。すると途端にやる気を失った。朝敵の汚名を一瞬たりとも背負うことは、尊皇で純粋培養された水戸の人間にはあり得ない。朝敵にされたら、それまでの元気をたちまちなくした天狗党と似ている。

慶喜は大政を奉還した。幕府が朝廷から政治権力の保持と運用を委任されていたのが、もはや天皇親政が可能となり、委任される必要がなくなったので奉還したという、これもまた幻想の歴史観に基づく行動である。いつ、どの天皇が、徳川将軍に大政を委任したのか。水戸学者の生き残りは明治になって、大政委任の事実は秘中の秘であるから、証文としては残るはずもないから物的証拠はないが、その契約は幕府最初期に必ずあったと主張したのだが。そしてもちろん、少年の天皇に親政する能力があるはずもなく、大政は別の何者かに委任されることにしかならないのだが、その現実は水戸の者としては観たくない。尊皇の道を生きる水戸の者が、朝敵になってはならない。権力保持とかはどうでもよい。天皇の信任を得ることが最高であり、朝敵に一瞬たりともされることは最低で堪えられない。水戸学の幻想が生んだ価値観の井戸の中を、慶喜は生きていた。政治家は権力を追求するなどといった話は通用しない。誠が一貫しているか、道義が立つか、大義名分が損なわれないか。それだけなのだ。

水戸学思想とそのグランド・フィナーレとしての徳川慶喜なくしては、明治維新はうまく行かなかったろう。将軍の存在を認めながら天皇の方が偉いと説いて、たとえば幕府をハナから認めぬような過激な思想よりも、体制の転換の前と後ろの両側にフックをかけられ、時代をスムースに移動させる役割も果たせば、過激な攘夷論を説いて侍から梶山敬介のような農民にまでナショナルな感情を高ぶらせ、しかも承詔必謹の精神に貫かれているから憾《うら》みが残っても内に籠って出さず（徳川慶喜の長い余生の過ごし方を思え！）、明治維新の後に思っていたのと違うと言って反乱を起こすような前原一誠や江藤新平や西郷隆盛のような人物を育てることもなかった。では維新後は役に立たなかったのかというと、そんなことはない。たとえば、承詔必謹の精神は軍人を律し、国民を導く。昭和二〇年に敗戦となっても、反乱は少なく、高ぶっていた者たちもたちどころに恭順する。大義名分なく、申し訳の立たないことなら、どんなにやりたいことも我慢し、黙っている。大義名分があると思ったときは、大老殺害も辞さない。この振り幅が、そのまま近代日本人の精神構造というものではあるまいか。

水戸学は、徳川光圀が『大日本史』の編纂を命じてから、史書のための史観をたてるべく探求された学問と言えるが、その『大日本史』が正式に完成をみたのは、一九〇六（明治三九）年のことであった。その二年後の明治四一年、徳川から政権を簒奪した有力な当事者たちもほぼ死に絶えた頃、五〇代半ばの明治天皇は、大政奉還を維新に欠かせなかった偉業と称え、古希を過ぎた徳川慶喜に勲一等旭日大綬章を授けた。最後の将軍は明治天皇の崩御を見届けてから逝った。

エピローグ　三島由紀夫の切腹

三島由紀夫が一九四九（昭和二四）年に発表した二番目の長編小説『仮面の告白』の幕切れで、三島の分身と呼ぶべき主人公は、今は人妻の初恋の女性と密会している最中だというのに、たまたま見かけた同性の若者に鮮烈な肉欲を覚える。

「二十二三の、粗野な、しかし浅黒い整った顔立ちの若者であった。彼は半裸の姿で、汗に濡れて薄鼠いろをした晒の腹巻を腹に巻き直していた。たえず仲間の話に加わりその笑いに加わりながら、彼はわざとのように、のろのろとそれを巻いた。露わな胸は充実した引締った筋肉の隆起を示して、深い立体的な筋肉の溝が胸の中央から腹のほうへ下りていた。脇腹には太い縄目のような肉の連鎖が左右から窄まりわだかまっていた。その滑らかで熱い質量のある胴体《トルソオ》は、うす汚れた晒の腹巻でひしひしときびしく締められながら巻かれていた」

青年の美しい肉体の腹部が晒で締めあげられることの美に専心しての、神経の行き届き張りつめた描写である。そうやって腹に晒を巻いたとなれば、次に予想される美的な展開とは何だろうか。主人公は、横に居る初恋の女性そっちのけで、妄想に浸りこむ。「私は一つのことしか考えていなかった。彼が真夏の街へあの半裸のまま出て行って与太仲間と戦うことを。鋭利な匕首があの腹巻をとおして彼の胴体に突き刺さることを。あの汚れた腹巻が血潮で美しく彩られることを。彼の血まみれの屍が戸板にのせられて又ここへ運び込まれて来ることを。……」

美しい与太者は真夏の陽光の下、野外で血まみれの死を迎え、そこで三文物語が完結しても、映像的には別に構わないはずだが、『仮面の告白』の主人公の幻想では、なぜか戸板に載せられてこの場所に帰ってこなければならない。なぜそうなのかというと、主人公がこの場所に居るからであろう。それは要するに与太者の青年が主人公の分身だからではないか。主人公の与太者へのつかの間の恋は自己愛のありふれた変形ということである。しかも、三島の分身の主人公の、そのまた分身の与太者は腹から血を流して屍とならなければならない。三島の切腹への衝動が、儀式的な自死ではなく、与太者同士のけんかに変形されて示されているのであろう。とにかく腹を切ることへの苛烈なまでのこだわりがこのくだりにはよく表れているし、そこから後に続く三島の幾つもの作品の切腹描写が想起されてもくるだろう。

たとえば短編小説『憂国』なら、『仮面の告白』で与太者が腹に巻く晒は、やはり三島の分身であろう主人公の陸軍中尉が「すでに引抜いた軍刀の尖《さき》を五六寸あらわして、刀身に」巻きつける「白布」に、それから晒の上からではなくむきだしで切り裂かれる鍛えられた浅黒い腹筋の下に顔を覗かせて鮮烈な色彩のコントラストをなす「六尺褌の純白」に化ける。白布を巻きつけた軍刀と純白の六尺褌によって輪郭を浮き立たせられる浅黒い腹筋。そこを中尉は渾身の力を込めて切り裂く。「一瞬、頭がくらくらし、何が起ったのかわからなかった。五六寸あらわした刃先はすでにすっかり肉に埋まって、拳が握っている布がじかに腹に接していた」。白布が腹に密着して晒の代替物のようにもなり、その白が血に塗れることが、『仮面の告白』の与太者切腹幻想の反復としての『憂国』の性質を際立たせるであろう。このあとに凄絶な切腹行為の血塗れの細密描写が延々と続く。横ではそれを中尉の妻が観ている。この妻を『仮面の告白』の初恋の人と同格と理解するのには無理があるのかもしれないが、肝要なのは『仮面の告白』の同性愛も『憂国』の異性愛・夫婦愛も、三島の分身としての主人公を真にどこまで喜ばせているのかはどうも不分明ということであり、究極の陶酔と喜悦は、同性愛でもなく異性愛でもなく、晒や日本刀や褌を小道具とする切腹に、『憂国』なら軍人の武士的切腹行為にもっていかれているということである。

まこと三島由紀夫ほど切腹にこだわりぬいた人も珍しいのではあるまいか。映画『憂国』は三島が自ら監督・主演して、本人が切腹の演技を披露し、もちろん小説だけでなく本人が刀で切り裂くかいのあるように腹筋を鍛えることを怠らなかった。三島が切腹直前に完成させてライフ・ワークであることをどこの誰にも誤解のしようもないほど示した長編小説『豊饒の海』四部作の第二部『奔馬』では、主人公の右翼青年が、財界の巨頭を殺害した後、相模灘に面した崖で切腹して果てる。四部作で切腹を際立たせたいのなら、第四部の結びに切腹場面を置いてもよいようにも思うけれど、『豊饒の海』は切腹して屍となっても、「七生報国」の楠公精神のように、際限なく生まれ変わってまた現れるという、壮大な物語なのだから、切腹はフィナーレではなく真ん中にあるのが美しい。さらに曲亭馬琴の同名原作に基づく最後の戯曲『椿説弓張月』では、源為朝の忠臣、高間太郎が薩南海上で大見得を切りつつ切腹する。血糊もたっぷり使う。三島が本当に切腹してしまったのは、その『椿説弓張月』の初演から一年後であった。

三島はどうしてそこまで切腹という観念かつ行為に支配されてしまったのか。三島は「大東亜戦争」で死に遅れた人だ。先に逝った者たちの後を早く追わねばとの強迫観念を有していたには違いない。でも、それは切腹でなければならぬわけでもあるまい。三島の慕った文学の先輩であり、日本的なるものへの思慕の仕方の道標であった蓮田善明の死に方は、切腹ではなく拳銃自殺ではないか。三島が戦後、政治的理想よりも散り方の美のありようの模範にするようになったのであろう二・二六事件の青年将校の主たる幹部たちも、切腹したのではなく、軍法会議にかけられて銃殺された。三島の切腹に対する強迫観念は、戦争や軍隊よりももっと早く、青年期よりももっと前に、少年期か幼年期に刷り込まれていたと考えねば納得されまい。

するとつまりはいつどこでどのように？　三島はおばあちゃん子で、父方の祖母、平岡なつに溺愛されて育ったとは既に述べた。能と歌舞伎と泉鏡花を好む祖母の物語が三島の価値観と美意識のゆりかごだった。三島の文学と演劇の趣味には祖母の仕込みがかなりある。すると、もしかして切腹へのこだわりも平岡なつの仕込みではないか。

そこでもちろんひとつ思いつかれるのは歌舞伎であろう。あるいは文楽も。歌舞伎の舞台に切腹は欠かせない。晒を血糊で染め上げる演出もしばしばだ。丸本歌舞伎の三大名作なら、『仮名手本忠臣蔵』では浅野内匠頭の分身の塩冶判官もお軽勘平の勘平もたっぷり時間をかけて切腹し、加古川本蔵は陰腹を切り、『菅原伝授手習鑑』では桜丸が桜の散るように切腹して果て、『義経千本桜』ではいがみの権太が腹を切られてから延々と独白する。とはいえ、歌舞伎劇は虚構である。歌舞伎の切腹場面を観て切腹したくなる人があってもいいが、自然なこととも思われない。三島が祖母から切腹へのこだわりを仕込まれたとすれば、歌舞伎よりももっと生々しく身近な本当の切腹の話ではないのか。三島の祖母の伯父である、水戸学を仕込まれた尊皇攘夷派で天狗党シンパになった、水戸藩の支藩の宍戸藩の藩主、松平頼徳の切腹と、それに伴うお家お取りつぶしの悲劇と、そういう出来事への祖母の恨み節ではなかったのか。三島の二・二六事件への思い入れも、尊皇の志を裏切られて無意味な死に追いやられる天狗党とそのシンパ、自らの祖先の無念の変形ではないか。陸軍青年将校とは松平頼徳や藤田小四郎の分身ではないのか。

三島は二・二六事件や大塩平八郎の乱や神風連の乱の話をたくさんしても、水戸とのかかわりに触れることは少なかったかと思われる。とはいえ、ほんの幾つかの例外はある。たとえば次のようなものだ。

「私は水戸へ伺ったのは初めてなんですが、私の血の中には水戸の血が多少流れております。祖母の方から細々ながら……。しかし、祖母がいつも申しましたのには『お前は水戸の血が流れているから、人にすぐ皮肉屋だとか偏屈だとかいわれるだろうが、気にしないほうがいいよ。これはもう宿命で仕方がない』といわれておりました。そして今日ここへ参りまして、皆さんの批判の嵐の前に立つ気になってきたのも、やはり水戸の血のなせるわざであります」

一九六八（昭和四三）年一一月六日、茨城大学の大学祭で行われた講演の冒頭である。三島の言葉を鵜呑みにすれば、三島の水戸訪問は、生涯で恐らくこの一回だけだったのであろう。しかし、この短い挨拶から、三島は平岡なつから宍戸松平家の子孫としての教育を受けていたと推察される。実際、戦後初期の短編小説『好色』（一九四八年）では祖母の家の物語が実名でつづられてもいる。とすれば、祖母が孫に、伯父の無念、家の恨み、裏切られた志の悲劇を、歌舞伎の切腹場面にでも重ねつつ呪言のように繰り返していたのではないかと推測することはさほど的外れでもないように思われてくる。『好色』の筆致は、おそらくかなりわざと、恨みがましき闇の世界と無縁にされているのだが。

では、三島は曾祖伯父の悲惨な切腹劇については触れたことがあるのだろうか。『好色』ではかなり軽やかに、しかし曾祖伯父の名を出してほんの少し、事実のみを書いている。だがそれよりも肝心要は処女作だ。三島一六歳の学習院時代の作品『花ざかりの森』だ。終章で、小説の語り手である三島の分身と思しき「わたし」は、祖母から、祖母の叔母の物語を聴く。その叔母に「勤王派」の兄が居る。兄は「失意のため、若さがこうむりやすい絶望のなかで、暗いきもちをいだきそうして憔《やつ》れきっていた」。妹がかつてちらと見た海に理想世界を感じて、海に行く術を尋ねると、兄は答える。「海なんて、どこまで行ったってありはしないのだ。たとい海へ行ったところでないかもしれぬ……」。

そして兄は死ぬ。

この兄は、つまり祖母の伯父か叔父という設定であるから、尊皇攘夷の志を果たせず、朝廷にも幕府にも水戸藩にも裏切られたかたちとなって切腹に追い込まれた青年勤皇大名、松平頼徳とダブると言えるであろう。祖母の叔母の兄は、「わたし」にとって曾祖伯父か曾祖叔父になり、実際の三島と松平頼徳の関係に当て嵌まると理解できる。

三島は、幼い日に祖母の寝物語にでも聞いた松平頼徳の佐幕派に野次られての切腹譚に呪縛され、市ヶ谷台で、裏切られた尊皇愛国者として、野次を浴びつつ切腹する悲劇へと自らを追い立てたのではあるまいか。しかし水戸学の尊皇精神は「七生報国」の楠公精神であるから、松平頼徳も三島由紀夫も、あるいは藤田小四郎も藤田東湖も会沢正志斎も徳川斉昭も、いやいや、徳川光圀さえも、姿を変えてはこの国に何度でも現れ、筋を通し、義を貫き、大義に従えと、謳い続けるのであろう。

だが、それは常にカウンターである。副将軍の永遠の遠吠えである。日本のような半端な規模の国が筋を通すことに拘れば、滅びに繋がることを天皇や将軍は知っている。でも副将軍はそれが許せない。水戸のロマンティシズムである。水戸学は日本のB面で常に怨歌をうたい、天狗党や二・二六事件の悲劇に辿りつくことに決まっている。だが、それがあってこそA面も回るのであろう。B面は常に割に合わない。けれど、B面のないA面はない。B面を知らずしてA面は語れない。水戸を視ずに語られる日本に意味はない。

あとがき

徳川光圀や朱舜水。小学生の頃からのお馴染みではあった。東野英治郎主演のテレビ・ドラマ『水戸黄門』が大好きだったから。一九七三（昭和四八）年放送の第四部から見はじめ、翌年の第五部のときはもう夢中。第五部でご老公一行をつけねらう天津敏扮する悪役、鉄羅漢玄竜に興奮した。鉄羅漢玄竜という名前がすごい。漢和辞典を眺めながら似た名を考案して大学ノートに書きつけては悦に入った。

本放送だけではない。『水戸黄門』のシリーズは、関東地方だと午後四時台にさかんに再放送されており、そこをマメにチェックして、旧作や見逃し回のフォローにも励んだ。木下忠司作曲の、もちろん主題歌もだが、数々の劇伴音楽を気に入るようにもなった。東野扮する水戸光圀がときおり「朱舜水先生」という台詞を口にするので、水戸黄門とは中国の偉い学者を師と仰いだ人らしいとも分かった。何年かすると、東野の所属する劇団俳優座の舞台を頻繁に観に行くようにもなった。それは、私の東野趣味が高じたからというよりも、母親が『水戸黄門』と交替で放送されていた『大岡越前』の主演俳優でやはり俳優座に属していた加藤剛のファンになって、俳優座の芝居にも出かけるようになったので、だいたいそのご相伴という恰好だったのだが。

むろん、そこから水戸学に一直線というわけではない。餅は餅屋に、江戸時代のことは江戸時代の専門家に任せておけばいい。大学に入って日本の思想史を扱うつもりになってから、特に若い頃はかなり一途にそう思っていた。主たる興味は日露戦争後の時代にあったので、それよりも前のことにはあまり手を出すまいと、真面目に線引きをしていた。大学院の頃、尾藤正英先生に荻生徂徠の読み方を習ったことはあったけれど、丸山眞男を解するためには徂徠も少しは知らないといけないだろう、というくらいの感覚だった。そうそう、あくまで思想史を勉強しているつもりだったから、狭義の思想以外に踏み込むのも、なるべく遠慮すべきだと、かたくなに考えようともしていた。

ところが、年が経てば経つほど、そんな具合では落ち着かなくなった。昭和を習えば大正に、大正を学べば明治に、明治を調べれば幕末維新にどうしても遡ってしまう。時代は区切れると思うなよ。また、狭義の思想観念では、世の中は動いていないことも身に染みてきた。思想とはしばしば方便であり、思想そのものとして立派に見えるものをまじめに考究しても、歴史は必ずしも浮き上がってこず、さらにややニヒリスティックに言えば、思想観念だけで観察すると、まことにいい加減でデタラメで適当とさえ言えるかもしれないほど、政治や社会の泥沼にひたりきって、思想観念としての精緻さも純粋さも放棄してしまっているようなものこそが、ご立派な思想よりも、歴史をさらっていくらしいと、思えるようにもなった。そうなると、たとえば荻生徂徠よりも水戸学の面々がたまらなくいとおしくなってくる。水戸学は思想というよりも痩せ我慢の術であり方便でありその場その場の現象であって、観念としての自立度は決して高くなく、歴史的存在拘束性にあまりに深く囚われている。そこがたまらなくいい。

水戸学のことを月刊誌に連載してみる。たまたま一回分が目に入って読んでみてそれきりの縁という方にも、何がしか読み切れるようなそれなりの筋書きが一回一回にあったらいい。そんなつもりで続けていた。内心、モデルとしていたのは、大宅壮一の『炎は流れる』かもしれない。サンケイ新聞に長期連載され、副題は「明治と昭和の谷間」、つまり大正時代論のはずなのだが、実際は乃木希典の殉死のことから始まるには始まって、それは確かに大正の話ではあるけれど、そのあとは赤穂浪士になり、高杉晋作になり、日柳燕石になり、一橋慶喜や渋沢栄一や朝鮮や沖縄のことになって、あまりに長大な未完の書物として終わってしまう。大宅ならではのこの不思議な仕事が文春文庫に四巻本として入ったのが、一九七五（昭和五〇）年秋から翌年のあたまにかけて。私はこの四冊を一九七六年四月に通読して、どこが大正時代の本なのか、行方を見失い、完全な迷宮に嵌り込んだ。大宅はまえがきで「本書は〝歴史〟でなく〝旅行記〟」と宣言していて、以来、このスタイルがひっかかりつづけているうちに、年を取った。大宅の罠から抜け出せないまま半世紀ということであろうか。

お付き合い頂いた編集者、風元正さんと、少しでもお読みいただけるすべての方に感謝します。そして本書をもう約二〇年住んでいる常陸の国に捧げます。

片山杜秀

二〇二一年四月八日

主要参考文献

会沢正志斎原著、高須芳次郎詳註『新論講話』平凡社、一九三四年
会沢安（正志斎）著、塚本勝義訳註『新論・迪彝篇』岩波文庫、一九四一年
安達裕之『異様の船　洋式船導入と鎖国体制』平凡社、一九九五年
雨谷毅『尊王民本主義』二鶴堂小倉出版部、一九二一年
雨谷毅編『水戸学と師道』私家版、一九四二年
雨谷毅『水戸学と其の朗誦・水戸黄門公と大日本史』正声会、一九三三年
雨谷毅編『雄飛論』新興亜社、一九四三年
安見隆雄『水戸光圀と京都』水戸史学会、二〇〇〇年
荒川久壽男『維新前夜』日本教文社、一九六五年
荒川久壽男『水戸史学の現代的意義』水戸史学会、一九八七年
有馬成甫『火砲の起原とその伝流』吉川弘文館、一九六二年
有馬成甫『高島秋帆』吉川弘文館、一九五八年
有馬秀雄『水戸魂の科学性』霞ケ関書房、一九四一年
井伊正弘編『井伊家史料　幕末風聞探索書』上・中・下　雄山閣、一九六七〜六八年
井坂教『常陸小川稽医館と天狗党』私家版、一九七六年
井坂清信『江戸時代後期の水戸藩儒』汲古書院、二〇一三年
石原道博『朱舜水』吉川弘文館、一九六一年
井上哲次郎『日本陽明学派之哲学』冨山房、一九〇〇年
井野邊茂雄『維新前史の研究』中文館書店、一九三五年
茨城県史編さん幕末維新史部会編『茨城県史料　幕末編』1〜3　茨城県、一九七一〜九三年
茨城県立歴史館史料部編『茨城県立歴史館史料叢書3　弘道館史料Ⅰ』茨城県立歴史館、二〇〇〇年
茨城県立歴史館史料部編『茨城県立歴史館史料叢書4　南梁年録』茨城県立歴史館、二〇〇一年
茨城県立歴史館史料部編『茨城県立歴史館史料叢書6　弘道館史料Ⅱ』茨城県立歴史館、二〇〇三年
茨城県立歴史館史料部編『茨城県立歴史館史料叢書16　否塞録・悔慚録・明志録』茨城県立歴史館、二〇一三年
今井宇三郎、瀬谷義彦、尾藤正英校注『水戸学』（日本思想大系53）岩波書店、一九七三年
岩佐正、時枝誠記、木藤才蔵校注『神皇正統記・増鏡』（日本古典文学大系87）岩波書店、一九六五年

宇田川武久『江戸の炮術　継承される武芸』東洋書林、二〇〇〇年
海原徹『江戸の旅人吉田松陰』ミネルヴァ書房、二〇〇三年
海原徹『高杉晋作』ミネルヴァ書房、二〇〇七年
梅原猛編集『岡倉天心集』（近代日本思想大系7）筑摩書房、一九七六年
大内逸朗『茨城勤皇志士略伝』柴印刷所、一九四〇年
大内地山『武田耕雲斎詳伝』上・下　水戸学精神作興会、一九三六年
大貫勢津子『水戸藩の医学』筑波書林、一九九〇年
大野慎『水戸学会沢新論の研究』文昭社、一九四一年
大野慎『水戸学と新日本論』日東書院、一九三四年
岡村利平『水戸藩皇道史』明治書院、一九四四年
筧克彦『皇国精神講話』筧博士著作物刊行会、一九三八年
梶山静六『梶山敬介と水戸天狗党』私家版、一九七八年
梶山孝夫『水戸の国学』水戸史学会、一九九七年
金沢春友『水戸天狗党と久慈川舟運』柏書房、一九七四年
金子功『反射炉』Ⅰ・Ⅱ　法政大学出版局、一九九五年
鹿野政直編集『幕末思想集』（日本の思想20）筑摩書房、一九六九年
上白石実『幕末の海防戦略　異国船を隔離せよ』吉川弘文館、二〇一一年
川澄哲夫編『資料日本英学史1上　英学ことはじめ』大修館書店、一九八八年
川瀬教文編『水戸藩死事録・義烈伝纂稿』同朋舎出版、一九八三年
菊池謙二郎『義公略伝』義公生誕三百年記念会、一九二八年
菊池謙二郎編『東湖全集』博文館、一九四〇年
菊池謙二郎『水戸学論藪』誠文堂新光社、一九四三年
菊池謙二郎編『幽谷全集』吉田弥平、一九三五年
貴司山治『随筆　藤田東湖』国民社、一九四三年
木戸田四郎『維新期豪農層と民衆』ぺりかん社、一九八九年
木村謙次『北行日録』山崎栄作、一九八三年
金海南（金文京）『水戸黄門「漫遊」考』新人物往来社、一九九九年
久野勝弥編『他藩士の見た水戸』水戸史学会、一九九一年
玖村敏雄『吉田松陰の思想と教育』岩波書店、一九四二年

栗田勤『水藩修史事略』 大岡山書店、一九二八年
栗田寛『天朝正学』 国光社、一八九六年
郡司篤信『水戸野史』 私家版、一八九七年
イヴ・コア（高橋啓訳）『クジラの世界』 創元社、一九九一年
J・ヴィクター・コシュマン（田尻祐一郎、梅森直之訳）『水戸イデオロギー』 ぺりかん社、一九九八年
小瀧淳『水戸学と水戸魂』 堀書店、一九四三年
小林健三、照沼好文『水戸史學の傳統』 水戸史学会、一九八三年
小林友雄『縣六石の研究』 興亜書院、一九四三年
小林友雄『筑波の義挙』 皇国青年教育協会、一九四一年
菰口治、岡田武彦『安東省庵・貝原益軒』（叢書・日本の思想家9） 明徳出版社、一九八五年
斎藤桜波『筑波義挙録』 茨城夕刊新聞社、一九三六年
佐藤昌介『洋学史の研究』 中央公論社、一九八〇年
澤本孟虎編『水戸幕末風雲録』 常陽明治記念会、一九三三年
史談会編纂『波山始末』 誠之堂書店、一八九九年
芝原拓自『明治維新の権力基盤』 御茶の水書房、一九六五年
下川玲子『北畠親房の儒学』 ぺりかん社、二〇〇一年
下川玲子『朱子学的普遍と東アジア』 ぺりかん社、二〇一一年
朱熹（土田健次郎訳注）『論語集注』 1～4 平凡社、二〇一三～一五年
朱舜水記念会編纂『朱舜水』 朱舜水記念会事務所、一九一二年
『朱舜水集』 上・下 中華書局、一九八一年
白山芳太郎『北畠親房の研究』 ぺりかん社、一九九一年
進藤英幸『三宅観瀾・新井白石』（叢書・日本の思想家14） 明徳出版社、一九八四年
鈴木暎一『水戸藩学問・教育史の研究』 吉川弘文館、一九八七年
住田正一編『日本海防史料叢書』 第二巻 海防史料刊行会、一九三二年
関一『水戸烈公の国防と反射炉』 誠文堂新光社、一九三六年
関山豊正『元治元年』 上・中・下の一・下の二 私家版、一九六八～八四年
関山延編『水戸学精髄』 誠文堂新光社、一九四一年
瀬谷義彦『会沢正志斎』 文教書院、一九四二年
瀬谷義彦『随想 水戸黄門』 ふじ工房、一九九六年

瀬谷義彦『水戸学の史的考察』中文館書店、一九四〇年
瀬谷義彦『水戸の斉昭』茨城新聞社、一九八五年
瀬谷義彦『水戸の光圀』茨城新聞社、一九八五年
瀬谷義彦『水戸藩郷校の史的研究』山川出版社、一九七六年
大日本思想全集刊行会編『大日本思想全集第十八巻　東湖・光圀・定信・幽谷・左内集』大日本思想全集刊行会、一九三三年
高木友三郎『海上権と日本の発展』興亜日本社、一九四二年
高須芳次郎『大日本史に現はれた尊皇精神』誠文堂新光社、一九四〇年
高須芳次郎編『藤田東湖全集』章華社、一九三五〜三六年
高須芳次郎『藤田東湖伝』誠文堂新光社、一九四一年
高須芳次郎『藤田東湖の勤皇詩選』駸々堂、一九四三年
高須芳次郎『水戸学講話』今日の問題社、一九四三年
高須芳次郎編『水戸学全集』第一〜六編　日東書院、一九三三〜三四年
高須芳次郎編『水戸学大系』第一〜八巻　水戸学大系刊行会、一九四〇〜四二年
高須芳次郎『水戸学徒列伝』誠文堂新光社、一九四一年
高須芳次郎『水戸学の心髄を語る』井田書店、一九四一年
高須芳次郎『水戸学派の尊皇及び経綸』雄山閣、一九三六年
高須芳次郎『水戸義公を語る』井田書店、一九四二年
高須芳次郎『幽谷　正志斎　東湖』啓文社、一九三八年
武熊武編『水戸藩末史料』私家版、一九〇二年
但野正弘『新版　佐々介三郎宗淳』水戸史学会、一九八八年
但野正弘『水戸史学の各論的研究』慧文社、二〇〇六年
立林宮太郎『水戸学研究』新興亜社、一九四二年
田中惣五郎『徳川慶喜』千倉書房、一九三九年
田中真理子、松本直子『水戸天狗党』講談社、一九七七年
田中光顕『維新風雲回顧録』大日本雄弁会講談社、一九二八年
玉虫左太夫『波山記事』日本史籍協会、一九一八年
塚本勝義『会沢正志の思想』昭和図書、一九四三年
土田衡平先生顕彰会編『土田衡平先生』土田衡平先生顕彰会、一九六六年
照沼好文『水戸の學風』水戸史学会、一九九八年

徳川圀順編『水戸義公全集』上・中・下　角川書店、一九七〇年
徳川光圀撰、井川巴水和訳『漢和両文大日本史論賛集』大正書院、一九一六年
徳川光圀撰『大日本史』巻一～巻二二九　吉川弘文館、一九一一年
徳富猪一郎（蘇峰）『維新回天の偉業に於ける水戸の功績』民友社、一九二八年
内藤耻叟『安政紀事』東崖堂、一八八八年
中井信彦『転換期幕藩制の研究』塙書房、一九七一年
中村孝也編『楠公遺芳』大楠公六百年大祭奉賛会、一九三五年
中山茂編『幕末の洋学』ミネルヴァ書房、一九八四年
中山広司『山鹿素行の研究』神道史学会、一九八八年
長山靖生『天下の副将軍』新潮社、二〇〇八年
名越時孝『元治甲子事変と水藩志士』水戸学精神作興会、一九四一年
名越時正編『會澤正志齋文稿』国書刊行会、二〇〇二年
名越時正『水戸学の研究』神道史学会、一九七五年
名越時正『水戸学の達成と展開』水戸史学会、一九九二年
名越時正『水戸学の道統』鶴屋書店、一九七一年
名越時正監修『水戸史學先賢傳』水戸史学会、一九八四年
名越時正『水戸光圀』日本教文社、一九六六年
名越時正『水戸光圀とその餘光』水戸史学会、一九八五年
名越漠然『水戸弘道館大観』茨城出版社、一九四四年
西順蔵、阿部隆一、丸山真男校注『山崎闇斎学派』（日本思想大系31）岩波書店、一九八〇年
西村文則『会沢伯民』章華社、一九三六年
西村文則『鰻のきも』光書房、一九四二年
西村文則『藤田小四郎』小川書房、一九四三年
西村文則『藤田東湖』修光堂書店、一九四〇年
西村文則『藤田幽谷』平凡社、一九四〇年
西村文則『水戸学随筆』昭和刊行会、一九四四年
日本学協会編纂『大日本史の研究』立花書房、一九五七年
日本史籍協会編『水戸藩関係文書』東京大学出版会、一九七四年
日本史籍協会編『水戸藤田家旧蔵書類』一～三　東京大学出版会、一九七四年

沼尻源一郎編『水戸の洋学』柏書房、一九七七年
野口武彦『徳川光圀』朝日新聞社、一九七六年
芳賀登『近代水戸学研究史』教育出版センター、一九九六年
萩野由之編『日本歴史評林』第十一編・第十二編　博文館、一八九三年
橋川文三責任編集『藤田東湖』(日本の名著29)　中央公論社、一九七四年
長谷川善治編『維新の快挙と水戸思想』万朝報社、一九三四年
塙作楽編『常陸の歴史』講談社、一九七七年
塙保己一編『新校群書類従』第四巻　内外書籍、一九三〇年
林鵞峯『国史館日録』第一～第五　続群書類従完成会、一九九七～二〇〇五年
原剛『幕末海防史の研究　全国的にみた日本の海防態勢』名著出版、一九八八年
原田種成『会沢正志斎・藤田東湖』(叢書・日本の思想家36)　明徳出版社、一九八一年
肥後和男『藤田東湖』新潮社、一九四四年
肥後和男『水戸学と明治維新』常磐神社明治百年記念事業奉賛会、一九六八年
常陸太田市史編さん委員会編『天狗党関係殉難死節履歴』常陸太田市秘書課広報係、一九七九年
尾藤正英『日本封建思想史研究』青木書店、一九六一年
兵藤裕己『太平記〈よみ〉の可能性』講談社、一九九五年
福田耕二郎『水戸の彰考館』水戸史学会、一九九一年
福地桜痴『高島秋帆』博文館、一八九八年
福本和夫『日本捕鯨史話』法政大学出版局、一九七八年
『藤田幽谷の研究』編集委員会編『藤田幽谷の研究』藤田幽谷先生生誕二百年記念会、一九七四年
モーリッツ・ベニョフスキー（水口志計夫、沼田次郎訳）『ベニョフスキー航海記』平凡社、一九七〇年
クリストファー・ベンフィー（大橋悦子訳）『グレイト・ウェイヴ　日本とアメリカの求めたもの』小学館、二〇〇七年
北條重直『水戸学と維新の風雲』東京修文館・大阪修文館、一九三二年
北條猛次郎『維新水戸学派の活躍』修文館、一九四二年
北條猛次郎『大日本史大観』茨城出版社、一九四三年
細井房夫『東湖詩鈔』金鈴社、一九四四年
洞富雄『間宮林蔵』吉川弘文館、一九六〇年
前田香径編『立原翠軒』立原善重、一九六三年
前田勉『近世日本の儒学と兵学』ぺりかん社、一九九六年

松本三之介、小倉芳彦校注『近世史論集』（日本思想大系48）岩波書店、一九七四年
松本純郎『水戸学の源流』朝倉書店、一九四五年
松本佳子『原市之進』筑波書林、一九九〇年
松浦静山『甲子夜話』全六巻　平凡社、一九七七～七八年
丸山真男編集『歴史思想集』（日本の思想６）筑摩書房、一九七二年
三島由紀夫『仮面の告白』新潮文庫、一九五〇年
三島由紀夫『決定版 三島由紀夫全集』第17巻　新潮社、二〇〇二年
三島由紀夫『花ざかりの森・憂国』新潮文庫、一九六八年
三島由紀夫『文化防衛論』新潮社、一九六九年
三島由紀夫『奔馬』新潮文庫、一九七七年
水戸学塾編『水戸藩尊皇志士略伝』水戸学精神作興会、一九三六年
水戸徳川家編『水戸藩史料』上編ノ乾・上編ノ坤・下編・別記ノ上下（復刻版）吉川弘文館、一九七〇年
宮田正彦『水戸学の復興』錦正社、二〇一四年
宮田正彦『水戸光圀の遺猷』水戸史学会、一九九八年
森田勝昭『鯨と捕鯨の文化史』名古屋大学出版会、一九九四年
諸根樟一『吉田松陰東北遊歴と其亡命考察』照林堂書店、一九四四年
山内由紀人『三島由紀夫vs.司馬遼太郎』河出書房新社、二〇一一年
山川菊栄『覚書　幕末の水戸藩』岩波書店、一九七四年
山口県教育会編『吉田松陰全集』全一〇巻　岩波書店、一九三四～三六年
山崎栄作編『木村謙次集』上・下　私家版、一九八六年
山路彌吉（愛山）訳『譯文大日本史』一～五　国民文庫刊行会、一九一二年
山本七平『現人神の創作者たち』文藝春秋、一九八三年
横瀬夜雨『天狗騒ぎ』改造社、一九二八年
横山伊徳『日本近世の歴史５　開国前夜の世界』吉川弘文館、二〇一三年
吉澤義一『北方領土探検史の新研究』水戸史学会、二〇〇三年
吉田一徳『大日本史紀伝志表撰者考』風間書房、一九六五年
吉田俊純『寛政期水戸学の研究』吉川弘文館、二〇一一年
吉田俊純『後期水戸学研究序説』本邦書籍、一九八六年
吉田俊純『水戸学と明治維新』吉川弘文館、二〇〇三年

吉田俊純『水戸光圀の時代 水戸学の源流』 校倉書房、二〇〇〇年
吉田俊純『明治維新と水戸農村』 同時代社、一九九五年
若尾政希『「太平記読み」の時代』 平凡社、一九九九年
渡辺浩『近世日本社会と宋学』 東京大学出版会、一九八五年
和辻哲郎『尊皇思想とその伝統』 岩波書店、一九四三年

そのほか

初出　「新潮45」二〇一五年八月号～一八年一〇月号
「新潮」二〇一九年七月号～二〇年八月号
「水戸学の世界地図」という題で連載された原稿を加筆・改題した。

新潮選書

尊皇攘夷《そんのうじょうい》―― 水戸学《みとがく》の四百年《よんひゃくねん》

著　者………………片山杜秀《かたやまもりひで》

発　行………………2021年5月25日
3　刷………………2021年8月10日

発行者………………佐藤隆信
発行所………………株式会社新潮社
〒162-8711 東京都新宿区矢来町71
電話　編集部 03-3266-5411
　　　読者係 03-3266-5111
https://www.shinchosha.co.jp
シンボルマーク／駒井哲郎
装幀／新潮社装幀室

印刷所………………大日本印刷株式会社
製本所………………株式会社大進堂

乱丁・落丁本は、ご面倒ですが小社読者係宛お送り下さい。送料小社負担にてお取替えいたします。価格はカバーに表示してあります。

ISBN 978-4-10-603868-6 C0395